·毛泽东谈文论史全编·

顾 问：龙新民 郑欣淼 陈 晋 阎晓宏

评点中国古代名诗赏析

MAOZEDONG PINGDIAN ZHONGGUO
GUDAI MINGSHI SHANGXI

4

毕桂发 主 编

陈锡祥 副主编

中国文史出版社

目 录

杜 甫

杜甫（712—770），字子美，自号少陵野老。祖籍襄阳（今湖北襄阳），后移居巩县（今河南巩义市），是著名诗人杜审言的孙子。唐代伟大的现实主义诗人，与李白合称"李杜"，又世称"老杜"（与后来的"小杜"杜牧相区分）。

杜甫幼时好学，七岁能诗。早年曾漫游齐、赵、吴、越，后困居长安十年，获得右卫率曹参军的小官。安史之乱叛军攻陷长安时，杜甫举家逃亡，曾被叛军俘获，后在灵武（今宁夏灵武）谒见唐肃宗李亨，授官左拾遗，不久被贬为华州（今陕西华县）司功参军，后弃官西行，度关陇，客秦州，寓同谷，最后到成都浣花溪畔定居。其间一度在西川节度使严武幕府中任参谋、检校工部员外郎，世因称"杜工部"。唐代宗永泰元年（765），他打算离蜀东去，途中滞留夔州三年。大历三年（768），携家出峡，漂泊鄂、湘一带，后死于赴郴州途中。

杜甫的诗广泛而深刻地反映了唐代由盛转衰的现实，写出了时代呼声与人民的要求，以及祖国山河的壮丽，被后世称为"诗史"，达到了现实主义诗作的最高成就。他也被后人尊为"诗圣"。

杜甫诗歌以古体、律诗见长且风格沉郁顿挫，思想核心是儒家仁政思想，他有"致君尧舜上，再使风俗淳"的宏伟抱负。杜甫对中国文学和日本文学都产生了深远的影响。现存有《杜工部集》。

由于个人欣赏偏好，毛泽东不太喜欢杜甫的诗。1942年2月，他约见何其芳、严文井等作家时，说"杜甫是站在小地主的立场"。1957年，他和臧克家、袁水拍谈话时表示对杜甫的诗"不甚喜爱"。1958年1月16日，毛泽东在南宁会议上的讲话中说："光搞现实主义一面也不好，杜甫、白居易哭哭啼啼，我不愿看。"1958年3月在成都会议期间参观杜甫草堂时说，杜甫的诗是"政治诗"。尽管如此，毛泽东还是常读杜诗，圈阅、引用了不少杜诗。

【原文】

望 岳

岱宗夫如何⁽¹⁾？齐鲁青未了⁽²⁾。

造化钟神秀⁽³⁾，阴阳割昏晓⁽⁴⁾。

荡胸生层云⁽⁵⁾，决眦入归鸟⁽⁶⁾。

会当凌绝顶⁽⁷⁾，一览众山小⁽⁸⁾。

【毛泽东圈评等情况】

毛泽东在中华书局印行的清蘅塘退士编选《注释唐诗三百首》五言古诗中这首《望岳》诗题目上方天头空白处连画了三个小圈。

[参考] 中央档案馆整理：《毛泽东评点诗词曲精选（上册）》，

中国档案出版社 1998 年版，第 7 页。

【注释】

（1）岱宗，泰山的别称。泰山亦名岱山或岱岳，五岳之首，在今山东泰安城北。宗，长。古代以泰山为五岳之首，诸山所宗，故又称"岱宗"。历代帝王凡举行封禅大典，皆在此山，这里指对泰山的尊称。夫如何，它到底怎么样。夫，指示代词，即"它"。

（2）齐鲁，古代齐鲁两国以泰山为界，齐国在泰山北，鲁国在泰山南。后用齐鲁代指山东地区。青，指苍翠、翠绿的美好山色。未了，不尽，意思是说泰山的青郁山色在齐鲁广大区域内都能望见。

（3）造化，即天地或大自然。钟，结聚或集中的意思。神，超绝。秀，《广雅·释诂》："秀，出也。"神秀，指山势景象奇异秀美超出众山。晋孙绰《游天台山赋序》："天台者，山岳之神秀也。"

（4）阴，指山北。阳，指山南。这里指泰山的南北。割，分。昏晓，黄昏和早晨。极言泰山之高，山南山北因之判若清晓与黄昏，明暗迥然不同。

（5）此句为倒装句，云气叠起，涤荡胸襟。荡胸，心胸摇荡。层云，层层云气。

（6）决眦（zì），眼角（几乎）要裂开。眦，眼角。这是由于极力张大眼睛远望归鸟入山所致。决，裂开。入，收入眼底，即看到。

（7）会当，是唐人口语，意谓"一定要"。凌，登上。绝顶，最高峰。

（8）众山小，化用《孟子·尽心上》"孔子登东山而小鲁，登泰山而小天下"的意思。小，形容词的意动用法，意思为"以……为小，认为……小"。

【赏析】

杜甫《望岳》诗共三首，分咏东岳泰山、南岳衡山、西岳华山。本诗是咏东岳泰山。唐玄宗开元二十三年（735），诗人到洛阳应进士，结果落第而归，开元二十四年（736），二十四岁的诗人开始其不羁的漫游生活。此诗即写于北游齐、赵（今河南、河北、山东等地）期间，是现存杜诗中最早的一首。。

这首五言古诗通过描绘泰山雄伟磅礴的景象，热情赞美了泰山高大巍峨的气势和神奇秀丽的景色，流露出对祖国山河的热爱之情，表达了诗人不怕困难、敢攀顶峰、俯视一切的雄心和气概，以及卓然独立、兼济天下的豪情壮志。这是杜甫青年时代的作品，充满了诗人青年时代的浪漫与激情。

首句"岱宗夫如何"，写乍一望见泰山时，高兴得不知怎样形容才好的那种揣摩劲和惊叹仰慕之情，非常传神。岱是泰山的别名，因居五岳之首，故尊为岱宗。"夫如何"，就是"到底怎么样呢？""夫"字在古文中通常是用于句首的语气助词，这里把它融入诗句中，是个新创，很别致。这个"夫"字，虽无实在意义，却少它不得，所谓"传神写照，正在阿堵中"，可谓匠心独具。明高棅《唐诗品汇》说："起句之超然者也。"

"齐鲁青未了"，次句是经过一番揣摩后得出的答案。它没有从海拔角度单纯形容泰山之高，也不是像谢灵运《泰山吟》那样用"崔崒刺云天"这类一般化的语言来形容，而是别出心裁地写出自己的体验——在古代齐鲁两大国的国境外还能望见远远横亘在那里的泰山，以距离之远来烘托出泰山之高。泰山之南为鲁，泰山之北为齐，所以这一句描写出的地理特点，在写其他山岳时不能挪用。明代莫如忠《登东郡望岳楼》特别提出这句诗，并认为无人能继。清沈德潜《唐诗别裁集》说："'齐鲁青未了'五字，已尽太山。"

"造化钟神秀，阴阳割昏晓"，三、四两句写近望中所见泰山的神奇秀丽和巍峨高大的形象，是上句"青未了"的注脚。一个"钟"字把天地万物一下写活了，整个大自然如此有情致，把神奇和秀美都给了泰山。山前向日的一面为"阳"，山后背日的一面为"阴"（山南水北为"阳"，山北水南为阴），由于山高，天色的一昏一晓被割于山的阴、阳面，所以说"割昏晓"。这本是十分正常的自然现象，可诗人妙笔生花，用一个"割"字，则写出了高大的泰山一种主宰的力量，这力量不是别的，泰山以其高度将山南山北的阳光割断，形成不同的景观，突出泰山遮天蔽日的形象。这里诗人用笔使静止的泰山顿时充满了雄浑的力量，而那种"语不惊人死不休"的创作风格，也在此得到显现。

"荡胸生层云，决眦入归鸟"，五、六两句是写细望。见山中云气层出不穷，故心胸亦为之荡漾。"决眦"二字尤为传神，生动地体现了诗人在这神奇缥缈的景观面前像着了迷似的，想把这一切看个够，看个明白，因而使劲地睁大眼睛张望，故感到眼眶有似决裂。这情景使泰山迷人的景色表现得更为形象鲜明。"归鸟"是投林还巢的鸟，可知时已薄暮，诗人还在望。其中蕴藏着诗人对祖国河山的热爱和对祖国山河的赞美之情。

"会当凌绝顶，一览众山小"，末二句写诗人从望岳产生了登岳的想法，此联号为绝响，再一次突出了泰山的高峻，写出了雄视一切的雄姿和气势，也表现出诗人的心胸气魄。"会当"是唐人口语，意即"一定要"。众山的小和高大的泰山进行对比，表现出诗人不怕困难、敢于攀登绝顶、俯视一切的雄心和气概。这正是杜甫能够成为一个伟大诗人的关键所在，也是一切有所作为的人们所不可缺少的。这就是这两句诗一直为人们所传诵的原因。正因为泰山的崇高伟大不仅是自然的也是人文的，所以登上极顶的想望本身，当然也具备了双重的含义。

全诗以诗题中的"望"字统摄全篇，句句写望岳，但通篇并无一个"望"字，而能给人以身临其境之感，可见诗人的谋篇布局和艺术构思是精妙奇绝的。这首诗寄托虽然深远，但通篇只见登览名山之兴会，丝毫不见刻意比兴之痕迹。若论气骨峥嵘，体势雄浑，后出之作更难以企及。清仇兆鳌《杜诗详注》说："诗用四层写意：首联远望之色，次联近望之势，三联细望之景，末联极望之情。上六实叙，下二虚摹。少陵以前，题咏泰山者，有谢灵运、李白之诗，谢诗八句，上半古秀，而下却平浅；李诗有六章，中有佳句，而意多重复。此诗遒劲峭刻，可以俯视二家矣。"（毕桂发）

【原文】

夜

露下天高秋水清(1)，空山独夜旅魂惊(2)。

疏灯自照孤帆宿(3)，新月犹悬双杵鸣(4)。

南菊再逢人卧病(5)，北书不至雁无情(6)。

步檐倚杖看牛斗(7)，银汉遥应接凤城(8)。

【毛泽东圈评等情况】

毛泽东曾圈阅这首《夜》。

[参考]张贻玖：《毛泽东评点、圈阅的中国古典诗词》，中国工人出版社1992年版，第229页。

【注释】

（1）露下，露降下。

（2）空山，寂静的山中，指山城夔州。旅魂，旅情，客居他乡的情怀。

（3）疏灯，指江边稀疏的渔火。

（4）双杵（chǔ），古时女子捣衣，二人对坐，各持一杵。

（5）南菊再逢，杜甫离成都后，第一个秋天在云安，第二个秋天在夔州。

（6）北书，故乡的书信，诗人的故乡在河南巩县（今巩义），故言北书。雁无情，古称鸿雁传书，衡山有回雁峰，人未过衡州而无书信，故言雁无情。

（7）步檐（yán），檐下的走廊。步，古代量度单位，以五尺为一步。牛斗，二十八宿中的"牛宿"和"斗宿"，二星都在银河的旁边。

（8）银汉，银河。凤城，秦穆公之女吹箫，凤降其城，因号丹凤城。其后，即称京城为凤城。此指长安。

【赏析】

这首七言律诗写于唐代宗大历元年（766）秋天。清仇兆鳌《杜诗详注》云："诗云'南菊再逢'，是合云安夔州为两秋，故知属大历元年西阁作。又云'新月犹悬'，盖元年九月初矣。"此时诗人正寓居在夔州西阁。西阁面临大江，背负山崖，凭栏远眺，夔州的山川景物尽收眼底。在一个深秋的夜晚，诗人独坐高楼，对着窗外空山的景色，听着远处传来的砧杵之声，对故国的思念之情油然而生，写下了这首诗。

"露下天高秋水清，空山独夜旅魂惊"，首联两句写景点题，写出山城深秋之夜的环境。第一句点明季节、景物，第二句写出时间、人物。秋天夜空晴朗，因而更使人感到景物的凄清，气氛的幽静。夜色渐浓，露水在渐渐凝结、垂落，楼下的江水，在静静地不断流淌。周围的山峰，像巨人一样屹立。夜风轻拂，一切都是那样柔和、安详。然而这寂静幽美的境界，却触拨了游子的心弦，引动了他的万千愁绪。

"疏灯自照孤帆宿，新月犹悬双杵鸣"，颔联两句进一步描写夜景：远处长江水面上，零星地闪烁着几点灯火，那是夜泊的客船和渔舟；新月高悬，万籁俱寂，这时从城中传来一阵阵捣衣的砧杵之声，回荡在夜空之中。两句写景和上联结合，增加了画面的优美。在这幅画面中，高天是深蓝的，疏灯是飘忽的，月光是柔和的，空山是黝黑的。秋夜、碧空、新月、露珠、江水、渔火、山峰，相互辉映，在这优美的画面之外，又传来断断续续的捣衣声，这岂能不触动诗人异乡作客的无限愁肠呢？

"南菊再逢人卧病，北书不至雁无情"，颈联两句由写景转到抒情。"南菊再逢"，是指诗人从成都东下至今已近两年。杜甫是永泰元年（765）四月从成都携家东下的，但秋天到达云安之后，因肺病、风痹等病复发，只得留下养病，次年夏初才抵达夔州。秋天，又从山腰客堂迁居西阁，因此说"南菊再逢"。此时诗人除了肺病和风湿痹症以外，还患有糖尿病，所以说"人卧病"。"南菊再逢人卧病"，刻画出了诗人流落他乡病卧山城无限悲凄的处境和心情。因为时局动乱，战争不断，诗人已经很久没有接到故乡亲人的来信了。夔州在长安和洛阳的南面，所以称故乡的来信为"北书"。"北书不至"，自然是有具体原因的，这里却说是"雁无情"，就取得了意在言外、言而无尽的艺术效果。

"步檐倚杖看牛斗，银汉遥应接凤城"，尾联两句由个人的身世遭遇写到对故乡的思念。上句写自己走到室外，倚杖步檐，仰看星斗。下句写由银河想到长安，表明思念故乡的心情。"步檐"与西阁照应，"倚杖"与"人卧病"照应。由"牛斗"而到"银汉"，由"银汉"而到"凤城"，一层一层地表现出了诗人由仰望星斗到眺望故国的过程。诗人对故国长安的无限思念就蕴含在这伫立步檐倚杖远眺的老人形象之中。

清黄生曾经指出，这首诗在内容上和《秋兴八首》相似，可以说是八首诗的一个总括：此与'玉露凋伤'不相上下，一、二、五、六，工力悉敌；三、四写景虽逊彼之高壮，七、八含情，此处却较深厚也。此号云安、夔州诸诗相合。'露下天高'，即'玉露凋伤枫树林'也；'独夜魂惊'，即'听猿实下三声泪'也；'孤帆宿'，即'孤舟一系故园心'也；'双杵鸣'，即'白帝城高急暮砧'也；'菊再逢'，即'丛菊两开他日泪'也；'雁无情'，即'一声何处送书雁'也；'看牛斗'则'每依北斗望京华'也。诗中词意，大概相同。"但这首诗和《秋兴八首》在艺术上又各具特色。《秋兴八首》写景壮丽，气魄雄伟，表达诗人对人生执着的追求和对祖国命运强烈的关心，风格更为沉郁悲壮，倾吐的爱国热忱更为深沉浩瀚。这首诗写景如画，表达了诗人对故乡的思念，体现了杜诗精警凝练、清丽含蓄的风格。清仇兆鳌《杜诗详注》说："善诗者，就景中写意。不善诗者，去意中寻景。如杜诗……'疏灯自照孤帆宿，新月犹悬双杵鸣'……即景物之中，含蓄多少愁恨意。若说出，便短浅矣。"清浦起龙《读杜心解》说："首联，一景一情。自对格起，字字晶莹。次联，景由情出……三联，情就景生。'菊再逢'，实景也，而动人益向衰之慨；'书不至'，虚景也，而起雁仍空到之思。……结又情景双融矣。"（毕桂发）

【原文】

春日忆李白

白也诗无敌，飘然思不群[1]。

清新庾开府[2]，俊逸鲍参军[3]。

渭北春天树[4]，江东日暮云[5]。

何时一尊酒[6]，重与细论文[7]。

【毛泽东圈评等情况】

毛泽东曾圈阅这首《春日忆李白》。他圈阅较多的清沈德潜编选《唐诗别裁集》卷十五言律诗类中载有这首《春日忆李白》。

[参考] 张贻玖：《毛泽东评点、圈阅的中国古典诗词》，

中国工人出版社 1992 年版，第 230 页。

【注释】

（1）思，指诗歌的思想情趣。不群，不平凡，高出同辈。这句说明上句，思不群故诗无敌。

（2）清新，清美新颖，晋陆云《与兄平原书》之九："兄文章之高远绝异，不可复言也。然犹皆欲微多，但清新相接，不以此为病耳。"庾开府，指南北朝诗人庾信（513—581），在北周任骠骑大将军，开府仪同三司，因而有"庾开府"的称谓。

（3）俊逸，英俊洒脱，超群拔俗。一作"豪迈"。三国魏刘劭《人物志·自序》："制礼乐，则考六艺祗庸之德；躬南亩，则援俊逸辅相之材。"鲍参军，鲍照（415—470），南北朝刘宋时诗人，曾任荆州前军参军、掌书记。

（4）渭北，即渭水北岸，泛指长安一带，杜甫在长安时，也曾在咸阳住过，咸阳在渭水北。

（5）江东，指长江下游江南地方，即今江苏南部、浙江北部一带。当时李白正流寓苏扬一带。

（6）尊，同“樽”，酒器。

（7）论文，即论诗。六朝以来，通谓诗为文。细论文，一作“话斯文”。

【赏析】

杜甫认识李白是在天宝二年（743）夏。当时李白刚被排挤出长安，来到洛阳。此后，他们一同漫游于梁（今河南开封）、宋（今河南商丘）。天宝四年（745），他们在兖州重会。不久李白赴江东，杜甫去长安。此诗是杜甫在长安所写，时间是天宝五年或六年春，因此诗题为《春日忆李白》。

杜甫同李白的友谊，首先是从诗歌上结成的。这首怀念李白的五律，主要就是从这方面来落笔的。"白也诗无敌，飘然思不群。清新庾开府，俊逸鲍参军。"首联、颔联四句，一气贯注，都是对李白诗的热烈赞美。首句称赞他的诗冠绝当代。第二句是对上句的说明，是说他之所以"诗无敌"，就在于他思想情趣、卓异不凡，因而写出的诗也出尘拔俗、无人可比。接着赞美李白的诗像庾信那样清新，像鲍照那样俊逸。庾信、鲍照都是南北朝时的著名诗人。这四句，笔力峻拔，热情洋溢，首联的"也""然"两个语助词，既加强了赞美的语气，又加重了"诗无敌""思不群"的分量。明杨慎《升庵诗话》说："杜工部称庾开府曰'清新'。清者，流丽而不浊滞；新者，创见而不陈腐也。"乔亿《剑溪说诗》说："杜诗'俊逸鲍参军'，'逸'字作奔逸之逸，才托出明远精神，即是太白精神，今人多作闲逸矣。"

对李白奇伟瑰丽的诗篇，杜甫在题赠或怀念李白的诗中，总是赞扬备至。从此诗坦荡真率的赞语中，也可以见出杜甫对李白的诗作十分钦仰。这不仅表达了他对李白诗的无比喜爱，也体现了他们的诚挚友谊。这四句是因忆其人而忆及其诗，赞诗亦即忆人。但作者并不明说此意，而是通过颈联写离情，自然地加以补明。这样处理，不但简洁，还可避免平铺直叙，而使诗意前后勾联，曲折变化。

表面看来，"渭北春天树，江东日暮云"，颈联两句只是写了作者和李白各自所在之景。"渭北"指杜甫所在的长安一带；"江东"指李白正在漫游的江浙一带地方。"春天树"和"日暮云"都只是平实叙出，未作任何修饰描绘。分开来看，两句都很一般，并没什么奇特之处。然而作者把它们组织在一联之中，却有了一种奇妙的紧密的联系。也就是说，当作者在渭北思念江东的李白之时，也正是李白在江东思念渭北的作者之时；而作者遥望南天，惟见天边的云彩；李白翘首北国，惟见远处的树色，又见出两人的离别之恨，好像"春树""暮云"，也带着深重的离情。两句诗，牵连着双方同样的无限情思。回忆在一起时的种种美好时光，悬揣二人分别后的情形和此时的种种情状，这当中有十分丰富的内容。这两句，看似平淡，实则每个字都千锤百炼；语言非常朴素，含蕴却极丰富，是历来传诵的名句。《杜臆》引王慎中语誉为"淡中之工"，极为赞赏。

上面将离情写得极深极浓，这就引出了尾联"何时一尊酒，重与细论文"的热切希望："什么时候才能再次欢聚，像过去那样，把酒论诗啊！"把酒论诗，这是作者最难忘怀、最为向往的事，以此作结，正与诗的开头呼应。说"重与"，是说过去曾经如此，这就使眼前不得重晤的怅恨更为悠远，加深了对友人的怀念。用"何时"作诘问语气，把希望早日重聚的愿望表达得更加强烈，使结尾余意不尽，回荡着作者的无限思情。清代浦起龙说："此篇纯于诗学结契上立意。"（《读杜心解》）道出了这首诗在内容和结构上的特点。全诗以赞诗起，以"论文"结，由诗转到人，由人又回到诗，转折过接，极其自然，通篇始终贯穿着一个"忆"字，把对人和对诗的倾慕怀念，结合得水乳交融。以景寓情的手法，更是出神入化，把作者的思念之情写得深厚无比，情韵绵绵。（毕桂发）

【原文】

陪李北海宴历下亭

东藩驻皂盖(1)，北渚凌清河(2)。海右此亭古(3)，济南名士多(4)。云山已发兴(5)，玉珮仍当歌(6)。修竹不受暑(7)，交流空涌波(8)。蕴真惬所遇(9)，落日将如何？贵贱俱物役(10)，从公难重过(11)。

【毛泽东圈评等情况】

1952年10月，毛主席视察黄河。"主席在济南期间，还兴致勃勃地参观了趵突泉、黑虎泉等四大名泉。……大家又来到大明湖，看到湖光闪闪，游船众多，主席十分高兴，顺口吟诗'海右此亭古，济南名士多'。主席讲：'这是大诗人杜甫来到济南时，在历下亭写出的著名诗篇，所以很多人都知道历下亭。……'"

[参考] 袁隆：《陪毛主席视察黄河》，《大河报》2003年2月10日B08版。

【注释】

（1）东藩，东方的藩国，此泛指东方的州郡。青州在京师（长安）之东，故称东藩。西汉司马相如《上林赋》："齐列为东藩。"驻皂盖，驻节。皂，皂盖，即古代官员所用的黑色篷伞。南朝宋范晔等《后汉书·舆服志上》："中二千石、二千石皆皂盖，朱两。"

（2）北渚，北面的水涯。战国楚屈原《楚辞·九歌·湘君》："鼌骋骛兮江皋，夕弭节兮北渚。"王逸注："渚，水涯也。"此指齐州。凌，历。清河，杜佑《通典》："东平、济南、淄川、北海界，中有水流入海，谓之清河，实菏泽、汶水合流，亦曰济河。"一作"清菏"。

（3）海右，一作"海内"，指黄海、东海以西地区。仇兆鳌引赵汸注："海在东，州在西，故云海右。"南朝梁江淹《恨赋》："方架鼋鼍以为梁，巡海右以送目。"

（4）济南，郡名，今山东济南、章丘、济阳、邹平等地，唐天宝五载（746）改临淄郡为济南郡。名士，旧时指学术诗文等著称的知名人士。《吕氏春秋·尊师》："由此为天下名士显人，以终其寿。"

（5）云山，云和山。发兴（xìng），激发意兴。南朝宋鲍照《园中秋散》："临歌不知调，发兴谁与欢。"

（6）玉珮，亦作"玉佩"。古人佩挂的玉质装饰品。此代指侑酒的人。当歌，当宴而歌。明杨慎曰："此是对当之当，非合当之当，与魏武乐府'对酒当歌'不同。"

（7）修竹，长长的竹子。

（8）交流，江河之水汇合而流。仇兆鳌注："《三齐记》：历水出历祠下，众源竞发，与泺水同入鹊山湖。所谓交流也。"

（9）蕴真，蕴含真趣。惬（qiè），快心，满足。

（10）贵贱，贵，指李邕。贱，自指。物役，《荀子·正名》："故向万物之美而盛忧，兼万物之利而成害……夫是之谓以己为物役也。"杨倞注："己为物之役使。"后谓为外界事物所役使为"物役"。

（11）从公，《诗经·兽颂·泮水》："无大无小，从公于迈。"诗颂鲁僖公之贤，后有以称颂朝廷者。过，来访，前来拜访。《诗经·召南·江有汜》："子不归，不我过。"

【赏析】

李北海，即李邕（678—747），字泰和，唐扬州江都（今江苏扬州）人，李善之子。玄宗开元二十三年（735）为括州刺史，后历淄、滑二州刺史，天宝初（742）为汲郡、北海二太守，世称李北海。此诗当是天宝四年（745）作。历下亭，一称右历亭，在今山东济南五龙潭。元于钦《齐乘》："历下亭，在府城驿邸内历山台上，面山背湖，实为胜绝。"这首诗通过陪李邕在历下亭饮宴，描写了济南的湖山胜景，抒写了对李邕的友谊与钦敬。

全诗可分三节，每节四句。"东藩驻皂盖，北渚凌清河。海古此亭古，济南名士多。"开头四句为第一节，首叙李公至亭。青州在京城（长安）之东，故称东藩。皂盖，切太守李邕时任北海太守。北渚，切北海。清河，切历下。海右句，见亭景胜迹。北魏郦道元《水经注》："历县故城西向，城南对山，其水北为大明湖。西即大明寺，寺北两面侧湖，此水便成静池，池上有客亭。"又《齐乘》云："池上有亭即渚池，今名五龙潭。客亭当为历下古亭，故曰'海右此亭古'。"济南句，见宴有嘉宾。原注："时邑人蹇处士辈在坐。"名士是指以学术诗文等著称的知名人士。济南，名士自古犹多。《汉书·儒林传》："济南伏生传《尚书》，其时张生、欧阳生、林尊皆传其学，皆济南人也。"此亦名士多之一证。首段叙事，主人太守李邕，客人诗人自己，其地为古亭胜迹，其宾为当地名士，主雅客来勤，宴游氛围已经写出。

"云山已发兴，玉珮仍当歌。修竹不受暑，交流空涌波"，中四句为第二节，次记宴亭景事。在觥筹交错之中，宴会气氛十分欢洽，诗人也兴奋起来，放量眼前景物，只见云和山都已激发意兴，侑酒的人当宴而歌，气氛更加热烈。竹子像不耐暑热躲在山背阴处，河水被风一吹涌起阵阵波浪。仇兆鳌评此四句说："此段句腰各用虚字抑扬。张綖注：'修竹既不受暑，则交流空自涌波。此十字句法。'"此段描写，既直写宴会的氛围和兴致，又以修竹、河水相烘托，生动形象，历历在目。

"蕴真惬所遇，落日将如何？贵贱俱物役，从公难重过"，末四句为第三节，抒陪宴而惜别之情。蕴真谓亭含真趣，扬役谓各役于事，落日说此席将散，重过言后会无期。末句"从公"系用典。《诗经·召南·泮水》："无小无大，从公于迈。"意谓不论谁卑也不论谁尊，都随着鲁公向前行迈。《泮水》是一首颂扬鲁僖公和群臣宴饮的诗，主要是赞扬僖公之贤。"从公"二句表现了群臣追随鲁僖公勇往直前的精神，所以后来用以称颂朝廷。此处乃是借用，以称扬李邕之贤。俗话说，盛宴难再，即这种宴会很难有第二回，所以说"难重过"。末章抒情，叹惋之情溢于言表。

毛泽东熟知杜诗，所以1952年10月视察黄河到济南游历下亭时，便自然吟咏起此诗中的名句"海右此亭古，济南名士多"，并向陪同视察的人员作了讲解，足见他对这首诗的喜好。（毕桂发）

【原文】

奉赠韦左丞丈二十二韵

纨袴不饿死[1]，儒冠多误身[2]。丈人试静听[3]，贱子请具陈[4]。甫昔少年日，早充观国宾[5]。读书破万卷[6]，下笔如有神[7]。赋料扬雄敌[8]，诗看子建亲[9]。李邕求识面[10]，王翰愿为邻[11]。自谓颇挺出[12]，立登要路津[13]。致君尧舜上[14]，再使风俗淳。此意竟萧条，行歌非隐沦[15]。骑驴十三载，旅食京华春[16]。朝扣富儿门，暮随肥马尘。残杯与冷炙，到处潜悲辛。主上顷见征，欻然欲求伸[17]。青冥却垂翅，蹭蹬无纵鳞⁽¹⁸⁾。甚愧丈人厚，甚知丈人真。每于百僚上，猥诵佳句新⁽¹⁹⁾。窃效贡公喜，难甘原宪贫⁽²⁰⁾。焉能心怏怏，只是走踆踆⁽²¹⁾。今欲东入海，即将西去秦⁽²²⁾。尚怜终南山⁽²³⁾，回首清渭滨。常拟报一饭⁽²⁴⁾，况怀辞大臣⁽²⁵⁾！白鸥没浩荡⁽²⁶⁾，万里谁能驯？

【毛泽东圈评等情况】

毛泽东曾圈阅这首《奉赠韦左丞丈二十二韵》。他圈阅较多的中华书局印行的清沈德潜编选《唐诗别裁集》卷二五言古诗中刊有这首《奉赠韦左丞丈二十二韵》。

[参考] 张贻玖：《毛泽东评点、圈阅的中国古典诗词》，中国工人出版社 1992 年版，第 230 页。

【注释】

（1）纨（wán）袴，古代富贵子弟穿的丝绸裤子，通常用来作贵族豪门子弟的代称，含有贬义。纨，细绢。袴，同"裤"。不饿死，不学无术却无饥饿之忧。

（2）儒冠多误身，满腹经纶的儒生却穷困潦倒，意谓不能取得施展才能的机会。儒冠，即儒巾，也称士冠，古代没有进入仕途的读书人戴的帽子，一般用作读书人的代称。

（3）丈人，对老年或长辈男子的通称，这里指韦济。《吴越春秋》：伍子胥谓渔父曰："性命属天，今属丈人。"又王弼《易注》："丈人，庄教之称。"

（4）贱子，自谦之称，这里是杜甫的自称。请，意谓请允许我。具陈，一一细说。

（5）"甫昔"二句，是指唐玄宗开元二十三年（735），杜甫以乡贡（由州县选出）的资格在洛阳参加进士考试的事。充，充当。杜甫那年二十四岁，就已是"观国之光"（参观王都）的国宾了，所以说"少年""早充"。观国宾，原出《周易·观卦·象传》"观国之光尚宾也"一句，这里是说自己虽然没有官职爵位，却已受到天子的礼遇。

（6）破万卷，形容书读得多。

（7）如有神，形容才思敏捷，写作如有神助。

（8）料，庶几，差不多。扬雄，字子云，西汉著名的辞赋作家。敌，匹敌，相当。

（9）子建，曹植的字，曹操之子，建安时期大诗人曹植。看，比拟。亲，接近。

（10）李邕（yōng），字泰和，扬州江都人，唐代文豪、书法家，曾任北海郡太守。杜甫少年在洛阳时，李邕奇其才，曾主动去结识他。宋欧阳修等《新唐书·杜甫传》有云："甫少贫，不自振，客齐赵间，李邕奇其材，先往见之。"

（11）王翰，字子羽，并州晋阳人，唐代诗人，尝自撰乐歌，在酒席上自唱自舞。为邻，一作"卜邻"，选择邻居。

（12）挺出，特出，杰出。《三国志·蜀东·吕凯传》："诸葛丞相英才挺出。"

（13）立，立刻。津，渡口。要路津，借喻重要的职位。立登要路津，很快就要得到重要的职位。

（14）尧舜，传说中上古的圣君。这两句说，如果自己得到重用的话，可以辅佐皇帝实现超过尧舜的业迹，使已经败坏的社会风俗再恢复到上古那样淳朴敦厚。这是当时一般儒者的最高政治理想。

（15）"此意"两句是说，想不到我的政治抱负竟然落空。我虽然也写些诗歌，但却不是逃避现实的隐士。行歌，边走边歌，原指隐者心情舒畅的表现。隐沦，指隐逸之士。沦，沉没。桓谭《新论》："天下神人五：一曰神仙，二曰隐沦……"

（16）"骑驴"二句，与乘马的达官贵人对比，表示生活贫困。十三载，从开元二十三年（735）杜甫参加进士考试，到天宝六载（747），恰好十三载。旅食，寄食。京华，京师，指长安。春，形容京师的繁华。

（17）主上，指唐玄宗。顷，不久前。见征，被征召。歘，忽然。欲求伸，希望表现自己的才能，实现致君尧舜的志愿。

（18）青冥却垂翅，飞鸟折翅从天空坠落。青冥，天空。垂翅，垂下翅膀，不能高飞。蹭蹬，行进困难的样子，指遭受挫折。木华《海赋》："蹭蹬穷波。"无纵鳞，本指鱼不能纵身远游，这里是说理想不得实现。以上四句所指事实是：天宝六载（747），唐玄宗下诏征求有一技之长的人赴京应试，杜甫也参加了。宰相李林甫嫉贤妒能，让全部应试的人都落选，还上表称贺："野无遗贤"。这对当时急欲施展抱负的杜甫是一个沉重的打击。

（19）"每于"两句是说，承蒙您经常在百官面前吟诵我新诗中的佳句，极力加以奖掖推荐。猥，古人常用的客气字，犹"蒙"或"承"。

（20）贡公，西汉人贡禹。贡禹与王吉为友，听王吉做了大官，非常高兴，便"弹冠相庆"。杜甫自比贡禹，以王吉期待韦济。见《汉书·王吉传》。原宪，孔子弟子，家境贫苦，后人常以"原宪"作贫穷读书人的代称。

（21）怏怏，气愤不平。踆踆（cūn），行走的样子。南朝梁萧统《文选·张衡〈西京赋〉》："怪兽陆梁，大雀踆踆。"刘良注："陆梁、踆踆皆行走貌。"

（22）东入海，指避世隐居。孔子曾言："道不行，乘桴浮于海。"（《论语》）去秦，离开长安。

（23）怜，爱，留恋。终南山，在长安南，代指长安。

（24）报一饭，报答一饭之恩。春秋时灵辄报答赵宣子（见《左传·宣公二年》），汉代韩信报答漂母（见《史记·淮阴侯列传》），都是历史上有名的报恩故事。

（25）况怀，更是带着这种心情。况，更加。大臣，指韦济。

（26）白鸥，一种海鸟，这里是诗人自比。没浩荡，灭没于浩荡的烟波之间。

【赏析】

此诗作于唐玄宗天宝七载（748），杜甫时年37岁，居长安。韦左丞指韦济，时任尚书省左丞。他很赏识杜甫的诗，并曾表示过关怀。天宝六载（747），唐玄宗下诏天下有一技之长的人入京赴试，李林甫命尚书省试，对所有应试之人统统不予录取，并上贺朝廷，演出了一场野无遗贤的闹剧。杜甫应试落第，困守长安，心情落寞，想离京出游，于是就写了这首诗向韦济告别。诗中陈述了自己的才能和抱负，倾吐了仕途失意、生活潦倒的苦况，于现实之黑暗亦有所抨击。今存最早的杜集（如宋王洙本、九家注本、黄鹤补注本等）版本，都把此诗置于第一首。虽然现在文学史家都认为这并非杜甫最早的作品，但却公认这是杜甫最早、最明确地自叙生平和理想的重要作品。

天宝七载（748），韦济任尚书左丞前后，杜甫曾赠过他两首诗，希望得到他的提拔。韦济虽然很赏识杜甫的诗才，却没能给以实际的帮助，因此杜甫又写了这首"二十二韵"，表示如果实在找不到出路，就决心要离开长安，退隐江海。杜甫自二十四岁在洛阳应进士试落选，到写诗的时候已有十三年了。特别是到长安寻求功名也已三年，结果却是处处碰壁，素志难伸。青年时期的豪情，早已化为一腔牢骚愤激，不得已在韦济面前发泄出来。

在杜甫困守长安十年时期所写下的求人援引的诗篇中，要数这一首是最好的了。这类社交性的诗，带有明显的急功求利的企图。常人写来，不是曲意讨好对方，就是有意贬低自己，容易露出阿谀奉承、俯首乞怜的寒酸相。杜甫在这首诗中却能做到不卑不亢，直抒胸臆，吐出长期郁积下来的、对封建统治者压制人才的悲愤不平。这是他超出常人之处。诗人主要运用了对比和顿挫曲折的表现手法，，应该说是体现杜诗"沉郁顿挫"风格的最早的一篇。

全诗可分为四节。诗中对比有两种情况，一是以他人和自己对比，一是以自己的今昔对比。先说以他人和自己对比。"纨袴不饿死"四句为第一节。开端的"纨袴不饿死，儒冠多误身"，诗人强烈的不平之鸣，像江河决口那样突然喷发出来，真有劈空而起、锐不可当之势。在诗人所处的时代，那些纨袴子弟，不学无术，一个个过着脑满肠肥、趾高气扬的生活；他们精神空虚，本是世上多余的人，偏又不会饿死。而像杜甫那样正直的读书人，却大多空怀壮志，一直挣扎在饿死的边缘，眼看误尽了事业和前程。这两句诗开门见山，鲜明揭示了全篇的主旨，有力地概括了封建社会贤愚倒置的黑暗现实。"丈人试静听，贱子请具陈"，三、四句是说，您请仔细听，让我一一告诉您。

从全诗描述的重点来看，写"纨袴"的"不饿死"，主要是为了对比突出"儒冠"的"多误身"，轻写别人是为了重写自己。所以接下去诗人对韦济坦露胸怀时，便撇开"纨袴"，紧紧抓住自己在追求"儒冠"事业中今昔截然不同的苦乐变化，再一次运用对比，以浓墨重彩抒写了自己少年得意蒙荣、眼下误身受辱的无穷感慨。这第二个对比，诗人足足用了二十四句，真是大起大落，淋漓尽致。从"甫昔少年日"到"再使风俗淳"十二句为第二节，是写得意蒙荣。诗人用铺叙追忆的手法，介绍了自己早年出众的才学和远大的抱负。少年杜甫很早就在洛阳一带见过大世面。他博学精深，下笔有神。作赋自认可与扬雄匹敌，咏诗眼看就与曹植相亲。头角乍露，就博得当代文坛领袖李邕、诗人王翰的赏识。凭着这样卓越挺秀的才华，他天真地认为求个功名，登上仕途，还不是易如反掌。到那时就可实现梦寐以求的"致君尧舜上，再使风俗淳"的政治理想了。诗人信笔写来，高视阔步，意气风发，大有踌躇满志、睥睨一切的气概。写这一些，当然也是为了让韦济了解自己的为人，但更重要的还是要突出自己眼下的误身受辱。从"此意竟萧条"到"蹭蹬无纵鳞"等十二句为第三节，写误身受辱，与前面的十二句形成强烈的对比。现实是残酷的，"要路津"早已被"纨袴"占尽，主观愿望和客观实际的矛盾无情地嘲弄着诗人。诗中写了诗人在繁华京城的旅客生涯：多少年来，诗人经常骑着一条瘦驴，奔波颠踬在闹市的大街小巷。早上敲打豪富人家的大门，受尽纨绔子弟的白眼；晚上尾随着贵人肥马扬起的尘土郁郁归来。成年累月就在权贵们的残杯冷炙中讨生活。不久前诗人又参加了朝廷主持的一次特试，谁料这场考试竟是奸相李林甫策划的一个忌才的大骗局，在"野无遗贤"的遁辞下，诗人和其他应试的士子全都落选了。这对诗人是一个沉重的打击，就像刚飞向蓝天的大鹏又垂下了双翅，也像遨游于远洋的鲸鲵一下子又失去了自由。诗人的误身受辱、痛苦不幸也就达到了顶点。

这一大段的对比描写，迤逦展开，犹如一个人步步登高，开始确是满目春光，心花怒放，哪曾想会从顶峰失足，如高山坠石，一落千丈，从而使后半篇完全笼罩在一片悲愤怅惘的氛围中。诗人越是把自己的少年得意写得红火热闹，越能衬托出眼前儒冠误身的悲凉凄惨，这大概是诗人要着力运用对比的苦心所在。

从"甚愧丈人厚"到诗的终篇为第四节，写诗人对韦济的感激、期望落空、决心离去而又恋恋不舍的矛盾复杂心情。这样丰富错杂的思想内容，必然要求诗人另外采用顿挫曲折的笔法来表现，才能收到"其入人也深"的艺术效果。在坎坷的人生道路上，诗人再也不能忍受像孔子学生原宪那样的贫困了。他为韦济当上了尚书左丞而暗自高兴，就像汉代贡禹听到好友王吉升了官而弹冠相庆。诗人十分希望韦济能对自己有更实际的帮助，但现实已经证明这样的希望是不可能实现了。诗人只能强制自己不要那样愤愤不平，快要离去了却仍不免在那里顾瞻徘徊。辞阙远游，退隐江海之上，这在诗人是不甘心的，也是不得已的。他对自己曾寄以希望的帝京，对曾有"一饭之恩"的韦济，是那样恋恋不舍，难以忘怀，但是又没有办法，最后只能毅然引退，像白鸥那样飘飘远逝在万里波涛之间。这一段，诗人写自己由盼转愤、欲去不忍、一步三回头的矛盾心理，真是曲折尽情，丝丝入扣，和前面动人的对比相结合，充分体现出杜诗"思深意曲，极鸣悲慨"（清方东树《昭昧詹言》）的艺术特色。

"白鸥没浩荡，万里谁能驯！"从结构安排上看，这个结尾是从百转千回中逼出来的，宛若奇峰突起，末势愈壮。它将诗人高洁的情操、宽广的胸怀、刚强的性格表现得辞气喷薄，跃然纸上。正如清浦起龙指出的"一结高绝"（见《读杜心解》）。董养性也说："篇中……词气磊落，傲睨宇宙，可见公虽困踬之中，英锋俊彩，未尝少挫也。"（转引自清仇兆鳌《杜诗详注》）吟咏这样的曲终高奏，诗人青年时期的英气豪情，会重新在读者心头激荡。诗人经受着尘世的磨炼，没有向封建社会严酷的不合理现实屈服，显示出一种碧海展翅的冲击力，从而把全诗的思想性升华到一个新的高度。

此诗通篇直抒胸臆，语句颇多排比，语意纵横转折，感愤悲壮之气溢于字里行间。全诗不仅成功运用了对比和顿挫曲折的笔法，而且语言质朴中见锤炼，含蕴深广。如"残杯与冷炙，到处潜悲辛"，道尽了世态炎凉和诗人精神上的创伤。一个"潜"字，表现悲辛的无所不在，可谓悲沁骨髓，比用一个寻常的"是"或"有"字，就精细生动多倍。句式上的特点是骈散结合，以散为主，因此既有整齐对衬之美，又有纵横飞动之妙。所以这一切，都足证诗人功力的深厚，也预示着诗人更趋成熟的长篇巨制，随着时代的剧变和生活的充实，必将辉耀于中古的诗坛。明钟惺、谭元春合编《唐诗归》说："钟云：'胆到，识到，力到，直直吐出，觉谦让者反琐甚，伪甚（"甫昔"四句下）。'谭云：'好大本事！不作诳语（"致君"二句下）。'钟云：'五字堪哭！堪笑（"暮随"句下）！'谭云：'英雄低首心肠（"残杯"二句下）。'钟云：'自"致君尧舜上"至此十句内，妙在说得屈伸悬绝之极。'又云：'李杜同负才名，同居乱世，李调羹赐锦不以为荣，杜冷炙残杯不以为辱，高人慢世，胸中各有所主（"残杯"二句下）。'钟云：'好前辈！今人不肯（"每于"二句下）。'钟云：'六句慢调（"窃效"六句下）。'"（毕桂发）

【原文】

送孔巢父谢病归游江东兼呈李白

巢父掉头不肯住[1]，东将入海随烟雾。诗卷长留天地间，钓竿欲拂珊瑚树[2]。深山大泽龙蛇远[3]，春寒野阴风景暮。蓬莱织女回云车[4]，指点虚无是征路[5]。自是君身有仙骨，世人那得知其故。惜君只欲苦死留，富贵何如草头露[6]。蔡侯静者意有余[7]，清夜置酒临前除[8]。罢琴惆怅月照席[9]，几岁寄我空中书[10]？南寻禹穴见李白[11]，道甫问讯今何如[12]。

【毛泽东圈评等情况】

1958年3月7日，毛泽东和来成都开会的九位省委第一书记参观杜甫草堂和武侯祠。……毛泽东来到大廊前，仔细看悬挂着一副楹联：异代不同时，问如此江山，龙蟠虎卧几诗客？先生亦流寓，有长留天地，月白风清一草堂。他赞赏地说："好！是集杜句。"

[参考]吴晓梅、刘蓬:《毛泽东走出红墙》,中共中央党校出版社1993年版,第56—57页。

又见陶鲁笳:《一个省委书记回忆毛泽东》,山西人民出版社1993年版,第140页。

【注释】

(1)"巢父"句意谓巢父无心功名富贵。掉头,犹摇头。"不肯住"三字要和下文"苦死留"对看。朋友们要他待在长安,他总是摇头。

(2)"东将"句有两层意思:一方面表明巢父不仅不恋富贵,连自己的诗集也留在人间不要了;另一方面也说明巢父的诗可以长留不朽。珊瑚树,即珊瑚。因其形似树,故称。唐房玄龄等《晋书·石崇传》:"武帝每助恺,尝以珊瑚树赐之,高二尺许,枝柯扶疏,世所罕比。"珊瑚,由珊瑚虫分泌的石灰质骨骼聚结而成的东西,状如树枝,多为红色,也有白色或黑色的。鲜艳美观,可做装饰品。

(3)大泽,大湖沼,大薮泽。《左传·襄公二十一年》:"其母曰:深山大泽,实生龙蛇。"杜预注:"言非常之地,多生非常之物。"龙蛇,龙和蛇。比喻杰出的人或物。龙是传说中的一种神异动物,身长,形如蛇,有鳞爪,能兴云降雨,为水族之长。《易·乾》:"云从龙,风从虎,圣人作而万物睹。"

(4)蓬莱,蓬莱山。古代传说中的神山名,亦常泛指仙境。《史记·封禅书》:"自威、宣、燕昭使人入海求蓬莱、方丈、瀛洲,此三神山者,其传在渤海中。"织女,即织女星。织女与其附近两个四等星,成一正三角形,合称织女三星。《诗经·小雅·大东》:"跂彼织女,终日七襄。"《史记·天官书》:"织女,天女孙也。"张守节正义:"织女三星,在河北天纪东,天女也,主果蓏丝绵珍宝。"后演化为神话人物。云东,传说中仙人的车乘。仙人以云为车,故称。

(5)虚无,虚无缥缈的境界,神仙所居。征路,去路。"是征路",一本作"引归路"。归路,归宿。

(6)草头露,草上的露水,形容短暂不长久。这句和李白诗"功名富贵若长在,汉水亦应西北流"同意。但世人不知,故苦苦相留。苦死留,唐时方言，犹今言拼命留。

（7）蔡侯，姓蔡。"侯"是对男子的美称。其人事迹不详，大概曾为州郡长官，故以"侯"称之。静者，恬静的人，谓不热衷富贵。别人要留，他却欢送，其意更深，所以说"意有余"。

（8）前除，前阶。除，台阶。

（9）罢琴，弹完了琴。酒阑琴罢，就要分别，故不免"惆怅"。下面三句都是临别时的嘱咐。

（10）空中书，泛指仙人寄来的信。把对方看作神仙，故称为空中书，杜甫是不信神仙的。"几岁"二字很幽默，意思是说不知你何岁何年才成得个神仙。

（11）禹穴，在今浙江绍兴，相传禹得天书之地。

（12）"问讯"一词，汉代已有，唐代诗文中尤多。如韦应物诗"释子来问讯，诗人亦扣关"，杜诗如"问讯东桥竹，将军有报书"，并含问好意。

【赏析】

毛泽东所称赞的成都杜甫草堂大廨前柱子上悬挂的楹联为清代顾复初撰。顾复初（1812—1894），字子远，又字幼耕，号道穆，又号潜叟。今江苏苏州人。清咸丰间入川，曾是四川总督吴棠、丁宝桢、刘秉璋的幕僚，官县丞等职，是当时有名的诗画、书法大家，著有《乐静廉余斋文集》。他撰写的这副楹联不全是集杜句，但其中截用了杜甫的诗句。上联中"异代不同时"，见杜甫《咏怀古迹五首》之二里"萧条异代不同时"，是杜甫怀念宋玉的；下联中"有长留天地"，见杜甫《送孔巢父归游江东兼呈李白》里"诗卷长留天地间"句，是杜甫对孔巢父诗歌的高度评价。

孔巢父（？—784），字弱翁，冀州（今河北冀州）人，有文才，早年同韩准、李白、裴政、张叔明、陶沔隐居山东徂徕山，号称"竹溪六逸"。唐玄宗天宝年间（742—756），他在京都长安，累官至给事中、河中、陕、华等州招讨使，这时辞官归隐。蔡侯为他饯行，杜甫在座，遂写此诗相送。这时李白先在江东，杜甫也托他致候。诗中表现了诗人对孔巢父归游江东的欢送与挽留及对李白的关切。谢病，托病引退或谢绝宾客，此指前者。《战国策·秦策三》："应侯因谢病，请归相印。"江东，即江左，本指今安徽芜湖至江苏南京之间长江以东地区。因三国吴、东晋及宋、齐、梁、陈各代皆都建康（今江苏南京），故俗又称其统治下的全部地区为江东。此指孔巢父的隐居之地山东徂徕山。

现代学者萧涤非考证，此诗的具体创作时间是唐玄宗天宝六载（747）春，地点在长安，它是杜甫集中最早的一首七言古诗。

此诗大致分四节。第一节："巢父掉头不肯住，东将入海随烟雾。诗卷长留天地间，钓竿欲拂珊瑚树。"这四句叙述孔巢父辞别长安去往江东。孔巢父东游，志在遁世求仙，因此这几句多提到神仙之事。

第二节："深山大泽龙蛇远，春寒野阴风景暮。蓬莱织女回云车，指点虚无是归路。"这四句写的是诗人对孔巢父此去途中的想象之情境。龙蛇山泽，状其归隐之迹。春寒野阴，记其别去之时。蓬莱征路，预言其当有志同道合之人指点。明末清初王嗣奭《杜臆》说："孔游江东，故'东海''珊瑚''龙蛇''大泽''蓬莱''织女'皆用江东景物，而牛、女乃吾越分野也。'深山大泽'指江东，而'龙蛇远'以比巢父之隐。'野阴''景暮'，以比世之乱。刘须溪云：'不必有所从来，不必有所指，玄又玄'，此不知其解，而故为浑语以欺人，往往如此。……此篇宛然游仙诗，但人能超出尘氛之外，便是仙人，非必乘鸾跨鹤也。巢父何减仙人？"

第三节："自是君身有仙骨，世人那得知其故。惜君只欲苦死留，富贵何如草头露？"这四句言孔巢父对人生有独特的见解，对功名利禄看得很淡，且归隐之心已决。世人不了解孔巢父才作出爱惜而苦留的举动。说富贵如草露，说明孔巢父独有仙骨。

第四节为最后六句。"蔡侯静者意有余，清夜置酒临前除。罢琴惆怅月照席，几岁寄我空中书？"四句写蔡侯置酒为孔巢父饯行的情景；"南寻禹穴见李白，道甫问讯今何如。"两句写请孔巢父转达对李白的问候，点明题中的"兼呈李白"，从侧面点出了李白与杜甫之间的深厚情谊。置酒者是蔡侯，惆怅者是杜甫，寄书道讯者是孔巢父，宾主一齐点明收尾。

全诗结构严密，句式富于变化，意蕴悠长。正如明谢榛所说："拙句不失大体，巧句不害正气，铺叙意不可尽，力不可竭，贵有变化之妙。"

孔巢父此去，意在求仙访道，故诗中多缥缈恍惚语，有浓厚的浪漫主义色彩，但也可以看出杜甫早期所受屈原的影响。（毕桂发）

【原文】

城西陂泛舟

青蛾皓齿在楼船[(1)]，横笛短箫悲远天[(2)]。
春风自信牙樯动[(3)]，迟日徐看锦缆牵[(4)]。
鱼吹细浪摇歌扇[(5)]，燕蹴飞花落舞筵[(6)]。
不有小舟能荡桨，百壶那送酒如泉[(7)]。

【毛泽东圈评等情况】

毛泽东曾圈阅此诗。他圈阅较多的中华书局印行的清沈德潜编选《唐诗别裁集》卷十三七言律诗中刊有这首《城西陂泛舟》。

[参考]张贻玖：《毛泽东评点、圈阅的中国古典诗词》，
中国工人出版社 1992 年版，第 229 页。

【注释】

（1）青蛾，青黛色的眉毛，借指某人。皓齿，洁白的牙齿。南朝宋刘铄《白曲》："佳人举袖辉青蛾，掺掺擢手映舞罗。"楼船，有装饰的游船。远在汉代以前就已出现，外观高大巍峨，一般甲板上有三层建筑，甲板建筑的四周还有较大的空间和走道，便于人们往来。

（2）横笛，笛子，即今七孔横吹之笛，与古笛之直吹者相对而言。宋沈括《梦溪笔谈·东律一》："后汉马融所赋长笛……李善为之注云：'七孔，长一尺四寸。'此乃今之横笛耳。"短箫，吹奏乐器名。唐房玄龄等《晋书·乐志上》："其有短箫之乐者，则所谓王师大捷，令军凯歌者也。"悲，悲壮，悲凉。远天，高远的天空。这里指音乐声传得又高又远，所谓"半入江风半入云"（《赠花卿》）。

（3）信，仇兆鳌注："信，任也，任其自动也。"牙樯，饰以象牙的

帆柱。庾信《哀江南赋》："铁轴牙樯。"樯，帆柱。

（4）迟日，春天日渐长，所以说迟日。《诗经·七月》："春日迟迟。"后以迟日指春日。杜甫有著名绝句"迟日江山丽，春风花草香。泥融飞燕子，沙暖睡鸳鸯"，所描写的"迟日"风光也是春天的景色。徐看锦缆牵，实际应该是"看锦缆徐牵"。王嗣奭说："船大而行自缓，故云'徐看'。"

（5）歌扇，是说歌者以扇遮面。歌扇是唐朝舞乐中的常用之物，多见于唐诗。杜甫在另外一首描写船上歌舞的诗《艳曲》也写到"江清歌扇底，野旷舞衣前"。摇，指水中扇影摇曳。

（6）燕蹴（cù），燕雀飞临。蹴，踏。

（7）清酒，古代祭祀用的清洁的酒。《诗经·大雅·韩奕》："清酒百壶，其肴维何？"《汉书·地理志》："有酒泉郡。"注："俗传城内有金泉之味如酒。"

【赏析】

此诗当作于唐玄宗天宝十三年（754），杜甫43岁，地点在长安。清顾宸指出："天宝间，景物盛丽，士女游观，极尽饮燕歌舞之乐。此咏泛舟实事，不是讥刺明皇，亦非空为艳曲。"此诗内容主要是描绘一场设在楼船上的歌舞宴会的盛况，表现了皇家极其奢侈的生活。此诗写皇家的豪华生活。清仇兆鳌《杜诗详注》："此泛陂而志声妓之盛也。"

这是一首七言律诗。首联首句"青蛾皓齿在楼船"中的青蛾皓齿指船上的家妓或歌妓。在古代，携妓出游，是所谓"雅事"。青蛾，当时仕女的青眉并不是像后世那样细细弯弯的，而是用青黛涂描得很大，呈瓜子状斜峙，如同两只青蛾，故称。这从唐代的《簪花仕女图》可以明显地看出来。次句"横笛短箫悲远天"，由于笛声音色高亢哀厉的缘故，古人经常用"悲"之类的词来形容笛箫之声（特别是笛声）优美。横笛相传为汉武帝时张骞出使西域以后输入长安。唐代笛子横吹，是没有笛膜的。有"青蛾皓齿"，故有"横笛短箫"。楼船高敞，故声达天际。

颔联："春风自信牙樯动，迟日徐看锦缆牵。"明颜廷榘《杜律意笺》说："象牙作帆樯，此乐府之侈词；锦彩为舟缆，此甘宁之侈事，皆属借形语。"

这里所说的"甘宁之侈事",见于《三国志·吴志·甘宁传》说:"甘宁住止,常以缯锦缆舟,去辄割弃,以示奢。"(引自《太平御览》卷 771)。

颈联出句"鱼吹细浪摇歌扇",其中"鱼吹"很有可能是当时天气闷热,气压低,所以一些水里的鱼儿连连透出水面吐泡泡(即所谓"鱼吹"),有的还纷纷跃出水面。对句中的"燕蹴飞花"进一步证实了当时的天气状况。因为气压低,当时燕子也就飞得极低,这样才有可能让杜甫近距离观察到"燕蹴飞花"。这种气候情况易发生在麦收前后,特别是第一场大雨来临之前。"燕蹴飞花落舞筵"与"衔泥点污琴书内,更接飞虫打着人"(《绝句》)的景象很相似,看来当时的燕子准头很好,既能踩到飞花,又能击到飞虫。同时也可以看出杜甫对生活观察得很细致。

"不有小舟能荡桨,百壶那送酒如泉",尾联写小舟送酒。清边连宝指出:"小舟送酒,若用正说,便味短而少力。"(《杜律启蒙》)此诗颔联、颈联均失粘,是一首拗体七律。不过,此时的作品和杜甫后期(特别是入夔州以后)的有意为之的拗体七律意义不同。清仇兆鳌《杜诗详注》:"盛唐七律,尚有宽而未严处。此诗'横笛短箫悲远天',次联宜用仄承,下云'春风自信牙樯动',仍用平接矣。如太白《登凤凰台》诗,上四句亦平仄未谐,此才人之不缚于律者。在中晚则声调谨严,无此疏放处,但气体稍平,却不能如此雄壮典丽耳。"这反映了七律在刚刚成型的初期尚不严谨,而且杜甫本人当时也处于七律创作的学习阶段。

本诗在艺术表现手法上结构章法严密有致、有条不紊、环环相扣。首二句写楼船士女之盛,三、四句承"楼船"言起,五、六句承"青蛾"言歌舞热烈,末二句承歌舞而终,歌舞奏而酒兴酣,故须小舟相送,百壶迭进。另外,大肆铺陈渲染,也是艺术表现上的一大特色。"青蛾""皓齿",形容人丽;"牙樯""锦缆",舟极豪华;"春风""迟日",又助于韶光;"歌扇""舞筵",平添几分曲折;"吹浪""蹴花"又倍增其景色。全诗字数有限,表情达意却淋漓尽致,准确而又生动。著名诗人陆游曾在诗中说:"后世但作诗人看,使我抚己空嗟咨。"足见诗人杜甫的诗歌对后人的影响之大。(毕桂发)

九日蓝田崔氏庄

老去悲秋强自宽⁽¹⁾，兴来今日尽君欢⁽²⁾。

羞将短发还吹帽，笑倩旁人为正冠⁽³⁾。

蓝水远从千涧落⁽⁴⁾，玉山高并两峰寒⁽⁵⁾。

明年此会知谁健⁽⁶⁾？醉把茱萸仔细看⁽⁷⁾。

【毛泽东圈评等情况】

毛泽东曾圈阅此诗。他圈阅较多的中华书局印行的清沈德潜编选《唐诗别裁集》卷十三七言律诗中刊有这首《九日蓝田崔氏庄》。

[参考] 张贻玖：《毛泽东评点、圈阅的中国古典诗词》，中国工人出版社 1992 年版，第 229 页。

【注释】

（1）老去，谓人渐趋衰老。悲秋，战国楚宋玉《楚辞·九辩》："悲哉！秋之为气也。"强自宽，《列子》："孔子见荣启期鼓琴而歌，曰：'善手能自宽也。'"

（2）兴来，兴会所至。南朝宋刘义庆《世说新语·任诞》："王子猷居山阴，夜大雪……思忆戴安道。时戴在剡，即便夜乘小船就之，经宿方至，造门不前而返。人问其故，王曰：'吾本乘兴而行，兴尽而返，何以见戴？'"今，一作"终"。

（3）倩（qiàn），请别人代自己做事。这里暗用"孟嘉落帽"的典故。唐房玄龄等《晋书·孟嘉传》云："孟嘉为征西桓温参军，温甚重之。九月九日，温宴龙山，僚佐毕集，皆着戎装。有风至，吹嘉帽堕，使左右勿言，欲观其举止。嘉良久如厕，温令取还之，命孙盛作文嘲嘉，著嘉坐处。嘉还见，即答之，其文甚美，四座嗟叹。"

（4）蓝水，水名，即兰溪，源于陕西西北秦岭，西北流入蓝田界。

（5）玉山，即蓝田山。山产美玉，故又名玉山，以山形如覆车，又名覆车山。

（6）健，一作"在"。

（7）"醉把茱萸"句，汉刘歆著、东晋葛洪辑抄《西京杂记》："汉武宫人贾佩兰，九日佩茱萸，饮菊花酒，令人长寿。"醉，一作"再"。

【赏析】

此诗作于唐玄宗天宝十五年（756），是年六月，诗人闻肃宗立，自鄜州奔往，途中遂陷贼中。

这是一首悲秋叹老的七言律诗。首联："老去悲秋强自宽，兴来今日尽君欢。"杜甫生于唐玄宗先天元年（712），是年，诗人仅42岁，可诗中开头先用"老去"和"悲秋"表达自己的思想感情，仿佛使人难以理解，但联系诗人当时的处境，就毫不奇怪了。是年，杜甫带着一家人走在难民的行列里，以野果充饥，尝遍了一切逃难者所受的苦楚。最后，他把家人安顿在鄜州羌村，只身北往灵武（今宁夏灵武），想去投奔刚刚即位的唐肃宗，途中被叛军捉住，看到的是国破家亡的惨象，自我的前途莫测。这里的"老"与"悲"是思想感情的老与悲，是感叹国家的兴亡、家庭的衰败。人已老去，对秋景更生悲念，只有勉强宽慰自己。今日重九佳节，兴致来了，一定要和你们（君）尽情欢娱。这两句形式上对仗，内容上相对，一悲一欢，更见欢之因悲、悲之更悲。翻转变化，意远味深。

"羞将短发还吹帽，笑倩旁人为正冠"，颔联紧承首联二句，人老了，羞怕帽落而显露出自己的萧萧短发，所以当风吹帽子时，笑着请旁人为他正一正帽子。这里作者暗用"孟嘉落帽"的典故。唐房玄龄等《晋书·孟嘉传》："孟嘉为征西桓温参军，温甚重之。九月九日，温宴龙山，僚佐毕集，皆着戎装。有风至，吹嘉帽坠，使左右勿言，欲观其举止。嘉良久如厕，温令取还之，命孙盛作文嘲嘉，著嘉坐处。嘉还见，即答之，其文甚美，四坐嗟叹。"杜甫曾授率府参军，此处以孟嘉自比，合乎身份。然孟嘉落帽显示出的是名士的洒脱风流，而杜甫此时为落魄之人，又何谈洒脱风流？杜甫这里借用该典故，一是用其重阳登高之义，二则以故人之风流衬托自己内心的悲凉与凄切之感。所说"笑情"也非真笑，而是强颜欢笑，骨子里透出的是哀泣！这里，"笑"是假，"羞"则是真。一真一假，一实一虚，传神地表达了诗人悲苦、伤感的心境。再者，重九登高，朋辈相聚，必有酒食，"尽欢"则醉。"羞"与"笑"就此意义而言，表现的则是诗人的醉态，形象传神。南宋杨万里《诚斋诗话》言此二句："孟嘉以落帽为风流，此以不落帽为风流，翻尽古人公案，最为妙法"，确是一语中的。

颈联"蓝水远从千涧落，玉山高并两峰寒"。"蓝水"，水名。源出陕西商洛西北秦岭，西北流入蓝田界。东汉辛氏撰《三秦记》："蓝田有水。方三十里，其水北流，出玉石，合溪后之水，为蓝水。""玉山"，即蓝田山。山产美玉，故又名玉山，以山形如覆车，又名覆车山。《太平寰宇记》载："蓝田山在县西三十里，一名玉山，一名覆车山。"诗人在这两句里，一反前四句中的叹老悲秋，以"千涧汇流""两峰遥峙"陡现出眼前的自然壮观，描山绘水，气象峥嵘。"远"与"高"展示出开阔的空间，令人为之一震；"落"与"寒"点出深秋时令，豪壮中带有几分悲凉。

"明年此会知谁健？醉把茱萸仔细看"，尾联写诗人抬头观望山水，是如此壮观；低头遐想，人事难料，不知明年此际是否能够重在此会聚。诗人在醉中手把茱萸，陷入无尽的遐思之中。上句一个问号，表现的是诗人沉重的心情和深广的忧伤；下句一个"醉"字，将全篇精神收拢，形象地刻画出诗人此时此际的心态，把千言万语置于一字之中、却又胜过万语千言，另外，也照应了首二句的"尽欢"之意。

本诗结构上腾转变化，曲折往复，句句称奇。首联相对而起，一悲一喜，顷刻变化；颔联将一事翻腾作两句，反用古意。深表悲情；颈联却能一反常态，笔力雄健挺拔，唤起一篇精神；结联意味深长，回味无穷。前人许之谓"字字亮，笔笔高"（清浦起龙撰《读杜心解》），毫不夸张。（毕桂发）

【原文】

曲江对雨

城上春云覆苑墙[(1)]，江亭晚色静年芳[(2)]。

林花著雨燕支湿[(3)]，水荇牵风翠带长[(4)]。

龙武新军深驻辇[(5)]，芙蓉别殿漫焚香[(6)]。

何时诏此金钱会[(7)]，暂醉佳人锦瑟旁[(8)]。

【毛泽东圈评等情况】

毛泽东曾圈阅此诗。他圈阅较多的清沈德潜编选《唐诗别裁集》卷十三七言律诗中刊有这首《曲江对雨》。

[参考] 张贻玖：《毛泽东评点、圈阅的中国古典诗词》，

中国工人出版社 1992 年版，第 229 页。

【注释】

（1）苑墙，指芙蓉园的围墙，因皇帝常游幸其中，故称"苑"墙。

（2）江亭，曲江之亭。年芳，指美好的春色。一年有四时，以春为芳。南朝梁沈约《三月三日率尔成篇》："丽日属元巳，年芳俱在斯。"

（3）著（zhuó），附着。燕支，植物名，即红花，可作胭脂。

（4）水荇（xìng），水草名，相连而生，根生水底，叶浮水面。

（5）龙武新军，指驻守宫闱的羽林军。后晋刘昫等《旧唐书·兵志》云："高宗龙朔二年，置左右羽林军，玄宗改为左右龙武军。肃宗至德二载，置左右神武军，赐名'天骑'。此即新军也。"辇，用人拉挽的车子，秦汉以后专指皇帝的车子。

（6）谩，白白地。

（7）金钱会，指先皇盛世时赐宴承天门的盛会。后晋刘昫等《旧唐书》云："开元元年九月，宴王公百僚于承天门，令左右于楼下撒金钱，许中书以上五品官及诸司三品以上官争拾之。"

（8）锦瑟，乐器名。《周礼乐器图》："雅瑟二十三弦，颂瑟二十五弦。饰以宝玉者曰宝瑟，绘纹如锦曰锦瑟。"

【赏析】

《曲江对雨》是唐代大诗人杜甫的作品。曲江是杜甫长安诗作的一个重要题材。安史之乱前，他以曲江游宴为题，讽刺诸杨的豪奢放荡。陷居时期，他潜行曲江，抒发深重的今昔兴亡之感。而平乱之后，则大多寓凄寂之境于浓丽之句，表达深沉的悲感与愤慨。《曲江对雨》就是这样的一首作品。全诗绘景浓艳，意境静穆清冷；抒情婉转，感慨深沉曲折，在忆旧与憧憬中隐约可见诗人的忠君忧国之心及颓然自放之念。

这是一首借景抒怀的七言律诗。

前四句写曲江雨景。"城上春云覆苑墙"，写下雨前夕的天气状况，先大处落墨，勾出全景，重在写静态。"春云"，指春际的乌云。"苑墙"，这里指芙蓉园的围墙，因皇帝常游幸其中，故称"苑"墙。这句是说春日的浓云上了城头并覆盖了芙蓉园的围墙。春雨，能给人以希望，令人向往，俗语"春雨贵如油"即是这个道理。可本诗句中，却丝毫看不出诗人的欣喜。相反，诗人的视觉焦点却落在令人为之凄凉的景物之中，这就是次句"江亭晚色静年芳"。"江亭"，指曲江之亭。"年芳"，指春日。一年有四时，以春为芳。这一句紧承上句"春云"而起，因快要下雨了，傍晚的江亭四周的春色极为静寂。作者首二句写雨前景物，给人的是一幅荒凉的画面。且将这种画置于春日，荒凉之甚，可想而知。清黄生撰《杜诗说》："一'静'字，见出风景寂寥。然景则寂寥，诗语偏极浓艳。"

"林花著雨燕支湿，水荇牵风翠带长"，颔联写雨中之景物，从细部用笔，由面到点，写曲江胜景，重在写动态，将满怀幽思作进一步渲染。颔联中的"燕支"，一种花草。晋崔豹撰《古今注》："燕支，叶似蓟，花似蒲公，出西方，土人以染。中国谓之红蓝，以染粉，为面色。""水荇"，水草名，相连而生，根生水底，叶浮水面。诗人眼中所见的雨景，是"春雨"将鲜花打湿，春风将水荇吹得在水中左右摇摆。显然，诗人此时此刻的心情是低落的、沉郁的。所以诗人此刻由此景所生之感也绝不会是高昂的、奔放的。诗的后四句，正好说明了这一点。

"龙武新军深驻辇，芙蓉别殿漫焚香"，颈联写诗人对朝事之感，讲当年玄宗皇帝，曾率领龙武禁军，自夹城趋芙蓉园，笳鼓齐鸣，车声雷动，旌麾蔽日。"龙武新军"，宋欧阳修等《新唐书》曰："龙武军，皆用功臣子弟，制若宿卫兵。"宋程大昌撰《雍录》："左右龙虎军，即太宗时飞骑，衣五色袍，乘六闲驳马，虎皮鞯。唐讳虎，故曰龙武。"后晋刘昫等《旧唐书·兵志》云："高宗龙朔二年，置左右羽林军，玄宗改为左右龙武军。肃宗至德二载，置左右神武军，赐名天骑。"此即新军也。"驻"，车马停止不前。"辇"，用人拉挽的车子，秦汉以后专指皇帝的车子。"别殿"，后晋刘昫等《旧唐书·地理志》云："兴庆宫，在皇城东南，谓之南内，筑夹城入芙蓉园。"因芙蓉园与曲江相接，皇帝常游幸其中。芙蓉、曲江各有殿，故曰别殿。"漫"，白白地，空。这两句先写兴庆宫之寂静，后写芙蓉别殿之虚无。诗人之所以会产生如此感想，与作者所处时代背景和作者当时的处境是分不开的。这首诗写于乾元元年（758），三年以前，"安史之乱"爆发，肃宗至德二载（757），安禄山在洛阳被杀，洛阳、长安（今陕西西安）收复，杜甫只身投奔肃宗，受职左拾遗。因上疏为宰相房琯罢职一事鸣不平，激怒肃宗，遭到审讯，后为宰相张镐救助，获免。以后，虽仍任拾遗，但有名无实，不受重用。试想，长安新经丧乱，诗人自己又不得志，诗人内心对一切都感到那么渺茫，那样虚无，产生如此之感想就毫不奇怪了。然而诗人又不甘心自己的命运，希望有朝一日能重展大志、为国尽力。可是，现实又是如此，希望只是一种幻想，希望只能寄托在对先皇昌盛之日的回忆之中。尾联两句就是诗人这种思想的写照。"金钱会"是作者对先皇盛世的回忆。后晋刘昫等《旧唐书》云："开元元年九月，宴王公百僚于承天门，令左右于楼下撒金钱，许中书以上五品官及诸司三品以上官争拾之。"《剧淡录》云："开元中，上巳赐宴臣僚，会于曲江山亭，恩赐教坊声乐，池中备彩舟数只，唯宰相三使北省官与翰林学士登焉。每岁倾动皇州，以为盛观。"颈联二句中先是对先皇盛世的追忆，流露出向往与留恋之情，这种向往与留恋正是基于现实的不得志；后写对现实的处世态度。正因为现实的不得志，只好以"醉"消愁、消悲，予以解脱。不过这种解脱又基于对往世的追忆、留恋，因为旧时曲江赐宴之时，赐太常教坊之乐，必有佳人，必有锦瑟。也正因为诗人的解脱是基于旧时虚幻，所以诗人并没有真正解脱，而是无可奈何的"精神解脱"。

本诗借景抒情，情切感人。叙述描写，章法有致。先写曲江雨景，后写对雨兴感；"年芳"晚静，足见雨际寂寥；花湿荇长，以显春雨无情；"林花""水荇"乃雨中所见；"驻辇""焚香"为雨中所思；尾联二句"何时诏此金钱会，暂醉佳人锦瑟旁"，再折一层，写诗人之狂想，又是雨中所叹，层层围绕曲江之雨写起，时开时合。然诗人用词之准确，也是一大特点，如诗中"湿"字之妙，曾有一典足以说明。据说此诗题于院壁之上，"湿"字为蜗蜓所蚀。宋代著名诗人苏轼、黄庭坚、秦观偕同僧人佛印游于此，因见缺字，各拈一字补之。苏云"润"，黄云"老"，秦云"嫩"，佛印云"落"，找来杜甫集子验证，乃"湿"字，无不佩服"湿"字出于自然而不可更换。而四人分别从生老病死角度之，无一能替代大诗人当时心境。《唐宋诗醇》说："离乱初复，追思极盛，悄然悲慨，无限深情。后四句一气滚出，仍望有承平之乐，语偏浓至，气自空苍，此中晚所望而不及者也。"（毕桂发　孔巧玲）

【原文】

春　望

国破山河在⁽¹⁾，城春草木深。

感时花溅泪⁽²⁾，恨别鸟惊心。

烽火连三月⁽³⁾，家书抵万金⁽⁴⁾。

白头搔更短⁽⁵⁾，浑欲不胜簪⁽⁶⁾。

【毛泽东圈评等情况】

毛泽东在一本中华书局印行的清蘅塘退士编选《注释唐诗三百首》"五言律诗"中这首《春望》诗题头上方画了一个大圈，在正文上方天头空白处又连画了三个小圈。

[参考] 中央档案馆整理：《毛泽东评点诗词曲精选（上册）》，中国档案出版社 1998 年版，第 77 页。

隋唐五代诗

1111

毛泽东曾手书这首《春望》诗的后四句。

[参考] 中央档案馆编：《毛泽东手书选集·古诗词卷（上）》，

北京出版社1996年版，第181页。

【注释】

（1）国破，指长安沦陷。《战国策·齐策》："国破君王，吾不能存。"国，国都，指长安（今陕西西安）。破，陷落。山河在，旧日的山河仍然存在。

（2）城，指长安城。草木深，荒草树木长得很深，指人烟稀少。

（3）感时，为国家的时局而感伤。溅泪，流泪。

（4）恨别，怅恨离别。

（5）烽火，古代边防报警的烟火，这里指安史之乱的战火。《史记·周本纪》："有寇至，则举烽火。"三月，正月、二月、三月。

（6）抵，价值。

（7）白头，白发。搔（sāo），以指甲或他物轻刮。短，少。

（8）浑欲，简直完全要。簪（zān），古人用来绾定发髻或冠的长针。

【赏析】

唐玄宗天宝十四年（755）十一月，安禄山起兵叛唐。次年六月，叛军攻陷潼关，唐玄宗匆忙逃往四川。七月，太子李亨即位于灵武（今属宁夏），世称肃宗，改元至德。杜甫闻讯，即将家属安顿在鄜州，只身一人投奔肃宗，结果不幸在途中被叛军俘获，解送至长安，后因官职卑微才未被囚禁。至德二年（757）春，身处沦陷区的杜甫目睹了长安城一片萧条零落的景象，百感交集，便写下了这首传诵千古的名作。

这是一首五言律诗。"国破山河在，城春草木深"，诗篇首联描写了春望所见：山河依旧，可是国都已经沦陷，城池也在战火中残破不堪，乱草丛生，林木荒芜。诗人记忆中的昔日长安的春天是何等的繁华，鸟语花香，飞絮弥漫，烟柳明媚，游人迤逦，可是那种景象今日已经荡然无存了。一个"破"字使人触目惊心，继而一个"深"字又令人满目凄然。诗人写今日景物，实为抒发人去物非的历史感，将感情寄寓于物，借助景物反托情感，为全诗创造了一片荒凉凄惨的气氛。"国破"和"城春"两个截然相反的意象，同时存在并形成强烈的反差。"城春"当指春天花草树木繁盛茂密、烟景明丽的季节，可是由于"国破"，国都沦陷而失去了春天的光彩，留下的只是颓垣残壁，只是"草木深"。"草木深"三字意味深沉，表示长安城里已不是市容整洁、井然有序，而是荒芜破败，人烟稀少，草木杂生。这里诗人睹物伤感，表现了强烈的黍离之悲。清何焯《义门读书记》说："起联笔力千钧。……'感时'心长，'恨别'意短，落句故置家言国也。匡复无期，趋朝望断，不知此身得睹司隶章服否？只以'不胜簪'终之，凄凉含蓄。"

"感时花溅泪，恨别鸟惊心"，颔联是说，花无情而有泪，鸟无恨而惊心，花鸟是因人而具有了怨恨之情。春天的花儿原本娇艳明媚，香气迷人；春天的鸟儿应该欢呼雀跃，唱着委婉悦耳的歌声，给人以愉悦。"感时""恨别"都浓聚着杜甫因时伤怀、苦闷沉痛的忧愁。这两句的含意可以这样理解：我感于战败的时局，看到花开而泪落潸然；我内心惆怅怨恨，听到鸟鸣而心惊胆战。人内心痛苦，遇到乐景，反而引发更多的痛苦，就如"昔我往矣，杨柳依依；今我来思，雨雪霏霏"那样。杜甫继承了这种以乐景表现哀情的艺术手法，并赋予更深厚的情感，获得更为浓郁的艺术效果。诗人痛感国破家亡的苦恨，越是美好的景象，越会增添内心的伤痛。这联通过景物描写，借景生情，移情于物，表现了诗人忧伤国事、思念家人的深沉感情。

"烽火连三月，家书抵万金"，颈联写诗人想到：战火已经连续不断地进行了一个春天，仍然没有结束。唐玄宗都被迫逃亡蜀地，唐肃宗刚刚继位，但是官军暂时还没有获得有利形势，至今还未能收复西京，看来这场战争还不知道要持续多久。又想起自己流落被俘，扣留在敌军营，好久没有妻子儿女的音信，他们生死未卜，也不知道怎么样了。要能得到封家信多好啊，"家书抵万金"，含有多少辛酸、多少期盼，反映了诗人在消息隔绝、久盼音讯不至时的迫切心情。战争是一封家信胜过"万金"的真正原因，这也是所有受战争迫害的人民的共同心理，反映出广大人民反对战争、期望和平安定的美好愿望，很自然地使人产生共鸣。

"白头搔更短，浑欲不胜簪"，尾联是说，烽火连月，家信不至，国愁家忧齐上心头，内忧外患纠缠难解。眼前一片惨戚景象，内心焦虑至极，不觉于极无聊之时，搔首徘徊，意志踌躇，青丝变成白发。自离家以来一直在战乱中奔波流浪，而又身陷于长安数月，头发更为稀疏，用手搔发，顿觉稀少短浅，简直连发簪也插不住了。诗人由国破家亡、战乱分离写到自己的衰老。"白发"是愁出来的，"搔"欲解愁而愁更愁。头发白了、疏了，从头发的变化，使读者感到诗人内心的痛苦和愁怨，读者更加体会到诗人伤时忧国、思念家人的真切形象，这是一个感人至深、完整丰满的艺术形象。明王嗣奭《杜臆》："落句方思济世，而自伤其老。"

这首诗全篇情景交融，感情深沉，而又含蓄凝练，言简意赅，充分体现了"沉郁顿挫"的艺术风格。全诗结构紧凑，围绕"望"字展开，前四句借景抒情，情景结合。诗人由登高远望到焦点式的透视，由远及近，感情由弱到强，就在这感情和景色的交叉转换中含蓄地传达出诗人的感叹忧愤。由开篇描绘国都萧索的景色，到眼观春花而泪流，耳闻鸟鸣而怨恨；再写战事持续很久，以致家里音信全无，最后写到自己的哀怨和衰老，环环相生、层层递进，创造了一个能够引发人们共鸣、深思的境界。该诗表现了典型时代背景下所生成的典型感受，反映了同时代的人们热爱国家、期待和平的美好愿望，表达了大家一致的内在心声，也展示出诗人忧国忧民、感时伤怀的高尚情感。宋司马光《温公续诗话》说："古人为诗，贵于意在言外，使人思而得之，故言之者无罪，闻之者足以耐也。近世诗人，唯杜子美最得诗人之体，如'国破山河在，城春草木深。感时花溅泪，恨别鸟惊心'。山河在，明无余物矣。草木深，明无人矣。花鸟，平时可娱之物，见之而泣，闻之而悲，则时可知矣。他皆类此，不可遍举。"宋方回《瀛奎律髓》："此第一等好诗。想天宝、至德以至大历之乱，不忍读也。"

毛泽东曾先后圈画过三四次并手书过诗的后四句，说明他对这首诗非常欣赏。（毕桂发）

北　征

　　皇帝二载秋⁽¹⁾，闰八月初吉⁽²⁾。杜子将北征⁽³⁾，苍茫问家室⁽⁴⁾。维时遭艰虞⁽⁵⁾，朝野少暇日。顾惭恩私被⁽⁶⁾，诏许归蓬荜⁽⁷⁾。拜辞诣阙下⁽⁸⁾，怵惕久未出⁽⁹⁾。虽乏谏诤姿⁽¹⁰⁾，恐君有遗失。君诚中兴主⁽¹¹⁾，经纬固密勿⁽¹²⁾。东胡反未已⁽¹³⁾，臣甫愤所切⁽¹⁴⁾。挥涕恋行在⁽¹⁵⁾，道途犹恍惚。乾坤含疮痍⁽¹⁶⁾，忧虞何时毕⁽¹⁷⁾！

　　靡靡逾阡陌⁽¹⁸⁾，人烟眇萧瑟⁽¹⁹⁾。所遇多被伤，呻吟更流血。回首凤翔县，旌旗晚明灭⁽²⁰⁾。前登寒山重，屡得饮马窟⁽²¹⁾。邠郊入地底⁽²²⁾，泾水中荡潏⁽²³⁾。猛虎立我前⁽²⁴⁾，苍崖吼时裂。菊垂今秋花，石戴古车辙⁽²⁵⁾。青云动高兴，幽事亦可悦⁽²⁶⁾。山果多琐细，罗生杂橡栗⁽²⁷⁾。或红如丹砂，或黑如点漆。雨露之所濡⁽²⁸⁾，甘苦齐结实。缅思桃园内⁽²⁹⁾，益叹身世拙。坡陀望鄜畤⁽³⁰⁾，岩谷互出没。我行已水滨，我仆犹木末。鸱枭鸣黄桑，野鼠拱乱穴⁽³¹⁾。夜深经战场，寒月照白骨。潼关百万师⁽³²⁾，往者散何卒⁽³³⁾？遂令半秦民⁽³⁴⁾，残害为异物⁽³⁵⁾。

　　况我堕胡尘，及归尽华发。经年至茅屋⁽³⁶⁾，妻子衣百结。恸哭松声回，悲泉共幽咽。平生所娇儿，颜色白胜雪。见爷背面啼⁽³⁷⁾，垢腻脚不袜。床前两小女，补绽才过膝。海图坼波涛⁽³⁸⁾，旧绣移曲折⁽³⁹⁾。天吴及紫凤⁽⁴⁰⁾，颠倒在裋褐⁽⁴¹⁾。老夫情怀恶，呕泄卧数日。那无囊中帛⁽⁴²⁾，救汝寒凛栗。粉黛亦解包，衾裯稍罗列。瘦妻面复光，痴女头自栉⁽⁴³⁾。学母无不为⁽⁴⁴⁾，晓妆随手抹。移时施朱铅，狼藉画眉阔。生还对童稚，似欲忘饥渴。问事竞挽须，谁能即嗔喝？翻思在贼愁，甘受杂乱聒⁽⁴⁵⁾。新归且慰意，生理焉得说⁽⁴⁶⁾！

　　至尊尚蒙尘，几日休练卒？仰观天气改，坐觉妖氛豁⁽⁴⁷⁾。阴风西北来，惨淡随回纥⁽⁴⁸⁾。其王愿助顺⁽⁴⁹⁾，其俗善驰突。送兵五千人，驱马一万匹。此辈少为贵，四方服勇决。所用皆鹰腾⁽⁵⁰⁾，破敌过箭疾⁽⁵¹⁾。圣心颇虚伫⁽⁵²⁾，时议气欲夺⁽⁵³⁾。伊洛指掌收⁽⁵⁴⁾，西京不足拔⁽⁵⁵⁾。官军请深入，蓄锐伺俱发[56]。此举开青徐[57]，旋瞻略恒碣[58]。昊天积霜露，正气有肃杀。祸转亡胡岁，势成擒胡月。胡命岂能久，皇纲未宜绝。

忆昨狼狈初，事与古先别。奸臣竟菹醢[59]，同恶随荡析[60]。不闻夏殷衰[61]，中自诛褒妲[62]。周汉获再兴[63]，宣光果明哲[64]。桓桓陈将军[65]，仗钺奋忠烈。微尔人尽非[66]，于今国犹活。凄凉大同殿[67]，寂寞白兽闼[68]。都人望翠华[69]，佳气向金阙[70]，园陵固有神[71]，扫洒数不缺[72]。煌煌太宗业[73]，树立甚宏达。

【毛泽东圈评等情况】

1965 年 7 月 21 日，毛泽东《致陈毅》的信中说："又诗要用形象思维，不能如散文那样直说，所以比、兴两法是不能不用的。赋也可以用，如杜甫之《北征》，可谓'敷陈其事而直言之也'，然其中亦有比、兴。"

[参考]《致陈毅》(1965 年 7 月 21 日)，《毛泽东书信选集》，

人民出版社 1983 年版，第 608 页。

1964 年，毛泽东与他的侄外孙女王海容谈话时，问："杜甫诗中有一首诗叫《北征》，你读过没有？"王海容说："没有读过，《唐诗三百首》中没有。"毛泽东说："在《唐诗别裁集》上。"王海容问："读这首诗要注意什么？要不要打预防针。"毛泽东讲："你这个人尽是形而上学，要打什么预防针啰，不要打，要受点影响才好，要先钻进去，深入角色再爬出来。这首诗熟读就行了，不一定要背下来。"

[参考]董学文等：《毛泽东的文艺美学活动》，高等教育出版社

1993 年版，第 232 页。

【注释】

(1) 皇帝二载，即唐肃宗至德二年 (757)，这时尚沿旧习改年为载。

(2) 初吉，朔日，即旧历初一。《诗经·小雅·小明》："二月初吉，载离寒暑。"毛传："初吉，朔日也。"即初一。

(3) 杜子，杜甫自称。子是古代男子的通称。

（4）苍茫，指战乱纷扰，家中情况不明。问，探望。

（5）维，发语词。维时，即这个时候。艰虞，艰难忧患。

（6）顾惭，自己觉得很惭愧。被，及，加。恩私被，皇帝的恩德单独给了自己。

（7）蓬荜（bì），用蓬草荜柴等编成的门户，形容穷人住处。这里指羌村的家。

（8）诣（yì），到。阙下，指肃宗朝廷。

（9）怵惕（chù tì），恐惧不安的样子。

（10）谏诤，臣下对君上直言规劝。杜甫时任左拾遗，职属谏官，谏诤是他的职守。

（11）中兴主，安史之乱使唐王朝衰败，肃宗李亨出来平乱，重新振复，故称。

（12）经纬，策划国家大事。《左传·昭公二十九年》："夫晋国将受唐叔之所受法度，以经纬其民。"密勿，勤勉谨慎。

（13）东胡，指安史叛军。安禄山是突厥族和东北少数民族的混血儿，其部下又有大量奚族和契丹族人，故称东胡。反未已，当时，安庆绪（安禄山的儿子）继续反叛唐王朝，盘踞洛阳称帝。

（14）愤所切，愤恨的最深切的事。

（15）行在，皇帝在外地暂时居住的地方。

（16）疮痍，创伤。

（17）忧虞，忧虑。

（18）靡靡，犹"迟迟"，慢慢地走。《诗经·王风·黍离》："行迈靡靡，中心摇摇。"毛传："靡靡，犹迟迟也。"阡陌，道路。南北叫阡，东西称陌。

（19）眇，稀少，少见。

（20）明灭，忽明忽暗。

（21）屡得，多次碰到。饮（yìn）马窟，军中饮马的泉水或水注。这里指军马经行的痕迹，表明此处曾是战地。

（22）邠（bīn），邠州，今陕西彬县。郊，郊原，即盆地。杜甫时在山上，往下看邠州郊原如在地底，泾水在其间涌流。

（23）荡潏（jué），河水涌流的样子。

（24）猛虎，比喻山上怪石状如猛虎。李白诗句："石惊虎伏起。"薛能诗句："鸟径恶时应立虎。"

（25）石戴古车辙，石上印着古代的车辙。戴，一作"带"或"载"，指石上印迹。

（26）"青云"两句，耸入青云的高山引起诗人很高的兴致，他觉得山中幽静的景物也很可爱。青云，身在山头，故有此感。高兴，高远的兴致。

（27）罗生，罗列丛生。

（28）濡，滋润。

（29）缅思，遥想。桃园，即桃花源，是古人虚构的理想社会。陶渊明有《桃花源记》。

（30）坡陀，冈陵起伏不平的样子。鄜畤（zhì），本是秦文公所筑祭天用的坛场，这里即指鄜州。张协《登北邙赋》："尔乃地势容隆，丘墟陂陀。"

（31）鸱枭（chī xiāo），鸟类的一种，猫头鹰之类。野鼠，即所谓"拱鼠"，见人往往直立，前肢做拱手状。

（32）潼关百万师，至德元载（756），哥舒翰率二十万大军守潼关，杨国忠迫其匆促出战，被叛军击败，全军覆没。百万，夸张的说法，言其多。

（33）往者，指潼关之败。卒（cù），同"猝"，急促，突然。

（34）半秦民，一半的秦地人民。

（35）为异物，化为鬼类，指人死。

（36）经年，杜甫去年秋离家，今年秋回来，经过了一个年头。

（37）爷，俗称父亲的口语。

（38）海图，指衣服上所绣海景的图案。坼（chè），裂开。

（39）曲折，错乱。

（40）天吴，神话中的水神，"八首，人面，虎身，十尾"（《山海经·大荒东经》）。

（41）裋褐（shù hè），指粗陋的衣服。《汉书·贡禹传》颜师古注："裋者，谓童竖所着布长襦也。褐，毛布之衣也。"裋，一作"短"。

（42）那，怎奈。

（43）栉（zhì），梳、篦的总称。这里作动词用，指梳头。

（44）无不为，一一照着作。

（45）杂乱聒（guō），乱吵乱嚷。

（46）生理，即生计。

（47）坐，即将，立刻。豁，开朗，澄清。

（48）回纥（hé），中国古代部族名，亦国名。匈奴的一支，唐、宋迁入今新疆境内。

（49）其王，指回纥王怀仁可汗。助顺，帮助唐王朝。

（50）鹰腾，如鹰鸷之翱翔搏击。形容回纥兵的迅猛。

（51）过箭疾，比飞箭还快。

（52）虚伫，虚心期待。

（53）气欲夺，指不敢再说不同意见。因害怕而丧气叫夺气。《尉缭子·战威》："民之所以战者，气也，气实则斗，气夺则走。"

（54）伊洛，流经洛阳的水名，指代洛阳。

（55）西京，长安。拔，攻取。

（56）伺，一本作"可"，并通。

（57）青徐，青州和徐州。青州治所在今山东益都，徐州治所在今江苏徐州。

（58）旋瞻，不久就可看到。略，攻占。恒碣，指山西、河北一带被叛军占领的地方。

（59）奸臣，指杨国忠。菹醢（zū hǎi），剁成肉酱。

（60）同恶，谓杨氏家族、党羽等。荡析，消除净尽。

（61）不闻，没听说过。夏殷，从下文看是举以概括夏、殷、周。

（62）褒妲（dá），褒姒和妲己。从上文看还应包括夏末的妹喜。

（63）周汉，这里喻唐王朝。

（64）宣光，用周宣王和汉光武来比肃宗。

（65）桓桓，威武的样子。陈将军，即陈玄礼，曾为龙武将军。

（66）微，没有。尔，你，指陈玄礼。人尽非，人民将受到安史的野蛮统治。

（67）大同殿，在长安南苑兴庆宫勤政楼北，是唐玄宗所游之地。

（68）白兽闼（tà），即白兽门，在唐宫中。

（69）翠华，指皇帝的仪仗。皇帝的仪仗以翠羽为饰。

（70）佳气，良好的气象。金阙，指以金为饰的宫门，指代唐宫。

（71）园陵，指唐代先帝的陵墓，在长安一带。

（72）数，礼数。

（73）煌煌，光明，辉煌。业，业迹，指创建唐王朝。唐王朝在太宗李世民治理时昌盛起来，故云"太宗业"。

【赏析】

唐肃宗至德元年（756），杜甫自鄜州赴灵武，中途为胡兵所俘，被解送长安困居。至德二年（757）正月，安禄山被其子安庆绪所杀，二月，肃宗自彭原（今甘肃宁县）迁凤翔（在今陕西）。四月，杜甫逃出长安，奔赴凤翔，到达后，在五月十六日受任左拾遗。就在这个月，他上疏论房琯不应罢相，触怒肃宗，几陷不测，后来得到宰相张镐的解救，才幸免于难。杜甫为国而奋不顾身，仍想积极履行谏诤职责，肃宗对此并不乐意，在八月底下"墨制"（皇帝用黑笔亲书的诏令），准他鄜州探家。这一年闰月的八月初一日，杜甫自凤翔出发赴鄜州，到达后写了这首《北征》。鄜州在凤翔东北，"北征"即北行之意。

杜甫的这首长篇叙事诗，像是用诗歌体裁来写的陈情表，是他这位在职的左拾遗向肃宗皇帝汇报他探亲路上及到家以后的见闻感想。它的结构自然而精当，笔调朴实而深沉，充满忧国忧民的情思，怀抱中兴国家的希望，反映了当时的政治形势和社会现实，表达了人民的情绪和愿望。

全诗共有一百四十句，可分五节，按照"北征"，即从朝廷所在的凤翔到杜甫家人所在的鄜州的历程，依次叙述了蒙恩放归探亲、辞别朝廷登程时的忧虑情怀；归途所见景象和引起的感慨；到家后与妻子儿女团聚的悲喜交集情景；在家中关切国家形势和提出如何借用回纥兵力的建议；最后回顾了朝廷在安禄山叛乱后的可喜变化和表达了他对国家前途的信心、对肃宗中兴的期望。这首诗像上表的奏章一样，写明年月日，谨称"臣甫"，恪守臣节，忠悃陈情，先说离职的不安，次叙征途的观感，再述家室的情形，更论国策的得失，而归结到歌功颂德。这一结构合乎礼数，尽其谏职，顺理成章，而见美刺。读者不难看到，诗人采用这样的陈情表的构思，是出于他"奉儒守官"的思想修养和"别裁伪体"的创作要求，更凝聚着他与国家、人民休戚与共的深厚感情。

第一节从开头到"忧虞何时毕"，叙写自己离开行在、辞别朝廷登程时的忧虑情怀。"乾坤含疮痍，忧虞何时毕！"痛心山河破碎，深忧民生涂炭，这是全诗反复咏叹的主题思想，也是诗人自我形象的主要特征。诗人深深懂得，当他在苍茫暮色中踏上归途时，国家正处危难，朝野都无闲暇，一个忠诚的谏官是不该离职的，与他的本心也是相违的。因而他忧虞不安，留恋恍惚。正由于满怀忧国忧民，他沿途穿过田野，翻越山冈，夜经战场，看见的是战争创伤和苦难现实，想到的是人生甘苦和身世浮沉，忧虑的是将帅失策和人民遭难。总之，满目疮痍，触处忧虞，遥望前途，征程艰难，他深切希望皇帝和朝廷了解这一切，汲取这教训。因此，回到家里，他虽然获得家室团聚的欢乐，却更体会到一个封建士大夫在战乱年代的辛酸苦涩，不能忘怀被叛军拘留长安的日子，而心里仍关切国家大事，考虑政策得失，急于为君拾遗。可见贯穿全诗的主题思想便是忧虑国家前途、人民生活，而体现出来的诗人形象主要是这样一位忠心耿耿、忧国忧民的封建士大夫。

第二节从"靡靡逾阡陌"到"残害为异物"，依次叙写自己归家途中的见闻和引起的感慨。"缅思桃源内，益叹身世拙。"诗人遥想桃源中人避乱世外，深叹自己身世遭遇艰难。这是全诗伴随着忧国忧民主题思想而交织起伏的个人感慨，也是诗人自我形象的重要特征。肃宗皇帝放他回家探亲，其实是厌弃他、冷落他。这是诗人心中有数的，但他无奈，有所怨望，而只能感慨。他痛心而苦涩地叙述、议论、描写这次皇恩放回的格外优遇：在国家危难、人民伤亡的时刻，他竟能有闲专程探亲，有兴观赏秋色，有幸全家团聚。这一切都违反他爱国的志节和爱民的情操，使他哭笑不得，尴尬难堪。因而在看到山间丛生的野果时，他不禁感慨天赐雨露相同，而果实苦甜各别；人生于世一样，而安危遭遇迥异；他自己却偏要选择艰难道路，自甘其苦。

第三节从"况我堕胡尘"到"生理焉得说"，通过细微之事写自己到家与妻儿团聚后悲喜交集的情景。所以回到家中，诗人看到妻子儿女穷困的生活，饥瘦的身容，体会到老妻和爱子对他的体贴，天真幼女在父前的娇痴，回想到他自己舍家赴难以来的种种遭遇，不由得把一腔辛酸化为生聚的欣慰。这里，诗人的另一种处境和性格，一个艰难度日、爱怜家小的平民当家人的形象，便生动地显现出来。

第四节从"至尊尚蒙尘"到"皇纲未宜绝"，叙述自己就向回纥借兵事，对国家政局和讨叛形势的看法。诗人在家，仍然关心国家大事。对借凶悍骁勇的回纥兵讨叛一事，他持谨慎态度，虽然满朝大臣慑于君威不敢再多作议论，但他希望朝廷还是依靠自己的力量，不要再做引狼入室的蠢事。诗人把回纥兵喻为"惨淡"的"阴风"，可以看出他的这种担心。诗人认为，叛军烧杀破坏，已丧尽民心；唐军越战越强，胜利在望，平叛的形势已见好转。他认为长安很快能够收复。官军分路并进，精锐伺机而动，青州、徐州指日可下，恒山、碣石山也转眼可复。伸张朝廷威严、彻底剿灭叛军、重新恢复皇纲的日子已经为期不远了。这里，诗人既为朝廷的平叛大业积极献策，又表现出对形势健康乐观的思想情绪，其忠君爱国的形象跃然纸上。

第五节从"忆昨狼狈初"到"树立甚宏达"，回顾了安史叛乱以来的历史发展和可喜变化，表明了自己对国家前途的信心及对肃宗中兴的殷切期望。从全诗看，这是贯穿始终的思想信念和政治愿望。诗人虽然看到了国家战乱和人民伤亡的苦难现实，虽然受到厌弃冷落的不公待遇，虽然全家老小过着啼饥号寒的辛酸生活，但他总是以国家人民为重，顾全大局。他回顾了安史叛乱以来的历史发展，指出了形势正在好转，强调了事变使奸佞的彻底覆灭，赞美了忠臣奋然锄奸的功绩，从而表明了对国家前途和肃宗中兴国家的期望。当然，诗人受阶级和时代的局限，其社会理想仅是恢复唐太宗的业绩，因此美化了唐玄宗，寄希望于唐肃宗，没有也不可能提出使人民永远免遭苦难的更高的社会蓝图。但我们也必须承认，就诗人的爱国主义思想情操和对人民的热爱而言，是达到了时代的高度的。"煌煌太宗业""树立甚宏达！"坚信大唐国家的基础坚实，期望唐肃宗能够中兴。这是贯穿全诗的思想信念和衷心愿望，也是诗人的政治立场和出发点。因此他虽然正视国家战乱、人民伤亡的苦难现实，虽然受到厌弃冷落的待遇，虽然一家老小过着饥寒的生活，但是他并不因此而灰心失望，更不逃避现实，而是坚持大义，顾全大局。他受到形势好转的鼓舞，积极考虑决策的得失，并且语重心长地回顾了事变以后的历史发展，强调指出事变使奸佞荡析，热情赞美忠臣除奸的功绩，表达了人民爱国的意愿，歌颂了唐太宗奠定的国家基业，从而表明了对唐肃宗中兴国家的殷切期望。由于阶级和时代的局限，诗人的社会理想不过是恢复唐太宗的业绩，对唐玄宗有所美化，对唐肃宗有所不言，然而应当承认，诗人的爱国主义思想情操是达到时代的高度、站在时代的前列的。沈德潜编选《唐诗别裁集》说："一幅旅行名画（'我行'二句下）。以下所见惨景（'鸱鸟'八句下）。到家后叙琐屑事，从《东山》诗'有敦瓜苦，烝在栗薪'悟出（'海图'六句下）。叙到家后，悲喜交集，词尚未了，忽入'至尊蒙尘'，直起突接，他人无此笔力（'至尊'六句下）。'皇帝'起，'太宗'结，收得正大（'园陵'四句下）。汉魏以来，未有此体，少陵特为开出，是诗家第一篇大文。"

这首长篇叙事诗，实则是政治抒情诗，是一位忠心耿耿、忧国忧民的封建士大夫履职的陈情，是一位艰难度日、爱怜家小的平民当家人忧生的感慨，是一位坚持大义、顾全大局的爱国志士仁人述怀的长歌。从艺术上说，它既要通过叙事来抒情达志，又要明确表达思想倾向，因而主要用赋的方法来写，是自然而恰当的。它也确像一篇陈情表，慷慨陈辞，长歌浩叹，然而谨严写实，指点有据。从开头到结尾，对所见所闻，一一道来，指事议论，即景抒情，充分发挥了赋的长处，具体表达了陈情表的内容。但是为了更形象地表达思想感情，也由于有的思想感情不宜直接道破，诗中又灵活地运用了各种比兴方法，既使叙事具有形象，意味深长，不致枯燥；又使语言精练，结构紧密，避免行文拖沓。例如诗人登上山冈，描写了战士饮马的泉眼，鄜州郊野山水地形势态，以及那突如其来的"猛虎""苍崖",含有感慨和寄托,读者自可意会。又如诗人用观察天象方式概括当时平叛形势,实际上也是一种比兴。天色好转,妖气消散,豁然开朗,是指叛军失败;而阴风飘来则暗示了诗人对回纥军的态度。诸如此类,倘使都用直陈,势必繁复而无诗味,那便和章表没有区别了。因而诗人采用以赋为主、有比有兴的方法,恰可适应于表现这首诗所包括的宏大的历史内容,也显示出诗人在诗歌艺术上的高度才能和浑熟技巧,足以得心应手、运用自如地用诗歌体裁来写出这样一篇"博大精深、沉郁顿挫"的陈情表。宋叶梦得著《石林诗话》说:"长篇最难。晋魏以前,诗无过十韵者。盖常使人以意逆志,初不以叙事倾尽为工。至老杜《述怀》《北征》诸篇,穷极笔力,如太史公纪传,此固古今绝唱也。"《闲园诗摘钞》说:"此诗有大笔、有细笔、有闲笔、有警笔、有放笔、有收笔,变换如意,出没有神。若笔不能换,则局势平衍,真成冗长矣。"(毕桂发)

【原文】

兵车行

车辚辚⁽¹⁾,马萧萧,行人弓箭各在腰⁽²⁾。爷娘妻子走相送⁽³⁾,尘埃不见咸阳桥⁽⁴⁾。牵衣顿足拦道哭,哭声直上干云霄⁽⁵⁾。道旁过者问行人⁽⁶⁾,行人但云点行频⁽⁷⁾。或从十五北防河⁽⁸⁾,便至四十西营田⁽⁹⁾。去时里正与裹头⁽¹⁰⁾,归来头白还戍边⁽¹¹⁾。边庭流血成海水⁽¹²⁾,武皇开边意未已⁽¹³⁾。君不闻汉家山东二百州⁽¹⁴⁾,千村万落生荆杞⁽¹⁵⁾。纵有健妇把锄犁,禾生陇亩无东西⁽¹⁶⁾。况复秦兵耐苦战⁽¹⁷⁾,被驱不异犬与鸡。长者虽有问⁽¹⁸⁾,役夫敢申恨⁽¹⁹⁾?且如今年冬,未休关西卒⁽²⁰⁾。县官急索租⁽²¹⁾,租税从何出?信知生男恶⁽²²⁾,反是生女好。生女犹得嫁比邻⁽²³⁾,生男埋没随百草。君不见,青海头⁽²⁴⁾,古来白骨无人收。新鬼烦冤旧鬼哭⁽²⁵⁾,天阴雨湿声啾啾⁽²⁶⁾!

【毛泽东圈评等情况】

毛泽东在一本中华书局印行的清蘅塘退士编选《注释唐诗三百首》"七言古诗·乐府"中这首《兵车行》诗题头上方画了一个大圈。

[参考]中央档案馆整理：《毛泽东评点诗词曲精选（上册）》，中国档案出版社 1998 年版，第 66 页。

杜甫也有写得好的和比较好的诗。但总的说杜甫的诗写得消沉、悲惨了些。如《兵车行》中，"牵衣顿足拦道哭，哭声直上干云霄……君不见，青海头，古来白骨无人收。新鬼烦冤旧鬼哭，天阴雨湿声啾啾。"……作者不分是正义的或非正义的，写得太悲惨了。

[参考]谢静宜：《毛泽东读书生活片断》，《人物》1998 年第 8、9 期。

【注释】

（1）辚辚，车行走的声音。《诗经·秦风·车邻》："有车邻邻，有马白颠。"唐陆德明《经典释文》："邻，本亦作隣，又作辚。"萧萧，马鸣声。《诗经·小雅·车攻》："萧萧马鸣，悠悠旆旌。"

（2）行人，行役的人，从军出征的人。

（3）爷娘妻子，父亲、母亲、妻子、儿女的并称。从军的人既有十几岁的少年，也有四十多岁的成年人，所以送行的人有出征者的父母，也有妻子和孩子。

（4）咸阳桥，在咸阳西南渭水上，为通往咸阳的大桥，秦汉时名"便桥"。桥广六丈，南北一百八十步，有六十八个桥洞。由长安到云南，多经由四川，故也是往西走。

（5）干云霄，形容哭声之大，上冲云霄。干，冲。

（6）道旁过者，路过的人。这里指杜甫自己。

（7）点行频，兵出征频繁。点行，按户籍名册强行征调从军。

（8）或从十五北防河，有的人从十五岁就从军到西北去防河。或，有人。十五，指年龄。北防河，唐开元以来，吐蕃经常侵扰黄河以西地区，唐王朝征调关中、朔方等地方的军队集中于河西一带，以加强防御，保护庄稼。因其地在长安以北，所以说"北防河"。

（9）营田，即汉代实行的屯田制。无事种田，有事作战。西营田也是防备吐蕃的。

（10）里正与裹头，里正，唐制凡百户为一里，置里正一人管理。与裹头，给出征的人扎头巾。古时用黑色罗纱头巾裹头，因应征的人年龄还小，所以里正替他裹头。里正，唐制，百户为一里，里有里正，即里长。

（11）戍边，守卫边疆。

（12）边庭，即边疆。血流成海水，形容战死者之多。

（13）武皇开边意未已，武皇扩张领土的意图仍没有停止。武皇，汉武帝刘彻，在历史上是以武力开辟边疆著称的皇帝，这里借以指代唐玄宗。一作我皇。

（14）汉家山东二百州，汉朝秦地以东的二百个州。汉家，汉朝，这里借指唐朝。山东，古代秦居西方，秦地以东（或函谷关以东）统称"山东"。唐代函谷关以东共217州，这里说"二百州"是举其整数。

（15）千村万落生荆杞，成千上万的村落灌木丛生。这里形容村落的荒芜。荆杞，荆棘和枸杞，泛指野生灌木。

（16）禾生陇亩无东西，庄稼长在田地里不成行列。陇亩，田地。陇，同"垄"。无东西，不成行列。

（17）况复秦兵耐苦战，更何况关中兵能经受艰苦的战斗。况复，更何况。秦兵，关中兵，即这次出征的士兵。

（18）长者，征夫对作者的尊称。

（19）役夫，被征调的士卒自称。申恨，是说不申说自己的愤恨，这是反诘语气。敢，岂敢。申恨，诉说怨恨。

（20）未休，未罢，没有遣还乡里。关西，函谷关以西的地方。一作"陇西"。

（21）县官，指皇帝。《史记·绛侯周勃世家》："庸知其盗买县官器。"《索隐》："县官，谓天子也。"这里指官府。

（22）信知，确实知道。

（23）犹得嫁比邻，还能够嫁给同乡。得，能够。比邻，同乡。

（24）青海头，青海边。原为吐谷浑之地，唐高宗时为吐蕃占领，以后数十年间的战争都在这一带发生，唐军死亡很多。

（25）烦冤，不满、愤懑。

（26）啾啾（jiū），古人想象中鬼的鸣叫声。

【赏析】

《兵车行》是杜甫所作的新题乐府。这首诗反映了唐玄宗天宝年间征讨吐蕃的战争。唐玄宗早年励精图治，后用李林甫、杨国忠等，妄开边衅，连年攻打吐蕃。天宝六年（747），玄宗派王忠嗣攻打吐蕃石堡城，忠嗣不从。天宝八年（749），玄宗复使哥舒翰攻石堡，唐兵死者数万。天宝九年（750）冬十二月，玄宗又派关西游奕使王难得征兵击吐蕃。此时杜甫正在长安，感时而作这首《兵车行》。

行，本是乐府歌曲中的一种体裁。杜甫的《兵车行》没有沿用乐府古题，而是缘事而发，运用乐府民歌的形式，深刻地反映了人民的苦难生活。

全诗可分为三节，从"车辚辚"至"哭声直上干云霄"为第一节。诗歌从蓦然而起的客观描述开始，以重墨铺染的雄浑笔法，如风至潮来，突兀展现出一幅震人心弦的巨幅送别图：兵车隆隆，战马嘶鸣，一队队被抓来的穷苦百姓，换上了戎装，佩上了弓箭，在官吏的押送下，正开往前线。征夫的爷娘妻子乱纷纷地在队伍中寻找、呼喊自己的亲人，扯着亲人的衣衫，捶胸顿足，边叮咛边呼号。车马扬起的灰尘，遮天蔽日，连咸阳西北横跨渭水的大桥都被遮没了。千万人的哭声汇成震天的巨响在云际回荡。"爷娘妻子走相送"，一个家庭支柱、主要劳动力被抓走了，剩下来的尽是些老弱妇幼，对一个家庭来说不啻是一个塌天大祸，自然是扶老携幼，奔走相送。一个普通的"走"字，寄寓了诗人非常浓厚的感情色彩。亲人被突然抓兵，又急促押送出征，眷属们追奔呼号，去作那一刹那的生死离别，很仓促，也非常悲愤。"牵衣顿足拦道哭"，一句之中连续四个动作，又把送行者那种眷恋、悲怆、愤恨、绝望的动作神态，表现得细腻入微。诗人笔下，车马人流，灰尘弥漫；哭声遍野，直冲云天。这样的描写，从听觉和视觉上表现生死离别的悲惨场面，集中展现了成千上万家庭妻离子散的悲剧。

从"道旁过者问行人"至"被驱不异犬与鸡"为第二节，诗人通过设问的方法，让当事者，即被征发的士卒作了直接倾诉。"道旁过者"即过路人，也就是杜甫自己。上面的凄惨场面，是诗人亲眼所见；下面的悲切言辞，又是诗人亲耳所闻。这就增强了诗的真实感。"点行频"，是全篇的"诗眼"。它一针见血地点出了造成百姓妻离子散，万民无辜牺牲，全国田亩荒芜的根源。接着以一个十五岁出征、四十岁还在戍边的"行人"作例，具体陈述"点行频"，以示情况的真实可靠。"边庭流血成海水，武皇开边意未已。"诗中的"武皇"实指唐玄宗。杜甫如此大胆地把矛头直接指向了最高统治者，这是从心底迸发出来的激烈抗议，充分表达了诗人怒不可遏的悲愤之情。诗人写到这里，笔锋陡转，开拓出另一个惊心动魄的境界。诗人用"君不闻"三字领起，以谈话的口气提醒读者，把视线从流血成海的边庭转移到广阔的内地。诗中的"汉家"也是影射唐朝。华山以东的原田沃野千村万落，变得人烟萧条，田园荒废，荆棘横生，满目凋残。诗人驰骋想象，从眼前的闻见，联想到全国的景象，从一点推及到普遍，两相辉映，不仅扩大了诗的表现容量，也加深了诗的表现深度。

从"长者虽有问"至篇末为第三节，诗人又推进一层。"长者"二句透露出统治者加给他们的精神桎梏，但是压是压不住的，下句就终究引发出诉苦之词。敢怒而不敢言，而后又终于说出来，这样一阖一开，把征夫的苦衷和恐惧心理，表现得极为细腻逼真。这几句写的是眼前时事。因为"未休关西卒"，大量的壮丁才被征发。而"未休关西卒"的原因，正是由于"武皇开边意未已"所造成。"租税从何出？"又与前面的"千村万落生荆杞"相呼应。这样前后照应，层层推进，对社会现实的揭示越来越深刻。这里忽然连用了几个短促的五言句，不仅表达了戍卒们沉痛哀怨的心情，也表现出那种倾吐苦衷的急切情态。这样通过当事人的口述，又从抓兵、逼租两个方面，揭露了统治者的穷兵黩武加给人民的双重灾难。诗人接着感慨道：如今是生男不如生女好，女孩还能嫁给近邻，男孩只能丧命沙场。这是发自肺腑的血泪控诉。重男轻女，是封建社会制度下普遍存在的社会心理。但是由于连年战争，男子大量死亡，在这一残酷的社会条件下，人们却一反常态，改变了这一社会心理。这个改变，反映了人们心灵上受到的严重摧残。最后，诗人用哀痛的笔调，描述了长期以来存在的悲惨现实：青海边的古战场上，平沙茫茫，白骨露野，阴风惨惨，鬼哭凄凄，场面凄清悲怆，情景寂冷阴森。这里，凄凉低沉的色调和开头那种人声鼎沸的气氛，悲惨哀怨的鬼泣和开头那种惊天动地的人哭，形成了强烈的对照。这些都是"开边未已"所导致的恶果。至此，诗人那饱满酣畅的激情得到了充分的发挥，唐王朝穷兵黩武的罪恶也被揭露得淋漓尽致。

《兵车行》是杜诗名篇，具有深刻的思想内容，为历代所推崇，在艺术上也很突出。首先是寓情于叙事之中。这篇叙事诗，无论是前一节的描写叙述，还是后一节的代人叙言，诗人激切奔越、浓郁深沉的思想感情，都自然地融汇在全诗的始终，诗人那种焦虑不安、忧心如焚的形象也仿佛展现在读者面前。其次在叙述次序上参差错落，前后呼应，舒得开，收得起，变化开阖，井然有序。第一节的人哭马嘶、尘烟滚滚的喧嚣气氛，给第二段的倾诉苦衷作了渲染铺垫；而第二节的长篇叙言，则进一步深化了第一段场面描写的思想内容，前后辉映，互相补充。同时，情节的发展与句型、音韵的变换紧密结合，随着叙述，句型、韵脚不断变化，三、五、七言，错杂运用，加强了诗歌的表现力。如开头两个三字句，急促短迫，扣人心弦。后来在大段的七字句中，忽然穿插上八个五字句，表现"行人"那种压抑不住的愤怒哀怨的激情，格外传神。用韵上，全诗八个韵，四平四仄，平仄相间，抑扬起伏，声情并茂。再次，是在叙述中运用过渡句和习用词语，如在大段代人叙言中，穿插"道旁过者问行人，行人但云点行频""长者虽有问，役夫敢申恨？"和"君不见""君不闻"等语，不仅避免了冗长平板，还不断提示读者，造成了回肠荡气的艺术效果。诗人还采用了民歌的接字法，顶真勾连，如"牵衣顿足拦道哭，哭声直上干云霄"，"道旁过者问行人，行人但云点行频"等，这样蝉联而下，累累如贯珠，朗读起来，铿锵和谐，优美动听。最后，采用了通俗口语，如"爷娘妻子""牵衣顿足拦道哭""被驱不异犬与鸡"等，清新自然，明白如话，是杜诗中运用口语非常突出的一篇。前人评及此，曾这样说："语杂歌谣，最易感人，越浅越切。"这些民歌手法的运用，给诗歌增添了明快而亲切的感染力。宋蔡启《蔡宽夫诗话》说："齐梁以来，文士喜为乐府词，唯老杜《兵车行》《悲青坂》《无家别》等篇，皆因时事，自出己意立题，略不更蹈前人陈迹，真豪杰也。"清沈德潜《唐诗别裁集》说："诗为明皇用兵吐蕃而作，设为问答，声音节奏，纯从古乐府得来。以人哭始，鬼哭终，照应在有意无意。"（毕桂发）

【原文】

蜀　相

丞相祠堂何处寻(1)？锦官城外柏森森(2)。

映阶碧草自春色(3)，隔叶黄鹂空好音。

三顾频烦天下计(4)，两朝开济老臣心(5)。

出师未捷身先死(6)，长使英雄泪满襟(7)。

【毛泽东圈评等情况】

毛泽东曾手书这首《蜀相》。

[参考] 中央档案馆编：《毛泽东手书精选集·古诗词卷（上）》，北京出版社 1996 年版，第 182—184 页。

毛泽东在一本中华书局印行的清蘅塘退士编选《注释唐诗三百首》七言律诗中这首《蜀相》诗题目上方天头空白处连画三个小圈，在正文上方又画了一个大圈。

[参考] 中央档案馆整理：《毛泽东评点诗词曲精选（上册）》，中国档案出版社 1998 年版，第 104 页。

【注释】

（1）丞相祠堂，即武侯祠，在今成都城南二里许南郊公园内。

（2）锦官城，成都城的别称。故锦官城在蜀郡夷里桥南岸道西。森森，树木茂盛之状。

（3）"映阶"两句写祠内景物，是说碧草映阶，不过自为春色；黄鹂隔叶，亦不过空作好音。杜甫极为推崇诸葛亮，他此次来此并无心赏玩、倾听，因为他所景仰的人物已不可得见。黄鹂，黄莺。空，白白的。

（4）"三顾"句，意思是刘备为统一天下而三顾茅庐，问计于诸葛亮。这是在赞美诸葛亮在对策中所表现的天才预见。顾，访问。频烦，犹"频繁"，多次。天下计，是说诸葛亮为刘备筹划天下计。

（5）两朝，指先主刘备、后主刘禅两个朝代。开，辅佐刘备开创蜀汉基业。济，帮助后主匡济艰危。

（6）"出身"句，出师还没有取得最后的胜利就先去世了。诸葛亮曾数次伐魏，在蜀后主建兴十二年（234）秋病死于武功五丈原军中，未获最后全胜。师，军队。捷，胜利。

（7）"长使"句，常使后世的英雄泪满衣襟。英雄，这里指后世的爱国志士。泪满襟，泪满衣襟。

【赏析】

唐肃宗乾元二年（759）末，杜甫由甘肃同谷（今甘肃成县）漂泊到四川成都，第二年春初借居成都草堂寺，春末移居于成都西三里许新筑的草堂。这时他游览了诸葛亮祠，并写了《蜀相》这首脍炙人口的诗篇。"蜀相"，指诸葛亮。建安二十五年（221）刘备在四川成都即帝位，以诸葛亮为丞相。史称刘备王朝为"蜀汉"，简称"蜀"，所以称诸葛亮为"蜀相"。《蜀相》通过诗人游览诸葛亮祠堂所见、所感的描述，高度赞颂了诸葛亮的品德和业绩，表达了作者对诸葛亮仰慕、惋惜的真挚情感。

这是一首七言律诗。"丞相祠堂何处寻？锦官城外柏森森"，首联两句自问自答点出丞相祠堂所在地点，寄寓着对诸葛亮的敬仰感情。诸葛亮祠在成都南二里许，现称武侯祠。"锦官城"，故址在成都城西南部，蜀汉时管理织锦的官吏驻此，故名。上句首先提出丞相祠在哪里找的问题，表明诗人瞻仰诸葛亮祠的心情非常迫切，这种心情自然来源于对丞相长久的敬仰。下句回答丞相祠就在锦官城外柏森森的地方。"柏森森"三字含意非常深厚。据说诸葛亮祠前的柏树是诸葛亮亲手栽种，到唐已大数十围。它的枝叶繁茂。诗人这里不写柏树多么高大，着重点出其枝叶"森森"，这是写远望景色，也是烘托他对诸葛亮肃然起敬的心情，带有凄凉之感。

再看祠内的景色更令人哀伤。"映阶碧草自春色，隔叶黄鹂空好音"，颔联二句是说，想必这里游人很少，碧绿的小草长得已经掩映了台阶，好像它们要展现自己春天的气象似的，但又有谁来观赏呢？隐藏在茂密树叶里的黄鹂叫个不停，但又有谁去听它的啼啭呢？诸葛亮早已作古，祠内寥寥无几的游人，又何尝不是各怀自己的心思？就以诗人自己来说，此时此刻也正陷于沉思，又哪有闲情逸致去观赏那春色，去聆听黄鹂的好音。"自春色""空好音"寄寓着作者浓厚的哀伤之情。

回顾诸葛亮的一生，他的才能使人佩服，他的业绩令人赞叹，他的品德更令人敬仰。"三顾频烦天下计，两朝开济老臣心"，诗人用颈联这二句诗，对诸葛亮的才能业绩和品德作了高度的概括和热情的赞颂。据史书记载，诸葛亮在出山前，刘备曾三次亲自到诸葛亮住处咨询统一天下的大计，即所谓"三顾茅庐"。诸葛亮对刘备咨询的问题作了详细的答复。即所谓"隆中对"。诸葛亮要刘备东联孙权，北抗曹操，西取刘璋，逐步统一天下，这就是诗中说的"天下计"。这个大计表明了诸葛亮具有非凡才能，按照这个统一天下的大计，诸葛亮出山后辅佐刘备开创了蜀汉基业，刘备死后又扶助刘禅济美守成，在危难中维持着蜀汉江山。在辅佐刘备和刘禅两朝的过程中，诸葛亮费尽了心力，真是"鞠躬尽瘁，死而后已"。"老臣心"的心，就是指"鞠躬尽瘁，死而后已"的赤胆忠心。杜甫对诸葛亮的耿耿忠心，敬佩得五体投地。然而使人这样敬佩的诸葛亮，他却没有完成蜀汉统一的天下壮志。他多次率兵伐魏但都未成功。蜀建兴十四年（236）他又率兵据武功五丈原（今陕西眉县西南）与司马懿相对抗，病死在军中。壮志未酬，含恨九泉，令人惋惜，令人悲痛。这一历史事实，曾牵动着多少志士仁人的心弦，使他们一想起诸葛亮的一生就悲痛不已，涕泗横流。清仇兆鳌撰《杜诗详注》说："'天下计'，见匡时雄略；'老臣心'，见报国苦衷。有此二句之沉挚悲壮，结作痛心酸鼻语，方有精神。宋宗简公归殁时诵此二语，千载英雄有同感也。"

尾联"出师未捷身先死，长使英雄泪满襟"，诗人最后以这悲壮诗句，概括了诸葛亮壮志未酬的历史以及人们凭吊他的社会现象，深深地表达了他对诸葛亮惋惜、悲痛的心情。这两句诗悲壮豪放，已成为人们广为传诵的千古名句。人们往往用它凭吊那些壮志未酬身先死的志士，以表达自己的惋惜、悲痛和赞叹之情。此诗末联二句，道出千古失意英雄的同感。唐代永贞革新首领王叔文、宋代抗金英雄宗泽等人在事业失败时都愤然诵此二语，说明这首诗思想内容与艺术技巧所铸成的悲剧美堪称历久不衰。

　　杜甫虽然怀有"致君尧舜上"的政治理想，但他仕途坎坷，抱负无法施展。他写《蜀相》这首诗时，安史之乱还没有平息。他目睹国势艰危，生灵涂炭，而自身又请缨无路，报国无门，因此对开创基业、挽救时局的诸葛亮，无限仰慕，备加敬重。《蜀相》抒发了诗人对诸葛亮才智品德的崇敬和功业未遂的感慨。融情、景、议于一炉，既有对历史的评说，又有现实的寓托，在历代咏赞诸葛亮的诗篇中，堪称绝唱。在艺术表现上，设问自答，以实写虚，情景交融，叙议结合；结构起承转合、层次波澜，又有炼字琢句、音调和谐的语言魅力，使人一唱三叹，余味不绝。人称杜诗"沉郁顿挫"，《蜀相》就是典型代表。

　　毛泽东十分敬佩诸葛亮，所以对杜甫赞扬诸葛亮业绩的诗圈阅手书，非常爱读。（孙瑾）

【原文】

闻官军收河南河北

剑外忽传收蓟北[(1)]，初闻涕泪满衣裳。

却看妻子愁何在[(2)]？漫卷诗书喜欲狂[(3)]！

白日放歌须纵酒[(4)]，青春作伴好还乡[(5)]。

即从巴峡穿巫峡[(6)]，便下襄阳向洛阳[(7)]！

【毛泽东圈评等情况】

　　毛泽东在一本中华书局印行的清蘅塘退士编选《注释唐诗三百首》七言律诗中这首《闻官军收河南河北》诗题头上天头空白处连画三个小圈，又在正文开头天头空白处画了一个大圈。

[参考] 中央档案馆整理：《毛泽东评点诗词曲精选（上册）》，中国档案出版社 1998 年版，第 105 页。

【注释】

（1）剑外，四川剑门关以南的地方，也称剑南。蓟（jì）北，泛指唐幽州、蓟州一带，即今河北北部，安史之乱的发源地。收，收复。

（2）却看，再看，还看。愁何在，言愁已无影无踪。

（3）漫卷，胡乱地收卷，作回乡之计。

（4）放歌，放声歌唱。纵酒，开怀痛饮。白日，一作"白首"。

（5）青春作伴，言一路春光明媚，可助行色。青春，春天。春天草林茂盛，其色青绿，故称。《楚辞·大招》："青春受谢，白日昭只。"王逸注："青，东方春位，其色青也。"

（6）即，就。巴峡，泛指长江在四川境内的一段峡谷。巫峡，长江三峡之一。

（7）襄阳，今湖北襄阳。洛阳，句末原注："余田园在东京（洛阳）。"

【赏析】

《闻官军收河南河北》作于唐代宗广德元年（763）春天。宝应元年（762）冬，唐军在洛阳附近的衡水打了一个大胜仗，收复了洛阳和郑（今河南郑州）、汴（今河南开封）等州，叛军头领薛嵩、张忠志等纷纷投降。第二年，史思明的儿子史朝义兵败自缢，其部将田承嗣、李怀仙等相继投降，至此，持续八年之久的"安史之乱"宣告结束。杜甫是一个热爱祖国而又饱经丧乱的诗人，当时正流落四川，听闻这个大快人心的消息后，欣喜若狂，遂走笔写下这首七言律诗。杜甫在这首诗下自注："余田园在东京。"诗的主题是抒写忽闻叛乱已平的捷报，急于奔回老家的喜悦。

首联起句"剑外忽传收蓟北"，起势迅猛，恰切地表现了捷报的突然。诗人多年飘泊"剑外"，备尝艰苦，想回故乡而不可能，就是由于"蓟北"未收，安史之乱未平。如今"忽传收蓟北"，惊喜的洪流，一下子冲开了郁积已久的情感闸门，令诗人心中涛翻浪涌。次句"初闻涕泪满衣裳"，"初闻"紧承"忽传"，"忽传"表现捷报来得太突然，"涕泪满衣裳"则以形传神，表现突然传来的捷报在"初闻"的一刹那所激发的感情波涛，这是喜极而悲、悲喜交集的真实表现。"蓟北"已收，战乱将息，乾坤疮痍、黎民疾苦，都将得到疗救，诗人颠沛流离、感时恨别的苦日子，总算熬过来了。然而痛定思痛，诗人回想八年来熬过的重重苦难，又不禁悲从中来，无法压抑。可是，这一场浩劫，终于像噩梦一般过去了，诗人可以返回故乡了，人们将开始新的生活，于是又转悲为喜，喜不自胜。这"初闻"捷报之时的心理变化、复杂感情，如果用散文的写法，必需很多笔墨，而诗人只用"涕泪满衣裳"五个字作形象的描绘，就足以概括这一切。清卢德水《读杜私言》说："'剑外忽传收蓟北，初闻涕泪满衣裳'，纯用倒装，在起首犹难。"

颔联"却看妻子愁何在？漫卷诗书喜欲狂"以转作承，落脚于"喜欲狂"，这是惊喜的更高峰。"却看妻子""漫卷诗书"，这是两个连续性的动作，带有一定的因果关系。当诗人悲喜交集，"涕泪满衣裳"之时，自然想到多年来同受苦难的妻子儿女。"却看"就是"回头看"。"回头看"这个动作极富意蕴，诗人似乎想向家人说些什么，但又不知从何说起。其实，无需说什么了，多年笼罩全家的愁云不知跑到哪儿去了，亲人们都不再是愁眉苦脸，而是笑逐颜开、喜气洋洋。亲人的喜反转来增加了诗人的喜，诗人再也无心伏案了，随手卷起诗书，大家同享胜利的欢乐。

颈联"白日放歌须纵酒，青春作伴好还乡"，就"喜欲狂"作进一步抒写。"白日"，指晴朗的日子，点出人已到了老年。老年人难得"放歌"，也不宜"纵酒"；如今既要"放歌"，还须"纵酒"，正是"喜欲狂"的具体表现。这句写"狂"态，下句则写"狂"想。"青春"指春天的景物，春天已经来临，在鸟语花香中与妻子儿女们"作伴"，正好"还乡"。诗人想到这里，自然就会"喜欲狂"了。

尾联"即从巴峡穿巫峡，便下襄阳向洛阳"，写诗人"青春作伴好还乡"的狂想，身在梓州，而弹指之间，心已回到故乡。诗人的惊喜达到高潮，全诗也至此结束。这一联，包含四个地名。"巴峡"与"巫峡"，"襄阳"与"洛阳"，既各自对偶（句内对），又前后对偶，形成工整的地名对；而用"即从""便下"绾合，两句紧连，一气贯注，又是活泼流走的流水对。再加上"穿""向"的动态与两"峡"两"阳"的重复，文势、音调，迅急有如闪电，准确地表现了诗人想象的飞驰。"巴峡""巫峡""襄阳""洛阳"，这四个地方之间都有很长的距离，而一用"即从""穿""便下""向"贯串起来，就出现了"即从巴峡穿巫峡，便下襄阳向洛阳"的疾速飞驰的画面，一个接一个地从读者眼前一闪而过。这里需要指出的是：诗人既展示想象，又描绘实境。从"巴峡"到"巫峡"，峡险而窄，舟行如梭，所以用"穿"；出"巫峡"到"襄阳"，顺流急驶，所以用"下"；从"襄阳"到"洛阳"，已换陆路，所以用"向"，用字高度准确。清施补华《岘佣说诗》说："'剑外忽传收蓟北'，今人动笔，便接'喜欲狂'矣。忽拗一笔云：'初闻涕泪满衣裳'，以曲取势。活动在'初闻'两字，从'初闻'转出'却看'，从'却看'转出'漫卷'，才到喜得'还乡'正面，又不遽接'还乡'，用'白首放歌'一句垫之，然后转到'还乡'。收笔'巴峡穿巫峡''襄阳下洛阳'，正说还乡矣，又恐通首太流利，作对句锁之。即走即守，再三读之，思之，可悟俯仰用笔之妙。"

此诗除第一句叙事点题外，其余各句，都是抒发诗人忽闻胜利消息之后的惊喜之情。诗人的思想感情出自胸臆，奔涌直泻。后代诗论家都极为推崇此诗，浦起龙赞其为杜甫"生平第一首快诗也"（《读杜心解》）。

（毕桂发）

【原文】

茅屋为秋风所破歌

八月秋高风怒号[1]，卷我屋上三重茅[2]。茅飞渡江洒江郊。高者挂罥长林梢[3]，下者飘转沉塘坳[4]。南村群童欺我老无力，忍能对面为盗贼[5]。公然抱茅入竹去[6]，唇焦口燥呼不得[7]。归来倚杖自叹息。俄顷风定云墨色[8]，秋天漠漠向昏黑[9]。布衾多年冷似铁[10]，娇儿恶卧踏里裂[11]。床头屋漏无干处[12]，雨脚如麻未断绝[13]。自经丧乱少睡眠[14]，长夜沾湿何由彻[15]！安得广厦千万间[16]，大庇天下寒士俱欢颜[17]，风雨不动安如山！呜呼！何时眼前突兀见此屋[18]，吾庐独破受冻死亦足[19]！

【毛泽东圈评等情况】

毛泽东曾手书这首《茅屋为秋风所破歌》诗中"安得广厦千万间，大庇天下寒士俱欢颜"二句。

[参考]中共中央文献研究室编：《毛泽东手书古诗词选》，
文物出版社、档案出版社1984年版，第81页。

【注释】

（1）秋高，秋深。怒号（háo），大声吼叫。

（2）三重（chóng），三层。古代诗文中"三"字、"九"字往往是言其多，不一定是确指几层之意。

（3）挂罥（juàn），挂住、挂着。罥，挂。长（cháng）林梢，指高大的树梢上。长，高。

（4）塘坳（ào），低洼积水的地方（即池塘）。塘，一作"堂"。坳，水边低地。

（5）"忍能对面为盗贼"，竟忍心这样当面做"贼"。忍能，竟忍心这样做。能，唐人口语，犹云"这样"。对面，当面。为，做。

（6）入竹去，进入竹林。竹，指竹林。

（7）呼不得，喝止不住。

（8）俄顷（qīng），不久，一会儿，顷刻之间。

（9）"秋天漠漠向昏黑"，指秋季的天空阴沉迷蒙，渐渐黑了下来。漠漠，灰蒙蒙的样子。向，接近。

（10）布衾（qīn），布质的被子。衾，被子。

（11）恶卧，小孩睡相不好。踏里裂，把被里子都蹬破了。裂，使动用法，使……裂。

（12）"床头屋漏无干处"，意思是，整个房子都没有干的地方了。屋漏，根据《辞源》释义，指房子西北角，古人在此开天窗，阳光便从此处照射进来。"床头屋漏"，泛指整个屋子。

（13）雨脚如麻，形容雨点不间断，像下垂的麻线一样密集。雨脚，雨点。

（14）丧（sāng）乱，战乱，这里指安史之乱。少睡眠，一面是指战乱中奔波流离很少安息，一面也指自己忧于国事。

（15）沾湿，潮湿不干。何由彻，如何才能挨到天亮。彻，彻晓，天亮。

（16）安得，哪得，从哪得到。广厦，宽敞的大屋。

（17）庇（bì），遮护。俱欢颜，都喜笑颜开。

（18）突兀（wù），高耸之状。现见，同"现"。

（19）庐，房舍。

【赏析】

此诗作于唐肃宗上元二年（761）八月。唐肃宗乾元二年（759）秋天，杜甫弃官到秦州（今甘肃天水），又辗转经同谷（今甘肃成县）到了成都。乾元三年（760）春天，杜甫求亲告友，在成都浣花溪边盖起了一座茅屋，总算有了一个栖身之所。不料到了上元二年（761）八月，大风破屋，大雨又接踵而至。当时安史之乱尚未平息，诗人由自身遭遇联想到战乱以来的万方多难，长夜难眠，感慨万千，写下了这篇脍炙人口的诗篇。

此诗写的是自己的数间茅屋，表现的却是忧国忧民的情感。诗可分为四节，第一节五句。"八月秋高风怒号，卷我屋上三重茅"，起势迅猛。"风怒号"三字，音响宏大，读之如闻秋风咆哮。一个"怒"字，把秋风拟人化，从而使下一句不仅富有动作性，而且富有浓烈的感情色彩。诗人好不容易盖了这座茅屋，刚刚定居下来，秋风却故意同他作对似的，怒吼而来，卷起层层茅草，怎能不使诗人万分焦急？"茅飞渡江洒江郊"的"飞"字紧承上句的"卷"字，"卷"起的茅草没有落在屋旁，却随风"飞"走，"飞"过江去，然后分散地、雨点似的"洒"在"江郊"："高者挂罥长林梢"，高的挂在高高的树上，很难弄下来；"下者飘转沉塘坳"，低的落在水塘里，也很难收回。"卷""飞""渡""洒""挂罥""飘转"，一个接一个的动态不仅组成一幅幅鲜明的图画，而且紧紧地牵动诗人的视线，拨动诗人的心弦。诗人的高明之处在于他并没有抽象地抒情达意，而是寓情意于客观描写之中。读这几句诗，读者分明看见一个衣衫单薄破旧的干瘦老人拄着拐杖，立在屋外，眼巴巴地望着怒吼的秋风把他屋上的茅草一层又一层地卷了起来，吹过江去，稀里哗啦地洒在江郊的各处；而他对大风破屋的焦灼和怨愤之情，也不能不激起读者心灵上的共鸣。

第二节五句。这是前一节的发展，也是对前一节的补充。前节写"洒江郊"的茅草无法收回。还有落在平地上可以收回的，然而却被"南村群童"抱跑了。"欺我老无力"五字宜着眼。如果诗人不是"老无力"，而是年当壮健有气力，自然不会受这样的欺侮。"忍能对面为盗贼"，意谓：竟然忍心在我的眼前做盗贼！这不过是表现了诗人因"老无力"而受欺侮的愤懑心情而已，绝不是真的给"群童"加上"盗贼"的罪名，要告到官府里去办罪。所以，"唇焦口燥呼不得"，也就无可奈何了。用诗人《又呈吴郎》一诗里的话说，这正是"不为困穷宁有此"。诗人如果不是十分困穷，就不会对大风刮走茅草那么心急如焚；"群童"如果不是十分困穷，也不会冒着狂风抱那些并不值钱的茅草。这一切，都是结尾的伏线。"安得广厦千万间，大庇天下寒士俱欢颜"的崇高愿望，正是从"四海困穷"的现实基础上产生出来的。

"归来倚杖自叹息"总收一、二两节。诗人大约是一听到北风狂叫，就担心盖得不够结实的茅屋发生危险，因而就拄杖出门，直到风吹屋破，茅草无法收回，这才无可奈何地走回家中。"倚杖"，当然又与"老无力"照应。"自叹息"中的"自"字，下得很沉痛！诗人如此不幸的遭遇只有自己叹息，未引起别人的同情和帮助，则世风的浇薄，就意在言外了，因而他"叹息"的内容，也就十分深广。当他自己风吹屋破，无处安身，得不到别人的同情和帮助的时候，分明联想到类似处境的无数穷人。

第三节八句，写屋破又遭连夜雨的苦况。"俄顷风定云墨色，秋天漠漠向昏黑"两句，用饱蘸浓墨的大笔渲染出暗淡愁惨的氛围，从而烘托出诗人暗淡愁惨的心境，而密集的雨点即将从漠漠的秋空洒向地面，已在预料之中。"布衾多年冷似铁，娇儿恶卧踏里裂"两句，没有穷困生活体验的作者是写不出来的。值得注意的是这不仅是写布被又旧又破，而是为下文写屋破漏雨蓄势。成都的八月，天气并不"冷"，正由于"床头屋漏无干处，雨脚如麻未断绝"，所以才感到冷。"自经丧乱少睡眠，长夜沾湿何由彻"两句，一纵一收。一纵，从眼前的处境扩展到安史之乱以来的种种痛苦经历，从风雨飘摇中的茅屋扩展到战乱频仍、残破不堪的国家；一收，又回到“长夜沾湿”的现实。忧国忧民，加上“长夜沾湿”，难以入睡。“何由彻”和前面的“未断绝”照应，表现了诗人既盼雨停，又盼天亮的迫切心情。而这种心情，又是屋破漏雨、布衾似铁的艰苦处境激发出来的。于是由个人的艰苦处境联想到其他人的类似处境，水到渠成，自然而然地过渡到全诗的结尾。

“安得广厦千万间，大庇天下寒士俱欢颜，风雨不动安如山”，前后用七字句，中间用九字句，句句蝉联而下，而表现阔大境界和愉快情感的词如“广厦”“千万间”“大庇”“天下”“欢颜”“安如山”等，又声音宏亮，从而构成了铿锵有力的节奏和奔腾前进的气势，恰切地表现了诗人从“床头屋漏无干处”“长夜沾湿何由彻”的痛苦生活体验中迸发出来的奔放的激情和火热的希望。这种奔放的激情和火热的希望，咏歌之不足，故嗟叹之，“呜呼！何时眼前突兀见此屋，吾庐独破受冻死亦足！”诗人的博大胸襟和崇高理想，至此表现得淋漓尽致。“‘呜呼’一转，固是曲终余音，亦是通篇大结。”（明末清初王嗣奭《杜臆》卷之六）“一笔兜列本位，其疾如风。”（清杨伦《杜诗镜铨》卷八）都是说最后一节的感叹是从前三节叙事的基础上生发出来的，表现了诗人从一己的灾难推想到群众困苦的宽广胸襟。清浦起龙撰《读杜心解》说：“起五句完题，笔亦如飘风之来，疾卷了当。‘南村’五句，述初破不可耐之状，笔力恣横。单句缩住、黯然。‘俄顷’八句，述破后拉杂事，停‘风’接‘雨’，忽变一境；满眼‘黑’‘湿’，笔笔写生。‘自经丧乱’，又带入平时苦趣，令此夜彻晓，加倍烦难。末五句，翻出奇情，作矫尾厉角之势。……结仍一笔兜转，又复飘忽如风。《楠树篇》峻整，《茅屋篇》奇奡。”

从毛泽东圈画手书此诗的情况来看，他对此诗中所表现的人道主义思想是颇欣赏的。（东民）

戏为六绝句　其二

王杨卢骆当时体[(1)]，轻薄为文哂未休[(2)]。
尔曹身与名俱灭[(3)]，不废江河万古流[(4)]。

【毛泽东圈评等情况】

1956 年 4 月 5 日，《人民日报》发表根据中共中央政治局扩大会议的讨论写成的编辑部文章《关于无产阶级专政的历史经验》。在中央讨论这篇文章时，毛泽东给大家念了杜甫的一首诗："王杨卢骆当时体，轻薄为文哂未休。尔曹身与名俱灭，不废江河万古流。"

王杨卢骆，指唐代诗人王勃、杨炯、卢照邻、骆宾王。

[参考]黄克诚：《关于对毛主席评价和对毛泽东思想的态度的问题》，《中国出了个毛泽东》，解放军出版社 1991 年版，第 182 页。

1959 年前后，毛泽东读《初唐四杰》时，为王勃的《秋日楚州郝司户宅钱别崔使君序》写的长达千余字的批注，认为杜甫称赞"王杨卢骆当时体……不废江河万古流"，是说得对的。为文尚骈，但是唐初王勃等人独创的新骈、活骈，同六朝的旧骈、死骈，相差十万八千里。他（王勃）是 7 世纪的人物，千余年来，多数文人都是拥护初唐四杰的，反对的只有少数。

[参考]中共中央文献研究室编：《毛泽东读文史古籍批语集》，中央文献出版社 1993 年版，第 10 页。

【注释】

（1）王杨卢骆，指初唐作家王勃、杨炯、卢照邻、骆宾王，世称"初唐四杰"。当时体，指"四杰"用的是他们那时的体裁与风格，即指初唐诗文还未完全摆脱南北朝的浮艳风格。体，文章的体制。

（2）轻薄为文，是当时人批评"四杰"文风不正的话。后晋刘昫等《旧唐书·文苑传》：载裴行俭语，说"勃等虽有文才，而浮躁浅露"。哂（shěn），含讥刺鄙视的微笑。《颜氏家训》："自古文人，多陷轻薄。"

（3）尔曹，你们、你等。指"轻薄为文"的人。

（4）指"四杰"的作品像长流不息的江河那样流传下去。这里用"江河万古流"来比方历代文学的不朽传统。

【赏析】

《戏为六绝句》这组诗大约作于唐代宗宝应元年（762）前后，是我国诗歌史上最早的一组论诗绝句。因为以诗论诗在创作上是一种新尝试，且又语多讽刺，所以题作"戏为"。杜甫在诗中表示自己对文艺批评和文艺创作的意见，斥责了当时一些轻薄文人对前人作品妄加讥评的恶习，寄托了他对轻侮自己诗作后生小子的愤慨；同时希望对古人与今人都要有所"别裁"，又要"转益多师"，多方学习《诗经》和屈原以来的一切优良的艺术形式和技巧，指出了虚心学习文学遗产的正确方向，这首诗是其中的第二首。

"王杨卢骆当时体，轻薄为文哂未休"，一、二句赞扬"四杰"。"四杰"，即四位杰出人物。旧时多以称著名文士。后晋刘昫等《旧唐书·文苑传上·杨炯》："杨炯与王勃、卢照邻、骆宾王以文词齐名，海内称为王、杨、卢、骆，亦号为'四杰'。"王勃（647—675）、杨炯（650—695？）、卢照邻（650？—689？）、骆宾王（？—684？），都是初唐时期的诗人和文学家。他们的诗文都是初唐流行的体制，即已开始改变南北朝的骈俪、浮艳的风格。六朝时期，丽词与声律得到急遽发展，诗人们对诗歌形式和语言技巧的探求，为唐代诗歌的繁荣创造了条件。但六朝文学又有重形式、轻内容的不良倾向，特别是到了齐、梁宫体诗出现之后，诗风就更加萎靡不振了。因此，当齐、梁余风还统治着初唐诗坛的时候，陈子昂首先提出复古的主张，到了"四杰"才扭转了"务华去实"的风气，有了创作上的实绩，李白继起，完成了廓清摧陷之功。而一些"后生"小子又走向"好古遗近"的另一极端，他们循声逐影，竟要全盘否定六朝文学，并把攻击的矛头首先指向庾信和初唐四杰。"轻薄为文"是当时人批评"四杰"文风不正的话。后晋刘昫等《旧唐书·文苑传上·王勃》载裴行俭语，说"勃等虽有文才，而浮躁浅露"。《玉泉子》："王、杨、卢、骆有文名，人议其疵，曰：'杨好用古人姓名，谓之点鬼簿；骆好用数目作对，谓之算博士。'"
哂，就是嗤笑。后生们对王、杨、卢、骆的讥笑和嘲讽，喋喋不休。

"尔曹身与名俱灭，不废江河万古流"，三、四句是诗人斥责讥笑"四
杰"的话。意思是你们这些后生小辈虽然自视甚高，但到头来身死名字也
随之泯灭，而"四杰"的作品却像长流不息的江河那样永远传留下去。"当
时体"，正是时代的产物，历史的必然。而时人妄肆雌黄，哂笑不休，不
能博采众长，推陈出新，那自然只能落得个"身名俱灭"的下场。

毛泽东熟知这首诗并经常加以运用。1956 年 4 月 5 日，中共中央讨论
《人民日报》即将发表的反击苏共中央的文章《关于无产阶级专政的历史
经验》一文前，毛泽东给大家念了杜甫这首诗，意在批评苏共中央背离了
无产阶级专政，将有损于社会主义革命运动。1956 年，他为王勃《秋日楚
州郝司户宅饯崔使君序》写的长篇批注中，引用了杜甫这首诗，认为"是
说得对的"。接着对王勃等人"独创的新骈、活骈"给予很高的评价。初唐
"四杰"的诗文，虽未能摆脱六朝浮艳文风的影响，但他们的诗歌，从内
容上突破了齐、梁、隋、唐初"宫体诗"的羁绊，开始面向较为广阔的社
会生活，抒发自己的愤世嫉俗之情，吐露出一种刚劲、清新的气息，在唐
代诗歌的发展中起了承前启后的作用，开了盛唐诗歌的先河。他们在诗歌
发展史上的历史作用，是不容抹杀的。毛泽东结合"四杰"所处的时代，
论定他们的功绩和影响，指出："千余年来，多数文人都是拥护初唐四杰
的，反对的只有少数。"这是符合实际的。（毕桂发）

【原文】

缚鸡行

小奴缚鸡向市卖(1)，鸡被缚急相喧争(2)。
家中厌鸡食虫蚁(3)，不知鸡卖还遭烹。
虫鸡于人何厚薄，吾叱奴人解其缚。
鸡虫得失无了时，注目寒江倚山阁(4)。

【毛泽东圈评等情况】

1955年10月，毛泽东写的《七律·和周世钊同志》："春江浩荡暂徘徊，又踏层峰望眼开。风起绿洲吹浪去，雨从青野上山来。尊前谈笑人依旧，域外鸡虫事可哀。莫叹韶华容易逝，卅年仍到赫曦台。"

其诗中有"域外鸡虫事可哀"句，当系化用杜甫《缚鸡行》"鸡虫得失无了时"诗意。

[参考]《毛泽东诗词集》，中央文献出版社1996年版，第189页。

【注释】

（1）小奴，年幼的男仆，亦泛指小奴仆。

（2）喧争，喧叫，挣扎。

（3）虫蚁，小虫，泛指昆虫。南朝宋鲍照《拟行路难》诗之七："飞走树间啄虫蚁，岂忆往日天子尊。"

（4）"鸡虫得失"二句，明王嗣奭《杜臆》："鸡得则虫失，虫得则鸡失，世间类此者甚多，故云'无了时'。"清卢元昌《杜诗阐》："叱奴解缚，使虫鸡得失自还虫鸡，于虫不任怨，于鸡不任德。天下皆可作鸡虫观，我心何必存虫鸡见也。"这是从鸡虫得失的意义上讲的。清沈德潜在《唐诗别裁集》中注此二句："宕开作结，妙不说尽。"则是讲此诗艺术上的成功。阁，又称西阁，杜甫在夔州江边筑的草阁。

【赏析】

这首诗作于唐代宗大历元年（766）冬，故有"注目寒江倚山阁"之句。这年春天，杜甫由云安到夔州，同年秋寓居夔州的西阁。阁在长江边，有山川之胜。作者在此写有《宿江边阁》《阁夜》《西阁夜》《草阁》等不下十余首诗。诗人生活在唐王朝由盛而衰之际，至玄肃两代的宫廷政变，下至大小军阀割据、争夺。他逃难栖身四川，数经战乱，历尽沧桑，诗人自不免鄙视这人世间的作为，而以鸡虫为喻，创作了这首诗。诗由鸡虫得失，引申出无关紧要的细微得失无须计较之旨，似有所指。

"小奴缚鸡向市卖，鸡被缚急相喧争"，首二句叙缚鸡点题。小奴仆绑缚家里养的鸡要拿到市上去卖，鸡被捆绑得急了，又是叫唤，又是挣扎。叙事井然，生动平易。"争"，通"挣"。"家中厌鸡食虫蚁，不知鸡卖还遭烹"，三、四句叙缚鸡之故。家中之所以要把养的鸡卖掉，是因为厌恶它啄食昆虫，这是问题的一个方面，殊不知鸡被卖以后，就会遭到烹杀，成为人们的口中之物，这是卖鸡必须考虑到的，这是问题的另一个方面。"虫鸡于人何厚薄，吾叱奴人解其缚"，五、六句叙释鸡之缚。厚薄，犹亲疏。《淮南子·主术训》曰："夫以一人之心而事两主，或背而去，或欲身殉之，岂其趋舍厚薄之势异哉。"叱，大声命令，或作责骂解，皆可通。二句是说昆虫和鸡对于人来说有什么亲疏，言外之意没有什么亲疏，但我还是大声命令小奴把鸡放开，这是因为我怜悯鸡被卖遭烹的命运。"鸡虫得失无了时，注目寒江依山阁"，末二句以设难作结。养鸡则食虫，得鸡而失虫；卖鸡则虫得以滋生，鸡失而虫得。孰得孰失，争论永无了时，诗人亦不能辨，只有倚着山阁望着寒江之水出神。明王嗣奭《杜臆》说："公晚年溺佛，意主慈悲不杀，见鸡食虫蚁而怜之，遂命缚鸡出卖。见其被缚喧争，知其畏死，虑及卖去遭烹，遂解其缚，又将食虫蚁矣。鸡得则虫失，虫得则鸡失，世间类者甚多，故云'无了时'。计无所出，只得'注目寒江倚山阁'而已，写出一时情事如画。"杜甫这首诗关于鸡虫得失的议论，后引申为比喻得失细微，无关紧要。仇兆鳌认为说明诗人"爱物而几于齐物矣"。清黄生也说："得失，指用心于物言。"他们都认为这表现了诗人的一种"齐物"思想。所谓"齐物"，是春秋、战国时老庄学派的一种思想。认为宇宙间一切事物，如生死寿夭，是非得失，物我有无，都应当同等看待。这一思想，集中反映在庄子的《齐物论》中。另一种意见认为杜甫鸡虫得失的议论，确有所指。"不眠忧战伐，无力正乾坤。"（《宿江边阁》）作者当时关心时事，忧国忧民。永泰元年（765）五月，杜甫离开成都草堂东下，次年春末来到夔州。这时，成都府尹严武刚死不久，继任的郭英乂因暴戾骄奢，为汉州刺史崔旰所攻，逃亡被杀。邛州牙将柏茂琳又合兵讨崔，于是蜀中大乱。杜甫滞留夔州，必忧"战伐"，借鸡虫得失而表示对国事的看法。清仇兆鳌引师厚云："天下利害，当权轻重。除寇则劳民，爱民则养寇。与其养寇，孰若劳民。与其惜虫，孰若存鸡。此论圣人不易，天下亦无难处之事，始知浮屠法不可治世。"就持这种观点。由于这首诗写法别致，富有哲理，意味深长，故对后世产生较大影响。宋洪迈曰："《缚鸡行》：自是一段好议论，至结语之妙，尤非思议所及。"

毛泽东在《七律·和周世钊同志》中"域外鸡虫事可哀"，意谓国际的某些事件像鸡虫得失一样渺小，人们为这些小事而钩心斗角是可悲的。这里所指的具体内容待考，但显然是杜甫鸡虫得失的合理引申。（毕桂发）

【原文】

水槛遣心二首　之一

去郭轩楹敞⁽¹⁾，无村眺望赊⁽²⁾。

澄江平少岸⁽³⁾，幽树晚多花。

细雨鱼儿出，微风燕子斜⁽⁴⁾。

城中十万户，此地两三家⁽⁵⁾。

【毛泽东圈评等情况】

1958年3月成都会议期间，毛泽东圈阅的《诗词若干首》（唐宋明朝诗人写的有关四川的一些诗和词）中有这首《水槛遣心二首　之一》。

［参考］刘开扬注释：《诗词若干首》（唐宋明朝诗人咏四川），
四川人民出版社1979年版，第27页。

毛泽东还手书过这首《水槛遣心二首　之一》诗中的"细雨鱼儿出，微风燕子斜"二句。

［参考］中央档案馆整理：《毛泽东手书选集·古诗词卷（上）》，
北京出版社1996年版，第185页。

【注释】

（1）轩楹（yíng），廊柱，此泛指堂廊。轩，有窗户的长廊。南朝梁萧统《文选·曹植〈赠徐干〉》："春鸠鸣飞栋，流飙激棂轩。"李善注："轩，长廊之有窗也。"楹，柱子。

（2）赊（shē），旷远。

（3）澄江，清澈的江水。少岸，江涨水阔，几与岸平，所以说"少岸"。

（4）燕子斜，燕子体轻弱，受微风而尾斜。

（5）"此地两三家"，指水槛所见，应上"无村"而说。杜甫的邻居，据其诗所写有南邻朱山人、斛斯融，北邻县令王某以及黄四娘等。城中，指成都。

【赏析】

这首诗大约作于唐肃宗上元二年（761）。水槛，在成都工部祠的西南。轩窗下长木为栏，用板为槛。水槛，即水亭的栏槛。遣心，一作"遣兴"，是遣怀的意思。这首诗写诗人凭栏眺望所见，生动地描绘了细雨中的种种景物，表现了作者闲静安适的心境。《水槛遣心》为五言律诗，共二首，此为第一首。

"去郭轩楹敞，无村眺望赊"，首联先写草堂环境：草堂远在郊外，地方宽敞，周围又无村落，可以极目远眺。

接下来便写眺望到的景色："澄江平少岸，幽树晚花多"，颔联写景：清澈的江水，浩浩荡荡，江涨水阔，几与岸平；幽深的树木开花的季节虽晚，但花却开得很多。这是从大处落墨，可谓大笔勾勒。

"细雨鱼儿出，微风燕子斜"，颈联继续写景，但方法改用工笔细描。作者写细雨微风中鱼游燕飞，情景十分真切。唯"细雨"，鱼儿不时浮出水面；唯"微风"，燕子方飞而翅斜。这两句写得很精细，是传诵千古的名句。宋叶梦得《石林诗话》云："诗语忌过巧，然缘情体物，自有天然之妙。如老杜'细雨鱼儿出，微风燕子斜'，此十字，殆无一字虚设。细雨着水面为沤（水泡），鱼常上浮而淰（惊骇之状）。若大雨，则伏而不出矣。燕体轻弱，风猛则不胜。惟微风乃受以为势，故又有'轻燕受风斜'之句。"叶氏分析十分精当。

"城中十万户，此地两三家"，尾联写此地居户甚少。据《新唐书·地理志》，成都府共十县，凡十六万九百五十户。这里说"城中十万户"是专指成都城中说的，似略显夸张。"此地两三家"指水槛所见。杜甫的邻居据其诗所写有南邻朱山人、斛斯融、北邻县令王某及黄四娘等。尾联二句，回应第一、二句"去郭""无村"之意，见得地僻境幽。

这首五律通篇句子两两对偶，但写得并不板滞，用语非常自然，又有佳句点醒全篇，故令人喜读。毛泽东也是这样。（毕桂发）

【原文】

曲江二首　其二

朝回日日典春衣[1]，每日江头尽醉归。

酒债寻常行处有[2]，人生七十古来稀。

穿花蛱蝶深深见[3]，点水蜻蜓款款飞[4]。

传语风光共流转[5]，暂时相赏莫相违。

【毛泽东圈评等情况】

毛泽东曾手书这首《曲江二首　其二》诗中"酒债寻常行处有，人生七十古来稀"二句。

[参考] 中央档案馆整理：《毛泽东手书选集·古诗词卷（上）》，
北京出版社 1996 年版，第 180 页。

【注释】

（1）朝回，上朝回来。典春衣，典押春衣。典，押当。

（2）寻、常，皆古代长度单位。八尺为寻，一丈六尺为常，故与下句"七十"为对。此处作经常、平时解。债，欠人的钱。行处，到处，随处。

（3）深深，在花丛深处，又可解释为"浓密的样子"。蛱蝶，鳞翅类昆虫，蝶类的总名，即蝴蝶。见（xiàn），同"现"。

（4）蜻蜓，昆虫名。款款，舒缓之状。

（5）传语，传话。《国语·周语上》："百工谏，庶人传语。"韦昭注："百工卑贱，见时得失不得达，传以语王也。"

【赏析】

安史之乱爆发，到唐肃宗至德二年（757）九月，郭子仪等人才收复都城长安，十月收复东都洛阳。肃宗李亨及太上皇（玄宗李隆基）先后还京都。杜甫在十一月中旬到长安，仍任左拾遗职。《曲江二首》就是杜甫在肃宗乾元元年（758）暮春三月任"左拾遗"时所写。到了这年六月，他因疏救房琯，触怒肃宗而受到处罚，被贬为华州司功参军。曲江，又名曲江池，故址在今西安南五公里处，是著名的游览胜地。清仇兆鳌注引张绖曰："二诗以仕不得志，有感于暮春而作。"此为第二首。

由于诗人当时"仕不得志"，不免借酒浇愁，览物畅怀，所以第一首写曲江看花吃酒，有及时行乐之意。第二首承第一首而来，抒赏春玩物之怀。全诗八句，可分两节，前四句为第一节，写曲江酒兴。首联起首二句"朝回日日典春衣，每日江头尽醉归"，清仇兆鳌注："典衣醉酒，官贫而兴豪。酒债多有，故至典衣。七十者稀，故须尽醉。二句分应。"意思大致不错，未免肤浅。时当暮春，长安天气，春衣才派用场；即以穷到要以典当衣物换酒的程度，也应先典当用不着的冬衣。如今竟然典起正穿的春衣，可见冬衣已经典光了。这是透过一层的写法。而且不是偶而典，而是日日典。这是更透过一层的写法。

"酒债寻常行处有，人生七十古来稀。"颔联是说，春衣几多？当得日日来典。得款几何？当得日日买酒尽醉。于是乎由买到赊，以至于"寻常行处"，都欠有"酒债"。付出这样高的代价，落了个醉醺醺，这究竟是为了什么呢？"人生七十古来稀。"意谓人生百岁，自古以来能活到七十岁者就比较稀少。

下四句为第二节，写曲江春景。清仇兆鳌析此四句曰："花蝶水蜓，景物堪恋，欲暂借风光，以助一时之玩赏。盖风光和畅则可赏，一遭阴雨则相违矣。"分析也只在字面意思。"穿花蛱蝶深深见，点水蜻蜓款款飞"，颈联二句是杜诗中写景名句。宋叶梦得在《石林诗话》卷下中指出："诗语固忌用巧太过，然缘情体物，自有天然工妙，虽巧而不见刻削之痕。老杜……'穿花蛱蝶深深见，点水蜻蜓款款飞'；'深深'字若无'穿'字，'款款'字若无'点'字，皆无以见其精微如此。迟读之浑然，全似未尝用力，所以不碍气格超胜。使晚唐诸子为之，便当如'鱼跃练波抛玉尺，莺穿丝柳织金梭'矣。"这一联"缘情体物"有天然之妙。你看，蛱蝶在花丝中飞来飞去，蜻蜓在水面上缓缓而飞，这是多么恬静、多么自由，多么美好的春光啊！

然而，这明媚春光，又即将逝去，难道不值得珍惜吗？所以诗人写出了这样的结句："传语风光共流转，暂时相赏莫相违。""传语"就是传话，对象就是"风光"。这里的"风光"，就是明媚的春光。这是将风光拟人化。此二句是说，可爱的风光啊，你就同穿花的蛱蝶、点水的蜻蜓一起流转，让我欣赏吧，哪怕是暂时的；可别连这点心愿也违背了呀？惜春、留春之情溢于言表。然而这惜春、留春之情又饱含着深广的社会内容，弦外之音、味外之旨不难窥知。（毕桂发）

【原文】

绝句四首　其三

两个黄鹂鸣翠柳[(1)]，一行白鹭上青天[(2)]。

窗含西岭千秋雪[(3)]，门泊东吴万里船[(4)]。

【毛泽东圈评等情况】

1958年成都会议期间，毛泽东圈阅的《诗词若干首》（唐宋明朝诗人写的有关四川的一些诗和词）中有这首《绝句四首　其三》绝句。

[参考]刘开扬注释：《诗词若干首》（唐宋明朝诗人咏四川），

四川人民出版社1979年版，第39页。

【注释】

（1）黄鹂（lí），黄莺或莺。每年5、6月份是其交配季节，期间多成双结对出现。翠柳，柳树冬枯叶；柳叶初春是嫩黄色的，仲春是嫩绿色的，季春绿色变深开始发翠；夏天的柳叶才是翠色的。

（2）白鹭，一名鹭，羽色纯白，栖息沼泽，捕食鱼类。习性喜沿溪滩觅食。受惊扰，会依次起飞，故有一行而上的景象。

（3）窗含，窗对西岭，好像口含东窗才含西岭。东窗是古人读书的地方。东窗含有雪，便有寒窗苦读的意蕴。西岭，即雪岭，指今四川都江堰市西南一百里的雪山。成都晴天可以隐约看到。

（4）门泊，指来船停泊在门口。泊，停船靠岸。东吴，指长江下流一带，战国时吴国之地，或三国时吴国之地。万里船，船行水上，水映天。坐船便如天上行，有纵横天下的意境。

【赏析】

"绝句"是诗的名称，并不直接表示诗的内容。其为五言或七言四句，其创作先于律诗，应该说是古诗。但后来讲究平仄和用韵的关系，一般都把它和律诗一起算作近体诗。这种形式便于用来写一景一物，抒发作者一瞬间的感受。诗人偶有所见，触发了内心的激情，信手把自己的感受写下来，一时不去拟题，便用诗的格律"绝句"作为题目。杜甫此组绝句共四首。

唐代宗宝应元年（762），杜甫的友人成都府尹严武奉调入朝，蜀中发生动乱，杜甫一度避往梓州（今四川三台），翌年安史之乱平定。再过一年，严武还镇成都。杜甫得知消息，也于这年春返回成都草堂。这时诗人的心情特别好，面对生机勃勃的景色，情不自禁写下这组小诗。

此为第三首。绝句本来是无须对偶的，这里的四句都是两两相对，可以说是一种变体。"两个黄鹂鸣翠柳，一行白鹭上青天"，诗的一、二句是一组对仗句。草堂周围多柳，新绿的柳枝上两只成双捉对的黄鹂正在欢唱，有声有色，构成了一幅新鲜而优美的图画，这是近景；次句写一行白鹭向蔚蓝的天边飞去，姿态优美，自然成行，又是一幅色彩绚丽的图画。这是远景。两句中一连用了"黄""翠""白""青"四种鲜明的颜色，首句还有声音的描写，有声有色，传达出无比欢乐的感情。

"窗含西岭千秋雪，门泊东吴万里船"，三、四句也是一组对仗句。上句写凭窗远眺西山雪岭。山岭积雪终年不化，所以为"千秋雪"。南朝齐谢朓《郡内高斋闲望答吕法曹》诗有"窗中列远岫"句，是诗人所本，

隋唐五代诗

同时也是成都所见实景。西岭，指四川都江堰市西南一百里的雪山。杜甫《怀锦水居止二首》之二云："雪岭界天白。"成都晴天可以隐约见到。这是远景。下句写门外停泊着驶向东吴的船。杜甫《野老》诗："柴门不正逐江开"，"估客船随返照来"，可见草堂门外江岸为船停泊之处。《草堂》诗又说："三年望东吴"，说明诗人久思去蜀游吴。浣花溪可行小舟，直通百花潭，再东经万里桥下，便可以沿岷江，穿三峡，直达东吴，所以说是"万里船"。这是远景。"万里船"与"千秋雪"相对，一言空间之广，一言时间之久。诗人身在草堂，思接千载，视通万里，胸怀是何等开阔啊！

这首诗先由近及远，而又由远及近，一句一景，四幅单独的图景，构成了一幅意境优美、境界廓大的壮丽图画，表现了诗人悠然自适的情怀。诗以对仗工整见称。明杨慎在《升庵诗话》中说："绝句四句皆对，少陵'两个黄鹂鸣翠柳'是也。然不相连属，即是律中的四句耳。"清杨伦云说："此皆就所见掇拾成诗，亦漫兴之类。"（《杜诗镜铨》）现代学者萧涤非说："全诗四句皆对，一句一景，似各不相干，其实是一个整体。"（《杜甫研究》）诸家所论极是。（毕英男　刘贝妮）

【原文】

丹青引

　　将军魏武之子孙[1]，于今为庶为清门[2]。英雄割据虽已矣[3]，文采风流今尚存。

　　学书初学卫夫人[4]，但恨无过王右军[5]。丹青不知老将至[6]，富贵于我如浮云[7]。

　　开元之中常引见[8]，承恩数上南薰殿[9]。凌烟功臣少颜色[10]，将军下笔开生面[11]。良相头上进贤冠[12]，猛将腰间大羽箭[13]。褒公鄂公毛发动[14]，英姿飒爽来酣战[15]。

　　先帝天马玉花骢[16]，画工如山貌不同[17]。是日牵来赤墀下[18]，迥立阊阖生长风[19]。诏谓将军拂绢素，意匠惨淡经营中[20]。斯须九重真龙出[21]，一洗万古凡马空。

玉花却在御榻上，榻上庭前屹相向[22]。至尊含笑催赐金[23]，圉人太仆皆惆怅[24]。弟子韩幹早入室[25]，亦能画马穷殊相[26]。幹惟画肉不画骨[27]，忍使骅骝气凋丧[28]。

将军画善盖有神[29]，必逢佳士亦写真[30]。即今飘泊干戈际[31]，屡貌寻常行路人。途穷反遭俗眼白[32]，世上未有如公贫。但看古来盛名下[33]，终日坎壈缠其身[34]。

【毛泽东圈评等情况】

毛泽东曾将《丹青引》与《韦讽录事宅观曹将军画马图》两诗组句："将军魏武之子孙，于今为庶为清门。英雄割据虽已矣，文采风流今尚存。""曾貌先帝照夜白，龙池十日飞霹雳。内府殷红玛瑙盘，婕妤传诏才人索。盘赐将军拜舞归，轻纨细绮相追飞。贵戚权门得笔迹，始觉屏障生光辉。""弟子韩幹早入室，亦能画马穷殊相。幹惟画肉不画骨，忍使骅骝气凋丧。"

[参考] 中央档案馆编：《毛泽东手书选集·古诗词卷（上）》，北京出版社 1996 年版，第 198 页。

毛泽东曾在一本中华书局印行的清蘅塘退士编选《注释唐诗三百首》七言古诗中这首《丹青引》诗题头上方画了一个大圈，又在正文上方天头空白处画了三个小圈。

[参考] 中央档案馆整理：《毛泽东评点诗词曲精选（上册）》，中国档案出版社 1998 年版，第 32—33 页。

【注释】

（1）将军，指曹霸。魏武，即魏武帝曹操。

（2）庶，庶民，老百姓。清门，寒门，指非权贵之家。玄宗天宝末年，曹霸因罪被贬为庶人，也就降为寒门了。

（3）英雄割据，是指曹操割据中原与刘备、孙权鼎立的英雄事业。虽已矣，虽然已经成为历史的陈迹了。虽，一作"皆"。

（4）书，指书法。卫夫人，卫铄，字茂猗，东晋时的女书法家，尤擅长隶书及正书。王羲之曾向她学习书法。

（5）无过，未能超过。无，一作"未"。王右军，即王羲之，曾官至右军将军，在历史上以书法著称。这里说曹霸在书法上未能超过王羲之，是为下文强调和突出他在绘画方面的成就。

（6）不知老将至，这里化用《论语·述而》"其为人也，发愤忘食，乐以忘忧，不知老之将至云尔"的意思。

（7）富贵于我如浮云，用《论语·述而》"不义而且富贵，于我如浮云"之意。

（8）开元，唐玄宗年号（713—741）。中，一作"年"。引见，应诏由近臣引领去见皇帝。

（9）承恩，承蒙皇帝的恩赐。南薰殿，唐长安南内兴庆宫中殿名。

（10）凌烟，即凌烟阁，唐太宗为了褒奖文武开国功臣，于贞观十七年（643）命阎立本等在凌烟阁画二十四功臣图。凌烟功臣，指凌烟阁上画的功臣像。少颜色，是说因时间很久，画像已褪色。

（11）开生面，指曹霸"下笔"重画使得功臣像现出了新的面貌。

（12）进贤冠，古代儒者的服饰。

（13）大羽箭，大杆长箭。

（14）褒公，即褒国公段志玄，在凌烟阁功臣像中位列第十。鄂公，鄂国公尉迟敬德，在凌烟阁功臣像中位列第七。二人均系唐代开国名将，同为功臣图中的人物。

（15）英姿飒爽，英俊的姿态豪迈而矫健。飒爽，豪迈矫健之态。爽，一作"飒"。来，一作"犹"。

（16）先帝，指唐玄宗，死于宝应元年（762）。作者作此诗时唐玄宗已死，所以称"先帝"。天马，一作"御马"。玉花骢（cōng），唐玄宗所骑的骏马名。骢，青白色的马。

（17）画工如山，画工之众。山，众多的意思。貌不同，画得不一样，即画得不像。貌，在这里作动词用，描绘。不同，不肖似，不逼真。

（18）赤墀（chí），也叫丹墀。宫殿内涂了红色的台阶。

（19）迥立，昂头卓立。迥（jiǒng），高，一作"夐"。阊阖（chāng hé），

宫门。

（20）惨淡，苦费心思。经营，谋划并从事某项事情。本来是说作画之前的苦心构思。后来形容苦费心思谋划并从事某项事情或事业。

（21）九重（chóng），指宫门九重，这里代指宫门。真龙，真马。《周礼·夏官》："马八尺以上为龙。"

（22）屹相向，屹立相对，言与赤墀下的真马真假难辨。

（23）至尊，指皇帝。

（24）圉人，养马的人。太仆，掌管皇帝车马的官员。惆怅，感慨。

（25）韩幹，唐代著名画家，擅长画人物和马。"初师曹霸，后自独擅。"（《历代名画记》）入室，意谓学到了老师的真本领。《论语·先进篇》："由也升堂矣，未入于室也。"

（26）穷殊相，穷尽各种形态。

（27）画肉，韩幹画马形体肥大。

（28）骅骝，传说中周穆王的八骏之一，这里泛指骏马。气凋丧，是说画的马没有骏马的精神气概。这里并不是贬低韩幹，而是一种反衬法，主要是突出曹霸画马以画骨见长。

（29）盖有神，大概是有神相助。画美，一作"尽善"。

（30）佳士，优秀人物。写真，画像。

（31）飘泊干戈际，即漂泊于战乱之中。

（32）途穷，犹言走投无路。俗眼白，世俗的白眼。眼白，即白眼。晋朝阮籍能作青、白眼，见不合心意的"礼俗之士"，便以白眼对之，表示卑视（《晋书·阮籍传》）。

（33）盛名，很大的名望。南朝宋范晔等《后汉书·黄琼传》："盛名之下，其实难副。"

（34）坎壈（kǎn lǎn），困顿不得志。

【赏析】

本诗原题下自注："赠曹将军霸。""曹霸"是盛唐著名的画马大师，在开元年间已得名，经常被召入宫中画御马及功臣，官至左武卫将军。玄宗末年，因罪被废为庶人。唐代宗广德二年（764），杜甫在成都和他相识，十分同情他的遭遇，写下了这首《丹青引》。"丹青"，本为绘画的颜料，这里代指绘画。引，唐代一种曲曲调名，也是一种诗体名称，类似于长篇歌行。

全诗可分六节。诗歌的前四句"将军魏武之子孙，于今为庶为清门。英雄割据虽已矣，文采风流今尚存"为第一节，写曹霸的身世。首二句写曹霸是三国魏武帝曹操之后，现在因被削籍变为庶民百姓。然后诗歌宕开一笔，转赞曹霸的祖先：曹操割据称雄虽成历史，但他诗歌的艺术高超，辞采华美，流风余韵，至今尚存。诗歌开头极尽抑扬之致。

"学书初学卫夫人"以下四句为第二节，写曹霸书画艺术的师承关系、进取精神、刻苦态度及高尚情操。他学习书法初学东晋卫夫人，字写得很好，但只恨不能超过王羲之。他一生潜心绘画，不知老之将至，情操高尚，不慕荣利，把功名视为浮云。其实，"学书"二句仅为陪笔，"丹青"二句才点正题。

"开元之中常引见"以下八句为第三节，转入主题，高度赞扬曹霸在人物画上的辉煌成就。开元年间，曹霸多次应玄宗之诏进南薰殿，到凌烟阁上重绘功臣画像。他用自己的生花妙笔把人物画得栩如生：文臣戴朝冠，武将腰插箭，褒国公段志玄、鄂国公尉迟敬德毛发飞动，神采飞扬，仿佛要飞奔沙场前去鏖战。这里赞扬了曹霸肖像画形神兼备的高超技艺。

"先帝天马玉花骢"以下八句为第四节，盛赞曹霸为玄宗画玉花骢马的神韵。唐玄宗的御马，众多画师画过，但各不相同且无一逼真。当玉花骢被牵至阊阖宫的台阶前时，它扬首卓立、神气轩昂。玄宗命曹霸当场展绢写生，曹霸先巧妙运思，然后大笔挥洒，须臾而成。那画马神奇雄骏，好像腾跃而出的飞龙，一切凡马都相形失色。这里，诗人先用"生长风"形容真马的雄骏神威，作为画马的有力陪衬，再用众画工的凡马来烘托曹霸的"真龙"，赞颂之情溢于言表，有力地突出了曹霸画马功夫的神妙。

"玉花却在御榻上"以下八句为第五节，诗人进而形容画马的艺术魅力。榻上的画马和殿前的真马两两相对，昂首屹立，简直令人真假难辨。诗人把画马与真马合写，虽未着一"肖"字，却极为生动地道出了画马的传神逼真。玄宗看到画马神态轩昂，高兴得忙令侍从赐金奖赏，这时掌管御车御马的官员和养马人都感慨万分，怅然若失。这里诗人又用玄宗、太仆、圉人对画马的不同反应渲染了曹霸画技的神妙绝伦。随后，诗人又用曹霸的弟子，也以画马著名的韩幹来作反衬。如果说前面诗人层层铺叙了曹霸绘画的神技和他由此获得的巨大声名，那么，最后八句诗人却是用了前后对比的手法，以感伤的笔调描写了曹霸如今流落民间后的落魄境况。

"将军画善盖有神"以下八句为第六节，总收上文。写他本不轻易为人画像，可在战乱漂泊无以为生的日子里，他也不得不为寻常过路人画像，甚至靠卖画为生了。更令人悲愤的是，一代画马宗师，在走投无路时，竟然遭到流俗的白眼，弄到成了世上最贫之人。曹霸的不幸遭遇，自然引起了穷愁一生的诗人的共鸣。他感慨万分：自古负有盛名、成就杰出的艺术家，往往都命运不济，困顿缠身，郁郁不得志。最后两句诗，我们可以看作是诗人的自慰，也可以看作是对曹霸的宽解，饱含着诗人对封建社会世态炎凉的愤慨之情。

本诗在艺术上极有特色。首先，诗人运用了强烈对比的手法。诗中谈到曹霸的学书学画，画人与画马，真马与画马，凡马与真龙，画工与曹霸，昔日之盛与今日之衰等，通过强烈的对比，突出了曹霸神妙的画技、高尚的情操以及晚年不幸的遭遇，从而寄寓了诗人的崇敬和同情。其次，在诗情的发展上，诗人注重抑扬起伏，波澜层出。诗歌前四句写曹霸的身世，两抑两扬，摇曳多姿；中间写因画御马而备受奖掖，末段又写了他的穷愁潦倒，形成了尖锐的对立。整个诗歌的结构，抑扬交替波浪式展开，最后以沉郁的调子结束，使诗情显得错综变化而又多样统一。再次，在诗歌的结构上，首尾呼应。诗的开头写曹霸"于今为庶为清门"，末尾又写他"世上未有如公贫"，构成了一种悲凉的气氛；中间三节写曹霸画马的盛况，又与首段"文采风流今尚存"相照应，充分显示出诗人结构谋篇的功力。

从毛泽东圈阅并用此诗与他诗组句的情况看，他十分熟知、喜爱这首诗。（毕桂发）

【原文】

韦讽录事宅观曹将军画马图

国初已来画鞍马⁽¹⁾，神妙独数江都王⁽²⁾。将军得名三十载⁽³⁾，人间又见真乘黄⁽⁴⁾。曾貌先帝照夜白⁽⁵⁾，龙池十日飞霹雳⁽⁶⁾。内府殷红玛瑙盘⁽⁷⁾，婕妤传诏才人索。盘赐将军拜舞归⁽⁸⁾，轻纨细绮相追飞⁽⁹⁾。贵戚权门得笔迹⁽¹⁰⁾，始觉屏障生光辉。昔日太宗拳毛𬴊⁽¹¹⁾，近时郭家狮子花⁽¹²⁾。今之新图有二马⁽¹³⁾，复令识者久叹嗟。此皆战骑一敌万⁽¹⁴⁾，缟素漠漠开风沙⁽¹⁵⁾。其余七匹亦殊绝，迥若寒空动烟雪。霜蹄蹴踏长楸间⁽¹⁶⁾，马官厮养森成列⁽¹⁷⁾。可怜九马争神骏，顾视清高气深稳⁽¹⁸⁾。借问苦心爱者谁？后有韦讽前支遁⁽¹⁹⁾。忆昔巡幸新丰宫⁽²⁰⁾，翠华拂天来向东⁽²¹⁾。腾骧磊落三万匹⁽²²⁾，皆与此图筋骨同⁽²³⁾。自从献宝朝河宗⁽²⁴⁾，无复射蛟江水中⁽²⁵⁾。君不见金粟堆前松柏里⁽²⁶⁾，龙媒去尽鸟呼风⁽²⁷⁾。

【毛泽东圈评等情况】

毛泽东曾将《丹青引》和此诗《韦讽录事宅观曹将军画马图》两诗组句："将军魏武之子孙，于今为庶为清门。英雄割据虽已矣，文采风流今尚存。""曾貌先帝照夜白，龙池十日飞霹雳。内府殷红玛瑙盘，婕妤传诏才人索。盘赐将军拜舞归，轻纨细绮相追飞。贵戚权门得笔迹，始觉屏帐生光辉。""弟子韩幹早入室，亦能画马穷殊相。幹惟画肉不画骨，忍使骅骝气凋丧。"

[参考] 中央档案馆整理：《毛泽东手书选集（上册）》，中国档案出版社 1998 年版，第 198 页。

毛泽东曾在一本中华书局印行的清蘅塘退士编选《注释唐诗三百首》七言古诗中这首《韦讽录事宅观曹将军画马图》诗题目上方画了一个大圈。

[参考] 中央档案馆整理：《毛泽东评点诗词曲精选（上册）》，中国档案出版社 1998 年版，第 32—33 页。

【注释】

（1）国初，指唐王朝开国之初。已来，以来。

（2）独数，独推。江都王，李绪，唐太宗的侄儿，多才博艺，善书法，尤以画鞍马最为著名。武则天时官至荆州刺史，后被杀。

（3）将军，指曹霸。得名，出名。载，年。

（4）乘黄，神马名。《竹书纪年》："帝舜元年，出乘马之马。"南宋李嵩《瑞应图》："五者舆服有度，出则乘黄。"董迫画跋："乘黄，状如狐，背有角。"

（5）曾貌，曾经描绘。先帝，指唐玄宗李隆基。照夜白，马名。唐郑处诲撰《明皇杂录》："上所乘马有玉花骢，照夜白。"

（6）龙池，在唐宫南内，南薰殿北，跃龙门南，深至数丈，传说池上常有云气，黄龙出现在池中，故称龙池。飞霹雳，比喻马像池龙那样腾跃飞舞，霹雳，疾雷声。

（7）内府，皇宫中的府库。殷红，紫红。玛瑙，宝石名，也作马瑙，有多种颜色。。

（8）将军，指曹霸。拜舞，古代臣下朝见皇帝时的一种礼仪。

（9）轻纨细绮，泛指精美的丝织品。相追飞，是指皇帝在赏赐玛瑙盘之外，又急忙加赠纨绮，以表示恩宠。

（10）笔迹，这里指曹霸的画。

（11）拳毛䯄（guā），唐太宗的六匹好马之一，第五曰拳毛，平刘黑闼时所乘，黄马黑喙。拳，通"蜷"。

（12）郭家，指郭子仪。狮子花，即"九花虬"，代宗李豫骏马名，后以功赐郭子仪。

（13）新图，即曹霸所画的马图。

（14）战骑，一作"骑战"，骑兵。西周姜子牙《六韬》："以车以骑战，一车当几骑。"

（15）缟（gǎo）素，指白色的画绢。开风沙，指战马奔驰在迷茫的风沙中。

（16）霜蹄，因马蹄可以践踏霜雪，故称。《庄子·马蹄》："马，蹄可以践霜雪。"长楸间，大道上，因古人常在大道两旁种植楸树。

（17）厮养，这里指养马的人，即饲养马的役卒。森成列，形容人数之多。

（18）顾视清高，此拟指马昂首时宁静而高远的心情。深稳，深沉而稳重，指马的品性。

（19）支遁，字道林，东晋名僧。本姓关。他曾隐居支硎山修行，别号支硎，世称支公。南朝宋刘义庆《世说新语·言语》："支道林常养马数匹，或言道人畜马不韵（不文雅）。"支曰："贫道重其神骏。"

（20）新丰宫，指华清宫，在临潼东南骊山下。新丰本汉制，后改称临潼。

（21）来向东，骊山华清宫在京城长安以东，所以说"来向东"。翠华，皇帝仪仗中用翠鸟羽毛作装饰的旗帜。

（22）腾骧（xiāng），跳跃、奔驰。磊落，群马各具形态的俊逸雄伟的样子。

（23）此图，指韦讽藏的曹霸画马图。筋骨，指筋骨挺硬。《列子·说符篇》："伯乐曰：良马可形容筋骨相也。"

（24）献宝朝河宗，据晋郭璞注《穆天子传》说，穆天子西行至阳纡之山，朝拜水神河伯，献宝而还，不久就死了。这里借指唐玄宗之死。

（25）无复，不再。射蛟江水中，《汉书·武帝本纪》："武帝元封五年，自浔阳浮江，亲射蛟江中，获之。"这句意谓玄宗不能再巡游，也是说他已经死了。

（26）金粟堆，玄宗葬于金粟山，称泰陵，在今陕西蒲城东北二十五里。

（27）龙媒，良马。《汉书·礼乐志》："天马来，龙之媒。"意谓天马来，是龙必至的征兆，后因称天马为龙媒。鸟呼风，只有松柏林中的鸟儿在风雨中呼号。

【赏析】

唐朝初年，江都王李绪善画马，张彦远《历代名画记》称他"多才艺，善书画，鞍马擅名。"到开元、天宝时代，曹霸画马出神入化，名声更显，赵子昂说："唐人善画马者众，而曹、韩为之最。"（汤垕《画鉴》引）。唐代宗广德二年（764），杜甫在阆州录事参军韦讽宅观看他收藏的曹霸所画的《九马图》后，写下这首题画诗。

全诗可分四节。开端四句"国初已来画鞍马，神妙独数江都王。将军得名三十载，人间又见真乘黄"为第一节，诗人先引江都王衬托曹霸，说曹霸"得名三十载"，人们才又能见到神骏之马。

诗人不落窠臼，"曾貌先帝照夜白"以下八句为第二节，诗人却先从曹霸画"照夜白"马说来，详细叙述曹霸受到玄宗恩宠和艺名大振的往事，为描写九马图铺叙，并伏下末段诗意。"曾貌先帝照夜白"，曹霸所画照夜白，形象夺真，感动龙池里的龙，连日挟带风雷飞舞，此谓"龙池十日飞霹雳"。"内府"二句，写玄宗喜爱曹霸的马画，命婕妤传达诏书，才人手捧"内府殷红玛瑙盘"，向曹霸索取并盛放照夜白图。婕妤，正三品女官；才人，正四品女官。玛瑙盘极为名贵，足见恩宠之重。"盘赐将军"，以下四句，描写曹霸受玄宗赏识、恩赐以后，声名大振，带着"轻纨细绮"上门求画的人，络绎不绝，连达官贵戚也以求得曹霸画作而感到光荣。

"昔日太宗拳毛䯄"以下十四句为第三节，诗人转入写马正位，具体绘写《九马图》。诗人多层次、多角度地描写曹霸所画的九匹马，错综写来，鲜活生动。前六句，先写二马，"今之新图有二马"，一为唐太宗的拳毛䯄，是太宗平定刘黑闼时所乘的战骑，一为郭家狮子花，即九花虬，是唐代宗赐给郭子仪的御马。二马都是战骑，一以当万，因此诗人赞道："此皆战骑一敌万，缟素漠漠开风沙。"一打开画卷，就见到二马在广邈的战地风沙中飞驰，诗人从逼真的角度，称誉图上二马画艺高超。"其余七匹"以下四句，分别从七马的形貌、奔驰、伏枥三个方面，再现画上七马"殊绝"的神态，都是与众不同的良马。"迥若"句，描摹七马形貌，七马毛色或红、或白、或红白相间，如霞雪飞动。"霜蹄"句，是说有些马奔驰在长楸道上，践踏霜雪。"马官"句，是说有些马在厩里排列成行，由马官悉心厮养。诗人先写二马，后写七马，又对《九马图》作出总的评价："可怜九马争神骏，顾视清高气深稳。"九马匹匹神骏，昂首顾视，神采飞扬，气度稳健，惹人喜爱。诗人再一次运用陪衬法，写道："后有韦讽前支遁。"以支遁衬托，是突现收藏九马图的韦讽。这句诗赞誉韦讽风韵不凡的品格和酷爱绘画艺术的高深素养，也遥扣题意。

最后一段共八句为第四节。前四句写玄宗巡幸骊山的盛况。新丰宫，即骊山华清宫，唐京兆昭应县，汉代本名新丰。玄宗巡幸至骊山，帝辇翠华葳蕤，旌旗拂天，数万匹厩马随从，每种毛色的马列为一队，马队相间，远望如锦绣一般。"皆与此图筋骨同"，是指真马与图上之马都是良马。着此一句，扣全诗咏《九马图》的题旨。后四句写玄宗入葬泰陵后的萧疏景况，表现其"衰"。"自从献宝朝河宗"句，借周穆王的升遐比喻唐玄宗崩驾。河宗，即河伯，周穆王西征，河伯朝见并献上宝物，引导他西行，穆王由此归天（晋郭璞注《穆天子传》）。"无复射蛟江水中"，玄宗已卒，无人再来江边射蛟。此处用汉武帝的故事，《汉书·武帝纪》："元封五年，武帝自浔阳浮江，亲射蛟江中，获之。""君不见"二句，描写玄宗陵前的萧条。龙媒，骏马，语出《汉书·礼乐志》："天马来，龙之媒。"玄宗陵前松柏里，骏马都已离去，只剩下鸟儿在松风中鸣叫。唐玄宗喜爱马图，宠幸曹霸，巡幸新丰宫，数万骏马随从，一旦归命，群马尽去，松柏含悲。这一结，韵致悠长，盛衰之叹，俯仰感慨，尽在其中。

题画诗常见以画作真的手法，而杜甫这首题画马的诗，更是淋漓尽致，变幻莫测。"人间又见真乘黄""龙池十日飞霹雳""缟素漠漠开风沙"等句，以画马作真马，夸饰曹霸画艺神妙。诗人从画马说到画家的受宠幸，从画马说到真马，从真马说到时事，从玄宗的巡幸说到升遐，诗思不断拓展，寄托了诗人对玄宗的深情眷念。叙述真马、时事的时候，又不时插带一笔，照应马画，以画、以马作为线索，绾带全篇。全诗感慨深沉，波澜迭起，转笔陡健，脉络细密，章法纵横跌宕，气势雄浑激荡，情韵极尽沉郁顿挫，实为古今长篇题画诗中的杰作。

在章法上错综绝妙。第一段四句先赞曹氏画技之高超。第二段八句追叙曹氏应诏画马时所得到的荣誉和宠幸。第三段十句，写九马图之神妙及各马之姿态。第四段八句是照应第二段"先帝"的伏笔，从而产生今昔迥异之感。诗以奇妙高远开首，中间翻腾跌宕，又以突兀含蓄收尾。写骏马极为传神，写情感神游题外，感人至深，兴味隽永。明陆时雍《唐诗镜》

说："画中见真，真中带画，尤难。"清浦起龙《读杜心解》说："身历兴衰，感时抚事，惟其胸中有泪，是以言中有物。"

从毛泽东圈阅并用此诗与《丹青引》一诗组句的情况看，他对这首诗是很熟知很喜爱的。（毕桂发）

【原文】

登 高

风急天高猿啸哀[1]，渚清沙白鸟飞回[2]。

无边落木萧萧下[3]，不尽长江滚滚来[4]。

万里悲秋常作客[5]，百年多病独登台[6]。

艰难苦恨繁霜鬓，潦倒新停浊酒杯[7]。

【毛泽东圈评等情况】

毛泽东曾圈阅并手书这首《登高》。

[参考]中央档案馆整理：《毛泽东评点诗词曲精选（上册）》，
中国档案出版社1998年版，第186页。

毛泽东在一本中华书局印行的清蘅塘退士编选《注释唐诗三百首》七言律诗中这首《登高》诗题目上方天头空白处连画三个小圈，并在正文开头处画了一个大圈。

[参考]中央档案馆整理：《毛泽东评点诗词曲精选（上册）》，
中国档案出版社1998年版，第105页。

1958年3月成都会议期间，毛泽东圈阅的《诗词若干首》（唐宋明朝诗人写的有关四川的一些诗和词）中收有这首《登高》。

[参考]刘开扬注释：《诗词若干首》（唐宋明朝诗人咏四川），
四川人民出版社1979年版，第64页。

【注释】

（1）猿啸哀，指长江三峡中猿猴凄厉的叫声。北魏郦道元《水经注·江水》引民谣云："巴东三峡巫峡长，猿鸣三声泪沾裳。"

（2）渚（zhǔ），水中的小块陆地。鸟飞回，因风急所以飞鸟盘旋。回，回旋。

（3）无边，无边无际。落木，落叶。萧萧，落叶声。

（4）不尽，无穷无尽。

（5）万里，指远离故乡。常作客，长期漂泊。

（6）百年，一生。这里借指晚年。

（7）艰难，兼指国运和自身命运。苦恨，极恨，极其遗憾。苦，极。繁霜鬓，增多了白发，如鬓边着霜雪。繁，这里作动词，增多。

（8）潦倒，衰颓，失意。新停，作者本来嗜酒，这时因肺病而停饮。

【赏析】

《登高》诗作于唐代宗大历二年（767）秋天，杜甫时在夔州。这是五十六岁的老诗人在极端困窘的情况下写成的。当时安史之乱已经结束四年了，但地方军阀又乘时而起，相互争夺地盘。杜甫本入严武幕府，依托严武。不久严武病逝，杜甫失去依靠，只好离开经营了五六年的成都草堂，买舟南下。本想直达夔门，却因病魔缠身，在云安待了几个月后才到夔州。在当地都督的照顾下，他在夔州住了三个年头，但生活依然很困苦，身体也非常不好。一天他独自登上夔州白帝城外的高台，登高临眺，百感交集。望中所见，激起意中所触；萧瑟的秋江景色，引发了他身世飘零的感慨，渗入了他老病孤愁的悲哀。于是，就有了这首被誉为"七律之冠"的《登高》。

此诗载于《杜工部集》，全诗通过登高所见秋江景色，倾诉了诗人长年漂泊、老病孤愁的复杂感情，慷慨激越、动人心弦。

此诗前四句写登高见闻。首联"风急天高猿啸哀，渚清沙白鸟飞回"对起。诗人围绕夔州的特定环境，用"风急"二字带动全联，一开头就写成了千古流传的佳句。夔州向以猿多著称，峡口更以风大闻名。秋日天高气爽，这里却猎猎多风。诗人登上高处，峡中不断传来"高猿长啸"之声，大有"空谷传响，哀转久绝"（北魏郦道元《水经注·江水》）的意味。

诗人移动视线，由高处转向江水洲渚，在水清沙白的背景上，点缀着迎风飞翔、不住回旋的鸟群，真是一幅精美的画图。其中天、风，沙、渚，猿啸、鸟飞，天造地设，自然成对。不仅上下两句对，而且还有句中自对，如上句"天"对"风"，"高"对"急"；下句"沙"对"渚"，"白"对"清"，读来富有节奏感。经过诗人的艺术提炼，十四个字，字字精当，无一虚设，用字遣辞，"尽谢斧凿"，达到了奇妙难名的境界。

领联"无边落木萧萧下，不尽长江滚滚来"，集中表现了夔州秋天的典型特征。诗人仰望茫无边际、萧萧而下的木叶，俯视奔流不息、滚滚而来的江水，在写景的同时，便深沉地抒发了自己的情怀。"无边""不尽"，使"萧萧""滚滚"更加形象化，不仅使人联想到落木窸窣之声，长江汹涌之状，也无形中传达出韶光易逝、壮志难酬的感怆。透过沉郁悲凉的对句，显示出神入化之笔力，确有"建瓴走坂""百川东注"的磅礴气势。前人把它誉为"古今独步"的"句中化境"，是有道理的。

前两联极力描写秋景，直到颈联"万里悲秋常作客，百年多病独登台"，才点出一个"秋"字。"独登台"，则表明诗人是在高处远眺，这就把眼前景和心中情紧密地联系在一起了。"常作客"，指出了诗人飘泊无定的生涯。"百年"，本喻有限的人生，此处专指暮年。"悲秋"两字写得沉痛。秋天不一定可悲，只是诗人目睹苍凉恢廓的秋景，不由想到自己沦落他乡、年老多病的处境，故生出无限悲愁之绪。诗人把久客最易悲愁、多病独爱登台的感情，概括进一联"雄阔高浑，实大声弘"的对句之中，使人深深地感到了他那沉重地跳动着的感情脉搏。此联的"万里""百年"和上一联的"无边""不尽"，还有相互呼应的作用：诗人的羁旅愁与孤独感，就像落叶和江水一样，推排不尽，驱赶不绝，情与景交融相洽。诗到此已给作客思乡的一般含意添上了久客孤独的内容，增入了悲秋苦病的情思，加进了离乡万里、人在暮年的感叹，诗意就更见深沉了。

尾联"艰难苦恨繁霜鬓，潦倒新停浊酒杯"对结，并分承五、六两句。诗人备尝艰难潦倒之苦，国难家愁，使自己白发日多，再加上因病断酒，悲愁就更难排遣。本来兴趣盎然地登高望远，此时却平白无故地惹恨添悲，诗人的矛盾心情是容易理解的。前六句"飞扬震动"，到此处"软冷收之，而无限悲凉之意，溢于言外"（《诗薮》）。

诗前半写景，后半抒情，在写法上各有错综之妙。首联着重刻画眼前具体景物，好比画家的工笔，形、声、色、态，一一得到表现。次联着重渲染整个秋天气氛，好比画家的写意，只宜传神会意，让读者用想象补充。三联表现感情，从纵（时间）、横（空间）两方面着笔，由异乡飘泊写到多病残生。四联又从白发日多，护病断饮，归结到时世艰难是潦倒不堪的根源。这样，杜甫忧国伤时的情操，便跃然纸上。清杨伦《杜诗镜铨》说："高浑一气，古今独步，当为杜集七言律诗第一。"

从毛泽东圈阅并手书的情况来看，他对这首诗是非常欣赏的。（东民）

【原文】

前出塞九首　其六

挽弓当挽强⁽¹⁾，用箭当用长。

射人先射马，擒贼先擒王⁽²⁾。

杀人亦有限，列国自有疆⁽³⁾。

苟能制侵陵⁽⁴⁾，岂在多杀伤？

【毛泽东圈评等情况】

据毛泽东的护士长吴旭君回忆：在 20 世纪 60 年代末，美国总统换届选举时，毛泽东曾预测过尼克松可能当选，还说准备请他到北京来。吴旭君说，尼克松是反共老手，同他会谈会有舆论压力。毛泽东接着让吴旭君背诵杜甫的《前出塞》，然后说："在保卫边疆，防止入侵之敌时，要挽长弓，用长箭。这是指武器在战争中的重要作用，但不是决定性因素，决定的因素是人。射人先射马，擒贼先擒王。这是民间流传的两句极普通的谚语。杜甫看出了它的作用，收集起来写在诗中。这两句话表达了一种辩证法的战术思想。我们要找开中美关系的僵局，不去找那些大头头，不找能解决问题的人去谈行吗？选择决策人中谁是对手这点很重要。当然，天时、地利、人和都是不可排除的诸因素。原先中美大使级会谈，马拉松，谈了 15 年，136 次，只是摆摆样子。现在是到了亮牌的时候了。"

[参考] 吴旭君：《毛主席的心事》，《缅怀毛泽东（下）》，中央文献出版社 1993 年版，第 646—647 页。

【注释】

（1）挽弓，拉弓。挽强，拉硬弓。《史记·苏秦传》："天下强弓劲弩，皆以寒出。"

（2）"射人"二句，马倒则人束手待毙，所以要射马；贼首被擒则群贼溃散，所以要先擒王。比喻要先抓住或处置主要人物。贼，一本作"寇"，指对国家、人民、社会道德风尚造成严重危害的人。《周礼·秋官·士师》："二曰邦贼。"郑玄注："为逆乱者。"王，指贼人的首领。

（3）"杀人"二句，杀人也该有个限度，朝廷统治本来就有一定的区域范围。疆，疆界。

（4）苟，假如，如果。侵陵，侵犯欺凌，亦作"侵凌"。

【赏析】

《出塞》《入塞》是汉乐府旧有的曲名，是以歌唱边塞战斗生活为题材的军歌。杜甫写出塞曲多首，先写的九首称《前出塞》，后写的五首称《后出塞》。《前出塞》写天宝末年唐将王忠嗣、高仙芝、哥舒翰先后与吐蕃交战事，也有人认为是唐肃宗乾元时追作的。组诗通过一个征夫的自述，反映了从出征到论功的十年征战生活。本篇原列第六首，是较著名的一篇，意在讽刺唐玄宗李隆基的开边黩武。

全诗可分为前、后两节。诗的前四句为第一节，很像是当时军中流行的作战歌诀，颇富韵致，饶有理趣，深得议论要领。所以黄生说它"似谣似谚，最是乐府妙境"。四句是作战经验的总结，前二句讲怎样选用武器，后二句讲怎样制胜敌人。四句全用比兴手法，由前三句引出第四句："擒贼先擒王"。而这第四句又是这首诗的中心，下面四句也是由它生发出来的。两个"当"字，两个"先"字，妙语连珠，提出了作战步骤的关键所在，强调部队要强悍，武器要精良，智勇须并用，士气要高昂，确是宝贵的战斗经验总结，闪耀着辩证法思想的光辉。

"杀人亦有限，列国自有疆。苟能制侵陵，岂在多杀伤？"后四句为第二节，申明不必滥杀之故。诗人直抒胸臆，发出振聋发聩的呼声。他认为，杀人也该有个限度，朝廷统治本来就有一定的区域范围。如果能够制止侵犯，何必要大肆杀伤？清黄生曰："战阵多杀伤，始自秦人，盖以首级论功，前代无是也。至出塞之举，则始于汉武帝，当时卫（青）、霍（去病）虽屡胜，然士卒大半物故矣。明皇（玄宗）不恤其民，而远慕秦皇、汉武，此诗托讽良深。"（《杜工部诗说》）诗人这种以战去战，以强兵制止侵犯的思想，是恢宏正论，安边良策，它符合国家的利益，反映了人民的愿望。清仇兆鳌《杜诗详注》云："当为当时黩武而叹也。张綖注：'章意只在：擒王一句。'上三句皆引兴语，下四句申明不必滥杀之故。"

从艺术表现来看，作者采取了先抑后扬的手法：前四句以通俗而富哲理的谣谚体开势，讲如何选用精良武器，如何克敌制胜；后四句讲如何节制武功，力避杀伐，逼出"止戈为武"题旨。在唐人作品中，此诗是以议论取胜的佳作之一。

毛泽东熟知这首诗，在20世纪60年代末，曾借用这首诗中"擒贼先擒王"的战略，邀请美国总统尼克松访华，打开了中美关系大门，稍后，便实现了两国关系正常化，是他的外交战略的一个成功范例。（毕桂发）

【原文】

丽人行

三月三日天气新⁽¹⁾，长安水边多丽人⁽²⁾。态浓意远淑且真⁽³⁾，肌理细腻骨肉匀。绣罗衣裳照暮春，蹙金孔雀银麒麟⁽⁴⁾。头上何所有？翠微盍叶垂鬓唇⁽⁵⁾。背后何所见？珠压腰衱稳称身⁽⁶⁾。就中云幕椒房亲⁽⁷⁾，赐名大国虢与秦⁽⁸⁾。紫驼之峰出翠釜⁽⁹⁾，水精之盘行素鳞⁽¹⁰⁾。犀箸厌饫久未下⁽¹¹⁾，鸾刀缕切空纷纶⁽¹²⁾。黄门飞鞚不动尘⁽¹³⁾，御厨络绎送八珍。箫鼓哀吟感鬼神，宾从杂沓实要津⁽¹⁴⁾。后来鞍马何逡巡⁽¹⁵⁾！当轩下马入锦茵⁽¹⁶⁾！杨花雪落覆白蘋⁽¹⁷⁾，青鸟飞去衔红巾⁽¹⁸⁾。炙手可热势绝伦⁽¹⁹⁾，慎莫近前丞相嗔⁽²⁰⁾！

【毛泽东圈评等情况】

毛泽东曾在一本中华书局印行的清蘅塘退士编选《注释唐诗三百首》七言古诗中这首《丽人行》诗题头上方画了一个大圈。

[参考] 中央档案馆整理：《毛泽东评点诗词典精选（上册）》，中国档案出版社1998年版，第67—68页。

【注释】

（1）三月三日，即上巳节。古代习俗，阴历三月上旬的巳日这天，人们要到水边洗除不祥，后来逐渐变成了水边宴饮、游春的节日。唐代开元以来，长安士女多在这天游赏曲江。

（2）长安水边，指曲江，在长安东南，因江水弯曲而得名，是当时著名的风景区。丽人，这里泛指一般的贵妇人。

（3）态浓，姿态浓艳。意远，神情高远。淑且真，贤淑而不做作。

（4）蹙（cù）金，用金钱嵌绣，一般用平行双金线。蹙，绣嵌，一种刺绣工艺。金线绣的孔雀，银线绣的麒麟。

（5）盍（hé）叶，古代妇女发髻上的花饰。鬓唇，鬓边。翠微，薄薄的翡翠片。翠，翡翠。微，一作"为"。

（6）珠压腰衱（jiē），衣服裙带上缀着珍珠。腰衱，裙带。稳称身，十分稳贴合体。

（7）就中，其中。云幕，画云气的帐幕。汉成帝设云幕于甘泉紫殿。椒房，汉代未央宫，以椒末和泥涂壁，故后世称皇后为椒房，皇后亲属为椒房亲，这里指杨贵妃的姐妹。

（8）赐名，指天宝七年（748），杨贵妃大姐封韩国夫人，三姐封虢（guó）国夫人，八姐封秦国夫人（后晋刘昫等《旧唐书·杨贵妃传》）。

（9）紫驼之峰，即驼峰，是骆驼背上隆起的肉，为珍贵食品。翠釜，以玉为饰的锅。

（10）水精，即水晶。素鳞，代指白色的鱼。行，传递。

（11）犀筋，犀牛角做的筷子。厌饫（yù），吃得腻了。久未下，久久不下筷子，是说都不中吃。

（12）鸾刀，刀环系铃的刀。缕切，细切。空纷纶，厨师们白忙乱了一大阵子。

（13）黄门，宦官（太监）的通称。鞚（kòng），马勒头。飞鞚，飞驰的马。

（14）杂沓（tà），杂乱众多的样子。实要津，双关语，实写杨氏姐妹游春队伍占满了街道，骄横不可一世。暗喻杨氏兄妹占据了朝廷重要职位。

（15）后来鞍马，即丞相杨国忠。逡（qūn）巡，徘徊徐行的样子，这里形容杨国忠大模大样、旁若无人。

（16）锦茵，锦绣的地毯，指贵妇人止息之地。

（17）杨花雪落，曲江多杨柳，暮春杨花如雪飘落。覆白蘋，盖住了水上的白蘋。这是隐语，用眼前自然景物影射杨国忠与虢国夫人的暧昧关系。《广雅》有云："杨花入水化为萍。北魏胡太后与杨华私通，作《杨白花歌》："杨白花，飘荡落南家"，"秋去春还双燕子，愿衔杨花入窠里。"杜甫化用其意，以杨花覆白蘋来隐喻杨国忠兄妹淫乱。

（18）青鸟，神话中西王母的使者，后常被用作男女之间的信使。飞去衔红巾，暗喻杨氏兄妹传递私情。

（19）炙（zhì）手可热，唐代长安市语，是说势焰灼热难近。这里是说杨氏势倾天下，气焰逼人。绝伦，无人能比。

（20）丞相，指杨国忠。嗔（chēn），发怒。

【赏析】

《丽人行》是乐府旧题，属"杂曲歌辞"。唐玄宗天宝十一年（752）冬，杨国忠凭借裙带关系做了右丞相，杨家权倾朝野。天宝十二年（753）春天，杜甫写下这首七言乐府诗，对杨家兄妹的荒淫奢侈给以辛辣的讽刺，从一个侧面反映了安史之乱前夕的社会现实。清仇兆鳌撰《杜诗详注》云："此诗刺诸杨游宴曲江之事。……本写秦、虢冶容，乃概言丽人以隐括之，此诗家含蓄得体处。"

全诗分为三节，先泛写游春仕女的体态之美和服饰之盛，引出主角杨氏姐妹的娇艳姿色。次写宴饮的豪华及所得的宠幸。最后写杨国忠的骄横。

"三月三日天气新"以下十句为第一节。开头两句，照应题目，点明一篇主旨。三月三日，俗称上巳节，此日仕女多出来游赏，踏青修禊。丽人，旧注多认为是指曲江游春的众多仕女，但诗中第一部分极力描摹"丽人"的身姿服饰，实系对杨氏姐妹的刻画。"态浓意远淑且真，肌理细腻骨肉匀"，极言"丽人"之美。她们浓妆艳抹，喜气洋洋，端庄大方，加上体态优美，皮肤嫩白，自然是"天生丽质"。"淑""真"二字，似赞而讽，实是反语。紧接着，诗人描绘了"丽人"服饰之盛：这些"丽人"身穿的罗衣上用金、银线绣着孔雀、麒麟，头上戴着翡翠做的盍叶，裙带上镶着珍贵的玉珠。正是由于"丽人"的出现，由于"丽人"炫目刺眼的珠玉绮罗，点缀着暮春的景色。"绣罗衣裳照暮春"，一个"照"字，写出"丽人"的神采。诗人用细腻的笔法、富丽的词采，描画出一群体态娴雅、姿色优美的丽人，接着又言其服饰之华丽和头饰之精美，所有这些无不显示出丽人们身份的高贵。

"就中云幕椒房亲"等十句为第二节，以细腻的笔触描绘了丽人中的虢、秦、韩三夫人。据后晋刘昫等《旧唐书·杨贵妃传》记载，杨贵妃的大姐封韩国夫人，三姐封虢国夫人，八姐封秦国夫人。每逢出门游玩，她们各家自成一队，侍女们穿着颜色统一的衣服，远远看去就像云锦粲霞；车马仆从多得足以堵塞道路，场面甚为壮观。诗人对三位夫人宴饮的奢华场面描写得尤为细腻。她们在云帐里面摆设酒宴，"紫驼之峰出翠釜，水精之盘行素鳞"，用色泽鲜艳的铜釜和水晶圆盘盛佳肴美馔，写出了杨氏姐妹生活的豪华奢侈。然而，面对如此名贵的山珍海味，三位夫人却手捏犀牛角做的筷子，迟迟不夹菜，因为这些东西她们早就吃腻了，足见其骄矜之气。可怜了那些手拿鸾刀精切细作的厨师们，真是白忙活了一场。内廷的太监们看到这种情形后，立即策马回宫报信，不一会儿，天子的御厨房就络绎不绝地送来各种山珍海味。

"后来鞍马何逡巡"以下至篇末六句为第三节。主要写杨国忠权势煊赫、意气骄恣之态。他旁若无人地来到轩门才下马,大模大样地步入锦毯铺地的帐篷去会虢国夫人。他外凭右相之尊,内恃贵妃之宠,在朝中独揽大权,阻塞言路,使朝政变得十分昏暗。"杨花雪落覆白蘋,青鸟飞去衔红巾"句,诗人借曲江江边的秀美景色,并巧用北魏胡太后私通大臣杨华的故事以及青鸟传书的典故,揭露了杨国忠与虢国夫人淫乱的无耻行径。北魏胡太后曾威逼杨华与己私通,杨华害怕惹祸上身,后来投降梁朝,胡太后为表达对他的思念,特作《杨白花》一词。"青鸟"一词最早见于《山海经》,是神话中的一种鸟,传说是西王母的使者。据说,西王母在见到汉武帝之前,先看到青鸟飞集于殿前。后来,"青鸟"被视为男女之间的信使,在这首诗中指的是为杨国忠传递消息的人。在诗的最后两句"炙手可热势绝伦,慎莫近前丞相嗔"中,诗人终于将主题点出,但依然不直接议论,而是温和地劝说旁人:千万不要走近他们,否则丞相发怒后果就严重了,这样的结尾可谓绵里藏针,看似含蓄,实则尖锐,讽刺幽默而又辛辣。

全诗场面宏大,鲜艳富丽,笔调细腻而生动,同时又含蓄不露,正如清浦起龙所说:"无一刺讥语,描摹处语语刺讥。无一慨叹语,点逗处声声慨叹。"(毕桂发)

【原文】

月 夜

今夜鄜州月⁽¹⁾,闺中只独看⁽²⁾。

遥怜小儿女⁽³⁾,未解忆长安⁽⁴⁾。

香雾云鬟湿⁽⁵⁾,清辉玉臂寒⁽⁶⁾。

何时倚虚幌⁽⁷⁾,双照泪痕干⁽⁸⁾。

【毛泽东圈评等情况】

　　毛泽东曾圈阅此诗。他圈阅较多的中华书局印行的清蘅塘退士编选《唐诗别裁集》卷十"五言律诗"中刊有这首《月夜》。

　　　　[参考] 张贻玖：《毛泽东评点、圈阅的中国古典诗词》，中国工
　　　　　　　　人出版社 1992 年版，第 230 页。

【注释】

　　（1）鄜（fū）州，今陕西富县，当时诗人家小在鄜州的羌村，杜甫在长安。

　　（2）闺中，内室，用来指妻子。

　　（3）怜，想。

　　（4）未解，尚不懂得。

　　（5）香雾，雾本来没有香气，因为香气从涂有膏沐的云鬟中散发出来，所以说"香雾"。云鬟，指妇女的头发。

　　（6）"清辉玉臂寒"，望月已久，雾深露重，故云鬟沾湿，玉臂生寒。清辉，清光，此指月光。三国魏阮籍诗《咏怀》其十四："明月耀清晖。"晋葛洪《抱朴子·博喻》："否终则承之以泰，晦极则清辉晨耀。"

　　（7）虚幌，透明的薄帷幔。幌，帷。

　　（8）双照，双双在月光的映照下。与上面的"独看"对应，表示对未来团聚的期望。泪痕，隋宫诗《叹疆场》："泪痕犹尚在。"

【赏析】

　　唐玄宗天宝十五载（756）六月，安史叛军攻陷潼关，杜甫带着全家逃难到鄜州的羌村寄居。七月，唐肃宗在宁夏灵武即位，八月杜甫便只身赶往灵武，半路被叛军捉住，押回沦陷后的长安。这首《望月》诗，就是杜甫在叛军占领的长安城中望月思家写下的一篇千古佳作。全诗别出心裁，言在彼而意在此，将诗人自身对妻子的思念之情通过想象妻子思念他的情景而更加深刻地表现出来，也寄托了对战乱平息后幸福团聚的渴望。

　　题为《月夜》，但诗人并没有写自己看长安之月。"今夜鄜州月，闺中

隋唐五代诗

只独看。"首联直写寄居在鄜州的妻子面对今夜的月光对身陷贼中的诗人该是如何焦忧。有儿女守在身边，妻子怎么又会"独看"月光呢？诗人更焦心的不是自己失掉自由、生死未卜的处境，而是妻子对自己的处境如何焦心。所以悄焉动容，神驰千里，直写"今夜鄜州月，闺中只独看"。这已经透过一层。自己只身在外，当然是独自看月。妻子尚有儿女在旁，为什么也"独看"呢？

"遥怜小儿女，未解忆长安"，颔联作了回答。妻子看月，并不是欣赏自然风光，而是"忆长安"，而小儿女未谙世事，还不懂得"忆长安"啊！用小儿女的"不解忆"反衬妻子的"忆"，突出了那个"独"字，又进一层。明月当空，月月都能看到。特指"今夜"的"独看"，则心目中自然有往日的"同看"和未来的"同看"。未来的"同看"，留待结句点明。往日的"同看"，则暗含于一、二两联之中。"今夜鄜州月，闺中只独看。遥怜小儿女，未解忆长安。"——这不是分明透露出他和妻子有过"同看"鄜州月而共"忆长安"的往事吗？安史之乱以前，作者困处长安达十年之久，其中有一段时间，是与妻子在一起度过的。和妻子一同忍饥受寒，也一同观赏长安的明月，这自然就留下了深刻的记忆。当长安沦陷，一家人逃难到了羌村的时候，与妻子"同看"鄜州之月而共"忆长安"，已不胜其辛酸！如今自己身陷乱军之中，妻子"独看"鄜州之月而"忆长安"，那"忆"就不仅充满了辛酸，而且交织着忧虑与惊恐。这个"忆"字，是含意深广、耐人寻思的。往日与妻子同看鄜州之月而"忆长安"，虽然百感交集，但尚有自己为妻子分忧；如今呢，妻子"独看"鄜州之月而"忆长安"，"遥怜"小儿女们天真幼稚，只能增加她的负担，哪能为她分忧啊！这个"怜"字，也是饱含深情、感人肺腑的。

颈联"香雾云鬟湿，清辉玉臂寒"，则通过妻子独自看月的形象描写，进一步表现"忆长安"。雾湿云鬟，月寒玉臂，妻子望月愈久而忆念愈深，甚至会担心她的丈夫是否还活着，怎能不热泪盈眶？而这，又完全是作者想象中的情景。当想到妻子忧心忡忡、夜深不寐的时候，自己也不免伤心落泪。

两地看月而各有泪痕，这就不能不激起结束这种痛苦生活的希望，于是以表现希望的尾联作结："何时倚虚幌，双照泪痕干？""双照"而泪痕始干，则"独看"而泪痕不干，也就意在言外了。

这首诗借看月而抒离情，但所抒发的不是一般情况下的夫妇离别之情。作者在半年以后所写的《述怀》诗中说："去年潼关破，妻子隔绝久"；"寄书问三川（鄜州的属县，羌村所在），不知家在否"；"几人全性命？尽室岂相偶！"两诗参照，就不难看出"独看"的泪痕里浸透着天下乱离的悲哀，"双照"的清辉中闪耀着四海升平的理想。字里行间，时代的脉搏是清晰可辨的。（毕英男　刘贝妮）

【原文】

对　雪

战哭多新鬼[1]，愁吟独老翁[2]。

乱云低薄暮[3]，急雪舞回风[4]。

瓢弃樽无绿[5]，炉存火似红[6]。

数州消息断[7]，愁坐正书空[8]。

【毛泽东圈评等情况】

毛泽东曾圈阅此诗。他圈阅较多的中华书局印行的清沈德潜编选《唐诗别裁集》卷十"五言律诗"中刊有这首《对雪》。

[参考] 张贻玖：《毛泽东评点、圈阅的中国古典诗词》，中国工人出版社1992年版，第230页。

【注释】

（1）战哭，指在战场上哭泣的士兵。新鬼，新死去的士兵的鬼魂。《左传·文公二年》："吾见新鬼大故鬼小。"暗示官军在陈陶、青坂诸役中的惨败。

（2）愁吟，哀吟。唐薛能《西县作》诗："从此渐知光景异，锦都回首尽愁吟。"老翁，作者自称。时年杜甫四十五岁。

（3）薄暮，傍晚。

（4）回风，旋风。《古诗十九首·东城高且长》："回风动地起，秋草萋已绿。"

（5）瓢，指酒瓢。无绿，即无酒。酒色绿，故以"绿"代酒。弃，一作"弄"。樽，又作"尊"，似壶而口大，盛酒器。句中以酒的绿色代替酒字。

（6）火似红，即似火红。

（7）数州，指安史之乱波及的地区。

（8）愁坐，含忧默坐。唐李白《酬崔五郎中》诗："奈何怀良图，郁悒独愁坐。"书空，用手指在空中比画写字。这里用以表示内心的极度苦闷。南朝宋刘义庆《世说新语·黜免》："殷中军（浩）被废在信安，终日恒书空作字……窃视，唯作'咄咄怪事'。"

【赏析】

《对雪》是杜甫在唐肃宗至德元载（756）冬陷居长安时所作。杜甫在写这首五言律诗之前不久，宰相房琯率领唐军在陈陶和青坂与安禄山叛军展开大战，结果大败，死伤几万人。长安失陷时，诗人逃到半路就被叛军抓住，解回长安。诗人设法隐蔽自己，得以保存气节；但是痛苦的心情、艰难的生活，仍然折磨着诗人。

"战哭多新鬼，愁吟独老翁"，首联正暗点了这个使人伤痛的事实。房琯既败，收复长安暂时没有希望，不能不给诗人平添一层愁苦，又不能随便向人倾诉。所以上句用一"多"字，以见心情的沉重；下句就用一"独"字，以见环境的险恶。

"乱云低薄暮，急雪舞回风"，正面写出题目。先写黄昏时的乱云，次写旋风中乱转的急雪。这样就分出层次，显出题中那个"对"字，暗示诗人独坐斗室，反复愁吟，从乱云欲雪一直待到急雪回风，满怀愁绪，仿佛和严寒的天气交织融化在一起了。

"瓢弃樽无绿，炉存火似红"，颈联接着写诗人贫寒交困的景况。"瓢弃樽无绿"，写出了诗人困居长安，生活非常艰苦。在苦寒中找不到一滴酒，葫芦早就扔掉，樽里空空如也。"炉存火似红"，也没有多少柴火，剩下来的是勉强照红的余火。这里，诗人不说炉中火已然燃尽，而偏偏要说有"火"，而且还下一"红"字，写得好像炉火熊熊，满室生辉，然后用一"似"字点出幻境。明明是冷不可耐，明明只剩下炉中只存余热的灰烬，由于对温暖的渴求，诗人眼前却出现了幻象：炉中燃起了熊熊的火，照得眼前一片通红。这样的以幻作真的描写，恰当地把诗人所要表现的思想感情表现出来，做到了既有现实感，又有浪漫感。

"数州消息断，愁坐正书空"，尾联二句，诗人再归结到对于时局的忧念。至德元年（756）至二年（757），唐王朝和安禄山、史思明等的战争，在黄河中游一带地区进行，整个形势对唐军仍然不利。诗人身陷长安，前线战况和妻子弟妹的消息都无从获悉，所以说"数州消息断"，而穷愁无计的诗人百无聊赖，只好对空画字。"书空"，用手指在空中虚画字形，是用了晋人殷浩的典故。殷浩被废后，终日书空作"咄咄怪事"四字，事见南朝宋刘义庆《世说新语·黜免》。而以"愁坐正书空"结束全诗，表现了杜甫对国家和亲人的命运深切关怀而又无从着力的苦恼心情。明末清初王嗣奭《杜臆》说："'乱云'一联，写雪景甚肖，而自愁肠出之，便觉凄然。……此诗起兴于雪，则'乱云'二句，兴也；而首尾皆赋也：别是一格。此闻房琯陈陶之败而作。曰'愁吟'，曰'愁坐'，正以愁思之极，不觉其复也。"清浦起龙撰《读杜心解》说："上提伤时之意，递到雪景；下借对雪之景，兜回时事。虽似中间咏雪，隔断两头，实则中皆苦况，正是绾摄两头也。"（毕桂发）

【原文】

哀王孙

长安城头头白乌[1]，夜飞延秋门上呼[2]。又何人家啄大屋[3]，屋底达官走避胡[4]。金鞭折断九马死[5]，骨肉不得同驰驱[6]。腰下宝玦青珊瑚[7]，可怜王孙泣路隅[8]。问之不肯道姓名，但道困苦乞为奴[9]。已经百日窜荆棘[10]，身上无有完肌肤。高帝子孙尽隆准[11]，龙种自与常人殊[12]。豺狼在邑龙在野[13]，王孙善保千金躯。不敢长语临交衢⁽¹⁴⁾，且为王孙立斯须⁽¹⁵⁾。昨夜东风吹血腥，东来橐驼满旧都⁽¹⁶⁾。朔方健儿好身手⁽¹⁷⁾，昔何勇锐今何愚⁽¹⁸⁾！窃闻天子已传位⁽¹⁹⁾，圣德北服南单于⁽²⁰⁾。花门剺面请雪耻⁽²¹⁾，慎勿出口他人狙⁽²²⁾。哀哉王孙慎勿疏⁽²³⁾，五陵佳气无时无⁽²⁴⁾。

【毛泽东圈评等情况】

毛泽东在一本中华书局印行的清蘅塘退士编选《注释唐诗三百首》七言古诗中这首《哀王孙》诗题目上方画了一个大圈。

[参考] 中央档案馆整理：《毛泽东评点诗词典精选（上册）》，中国档案出版社1998年版，第69—70页。

【注释】

（1）长安，今陕西西安。头白乌，即白头乌鸦。旧时以乌鸦为不祥之物，况又是白头，更加不祥。唐丘悦编《三国典略》："侯景篡位，令饰朱雀门，其曰有白头乌万计，集于门楼。童谣曰：'白头乌，拂朱雀，还与吴。'"这里用此典，以侯景之乱比喻安禄山叛乱。

（2）延秋门，唐宫苑西门。宋程大昌撰《雍录》："玄宗幸蜀，自苑西门出。在汉为都城直门也。既出，即由便桥渡渭，自咸阳望马嵬西进。"

（3）啄大屋，啄剥达官贵人的高门大屋。

（4）屋底，屋里。达官，大官。走，这里是逃走之意。胡，指安禄山的军队。

（5）九马，九匹骏马，这里指皇帝御用的马。

（6）骨肉，指王孙。王孙是某帝、某王的后代，这里泛指李姓宗室贵族。

（7）宝玦（jué），玉佩，状如有缺口的玉环。青珊瑚，海中的腔肠动物，其群体构成树状或块状，用作饰物。唐郑常《洽闻记》："珊瑚初生时，肌理软腻，一年变作黑色，见风则变红色，三年色青。"

（8）路隅（yú），路边角落。

（9）但道，只说。乞为奴，请求给人家做奴仆。

（10）窜，投身。荆棘，泛指山野丛生多刺的灌木。荆，荆条，丛生灌木。棘，即酸枣树，多刺的野生灌木。

（11）隆准（zhuō），高鼻。《史记·高祖本纪》说汉高祖刘邦"隆准而龙颜"。这里借汉喻唐，意谓这些人都有皇族的特征。

（12）龙种，古时以龙喻君，因称其子孙为龙种，这里指王孙，意谓这些人都有皇族的特征。殊，不一样。

（13）豺狼在邑，指安禄山在东都洛阳称帝。邑，都邑。龙在野，指唐玄宗在蜀，肃宗在灵武，均不在帝都。

（14）长语，多说话。交衢，交通大道。

（15）且，暂且。斯须，须臾，一会儿。

（16）橐（tuó）驼，同骆驼。旧都，指长安。这时肃宗已即位于灵武。

（17）朔方健儿，指哥舒翰所率的朔方军。好身手，好本领。

（18）昔，从前。何，多么，何等。勇锐，英勇、锐利。愚，笨拙。指天宝十五年（756）哥舒翰守潼关为安禄山大败事。

（19）传位，指玄宗禅位事。玄宗在马嵬驿时传位给太子的意旨，未实行；七月，太子李亨在灵武（今宁夏灵武），为群人所拥戴，即位称帝。

（20）圣德，这里是指唐玄宗。南单于（chán yú），后汉光武帝时，匈奴分为南、北二部，南单于（南匈奴王）遣使称臣。这里借指回纥。肃宗即位后，遣使与回纥和亲，至德二年（757）其首领入朝结好，愿助唐平定叛乱。

（21）花门，花门山堡在居延海（在今甘肃）北三百里，为回纥骑兵驻地，故借以指回纥。劙（lí）面，古匈奴风俗，在宣誓仪式上以割面流血，表示忠诚哀痛。

（22）慎勿，千万不要。出口，指走漏消息。他人，别人，主要指投降安史叛军的官吏。狙，猕猴。因善伺伏捕食，比喻人会暗中侦伺。

（23）哀哉，可怜啊。疏，疏忽，大意。

（24）五陵，长安有汉五陵，即高祖长陵、惠帝安陵、景帝阳陵、武帝茂陵、昭帝平陵。恰好唐玄宗以前也有五陵，即高祖献陵、太宗昭陵、高宗乾陵、中宗定陵、睿宗桥陵。清施鸿保《读杜诗说》，以为"此就唐五陵言，非借汉为比，亦非借用字面"。佳气，兴旺发达之气。南朝宋范

晔等《后汉书·光武纪》："气佳哉，郁郁葱葱然。"指陵墓间的郁郁葱葱
之气。无时无，意谓随时都有中兴的希望。

【赏析】

这是哀念王孙颠沛流离而作的一首纪事诗。诗题源出《史记·淮阴侯
传》：漂母曰："吾哀王孙而进食。"唐玄宗天宝十五年（756）六月九日，
潼关失守，长安大震，玄宗听从杨国忠奔蜀之策，命陈玄礼整比六军，选
厩马九百余匹。十三日黎明，玄宗与杨贵妃及姐妹，王子妃王皇孙、杨国
忠、韦见素、陈玄礼及亲近宦官宫人，仓皇逃出延秋门，外间知道的绝少，
因此其他的嫔妃、皇孙、公主都来不及逃走。七月间，安禄山部将孙李哲
占领长安。孙是契丹人，为人奢侈残酷，于是大肆杀戮，先后杀霍国长公
主（长公主是皇帝姐妹之称）及王妃驸马等，又杀王孙及郡县主二十余
人，计百余人，甚至剜心击脑，情形很惨。王孙们个个逃窜，十分狼狈。
诗里写的王孙，则是一个幸存者。诗人对他表示了深切的同情和抚慰，并
告诫他要谨慎小心，要"善保千金躯"，等待胜利恢复。

全诗可分为三节。开头四句"长安城头头白乌，夜飞延秋门上呼。又
何人家啄大屋，屋底达官走避胡"为第一节，忆祸乱之征。头白乌，不祥
之物，初号城门上，故玄宗逃生延秋门。又啄大屋，故朝官一时逃散。
十三日黎明玄宗从延秋门出逃，假传御驾亲征，所以连许多皇亲国戚事先
也不知道，来不及跟随御驾。宋司马光《资治通鉴》载："是日百官犹有
入朝者，至宫门犹闻漏声，三卫立仗俨然。门既启，则宫人乱出，中外扰
攘，王公士民，四处逃窜。"

"金鞭折断九马死"以下十二句为第二节，叙当时避乱匿身之迹。"金
鞭"四句，言玄宗急于出奔，委弃王孙而去。"问之"四句，备写痛苦之
词，并狼狈之状。"高帝"四句，诗人恐王孙相貌特殊，而被叛军俘获，
叮嘱要"善保千金躯"，担心他发生危险。

"不敢长语临交衢"以下十二句为第三节，陈国家乱极将治之机。不
敢长语交衢，且立斯须，欲屏息而密语也，二句写出当时长安的恐怖氛
围。"昨夜"四句，写安禄山猖獗，而恨哥舒翰之失计。时哥舒翰率陇朔方

兵及吐蕃兵共二十万拒敌安禄山叛军，大败于潼关。"窃闻"四句，写肃宗即位，又得到回纥之助讨。玄宗出逃时，曾对太子李亨（后来的肃宗）说："西北诸胡，我抚之素厚，汝必得其用。"《汉书·光武纪》："匈奴薁鞬日逐王比自立为南单于。建武二十五年，南单于遣使诣阙贡献，奉藩称臣。"此用以比回纥。末二句，又反复叮咛其"慎勿疏"，口吻真实而亲切，同时又点出了当时的恐怖气氛。清仇兆鳌《杜诗详注》云："此章四句起，下两段各十二句，一头两脚，局法整严。"杜诗所以不愧为史诗，正由于作者亲身经历了这种大变乱大痛苦的缘故。

　　这首诗用的是白描手法，自然质朴，真实生动。写王孙苦况的那节，口吻毕肖，情景如见，而诗人的叮嘱话语，其声如闻。刘须溪说："忠臣之感心，仓促之隐语，各尽情态。"（清杨伦《杜诗镜铨》）写出了气氛，写出了真情。（毕桂发）

【原文】

哀江头

少陵野老吞声哭[(1)]，春日潜行曲江曲[(2)]。
江头宫殿锁千门[(3)]，细柳新蒲为谁绿？
忆昔霓旌下南苑[(4)]，苑中万物生颜色。
昭阳殿里第一人[(5)]，同辇随君侍君侧。
辇前才人带弓箭[(6)]，白马嚼啮黄金勒[(7)]。
翻身向天仰射云，一笑正坠双飞翼[(8)]。
明眸皓齿今何在[(9)]？血污游魂归不得[(10)]！
清渭东流剑阁深[(11)]，去住彼此无消息[(12)]。
人生有情泪沾臆[(13)]，江水江花岂终极[(14)]！
黄昏胡骑尘满城[(15)]，欲往城南望城北[(16)]。

【毛泽东圈评等情况】

毛泽东在一本中华书局印行的清蘅塘退士编选《注释唐诗三百首"七言古诗"中这首《哀江头》诗题头上方画了一个大圈。

[参考] 中央档案馆整理：《毛泽东评点诗词典精选（上册）》，

中国档案出版社 1998 年版，第 68—69 页。

【注释】

（1）少陵野老，作者自称。少陵是汉宣帝许皇后的墓地，在杜陵附近，杜甫曾在少陵北、杜陵西一个地方住过，故自称少陵野老。杜甫时年46 岁。吞声哭，是说哭时不敢出声，把哭声吞进肚里。

（2）潜行，偷偷地行走。曲江曲，曲江的曲折隐僻之处。曲江，在长安东南，都人游览胜地。那里有玄宗的行宫。

（3）江头宫殿，曲江胜地，为皇帝、后妃游幸之所，两岸均有行宫台殿建筑。千门，宫门。后晋刘昫等《旧唐书·文宗纪》："上（文宗）好为诗，每诵杜甫《曲江行》（即此篇）……乃知天宝以前，曲江四岸皆有行宫台殿、百司廨署。"清王嗣奭《杜臆》卷二："曲江，帝与妃游幸之所，故有宫殿。"

（4）霓旌，指天子仪仗队中的一种旌旗，缀有五色羽毛，望之如虹霓。南朝梁萧统《文选》司马相如《上林赋》："拖蜺（同'霓'）旌。"李善注引张揖曰："析羽毛，染以五采，缀以缕为旌，有似虹蜺之气也。"南苑，指芙蓉苑，玄宗的行宫，因在曲江南面，故称南苑。

（5）昭阳殿，汉成帝最宠爱的妃子赵飞燕所居的宫殿，这里借指杨贵妃生前住处。第一人，最得宠的人。

（6）才人，宫中女官名。带弓箭，唐制，皇帝巡幸，宫中扈从者骑马挟弓矢。

（7）啮（niè），咬，衔。勒，马衔的嚼口。

（8）一笑，杨贵妃因才人射中飞鸟而笑。正坠双飞翼，或亦暗寓唐玄宗和杨贵妃的马嵬驿之变。

（9）明眸皓齿，明亮的眼睛和洁白的牙齿，形容美人，指杨贵妃。三国魏曹植《洛神赋》："丹唇外朗，皓齿内鲜，明眸善睐，靥辅承权（颧）。"

（10）血污游魂，指杨贵妃被缢死马嵬驿事。后晋刘昫等《旧唐书·杨贵妃传》："及潼关失守，从幸至马嵬，禁军大将陈玄礼密启太子，诛国忠父子。既而四军不散，玄宗遣力士宣问，对曰：'贼本尚在。'盖指贵妃也。力士复奏，帝不获已，与妃诀，遂缢死于佛室。时年三十八，瘗于驿西道侧。"一来不得好死，二来长安沦陷，所以说归不得。

（11）清渭东流，指贵妃薨葬渭滨，马嵬驿南滨渭水。剑阁深，指玄宗入蜀。剑阁，在今四川剑阁北，玄宗入蜀必经之地。清仇兆鳌注："马嵬驿，在京兆府兴平县（今属陕西），渭水自陇西而来，经过兴平。盖杨妃薨葬渭滨，上皇（玄宗）巡行剑阁，是去住西东，两无消息也。"（《杜少陵集详注》卷四）清渭，即渭水。剑阁，即大剑山，在今四川剑阁的北面，是由长安入蜀必经之道。《太平御览》卷一六七引《水经注》："益昌有小剑城，去大剑城三十里，连山绝险，飞阁通衢，故谓之剑阁也。"

（12）去住彼此，指唐玄宗、杨贵妃。

（13）"人生"两句，意谓江水江花年年依旧，而人生有情，则不免感怀今昔而生悲。以无情衬托有情，越见此情难以排遣。臆，胸膛。

（14）江水，一作"江草"。

（15）胡骑（jì），安禄山叛军的骑兵。

（16）"欲往城南"句，写极度悲哀中的迷惘心情。原注："甫家住城南。"欲往，将往。城南，作者黄昏时返回城南住处。望城北，向城北走去，望官军之北来收复京师。一作"忘城北""忘南北"。意谓杜甫当时百感交集，心骇目迷，不辨南北。

【赏析】

《哀江头》是一首新题乐府。这首诗作于唐肃宗至德二年（757）春。至德元年（756）秋天，安禄山攻陷长安，杜甫离开鄜州去投奔刚即位的唐肃宗，不巧被安史叛军抓获，带到沦陷了的长安。旧地重来，触景伤怀，诗人的内心是十分痛苦的。第二年春天，杜甫脱逃，沿长安城东南的曲江行走，感慨万千，哀恸欲绝，《哀江头》就是当时心情的真实记录。此诗前半首回忆唐玄宗与杨贵妃游幸曲江的盛事，后半首感伤贵妃之死和玄宗出逃，哀叹曲江的昔盛今衰，描绘了长安在遭到安史叛军洗劫后的萧条冷落景象，表达了诗人真诚的爱国情怀，以及对国破家亡的深哀巨恸。

全诗可分为三节。前四句"少陵野老吞声哭，春日潜行曲江曲。江头宫殿锁千门，细柳新蒲为谁绿"是第一节，写长安沦陷后的曲江景象。曲江原是长安有名的游览胜地，开元（唐玄宗年号，公元713—741）年间经过疏凿修建，亭台楼阁参差，奇花异卉争芳，一到春天，便有说不尽的烟柳繁华、富贵风流。曲江的繁华，唐人多有记述："花卉环周，烟水明媚，都人游玩，盛于中和、上巳之节。彩幄翠帱，匝于堤岸，鲜车健马，比肩击毂。"（唐康骈撰《剧谈录》卷下）但这已经成为历史，以往的繁华像梦一样过去了。"少陵野老吞声哭，春日潜行曲江曲。"一个泣咽声堵的老人，偷偷行走在曲江的角落里，这就是曲江此时的"游人"。第一句有几层意思：行人少，一层；行人哭，二层；哭又不敢大放悲声，只能吞声而哭，三层。第二句既交代时间、地点，又写出诗人情态：在春日游览胜地不敢公然行走，却要"潜行"，而且是在冷僻无人的角落里潜行，这是十分不幸的。重复用一个"曲"字，给人一种纡曲难伸、愁肠百结的感觉。两句诗，写出了曲江的萧条和气氛的恐怖，写出了诗人忧思惶恐、压抑沉痛的心理，诗句含蕴无穷。

"江头宫殿锁千门，细柳新蒲为谁绿？"写诗人曲江所见。"千门"，极言宫殿之多，说明昔日的繁华，而着一"锁"字，便把昔日的繁华与眼前的萧条冷落并摆在一起，巧妙地构成了今昔对比，看似信手拈来，却极见匠心。"细柳新蒲"，景物是很美的。岸上是依依袅袅的柳丝，水中是抽芽返青的新蒲。"为谁绿"三字陡然一转，以乐景反衬哀恸，一是说江山换了主人，二是说没有游人，无限伤心，无限凄凉，这些场景令诗人肝肠寸断。

"忆昔霓旌下南苑"至"一笑正坠双飞翼"是第二节，回忆安史之乱以前春到曲江的繁华景象。这里用"忆昔"二字一转，引出了一节极繁华热闹的文字。"忆昔霓旌下南苑，苑中万物生颜色"，先总写一笔。南苑即曲江之南的芙蓉苑。唐玄宗开元二十年（732），自大明宫筑复道夹城，直抵曲江芙蓉苑。玄宗和后妃公主经常通过夹城去曲江游赏。"苑中万物生颜色"一句，写出御驾游苑的豪华奢侈，明珠宝器映照得花木生辉。

然后是具体描写唐明皇与杨贵妃游苑的情景。"同辇随君"，事出《汉书·外戚传》。汉成帝游于后宫，曾想与班婕妤同辇。班婕妤拒绝说："观古图画，圣贤之君，皆有名臣在侧，三代末主，乃有嬖女。今欲同辇，得无近似之乎？"汉成帝想做而没有做的事，唐玄宗做出来了；被班婕妤拒绝了的事，杨贵妃正干得自鸣得意。这就清楚地说明，唐玄宗不是"贤君"，而是"末主"。笔墨之外，有深意存在。下面又通过写"才人"来写杨贵妃。"才人"是宫中的女官，她们戎装侍卫，身骑以黄金为嚼口笼头的白马，射猎禽兽。侍从们就已经像这样豪华了，那"昭阳殿里第一人"的妃子、那拥有大唐江山的帝王就更不用说了。才人们仰射高空，正好射中比翼双飞的鸟。可惜，这精湛的技艺不是用来维护天下的太平和国家的统一，却仅仅是为了博得杨贵妃的粲然"一笑"。这些帝王后妃们没有想到，这种放纵的生活，却正是他们亲手种下的祸乱根苗。

"明眸皓齿今何在"以下八句是第三节，写诗人在曲江头产生的感慨。分为两层：第一层（"明眸皓齿今何在"至"去住彼此无消息"）直承第二部分，感叹唐玄宗和杨贵妃的悲剧。"明眸皓齿"照应"一笑正坠双飞翼"的"笑"字，把杨贵妃"笑"时的情态补足，生动而自然。"今何在"三字照应第一部分"细柳新蒲为谁绿"一句，把"为谁"二字说得更具体，感情极为沉痛。"血污游魂"点出了杨贵妃遭变横死。长安失陷，身为游魂亦"归不得"，他们自作自受，结局十分凄惨。杨贵妃埋葬在渭水之滨的马嵬，唐玄宗却经由剑阁深入山路崎岖的蜀道，死生异路，彼此音容渺茫。昔日芙蓉苑里仰射比翼鸟，后来马嵬坡前生死两离分，诗人运用这鲜明而又巧妙的对照，指出了他们逸乐无度与大祸临头的因果关系，写得惊心动魄。第二层（"人生有情泪沾臆"至"欲往城南望城北"）总括全篇，写诗人对世事沧桑变化的感慨。前两句是说，人是有感情的，触景伤怀，泪洒胸襟；大自然是无情的，它不随人世的变化而变化，花自开谢水自流，永无尽期。这是以无情反衬有情，而更见情深。最后两句，用行为动作描写来体现他感慨的深沉和思绪的迷惘烦乱。"黄昏胡骑尘满城"一句，把高压恐怖的气氛推向顶点，使开头的"吞声哭""潜行"有了着落。黄昏来临，为防备人民的反抗，叛军纷纷出动，以致尘土飞扬，笼罩了整个长安城。本来就忧愤交迫的诗人，这时就更加心如火焚，他想回到长安城南的住处，却反而走向了城北。心烦意乱竟到了不辨南北的程度，充分而形象地揭示诗人内心的巨大哀恸。宋张戒《岁寒堂诗话》说："杨太真事，唐人吟咏至多，然类皆无礼。太真配至尊，岂可以儿女黩之耶？惟杜子美则不然。《哀江头》云：'昭阳殿里第一人，同辇随君侍君侧。'不待云'娇侍夜''醉和春'，而太真之专宠可知；不待云'玉容''梨花'，而太真之绝色可想也。至于言一时行乐事，不斥言太真，而但言辇前才人，此意尤不可及。如云：'翻身向天仰射云，一笑正坠双飞翼。'不待云'缓歌慢舞凝丝竹，尽日君王看不足'，而一时行乐可喜事，笔端画出，宛在目前。'江水江花岂终极'，不待云'比翼鸟''连理枝''此恨绵绵无尽期'，而无穷之恨、黍离麦秀之悲，寄于言外。……其词婉而雅，其意微而有礼，真可谓得风人之旨者。……元、白（《连昌宫词》《长恨歌》）数十百言竭力摹写，不若子美一句，人才高下乃如此。"

在这首诗里，诗人流露的感情是深沉的，也是复杂的。当他表达出真诚的爱国激情的时候，也流露出对蒙难君王的伤悼之情。这是李唐盛世的挽歌，也是国势衰微的悲歌。全篇表现的，是对国破家亡的深哀巨恸。

"哀"字是这首诗的核心。开篇第一句"少陵野老吞声哭"，就创造出了强烈的艺术氛围，后面写春日潜行是哀，睹物伤怀，忆昔日此地的繁华，而今却萧条零落，还是哀。进而追忆贵妃生前游幸曲江的盛事，以昔日之乐，反衬今日之哀；再转入叙述贵妃升天、玄宗逃蜀、生离死别的悲惨情景，哀之极矣。最后，不辨南北更是极度哀伤的表现。"哀"字笼罩全篇，沉郁顿挫，意境深邃。

诗的结构，从时间上说，是从眼前翻到回忆，又从回忆回到现实。从感情上说，首先写哀，触类伤情，无事不哀；哀极而乐，回忆唐玄宗、杨贵妃极度逸乐的腐朽生活；又乐极生悲，把亡国的哀恸推向高潮。这不仅写出"乐"与"哀"的因果关系，也造成了强烈的对比效果，以乐衬哀，今昔对照，更好地突出诗人难以抑止的哀愁，造成结构上的波折跌宕，纡曲有致。文笔则发敛抑扬，极开阖变化之妙。南宋魏庆之《诗人玉屑》卷十四说："其词气如百金战马，注坡蓦涧，如履平地，得诗人之遗法。"清黄生《杜诗说》说："诗意本哀贵妃，不敢斥言，故借江头行幸处，标为题目耳。此诗半露半含，若悲若讯。天宝之乱，实杨氏为祸阶，杜公身事明皇，既不可直陈，又不敢曲违，如此用笔，浅深极为合宜。善述事者，但举一事，时众端可以包括，使人自得于其言外。若纤悉备记，文愈繁而味愈短矣。《长恨歌》，今古脍炙，而《哀江头》无称焉。雅音之不谐俗耳如此。"（毕桂发）

【原文】

羌村三首

其 一

峥嵘赤云西⁽¹⁾，日脚下平地⁽²⁾。柴门鸟雀噪，归客千里至⁽³⁾。妻孥怪我在⁽⁴⁾，惊定还拭泪。世乱遭飘荡，生还偶然遂⁽⁵⁾。邻人满墙头，感叹亦嘘欷⁽⁶⁾。夜阑更秉烛⁽⁷⁾，相对如梦寐⁽⁸⁾。

其 二

晚岁迫偷生⁽⁹⁾，还家少欢趣。娇儿不离膝⁽¹⁰⁾，畏我复却去⁽¹¹⁾。忆昔好追凉⁽¹²⁾，故绕池边树⁽¹³⁾。萧萧北风劲⁽¹⁴⁾，抚事煎百虑⁽¹⁵⁾。赖知禾黍收⁽¹⁶⁾，已觉糟床注⁽¹⁷⁾。如今足斟酌⁽¹⁸⁾，且用慰迟暮⁽¹⁹⁾。

其 三

群鸡正乱叫，客至鸡斗争⁽²⁰⁾。驱鸡上树木，始闻和柴荆⁽²¹⁾。父老四五人，问我久远行⁽²²⁾。手中各有携，倾榼浊复清⁽²³⁾。苦辞酒味薄⁽²⁴⁾，黍地无人耕。兵革既未息，儿童尽东征。请为父老歌⁽²⁵⁾，艰难愧深情。歌罢仰天叹，四座泪纵横⁽²⁶⁾

【毛泽东圈评等情况】

毛泽东曾圈阅此诗。他圈阅较多的中华书局印行的清沈德潜编选《唐诗别裁集》卷二"五言古诗"中刊有《羌村三首》。

[参考] 张贻玖：《毛泽东评点、圈阅的中国古典诗词》，

中国工人出版社 1992 年版，第 230 页。

【注释】

（1）峥嵘，山高峻貌，这里形容高空中的云峰。赤云西，即赤云之西，因为太阳在云的西边。

（2）日脚，太阳从云缝中露出的光线。古人不知地转，以为太阳在走，故有"日脚"的说法。

（3）归客，杜甫自称。千里至，形容自己远归。杜甫这次回家一直步行到鄜州才向李嗣业借到马匹，所以"千里至"包含着无限辛苦之慨。

（4）妻孥，本谓妻与子，这里指子。怪我在，惊异我居然还活着。

（5）偶然遂，不过是偶然如愿而已。遂，如愿以偿。

（6）嘘唏（xū xī），哽咽，抽泣。

（7）夜阑，夜深。更秉烛，前烛已燃尽，再换一支烛。

（8）梦寐，睡梦之中。

（9）晚岁，即老年，诗人时年四十六岁，自称晚年。迫偷生，被迫苟且偷生。少欢趣，回家应当欣喜，但由于作者政治上不得意，抱负难施展，迫于"偷生"，因而郁郁寡欢。

（10）娇儿，爱子，指幼子宗武，小名骥子。

（11）却去，"即去"或"便去"。是说孩子们怕爸爸回家不几天就又要走了。却，即。

（12）忆昔，指上一年六七月间。好（hào）追凉，喜欢追逐凉爽的地方。

（13）故，犹言"故故"，屡屡，常常。

（14）萧萧，寒风的声音。汉王褒《楚辞·九怀·蓄英》："秋风兮萧萧。"

（15）抚，抚念。抚事，指思忖起以往或眼前的事。煎百虑，内心为各种忧虑所煎熬。一作"千百虑"。

（16）赖，有全亏它的意思。

（17）糟床，造酒的器具。注，流下。

（18）斟酌，往杯里倒酒，指饮酒。

（19）且，姑且，暂且。迟暮，指晚年。

（20）客，访问杜甫的客人，即下文"父老四五人"。

（21）柴荆，柴门。

（22）问，问候，慰问。

（23）榼，酒器。浊清，指酒的颜色。

（24）苦辞，一再诚恳地数说。酒味薄，因为酒劣，所以酒味淡薄。

（25）请为，请允许我为。

（26）泪纵横，泪流满面之状。

【赏析】

唐玄宗天宝十四载（755）爆发的"安史之乱"，不仅使一度空前繁荣的大唐王朝元气大伤，更给天下百姓带来难以言喻的深重苦难。次年，长安陷落。伟大的现实主义诗人杜甫与平民百姓一样，不幸被战争的狂潮所吞噬，开始了辗转流离的生活，亲身体验了战祸的危害。

唐肃宗至德二载（757）五月，刚任左拾遗不久的杜甫因上书援救被罢相的房琯，触怒肃宗，差点没被砍掉脑袋，但从此肃宗便很讨厌他，闰八月，便命他离开凤翔。诗人此行从凤翔回鄜州羌村探望家小，这倒给诗人一个深入民间的机会。杜甫回羌村前已有十多个月没和家里通音信了，由于兵荒马乱，情况不明，传说纷纭，杜甫当时的心情十分焦虑。乱离中的诗人历尽艰险，终于平安与家小相聚，此事令他感慨万千，于是写下了著名的组诗《羌村》三首。

这是一组五言诗。第一首着重写诗人刚到家时合家欢聚惊喜的情景，以及人物在战乱时期出现的特有心理。

"峥嵘赤云西，日脚下平地。柴门鸟雀噪，归客千里至"，前四句是说，诗人千里跋涉，终于在薄暮时分风尘仆仆地回到了羌村。天边的夕阳也急于躲到地平线下休息，柴门前的树梢上有几只鸟儿鸣叫不停，这喧宾夺主的声浪反衬出那个特殊岁月乡村生活的萧索荒凉。即便如此，鸟雀的鸣叫声，也增添了"归客千里至"的喜悦气氛，带有喜迎归者之意。诗人的归来连鸟雀都为之欢欣，更何况诗人的妻子和儿女。这首诗开篇四句措词平实，但蕴意深厚，为下文的叙事抒情渲染了气氛。

"妻孥怪我在，惊定还拭泪"，五、六二句逼真地表达了战乱时期亲人突然相逢时的复杂情感。诗人多年来只身一人在外颠沛流离，又加上兵连祸结，战乱不休，其生死安危家人无从知晓，常年不归，加之音讯全无，家人早已抱着凶多吉少的心理，未敢奢望诗人平安归来。今日亲人杜甫骤然而归，实出家人意料，所以会产生"怪我在"的心理。"惊定还拭泪"，妻子在惊讶、惊奇、惊喜之后，眼中蓄满了泪水，泪水中有太多复杂的情感因素：辛酸、惊喜、埋怨、感伤等。这次重逢来得太珍贵了，它是用长久别离和九死一生的痛苦换来的，在那个烽火不息、哀鸿遍野、白骨随处可见的年代，很少有人能像杜甫一样幸运地生还。于是，七八两句"世乱遭飘荡，生还偶然遂"，诗人发出深沉悲切的感慨。从诗人幸存的"偶然"，读者可以体会到悲哀的"必然"。杜诗之所以千百年来一直能使读者在读后惊心动魄，其秘密就在于它绝不只是反映诗人自己的生活经历，而是对现实生活高度集中的概括。

诗人生还的喜讯很快传遍了羌村，乡邻们带着惊喜的心情纷纷赶来探望。九、十两句"邻人满墙头，感叹亦嘘欷"，邻里们十分知趣地隔墙观望，不忍破坏诗人一家团圆的喜庆气氛，看着诗人劫后余生，乡邻们情不自禁地为之感叹，为之唏嘘。而在这种感叹和唏嘘中，又含有诗人自家的伤痛。十一、十二两句"夜阑更秉烛，相对如梦寐"，诗人用极为简单传神的景语，将乱离人久别重逢的难以置信的奇幻感受描摹了出来。曾经多少次在梦中呼唤亲人的名字，如今亲人真的骤然出现在面前，突如其来的相逢反让诗人感觉不够真实。夜幕降临，灶台上燃起昏黄的烛火，一家人围坐在一起，在朦胧的灯光映照下，此情此景更让诗人觉得犹如在梦境中一样。诗人用这样两句简朴的语言将战争年代人们的独特感受更强烈地呈现出来，由写一人一家的酸甜苦辣波及全天下人的悲苦，这种描写十分具有典型性。

第二首，写诗人还家以后的苦闷和矛盾心情，表达出作者身处乱世有心报国而不甘心苟且偷生的心态。

对于一个忧乐关乎天下的诗人来说，相逢时的喜悦是短暂的。一二两句"晚岁迫偷生，还家少欢趣"是说，居定之后，诗人的报国壮志重新高涨，对大唐江山的忧患渐渐冲淡了相逢的喜悦。正值国难当头，民不聊生之际，诗人却守着一方小家庭，诗人意识到这种现状无异于苟且偷生。作者曾经豪情满志地立下"致君尧舜上，再使风俗淳"的志向，在金戈铁马、烽火狼烟中淹没，壮志未酬的苦闷使诗人的脸庞上不再有笑容，日子久了，连孩子也察觉父亲的变化。"娇儿不离膝，畏我复却去"，看着父亲日渐愁苦的脸，懂事的孩子知道父亲又在操虑国事了，担心父亲为了理想再度离家而去，于是，孩子们每日守护在父亲左右，珍惜和父亲在一起的每时每刻。

接下来四句"忆昔好追凉，故绕池边树。萧萧北风劲，抚事煎百虑"，诗人用今昔对比来寄托胸中苦闷，叙事中穿插写景。"萧萧北风"大大添加了悲苦的氛围，也强化了"百虑"的深沉，其中一个"煎"字，给读者留下想象的空间。

作为一个伟大的爱国文人，当理想与现实的矛盾无法解决时，诗人内心开始变得极度焦灼不安，诗人需要寻求一个突破口来倾泄胸中郁结的情绪。千百年来，无数失意文人与酒结下了不解之缘。在诗中，最后四句杜甫也不约而同地发出感慨："赖知禾黍收，已觉糟床注。如今足斟酌，且用慰迟暮。"诗人名在写酒，实为说愁。它是诗人百般无奈下的愤激之辞，迟暮之年，壮志难伸，激愤难遣，"且用"二字将诗人有千万般无奈与痛楚要急于倾泻的心情表达了出来，这正应了李白的那句"抽刀断水水更流，举杯消愁愁更愁"。

第三首，叙述邻里携酒深情慰问及诗人致谢的情景，通过父老们的话，反映出广大人民的生活。

"群鸡正乱叫，客至鸡斗争"，这两句是说，群鸡的争斗乱叫也是暗喻时世的动荡纷乱，同时，这样的画面也是乡村特有的。正是鸡叫声招来了诗人出门驱赶群鸡、迎接邻里的举动，"驱鸡上树木，始闻叩柴荆"，起首四句，用语简朴质实，将乡村特有的景致描绘了出来，而这种质朴，与下文父老乡邻的真挚淳厚的情谊相契合。

"父老四五人，问我久远行"，三、四两句中，"父老"说明了家里只有老人，没有稍微年轻的人，这为后文父老感伤的话张本，同时为下文的"兵戈既未息，儿童尽东征"作铺垫。"问"有问候、慰问之义，同时在古代还有"馈赠"的进一步含义，于是又出现五、六两句"手中各有携，倾榼浊复清"，乡亲们各自携酒为赠，前来庆贺杜甫的生还，尽管这些酒清浊不一，但体现了父老乡亲的深情厚意。由于拿不出好酒，乡亲们再三地表示歉意，并说明原因："苦辞酒味薄，黍地无人耕。兵革既未息，儿童尽东征。"连年战祸，年轻人都被征上了前线，由此体现出战乱的危害，短短四句，环环相扣，层层深入。由小小的"酒味薄"一事折射出安史之乱的全貌，这首诗也由此表现了高度的概括力。

最后四句写诗人以歌作答，表示自己的感激之情。"请为父老歌，艰难愧深情"，父老乡邻的关怀慰问令诗人万分感动，为表示自己的谢意，诗人即兴作诗，以歌作答。"愧"字含义丰富，既有"惭愧"意，又有"感激""感谢"意，而"惭愧"和"愧疚"的成分更多一些。面对淳朴诚实的父老乡亲，诗人深感时局危难，生活艰困，可又未能为国家为乡亲造福出力，所以不但心存感激，而且感到惭愧。结局两句将诗情推向极致，"歌罢仰天叹，四座泪纵横"，诗人长歌当哭，义愤填膺，悲怆感慨之情骤然高涨。"百虑"化作长歌咏叹，这一声长叹意味深长，饱含无奈和痛楚，诗人对国事家事的沉痛忧虑让四座乡邻大受感染，产生共鸣，举座皆是涕泪纵横。听者与歌者所悲感者不尽相同，但究其根源皆是由安史之乱引发。诗人的情感思绪已不仅仅是个人的，它能代表千千万万黎民苍生、爱国志士的心声。杜甫的诗人形象在作品中已经由"小我"升华为"大我"，"纵横"之泪是感时局伤乱世之泪，是悲国破悼家亡之泪，组诗潜藏着的情感暗流在结尾处如破堤之水奔涌而出，悲怆之情被推到了最高点，表现出强烈的艺术感染力。

杜甫的《羌村》三首与"三吏""三别"等代表作一样，具有高度的典型意义。虽然作品讲述的只是诗人乱后回乡的个人经历，但诗中所写的"妻孥怪我在，惊定还拭泪"，"夜阑更秉烛，相对如梦寐"等亲人相逢的情景，以及"邻人满墙头，感叹亦嘘欷"的场面，绝不只是诗人一家特有的生活经历，它具有普遍意义。这组诗真实地再现了唐代安史之乱后的部分社会现实：世乱飘荡，兵革未息，儿童东征，妻离子散，具有浓烈的"诗史"意味。

在艺术上，组诗熔叙事、抒情、写景于一炉，结构严谨，语言质朴，运用今昔对比、高度概括等手法，表达了诗人崇高的爱国情怀，集中体现了杜甫沉郁顿挫的诗风。三首诗不仅在形式上连绵一体，而且很好地引导读者进行联想和想象，使得组诗的意蕴超越了其文字本身而显得丰富深厚。杜甫的《羌村》三首用诗人的亲身经历和体验反映出安史之乱的严重危害，具有高度的艺术概括力，体现了作者深厚的诗文功底。清仇兆鳌《杜诗详注》说："杜诗每章各有起承转阖；其一题数章者，互为起承转阖。此诗首章是总起；次章上四句为承，中四句为转，下四句为阖；三章，上八句为承，中四句为转，下四句为阖。"清施补华《岘佣说诗》说："《羌村》三首，惊心动魄，真至极矣。陶公真至，寓于平澹；少陵真至，结为沈痛；此境遇之分，亦情性之分。"清杨伦笺注《杜诗镜铨》王慎中评赞："一字一句，镂出肺肠，才人莫知措手；而婉转周至，跃然目前，又若寻常人所欲道者。"（毕桂发）

【原文】

洗兵马

中兴诸将收山东[1]，捷书夜报清昼同[2]。河广传闻一苇过[3]，胡危命在破竹中[4]。只残邺城不日得[5]，独任朔方无限功[6]。京师皆骑汗血马[7]，回纥餧肉葡萄宫[8]。已喜皇威清海岱[9]，常思仙仗过崆峒[10]。

三年笛里关山月[11]，万国兵前草木风[12]。成王功大心转小[13]，郭相谋深古来少[14]。司徒清鉴悬明镜[15]，尚书气与秋天杳[16]。二三豪俊为时出，整顿乾坤济时了[17]。东走无复忆鲈鱼[18]，南飞觉有安巢鸟[19]。青春复随冠冕入[20]，紫禁正耐烟花绕。鹤驾通宵凤辇备，鸡鸣问寝龙楼晓[21]。攀龙附凤势莫当[22]，天下尽化为侯王。汝等岂知蒙帝力[23]？时来不得夸身强[24]。关中既留萧丞相[25]，幕下复用张子房[26]。张公一生江海客[27]，身长九尺须眉苍。征起适遇风云会[28]，扶颠始知筹策良[29]。青袍白马更何有[30]？后汉今周喜再昌[31]。寸地尺天皆入贡，奇祥异瑞争来送。不知何国致白环[32]，复道诸山得银瓮[33]。隐士休歌紫芝曲[34]，词人解撰河清颂[35]。田家望望惜雨干，布谷处处催春种[36]。淇上健儿归莫懒[37]，城南思妇愁多梦[38]。安得壮士挽天河[39]，净洗甲兵长不用[40]！

【毛泽东圈评等情况】

毛泽东1923年写的《贺新郎·挥手从兹去》词："挥手从兹去。更那堪凄然相向，苦情重诉。眼角眉梢都似恨，热泪欲零还住。知误会前番书语。过眼滔滔云共雾，算人间知己吾和汝。人有病，天知否？今朝霜重东门路，照横塘半天残月，凄清如许。汽笛一声肠已断，从此天涯孤旅。凭割断愁丝恨缕。要似昆仑崩绝壁，又恰像台风扫寰宇。重比翼，和云翥。"

后几句在一份原稿中本为："我自欲为江海客，更不为昵昵儿女语。""江海客"即出自《洗兵马》诗中写唐宰相张镐的诗句："张公一生江海客，身长九尺须眉苍。"

[参考] 张贻玖：《毛泽东评点、圈阅的中国古典诗词》，
中国工人出版社1992年版，第96页。

【注释】

（1）中兴诸将，从下文看，即指成王李俶、郭子仪、崔光远等。作者认为他们率军击破叛军，唐王朝赖以中兴，故用此称。山东，古称华山以东为山东，这里指河北。

（2）捷书，报捷的文书。清昼同，昼夜频传，见得捷报完全可信。清昼，指白天。

（3）"河广"句，说官军渡河之易。《诗经·卫风·河广》："谁谓河广！一苇杭之。"河，指黄河。苇，芦苇。一苇，比喻一只小船。

（4）胡，指叛将史思明等。破竹，破竹之势，言官军克敌之易。

（5）只残，只剩。邺（yè）城，即相州，今河北临漳。其时九节度使兵已包围洛阳。

（6）独任，只任用。朔方，指郭子仪。当时郭子仪任司徒兼中书令、朔方节度副使。

（7）汗血马，在汉朝时，西域大宛国有千里马种，名汗血马，在艰难长途中，汗从前肩髀小孔中流出，像血一样。

（8）"回纥"句，宋司马光《资治通鉴》卷二百二十载：至德二载（757）十月："回纥叶护自东京还……上与宴于宣政殿。叶护奏以军中马少，请留其兵于沙苑，自归取马……上赐而遣之。"次年八月，回纥又派骁骑三千来助讨安庆绪。餧肉，即饱肉之意。葡萄宫，汉代宫名，汉元帝曾于此宫宴匈奴单于，这里喻指唐宣政殿。

（9）海岱，东海及泰山，指今山东。

（10）常思，回想之意。仙仗，皇帝的仪仗。崆峒，山名，在今甘肃境。肃宗在灵武即位及后来南归皆经此山。

（11）"三年"句，说士兵们三年来从征之苦。笛里关山月，笛声里奏着关山月的曲调。关山月，汉乐府横吹曲名，为军乐、战歌，是戍兵伤离别、怀念家乡的曲调。

（12）万国，万方。草木风，即风声鹤唳，草木皆兵（用淝水之战的故事）的意思。

（13）成王，肃宗太子广平王李俶，乾元元年（758）二月封成王，收复两京的主帅。心转小，一转而变得小心谨慎起来。

（14）郭相，即郭子仪，时郭子仪加中书令。《郭子仪东京畿山东河南诸道元帅制》称他："识度弘远，谋略冲深……以今观古，未足多之。"（《唐大诏令集》）

（15）司徒，官名，指李光弼。时李光弼加检校司徒。清鉴，识见。明镜，比喻识鉴。李光弼治军严明，曾预料史思明诈降，终究必反，故说他清鉴悬明镜。

（16）尚书，官名，指王思礼，王时迁兵部尚书。气，气度。秋无杳（yǎo），像秋天一样高远明朗。在《八哀诗》中诗人曾以"爽气春淅沥"形容王思礼。

（17）乾坤，国家，指唐王朝。济时，救济时危。了，完毕。

（18）"东走"句，说离乡的人民皆得还乡。忆鲈鱼，南朝宋刘义庆《世说新语·识鉴》说，张翰"在洛，见秋风起，因思吴中菰菜羹、鲈鱼脍……遂命驾便归"。按张翰时为齐王东曹掾，不做官是为了避祸。这里反用其意。

（19）"南飞"句，说流落在外的人也可以回家定居安乐。《古诗十九首·行行重行行》："胡马依北风，越鸟巢南枝。"又三国魏曹操《短歌行》："月明星稀，乌鹊南飞。绕树三匝，何枝可依？"是用乌鹊无枝可依比喻流亡，这里化用其意。

（20）"青春"二句，写收复两京后唐王朝的新气象。百官上朝，皇宫的新气象与明媚的春光相称。冕（miǎn），古时候大夫以上官员的礼帽。

（21）"鹤驾"二句，是说肃宗连夜备好车马，天刚亮就到龙楼去向玄宗问安。鹤驾，太子的车。相传周朝王子晋乘白鹤仙去，故后世称太子之驾为鹤驾。一本作"鹤禁"，指太子之居。凤辇，皇帝的车。问寝，问候起居。

（22）"攀龙"二句，指李辅国等因倚仗在灵武拥立肃宗之功，又攀附张淑妃，飞扬跋扈，势倾朝野。攀龙附凤，比喻依附帝王以成就功业或扬威。语本汉扬雄《法言·渊骞》："攀龙鳞，附凤翼，巽以扬之，勃勃乎其不可及也。"又《汉书·叙传》有"攀龙附凤，并乘天衢"和"云起龙衰，化为王侯"的句子。

（23）汝等，指李辅国等人。蒙帝力，受到皇帝的重用。

（24）时，时运。夸身强，夸耀自己有大本事。

（25）关中，古地区名。咸阳，汉都长安，因称函谷关以西为关中。萧丞相，汉代萧何。未知所指。有指房琯、杜鸿渐、萧华三说。

（26）张子房，汉朝张良，字子房，刘邦的重要谋臣，屡出奇计，后封留侯。这里借指张镐。

（27）江海客，指浪迹四方、放情江海的人。又称江海人，语出南朝宋谢灵运《自叙》诗："本自江海人，忠义感君子。"这里是说张镐向来没有做官。

（28）征起，被征召而起来做官。天宝十四载（755），张镐自布衣召拜左拾遗。风云会，风云际会。《易经》："云从龙，风从虎。"动乱时期贤臣与明主的遇合叫作"风云际会"。

（29）扶颠，扶持国家的颠危。两京收复都在张镐做宰相的时候。筹策，出谋献策。

（30）"青袍"句，说叛乱即将平灭。把安史之乱比拟为梁朝侯景之乱。梁武帝时，侯景作乱，乱军皆骑白马，穿青衣，以应合所谓"青丝白马寿阳来"的童谣。何有，意为"何难之有"，不难平定之意。

（31）"后汉"句，用历史上中兴之主汉光武帝和周宣王比拟唐肃宗。再昌，谓中兴。

（32）白环，宝物。虞舜时，西王母来朝，献白环玉玦。（《竹书纪年》）

（33）银瓮，宝物。神话传说，神灵滋液有银瓮，不汲自满。（《孝经·援神契》）

（34）"隐士"句，说隐士们都该出来。紫芝曲，西汉初年隐士商山四皓所作的歌。（《高士传》）

（35）词人，擅长文辞的人。解，懂得。河清颂，歌颂太平的诗文。黄河水本浑浊，古时候以黄河为太平的象征。南朝宋文帝时，黄河水清，鲍照以此为太平吉兆，写《河清颂》。

（36）望望，眼巴巴地望着。布谷，鸟名，鸣声如呼布谷。

（37）淇，淇水，在今河南北部，古为黄河支流，南流至今卫辉东北淇门镇南入黄河，与邺城相近。健儿，指围攻邺城的士兵。归莫懒，望其早归。

（38）思妇，指出征战士的妻子。

（39）安得，哪里得到，怎得。天河，天上的银河。

（40）洗甲兵，古史传说：武王伐纣，遇大雨。武王曰：此天洗甲兵。

【赏析】

此诗原有注："收京后作。"此诗当作于唐肃宗乾元二年（759）二月，当时杜甫在洛阳。安史之乱爆发后，杜甫几经奔波，往来于鄜州、长安、凤翔间。至德二年（757）九月，唐朝官军收复长安，十月杜甫携家随肃宗返回长安，仍任左拾遗。乾元元年（758）六月，杜甫贬为华州司功参军，次年春至洛阳。这段时间两京相继克复，平叛捷报频传，杜甫认为胜利在即，就写了长诗《洗兵马》，希冀早日结束战乱，洗净兵甲永不复用。题名《洗兵马》，一作《洗兵行》，语出《文韬》："武王问太公：'雨辐重至轸，何也？'曰：'洗甲兵也。'"又《说苑》云："武王伐纣，风霁而乘以大雨。散宜生曰：'此非妖与？'王曰：'非也，天洗兵也。'"洗兵马，就是洗净甲马、永不使用的意思。

此诗可分为四节。从开头至"万国兵前草木风"为第一节，歌颂平叛胜利。由于"中兴诸将"的英勇善战，唐王朝已收复华山以东包括河北的大片土地，而且捷报日夜频传。天堑黄河，一苇可航，安史敌军的覆灭已成"破竹"之势。洛阳收复后，安庆绪出走河北，退守邺郡（今河南安阳），还据有七郡六十余城。至德二年（757）九月，肃宗命郭子仪等九节度使合兵讨之。十月，郭子仪从杏园渡黄河，破安太清，克服卫州（今河南卫辉）。十一月，崔光远克服魏州（今河北大名），其余各处皆有捷报。所以，收复邺城指日可待。光复大业与善任将帅关系极大，"独任朔方无限功"，既肯定与赞扬了朔方节度使郭子仪在平叛战争中的赫赫战功，并希望朝廷信赖他克成全功。"京师"二句描写了长安大街上官员们都骑汗血名马，助战有功的回纥兵则在"葡萄宫"备受款待，大吃大喝，一幅喜庆画面。"已喜皇威清海岱"，当时河北尚未完全收复，言"清海岱"则语有分寸；"常思仙仗过崆峒"一句启下，意在警告肃宗勿忘起事艰难，而思将士之勤苦。军士从征，已经三载，曰"三年笛里"，悲之也。会兵邺城，如风卷叶，曰"万国兵前"，喜之也。此节在写胜利平叛中，又有对任用将帅的担心，对皇帝逸豫的忠告，于欢快中作小波折。

从"成王功大心转小"到"鸡鸣问寝龙楼晓"为第二节，赞扬命将得人，喜王业之中兴。成王，广平王李俶。郭相，郭子仪。司徒，李光弼。

尚书，王思礼。上述诸人，即所谓"二三豪骏"。他们应运而生，才得以整顿好国家。"东走"以下六句承"整顿乾坤济时了"展开描写，宫中朝野，一派喜庆气氛：做官的人弹冠相庆，不必弃官避乱；平民百姓也能安居乐业，如鸟之归巢；朝仪如故，仿佛春光又随着百官进入朝廷，皇宫内正在烟花缭绕中行朝贺礼；帝修子职，肃宗连夜备好车驾，天刚亮就到龙楼去向玄宗请安问好。一派王业方兴景象。

从"攀龙附凤势莫当"到"后汉今周喜再昌"为第三节，叹扈从者滥恩，望宰相得人以致太平。"攀龙附凤"二句叙事，当时封爵太滥，凡应募者，一切皆金紫，这就使攀龙附凤之徒有机可乘，一时有"天下尽化为侯王"之虞。"汝等"二句即对此辈加以申斥，声调变得愤激。接下六句又将房琯、张镐等作为上述反派人物的对立面来歌颂。至德二年（757）四月，罢房琯而相张镐。至次年二月，房琯论史思明不可假威权，又论许叔冀临难必变。后来思明果反，叔冀果降，说明房琯确有知人之明。而两京收复，俱在张镐任宰相时，说他扶颠筹策，实不为过。当时，房琯、张镐俱已罢相，诗人希望朝廷能再起用他们，故特加表彰。"青袍白马"句以南朝北来降将侯景来比安禄山、史思明，言安史之乱不难平灭；"后汉今周"句用历史上中兴之主汉光武帝和周宣王比拟唐玄宗，中兴有望。这一节表明杜甫的政治眼光。

从"寸地尺天皆入贡"到篇末为第四节，记祥符迭见，望及时收功，以慰民心。此段前后各六句，分两层意思来写。前六句，叙写已成之势：四方皆来入贡，海内遍呈祥瑞。不知是哪国送来宝物"白环"，不知何国送来宝物"银瓮"。隐士们再不必归隐避世，文人们都知道要写歌颂太平的诗文了。这样的太平景象，并没有使诗人忘记民生忧患，后六句，便是祷其将然之词：时为春耕逢旱，农夫盼雨，布谷催春，有待播种；思妇正怀念着久别的征人，希望围攻邺城的战士早日胜利归来。"安得壮士挽天河，净洗甲兵长不用！"末二句卒彰显其志：胡乱即平，将长洗甲兵不用。诗人用一个奇特的幻想揭出题意，富于浪漫主义色彩。

这首诗是七言古体，但用了许多工稳的对句；全诗四次换韵，每韵十二句，整齐而有所变化，表明作者在表现形式上是经过精心构思的。元吴师道《吴礼部诗话》说："老杜七言长篇，句多作对，皆深稳矫健。《洗兵马》除首尾'攀龙附凤'云云两句不对，'司徒''尚书'一联稍散异，余无不对者，尤为诸篇之冠。"清王嗣奭赞扬它"笔力矫健，词气老苍"，是不错的。

毛泽东1923年写的《贺新郎·挥手从兹去》词初稿中"我自欲为江海客"的诗句，即源出于此诗"张公一生江海客"，可以看出他对这首诗是非常熟悉和欣赏的。（毕桂发）

【原文】

彭衙行

忆昔避贼初⁽¹⁾，北走经险艰。夜深彭衙道，月照白水山⁽²⁾！尽室久徒步⁽³⁾，逢人多厚颜⁽⁴⁾。参差谷鸟鸣，不见游子还。痴女饥咬我，啼畏虎狼闻。怀中掩其口，反侧声愈嗔⁽⁵⁾。小儿强解事⁽⁶⁾，故索苦李餐⁽⁷⁾。一旬半雷雨，泥泞相牵攀。既无御雨备⁽⁸⁾，径滑衣又寒。有时经契阔⁽⁹⁾，竟日数里间。野果充糇粮⁽¹⁰⁾，卑枝成屋椽⁽¹¹⁾。早行石上水⁽¹²⁾，暮宿天边烟⁽¹³⁾。少留同家洼⁽¹⁴⁾，欲出芦子关⁽¹⁵⁾。故人有孙宰⁽¹⁶⁾，高义薄曾云⁽¹⁷⁾。延客已曛黑，张灯启重门。暖汤濯我足，剪纸招我魂⁽¹⁸⁾。从此出妻孥，相视涕阑干。众雏烂漫睡，唤起沾盘餐。誓将与夫子⁽¹⁹⁾，永结为弟昆。遂空所坐堂，安居奉我欢。谁肯艰难际，豁达露心肝。别来岁月周⁽²⁰⁾，胡羯仍构患⁽²¹⁾。何当有翅翎，飞去堕尔前！

【毛泽东圈评等情况】

毛泽东曾圈阅这首《彭衙行》。他圈阅较多的中华书局印行的清沈德潜编选《唐诗别裁集》卷二"五言古诗"中刊有这首《彭衙行》。

[参考]张贻玖：《毛泽东评点、圈阅的中国古典诗词》，
中国工人出版社1992年版，第230页。

【注释】

（1）因通篇皆追叙往事，只有末四句是作诗时的话，故用"忆昔"二字。"昔"指至德元年（756）六月避叛军之乱，由白水逃向鄜州的时候。

（2）白水山，白水县的荒山。

（3）尽室，全家人。

（4）多厚颜，羞愧。《尚书·五子之歌》："郁陶于予心，颜厚有忸怩。"孔安周传："颜厚，色愧。"颜厚，同"厚颜"。

（5）反侧，挣扎。声愈嗔，声愈大。嗔，《玉篇》："嗔，盛声也。"

（6）强解事，即所谓"强作解事"。故，故意，即不懂事而自信。

（7）硬要求吃些道旁的苦李，他们哪知道苦李是吃不得的呢。是为"故索苦李餐"意。故，常常。索，索取。

（8）备，设备，指雨具。

（9）经契阔，原意劳苦，这里指碰到特别难走处。竟日，整天。

（10）糇（hóu）粮，干粮。

（11）"卑枝"句，意谓躲在树下过夜。卑枝，低树枝。椽（chuán），放在檩上架屋顶的木条。这里屋椽就是屋宇的意思。

（12）石上水，指石头上落下的露水，形容早晨出发的时间早。

（13）天边烟，描写野旷无际的景象，或指高山云烟之处。

（14）少留，短期的逗留。同家注，地名，似在彭衙以北鄜州以南，是孙宰所居之地。

（15）芦子关，唐时延州境内，在今陕西安塞西北，北离彭衙甚远，是通往灵武的要道。杜甫原有携家奔赴灵武皇帝所住地方的打算。

（16）宰，是唐人对县令的一种尊称，孙大概做过县令，或曰姓孙名宰。

（17）薄，迫近。曾，同"层"。

（18）剪纸招魂，古人习俗，剪些白纸条儿贴在门外替行人招魂，以示压惊，与招死人魂有别。这里是写孙宰的安慰无微不至。

（19）夫子，孙宰对杜甫的尊称。

（20）岁月周，满一年，即从去年六月分别至今（闰八月），已达一年有余。

（21）胡羯（jié），指安史叛军。仍构患，至德二年（757）正月，安庆绪杀父安禄山自立，继续反唐。构患，制造灾祸。语本王粲《七哀诗》："西京乱无象，豺虎方遘患。"遘，通"构"。

【赏析】

这是一首感谢朋友的诗，主要内容是回忆唐肃宗至德元年（756）全家避贼逃难的一个片断。当年六月，安史叛军攻陷潼关，杜甫携家从白水逃亡鄜州，路经彭衙之北，受到友人孙宰的盛情接待，一直铭记不忘。至德二载（757）杜甫由凤翔回鄜州省亲，路经彭衙之西，因而回忆起前一年携家逃难时孙宰热情款待的深情厚谊，但又不便枉道相访，故作此诗以志。

这首诗通篇皆追叙往事，只末四句是作诗时的话，因此开篇就以"忆昔"二字统领全诗。全篇共分前后两节。

第一节从开头至"暮宿天边烟"，写逃难途中的艰险状况。前四句写避乱彭衙。诗人前一年不畏"艰险"，"北走"鄜州，原因是贼破潼关，白水告急，不得不携家"避贼"逃难。"避贼"点出诗人逃难的原因。"北走"说明逃难的方向。"艰险"总括逃难景况，"夜深"交代出发的时间，"月照"点明出发时的环境。因为"避贼"逃难，所以选择"夜深"人静、"月照"深山之时，急忙向彭衙出发。开始四句，交代事件，一目了然。"尽室久徒步"以下十行五十字叙携家远行，写尽儿女颠沛流离之苦。诗人拖儿带女，全家逃难，因无车马代劳，只好徒步行走。也顾不上什么面子了，"多厚颜"三字，幽默而辛酸。而诗人全家跋涉，穿行于野鸟飞鸣的山涧和行人稀少的谷底，衣食无着，平时娇宠的幼女忍不住饥饿，趴在父亲肩头又咬又哭。荒山野岭中，诗人怕虎狼闻声而来，赶忙将孩子搂抱怀中，紧掩其口。但孩子不知父亲的苦衷，又踢又闹，哭得愈加厉害。小儿子这时也来凑热闹，自以为比妹妹懂事，故意要吃路旁的苦果，他根本不知"苦果无人摘"，是因为不能吃。"饥咬我""声愈嗔"，形象逼真地写出了幼女娇宠而不懂事的情态，"故索苦李餐"，惟妙惟肖地刻画出小儿天真烂漫的形象。"痴女""小儿"，用语亲切；"啼畏虎狼闻""怀中掩其口"，以动作刻画出一个疼爱儿女而又无可奈何的父亲的痛苦心情，十分传神，真乃"画不能到"。

"一旬半雷雨"以下十句写雨后行路艰难，突出困苦流离之状。全家徒步于深山野谷，已经很艰难，更糟糕的是又碰上了雷雨天气，只好趟着泥泞互相搀扶着冒雨行进了。既无雨具，衣湿身寒，路滑难行，一天就只能走几里路。"一旬"呼应"久徒步"，说明奉先至白水，路程不远，却走了很长时间，反衬出行程之艰；"半"字点出雷雨之多，说明气候的恶劣。寥寥几句，诗人全家困顿流离之状如在目前。

"野果充糇粮"，糇粮，指干粮，指采下野果充饥；"卑枝成屋椽"，卑枝，指低矮的树枝，树枝成了栖息的屋宇；"早行""暮宿"，从时间上说明他们起早摸黑地赶路；"石上水"，指近处低处积满雨水的石径，"天边烟"，指远处高处云雾笼罩的深山。这四句对仗工整，概括精练，既呼应开头"经险艰"，又引起下文孙宰的留客，过渡自然。

自"少留同家洼"以下至篇末为第二节，写孙宰体贴留客的深情厚谊。先写留客。诗人全家本打算在同家洼作短暂歇息后北出芦子关直达肃宗所在的灵武，却不料惊动了情高义重的老朋友孙宰（唐时尊称县令为宰）。战乱年头，人们大多不喜欢客人到来的，何况是昏天黑地的夜晚。但孙宰点起明灯，打开重门，十分热情。他不嫌麻烦，还烧起热水，让诗人洗脚，甚至还剪纸作旐（小旗），替诗人招魂。故人之情义，诗人之感激，从开灯启门、烧汤濯足、剪纸招魂的几个细节中具体真实地反映了出来。"高""薄"二字画龙点睛地指出了这一点。孙宰叫出妻子与诗人相见，看着诗人携家逃难的艰苦景况，他们也不禁流下了同情的眼泪。由于长途跋涉，小儿女们一安顿下来，立即进入了甜蜜的梦乡，孙宰又叫醒他们起来吃饭。孙宰还一再表示愿意同诗人永远结为兄弟，并腾出屋子，让诗人一家安住。由同情到结交再至住下，充分显示了孙宰待人的真挚诚恳。蹇步、饥饿、惶遽、困顿至极，幸得故友之暖汤、盘飧、招魂、安居，诗人感泣之余叹"谁肯艰难际，豁达露心肝"，读者亦叹慨落难之际不避而远之、不落井下石，足矣，安敢奢望"誓将与夫子，永结为弟昆"。

最后六句结尾，写诗人对孙宰的追念感激之情。"谁肯"二字既赞扬故人孙宰高尚情谊的难得与可贵，又呼应开篇"忆昔"，引出诗人对孙宰的忆念。此时诗人重经旧地，安史叛乱并未平息，人民仍在受难，不知孙宰一家情况如何。"何当有翅翎，飞去堕尔前"，诗人恨不得长出双翅，立刻飞去落在老朋友的面前。殷切的忆念之情，溢于笔端。这六句以议论作结，情深意厚，力透纸背。

这首忆念友人的诗，前部分着重叙写诗人举家逃难的狼狈景况，后部分着重描绘故人孙宰待客的殷勤。真实的细节描写，细致的心理刻画，传神摹志，形象逼真。全诗用追忆的口吻直接叙述，明白如话，真实仿佛亲见，自然而不显雕琢。明王嗣奭《杜臆》说："感孙宰之高谊，故隔年赋诗。感之极，时往来于心，故写逃难之苦极真。追思其苦，故愈追思其恩。……'暮宿天边烟'，逃难之人。望烟而宿，莫定其处，虽在天边，不敢辞远，非实历不能道。"清浦起龙《读杜心解》说："起四，即点'彭衙'，是先出题法。'尽室'以下，乃追叙初起身至'彭衙'一句以内所历之苦，正以反蹴下文'延客''奉欢'一段深情也。看其写小儿女态，画不能到。由奉先至白水，本无一旬之行程，不应迟迟若此，故前后用'尽室徒步''竟日数里'点破之。"（毕桂发）

【原文】

义鹘行

阴崖有苍鹰⁽¹⁾，养子黑柏巅⁽²⁾。白蛇登其巢⁽³⁾，吞噬恣朝餐⁽⁴⁾。雄飞远求食⁽⁵⁾，雌者鸣辛酸⁽⁶⁾。力强不可制，黄口无半存⁽⁷⁾。其父从西归⁽⁸⁾，翻身入长烟⁽⁹⁾。斯须领健鹘⁽¹⁰⁾，痛愤寄所宣⁽¹¹⁾。斗上捩孤影⁽¹²⁾，嗷哮来九天⁽¹³⁾。修鳞脱远枝⁽¹⁴⁾，巨颡坼老拳⁽¹⁵⁾。高空得蹭蹬⁽¹⁶⁾，短草辞蜿蜒⁽¹⁷⁾。折尾能一掉⁽¹⁸⁾，饱肠皆已穿。生虽灭众雏，死亦垂千年⁽¹⁹⁾。物情有报复⁽²⁰⁾，快意贵目前。兹实鸷鸟最⁽²¹⁾，急难心炯然⁽²²⁾。功成失所往，用舍何其贤⁽²³⁾！近经潏水湄⁽²⁴⁾，此事樵夫传。飘萧觉素发⁽²⁵⁾，凛欲冲儒冠⁽²⁶⁾。人生许与分⁽²⁷⁾，只在顾盼间⁽²⁸⁾。聊为《义鹘行》，用激壮士肝⁽²⁹⁾。

【毛泽东圈评等情况】

毛泽东曾圈阅这首《义鹘行》。他圈阅较多的中华书局印行的清沈德潜编选《唐诗别裁集》卷二"五言古诗"中刊有这首《义鹘行》。

[参考] 张贻玖：《毛泽东评点、圈阅的中国古典诗词》，
中国工人出版社 1992 年版，第 230 页。

【注释】

（1）阴崖有苍鹰，西汉李陵《别诗三首其一》："有鸟西南飞，熠熠似苍鹰。"魏彦《深赋》："千日成苍。"

（2）巅，这里指树尖。

（3）白蛇登其巢，东汉杜笃《论都赋》："斩白蛇，屯黑云。"

（4）吞噬（shì），吞食。恣，放纵，快意。朝餐，早餐。《楚辞》："屑琼以朝餐。"

（5）雄飞远求食，《尔雅翼》："鹰鸟之击者，雄大雌小，一名爽鸠。"

（6）雌者鸣辛酸，嵇康诗："临文情辛酸。"

（7）黄口，婴儿，这里指小鹰。三国魏王肃《孔子家语·六本》："孔子见罗雀者，所得皆黄口小雀。"

（8）其父，指飞往远处求食的雄鹰。鹘称父子，语亦有本。《吴都赋》："猿父哀吟，鹘子长啸。"谭元春云："其父二字，语带滑稽。"《诗》："谁将西归。"

（9）翻身入长烟，三国魏曹植诗："翻身上京。"南朝梁高允生诗："飘飘乘长烟。"

（10）斯须，一会儿。

（11）寄所宣，谓痛愤之心寄于宣诉之语。东晋陶潜诗："弱毫多所宣。"所宣，指雄鹰对健鹘的诉说。

（12）斗，通"陡"，突然。《史记·封禅书》："成山斗入海。"晋陈寿《三国志·蜀志·谯周传》："险阻斗绝。"北周庾信诗："山梁乍斗回。"捩（liè），扭转。

（13）嗷哮（xiào），厉声长鸣。九天，九重天。古代传说天有九重，这里指天极高处。战国楚屈原《楚辞·离骚》："指九天以为正兮。"注："九天，中央八方也。"

（14）修鳞，指蛇身。修，长。晋《东海越王檄文》："激浪之心未遂，遽骨修鳞。"

（15）巨颡（sǎng），指大的蛇头。颡，额。坼（chè），裂开。老拳，指鹘鸟有力的爪子。鹘拳坚处，大如弹丸，鸠鸽中其拳，随空中坠，即侧身自下承之，捷于鹰隼。唐房玄龄等《晋书》：石勒引李阳臂笑曰："孤往日厌卿老拳，卿亦饱孤毒手。"

（16）蹭蹬（cèng dèng），原义是失势不进的样子，这里形容白蛇遭到鹘鸟的袭击从高空下坠。西晋木华《海赋》："蹭蹬穷波。"

（17）蜿蜒（wān yán），蛇爬行的样子。东汉张衡《七辩》："螭虬蜿蜒。"

（18）掉，摇动。东晋郭璞《江赋》："扬鬐掉尾。"

（19）垂千年，意为垂鉴于千年，即作为可资鉴戒的故事而流传千年。

（20）物情，万物的常情，即一般的情理。

（21）兹，指这只鹘。鸷（zhì）鸟，凶猛的鸟，如鹰隼之类。

（22）急难（nàn），急人之难。《诗经·小雅·常棣》："兄弟急难。"炯（jiǒng）然，心地光明。

（23）用舍，指鹘的出现与飞逝，表现了作者所肯定的一种德行。《论语·述而》："用之则行，舍之则藏。"

（24）潏（yù）水湄，潏水边上。潏水在长安杜陵附近，自南山皇子陂西北流，经昆明池流入渭水。湄，水边。

（25）飘萧，稀疏的样子。素发，白发。西晋潘岳赋："班鬓彪以承弁，素发飒以垂领。"

（26）凛欲，形容严肃而敬重的神态。《史记·廉颇蔺相如列传》："蔺相如发上冲冠。"又《史记·郦食其传》："诸客冠儒冠来者。"

（27）许与，许诺。分（fèn），情分。南朝梁任昉编著《任昉集》："弘长风流，许与气类。"分谓分谊。

（28）顾盼间，顷刻之间，眼前。三国魏曹植诗："顾盼遗光彩。"

（29）壮士肝，宋佚名《漫叟诗话》："肝主怒，故云'永激壮士肝。'"《汉书·高帝纪》："壮士行何畏。"

【赏析】

此诗当是乾元元年（758）在长安作，由诗云"近经滻水湄"可见。杜甫在长安附近的滻水边上听樵夫讲了游隼为苍鹰报仇的故事，深受感动，怀着肃然起敬的感情写下了《义鹘行》。"鹘"又名游隼，一种猛禽，为隼类较大的一种。"义鹘"有侠义行为的鹘。"行"乐府歌行体诗。

这首五言乐府写的是一则寓言故事。白蛇吞食了雏鹰，鹘应雄鹰之邀为鹰族报仇，杀死了白蛇。时值安史之乱，作诗用意恐与此有关。

全诗分为三节。"阴崖有苍鹰"以下十二句为第一节，交代义鹘报仇的原委。鹰雏大半为白蛇吞食，其父愤然诉之于鹘。首两句"阴崖有苍鹰，养子黑柏巅"的"阴""黑"，使故事开始笼罩于阴森的气氛中，给下文白蛇吞噬小鹰设置了一个具体环境。通过写雌者的"辛酸"和雄者的"痛愤"，揭示了这个鹰家庭的悲剧之惨：黄口小鹰蛇口幸存的不足一半。"斯须领健鹘"，行动之快反映其报仇之心切，重要的是关键时刻鹘的出现，突出鹘的形象有如一个义士，为人解难。

"斗上捩孤影"至"用舍何其贤"十六句为第二节，是对鹘的写生和咏叹。高高的天空中，一只健鹘呼啸翻转而下，在猛如"老拳"的铁爪下，蛇头破碎，从高枝被重重甩下，再不能于短草中爬行了，一命呜呼！写健鹘来有声势，击有精神。"八句写生，笔笔叫绝"（浦起龙《读杜心解》）。历来人们更欣赏"饱肠皆已穿"一句，暗合前文，宣泄了报仇雪恨的快意。诗人以褒扬的笔调写了鹘的勇猛侠义，以嘲讽的笔触写了蛇的下场："死亦垂千年"。可谓爱憎分明。后八句进一步颂扬鹘的义举。其出击是急人之难，心地光明；事成之后一去无踪，不图酬报。一来一去都是了不起的。"用之则行，舍之则藏。"（《论语·述而》）美其壮举，更赞其德行。这不就是人世中活活的贤人义士的形象么？

"近经滻水湄"至篇末为第三节，写明作诗的原由。"近经滻水湄（指水边），此事樵夫传。"使这则故事更趋完备，而又能使诗人径直道出作诗之由。首先是鹘的义举给他带来的震撼：白发冲冠，凛然起敬，感叹于"人生许与分，亦在顾盼间"，人与人彼此有应有求，这种态度只在瞬间即可表现。诗人似在自言自语，又在施教于人。其次直陈其意，写此诗是用以激励壮士之心的。诗人明确表示，写这篇《义鹘行》的目的就是要激励侠义壮士的肝胆，为被压迫、被欺负的人去报仇雪恨。

这首寓言诗，通过歌颂游隼为苍鹰报仇杀白蛇的故事，热情赞颂侠义人士心地光明磊落，急人之难而毫无个人打算的美德，辛辣地嘲弄心毒手狠的恶人。这是全诗的中心思想。吴山民曰："子美平生要借奇事以警世，故每每说得精透如此。诗说老鹘仁慈义勇，所以感动人情，而其慷慨激昂，正欲使毒心人敛威夺魄。"

杜甫善以赋笔作诗。以赋笔作诗，最忌平板滞直，缺少变化。此诗则节次分明，一气呵成，而又错落有致，转接无象。开端突兀，直接道出鹰族之悲剧发生。中段则写义鹘之举，叙事咏叹，翻腾跌宕。随后自然纳入议论。由交待故事来源，完备其事，引出末段结语。忽然联续，莫测端倪，或顺理成章，自然无象。这是杜甫此诗的独到之处。（毕桂发）

【原文】

赠卫八处士

人生不相见，动如参与商(1)。今夕复何夕(2)，共此灯烛光。少壮能几时？鬓发各已苍(3)！访旧半为鬼(4)，惊呼热中肠(5)。焉知二十载，重上君子堂(6)。昔别君未婚，儿女忽成行(7)。怡然敬父执(8)，问我来何方。问答乃未已(9)，驱儿罗酒浆(10)。夜雨剪春韭(11)，新炊间黄粱(12)。主称会面难，一举累十觞(13)。十觞亦不醉，感子故意长(14)。明日隔山岳(15)，世事两茫茫。

【毛泽东圈评等情况】

《赠卫八处士》全诗以口语写心中之事，毫无雕琢之工。

[参考]江东然编：《博览群书的毛泽东》，吉林人民出版社1993年版，第196页。

【注释】

（1）动如，动不动就像。参（shēn）与商，二星名。典故出自《左传·昭公元年》："昔高辛氏有二子，伯曰阏伯，季曰实沈。居于旷林，不相能也。日寻干戈，以相征讨。后帝不臧，迁阏伯于商丘，主辰，商人是因，故辰为商星。迁实沈于大夏，主参，唐人是因，以服事夏商。"商星居于东方卯位（上午五点到七点），参星居于西方酉位（下午五点到七点），一出一没，永不相见，故以为比。

（2）今夕，今夜。《诗经·唐风·绸缪》："今夕何夕？见此良人。"

（3）苍，灰白色。

（4）"访旧"句，意谓彼此打听故旧亲友，竟已死亡一半。访旧，一作"访问"。

（5）"惊呼"句，有两种理解，一为见到故友的惊呼，使人内心感到热乎乎的；二为意外的死亡，使人惊呼怪叫以至心中感到火辣辣的难受。惊呼，一作"呜呼"。

（6）君子，对人的尊称，指卫八处士。

（7）成行（háng），言儿女众多。

（8）怡然，喜悦之状。父执，父亲的朋友。词出《礼记·曲礼》："见父之执。"意即父亲的执友。执，执友，志同道合的朋友。执是接的借字，接友，即常相接近之友。

（9）乃未已，还未等说完。

（10）驱儿，差遣儿女。一作"儿女"。罗，陈设。酒浆，指酒肴。

（11）"夜雨"句，与郭林宗冒雨剪韭招待好友范逵的故事有关。林宗自种畦圃，友人范逵夜至，自冒雨剪韭，作汤饼以供之。《琼林》："冒雨剪韭，郭林宗款友情殷；踏雪寻梅，孟浩然自娱兴雅。"

（12）间（jiàn）黄粱，掺和着黄粱，即俗呼"二米饭"。间，掺杂。黄粱，小米。

（13）累十觞（shāng），接连喝了十杯酒。觞，古代的酒杯。

（14）故意，故人念旧的情意。

（15）山岳，指西岳华山。

【赏析】

此诗大概是唐肃宗乾元二年（759）春天，杜甫作华州司功参军时所作。乾元元年（758）冬天，杜甫因上疏救房琯，被贬为华州司功参军。冬天杜甫曾告假回东都洛阳探望旧居陆浑庄。乾元二年三月，九节度之师溃于邺城，杜甫自洛阳经潼关回华州，卫八的家就在杜甫回转时经过的奉先。在奉先县，杜甫访问了居住在乡间的少年时代的友人卫八处士。一夕相会，又匆匆告别，产生了乱离时代一般人所共有的人生离多聚少和世事沧桑的感叹，于是写下这动情之作赠给卫八处士。卫八处士，名字和生平事迹已不可考。处士，指隐居不仕的人；八，是处士的排行。

此诗写久别的老友重逢话旧，家常情境，家常话语，娓娓写来，表现了乱离时代一般人所共有的"沧海桑田"和"别易会难"之感，同时又写得非常生动自然，所以以来为人们所爱读。

"人生不相见"以下十句为第一节。"人生不相见，动如参与商。今夕复何夕，共此灯烛光"，开头四句说：人生动辄如参、商二星，此出彼没，不得相见；今夕又是何夕，咱们一同在这灯烛光下叙谈。这几句从离别说到聚首，亦悲亦喜，悲喜交集，把强烈的人生感慨带入了诗篇。诗人与卫八重逢时，安史之乱已延续了三年多，虽然两京已经收复，但叛军仍很猖獗，局势动荡不安。诗人的慨叹，正暗隐着对这个乱离时代的感受。

久别重逢，彼此容颜的变化，自然最容易引起注意。别离时两人都还年轻，而此时俱已鬓发斑白了。"少壮能几时，鬓发各已苍"两句，由"能几时"引出，对于世事、人生的迅速变化，表现出一片惋惜、惊悸的心情。接着互相询问亲朋故旧的下落，竟有一半已不在人间了，彼此都不禁失声惊呼，心里火辣辣地难受。按说，杜甫这一年才四十八岁，亲故已经死亡半数很不正常。如果说开头的"人生不相见"已经隐隐透露了一点时代气氛，那么这种亲故半数死亡，则更强烈地暗示着一场大的干戈乱离。"焉知"二句承接上文"今夕复何夕，共此灯烛光"，诗人故意用反问句式，含有意想不到彼此竟能活到今天的心情。其中既不无幸存的欣慰，又带着深深的痛伤。

前十句主要是抒情。"昔别君未婚"至篇末第二节。接下去，则转为叙事，而无处不关人世感慨。随着二十年岁月的过去，此番重来，眼前出现了儿女成行的景象。这里面当然有倏忽之间迟暮已至的喟叹。"怡然"以下四句，写出卫八的儿女彬彬有礼、亲切可爱的情态。诗人款款写来，毫端始终流露出一种真挚感人的情意。这里"问我来何方"一句后，本可以写些路途颠簸的情景，然而诗人只用"问答乃未已"一笔轻轻带过，可见其裁剪净炼之妙。接着又写处士的热情款待：菜是冒着夜雨剪来的春韭，饭是新煮的掺有黄米的香喷喷的二米饭。这自然是随其所有而具办的家常饭菜，体现出老朋友间不拘形迹的淳朴友情。"主称"以下四句，叙主客畅饮的情形。故人重逢话旧，不是细斟慢酌，而是一连就进了十大杯酒，这是主人内心不平静的表现。主人尚且如此，杜甫心情的激动，当然更不待言。"感子故意长"，概括地点出了今昔感受，总束上文。这样，对"今夕"的眷恋，自然要引起对明日离别的慨叹。末二句回应开头的"人生不相见，动如参与商"，暗示着明日之别，悲于昔日之别；昔日之别，今幸复会；明日之别，后会何年？低回深婉，耐人玩味。

诗人是在动乱的年代、动荡的旅途中，寻访故人的；是在长别二十年、经历了沧桑巨变的情况下与老朋友见面的，这就使短暂的一夕相会，特别不寻常。于是，那眼前灯光所照，就成了乱离环境中幸存的美好的一角；那一夜时光，就成了烽火乱世中带着和平宁静气氛的仅有的一瞬；而荡漾于其中的人情之美，相对于纷纷扰扰的杀伐争夺，更显出光彩。"今夕复何夕，共此灯烛光"，被战乱推得遥远的、恍如隔世的和平生活，似乎一下子又来到眼前。可以想象，那烛光融融、散发着黄粱与春韭香味、与故人相伴话旧的一夜，对于饱经离乱的诗人，是多么值得眷恋和珍重啊。诗人对这一夕情事的描写，正流露出对生活美和人情美的珍视，它使读者感到结束这种战乱，是多么符合人们的感情与愿望。

这首诗平易真切，层次井然。诗人只是随其所感，顺手写来，便有一种浓厚的气氛。它与杜甫以沉郁顿挫为显著特征的大多数古体诗有别，而更近于浑朴的汉魏古诗和陶渊明的创作；但它的感情内涵毕竟比汉魏古诗丰富复杂，有杜诗所独具的感情波澜，如层漪迭浪，展开于作品内部，是一种内在的沉郁顿挫。明末清初王嗣奭《杜臆》说："信手写去，意尽而止，空灵宛畅，曲尽其妙。"清浦起龙撰《读杜心解》说："古趣盎然，少陵别调。一路皆属叙事，情真、景真，莫乙其处只起四句是总提，结两句是去路。"

毛泽东晚年，对为他读诗的孟锦云称赞这首诗"以口语写心中之事，毫无雕琢之工"，确实十分中肯。这首诗有接近汉魏古诗和陶渊明诗歌的那种古朴自然的一面。诗人只是按事件经过，依次写出，语言朴实自然，亲切流畅，又结构严谨，浑然一体。另外，诗中抒写的质朴无华与深挚苍凉的境界与毛泽东的晚年的心境和思绪有某种对应，故易引起共鸣。这可能是毛泽东爱读此诗的又一原因吧。（毕桂发）

【原文】

新安吏

客行新安道(1)，喧呼闻点兵(2)。借问新安吏："县小更无丁(3)？""府帖昨夜下(4)，次选中男行(5)。""中男绝短小(6)，何以守王城(7)？"肥男有母送，瘦男独伶俜(8)。白水暮东流(9)，青山犹哭声。"莫自使眼枯(10)，收汝泪纵横。眼枯即见骨，天地终无情(11)！"我军取相州(12)，日夕望其平。岂意贼难料(13)，归军星散营(14)。就粮近故垒(15)，练卒依旧京(16)。掘壕不到水(17)，牧马役亦轻。况乃王师顺(18)，抚养甚分明(19)。送行勿泣血，仆射如父兄(20)。

【毛泽东圈评等情况】

毛泽东曾圈阅这首《新安吏》。他圈阅较多的中华书局印行的清沈德潜编选《唐诗别裁集》卷二"五言古诗"中刊有这首《新安吏》。

[参考] 张贻玖：《毛泽东评点、圈阅的中国古典诗词》，中国工人出版社 1992 年版，第 229 页。

【注释】

（1）客，杜甫自称。新安，地名，今河南新安。

（2）点兵，按兵士花名册点名集合。

（3）更，岂。

（4）府帖，军帖，征召文书。唐为府兵制，故曰府帖。

（5）次选，是说壮丁如果没有，就依次选中男。次，依次。中男，即十六至二十一岁，或依玄宗制为十八至二十三岁的青年男子。行，征发。

（6）绝短小，极矮小。

（7）王城，指洛阳。周代曾把洛邑称作"王城"。

（8）伶俜（líng pīng），孤单之状。

（9）白水，指黄河水。

（10）眼枯，哭干眼泪。

（11）天地，影射朝廷，因不敢亦不便直言。

（12）相州，即邺城，今河南安阳。

（13）岂意，哪里料到。贼难料，敌情不易捉摸。

（14）归军，指唐朝的败兵。星散营，是说军队像星辰一般散乱地屯着营。

（15）就粮，到粮多的地方解决吃食问题。故垒，旧日的营垒。

（16）练卒，练兵。旧京，指东都洛阳。

（17）壕，水沟。不到水，是说战壕挖得很浅，劳役不重。

（18）王师，指唐官军。顺，指顺应天意，师出有名。

（19）抚养，爱护。

（20）仆射（yì），官职名，在唐代相当于宰相。指郭子仪，他在至德二年（757）五月为左仆射。

【赏析】

唐肃宗乾元元年（758）冬，郭子仪收复长安和洛阳，旋即和李光弼、王思礼等九节度使乘胜率军进击，以二十万兵力在邺城（即相州，治所在今河南安阳）包围了安庆绪叛军，局势十分可喜。然而昏庸的唐肃宗李亨对郭子仪、李光弼等领兵并不信任，诸军不设统帅，只派宦官鱼朝恩为观军容宣慰处置使，使诸军不相统属，又兼粮食不足，士气低落，两军相持到次年春天，史思明援军至，唐军遂在邺城大败。郭子仪退保东都洛阳，其余各节度使逃归各自镇守。安庆绪、史思明几乎重又占领洛阳。幸而郭子仪率领他的朔方军拆断河阳桥，才阻止了安史军队南下。这一战之后，官军散亡，兵员亟待补充。于是朝廷下令征兵。杜甫从洛阳回华州，路过新安，看到征兵的情况，写了这首诗。

《新安吏》与《石壕吏》《潼关吏》统称"三吏"。全诗可分两节：前十二句为第一节，记述了军队抓丁和骨肉分离的场面，揭示了安史之乱给人民带来的痛苦；后十六句为第二节，笔锋一转，对百姓进行开导和劝慰。此诗反映了作者对统治者尽快平息叛乱、实现王朝中兴的期望。

"客行新安道，喧呼闻点兵。"这两句是全篇的总起。"客"，杜甫自指。以下一切描写，都是从诗人"喧呼闻点兵"五字中生出。借问新安吏："县小更无丁？"这是杜甫的问话。唐高祖武德七年（624）定制：男女十六岁为中男，二十一岁为丁。至唐玄宗天宝三年（744），又改以十八岁为中男，二十二岁为丁。按照正常的征兵制度，中男不该服役。杜甫的问话是很尖锐的，眼前明明有许多人被当作壮丁抓走，却撇在一边，跳过一层问："新安县小，再也没有丁男了吧？"大概他以为这样一问，就可以把新安吏问住了。"府帖昨夜下，次选中男行。"官吏很狡黠，也跳过一层回答说，州府昨夜下的军帖，要挨次往下抽中男出征。官吏敏感得很，他知道杜甫用中男不服兵役的王法难他，所以立即拿出府帖来压人。讲王法已经不能发生作用了，于是杜甫进一步就实际问题和情理发问："中男又矮又小，怎么能守卫东都洛阳呢？"王城，指洛阳，周代曾把洛邑称作王城。这在杜甫是又逼紧了一步，但接下去却没有答话。也许官吏被问得张口结舌，但更大的可能是官吏不愿跟杜甫啰嗦下去了。这就把官吏对杜甫的厌烦，杜甫对人民的同情，以及诗人那种迂执的性格都表现出来了。

"肥男有母送，瘦男独伶俜。白水暮东流，青山犹哭声。"跟官吏已经无话可说了，于是杜甫把目光转向被押送的人群。他怀着沉痛的心情，把这些中男仔细地打量再打量。他发现那些似乎长得壮实一点的男孩子是因为有母亲照料，而且有母亲在送行。中男年幼，当然不可能有妻子。之所以父亲不来，是因为前面说过"县小更无丁"，有父亲在就不用抓孩子了。所以"有母"的言外之意，正是表现了另一番惨景。"瘦男"的"瘦"

已叫人目不忍睹，加上"独伶俜"三字，更显得他们无亲无靠。怀着无限的痛苦，但却茫然而无法倾诉，这就是"独伶俜"三字展现给读者的情形。杜甫对着这一群哀号的人流泪站了很久，只觉天已黄昏了，白水在暮色中无语东流，青山好像带着哭声。这里用一个"犹"字便见恍惚。人走以后，哭声仍然在耳，仿佛连青山白水也呜咽不止。似幻觉又似真实，使读者惊心动魄。以上四句是诗人的主观感受。它在前面与官吏的对话和后面对征人的劝慰语之间，在行文与感情的发展上起着过渡作用。

"莫自使眼枯"以下至篇末为第二节。"莫自使眼枯，收汝泪纵横。眼枯即见骨，天地终无情！"这是杜甫劝慰征人的开头几句话。本来中男已经走了，他的话不能讲给他们听。这里，既像是把先前曾跟中男讲的话补叙在这里，又像是中男走过以后，杜甫觉得太惨了，一个人对着中男走的方向自言自语。那种发痴发呆的神情，更显出他茫然的心理。抒发悲愤一般总是要把感情往外放，可是此处却似乎在进行收束。"使眼枯""泪纵横"本来可以再作淋漓尽致的刻画，但杜甫却加上了"莫"和"收"。"不要哭得使眼睛发枯，收起奔涌的热泪吧。"然后再用"天地终无情"来加以堵塞。"莫""收"在前，"终无情"在后一笔煞住，好像要人把眼泪全部吞进肚里。这就收到了"抽刀断水水更流"的艺术效果。这种悲愤也就显得更深、更难控制，"天地"也就显得更加"无情"。

杜甫写到"天地终无情"，已经极其深刻地揭露了兵役制度的不合理，然而这一场战争的性质不同于写《兵车行》的时候。当此国家存亡迫在眉睫之时，诗人从维护祖国统一的角度考虑，在控诉"天地终无情"之后，又说了一些宽慰的话。相州之败，本来罪在朝廷和唐肃宗，杜甫却说敌情难以预料，用这样含混的话掩盖失败的根源，目的是要给朝廷留点面子。本来是败兵，却说是"归军"，也是为了不致过分叫人丧气。"况乃王师顺，抚养甚分明。"唐军讨伐安史叛军，可以说名正言顺，但实际上又谈不上爱护士卒、抚养分明。另外，所谓战壕挖得浅，牧马劳役很轻，郭子仪对待士卒亲如父兄等，也都是些安慰之词。杜甫讲这些话，都是对强征入伍的中男进行安慰。诗在揭露的同时，又对朝廷有所回护，杜甫这样说，用心良苦。实际上，人民蒙受的惨痛，国家面临的灾难，都深深地刺激着他沉重而痛苦的心灵。

杜甫在诗中所表现的矛盾，除了有他自己思想上的根源外，同时又是社会现实本身矛盾的反映。一方面，当时安史叛军烧杀掳掠，对中原地区生产力和人民生活的破坏是空前的。另一方面，唐朝统治者平时剥削、压迫人民，在国难当头的时候，却又昏庸无能，把战争造成的灾难全部推向人民，要捐要人，根本不顾人民死活。这两种矛盾，在当时社会现实中尖锐地存在着，然而前者毕竟居于主要地位。可以说，在平叛这一点上，人民和唐王朝多少有一致的地方。因此，杜甫的"三吏""三别"既揭露统治集团不顾人民死活，又旗帜鲜明地肯定平叛战争，甚至对应征者加以劝慰和鼓励，读者也就不难理解了。因为当时的人民虽然怨恨唐王朝，但终究咬紧牙关，含着眼泪，走上前线支持了平叛战争。"白水暮东流，青山犹哭声"表达了作者对应征的"中男"的无限同情之心。明末清初王嗣奭《杜臆》说："此诗炉锤之妙，五首之最。……'短小'是不成丁者，盖长大者早已点行而阵亡矣。又就'短小'中，分出肥、瘦、有母、无母、有送、无送。此必真景，而描写到此，何等细心！……止一'哭'字，犹属'青山'，而包括许多哭声，何等笔力，何等蕴籍！……'泣血'与哭异，乃有涕无声者。临别则哭，既行则悲、用字斟酌如此。"清黄生《杜诗说》说："诸篇自制诗题，有千古自命意。六朝人拟乐府，无实事而撰浮词，皆妄语不情。"清浦起龙《读杜心解》说："《新安吏》，借提邺城年溃也。统言点兵之事，是首章体。如《石壕》《新婚》《垂老》《无家》等篇，则各举一事为言矣。"（毕桂发）

【原文】

石壕吏

暮投石壕村⑴，有吏夜捉人⑵。老翁逾墙走⑶，老妇出门看。吏呼一何怒⑷！妇啼一何苦⑸！听妇前致词⑹："三男邺城戍⑺。一男附书至⑻，二男新战死⑼。存者且偷生⑽，死者长已矣⑾！室中更无人⑿，惟有乳下孙⒀。有孙母未去，出入无完裙⒁。老妪力虽衰⁽¹⁵⁾，请从吏夜归⁽¹⁶⁾。急应河阳役⁽¹⁷⁾，犹得备晨炊⁽¹⁸⁾。"夜久语声绝⁽¹⁹⁾，如闻泣幽咽⁽²⁰⁾。天明登前途⁽²¹⁾，独与老翁别⁽²²⁾。

【毛泽东圈评等情况】

毛泽东曾圈阅这首《石壕吏》。他圈阅较多的中华书局印行的清沈德潜编选《唐诗别裁集》卷二"五言古诗"中刊有这首《石壕吏》。

[参考] 张贻玖：《毛泽东评点、圈阅的中国古典诗词》，
中国工人出版社 1992 年版，第 229 页。

【注释】

（1）暮，傍晚。投，投宿。石壕村，现名干壕村，在今河南三门峡陕州区东七十里。

（2）吏，官吏，低级官员，这里指抓壮丁的差役。夜，时间名词作状语，在夜里。

（3）逾（yú），越过，翻过。走，跑，这里指逃跑。

（4）呼，诉说，叫喊。一何，何其、多么。怒，恼怒，凶猛，粗暴，这里指凶狠。

（5）啼，哭啼。苦，凄苦。

（6）前致词，述说。指老妇走上前去（对差役）说话。前，上前，向前。致，对……说。汉乐府《陌上桑》："听妇前致词。"

（7）邺城，即相州，今河南安阳。戍（shù），防守，这里指服役。

（8）附书至，捎信回来。书，书信。至，回来。

（9）新，刚刚。

（10）存，活着，生存着。且偷生，姑且活一天算一天。且，姑且，暂且。偷生，苟且活着。

（11）长已矣，永远完了。已，停止，这里引申为完结。

（12）室中，家中。更无人，再没有别的（男）人了。更，再。

（13）惟，只，仅。乳下孙，正吃奶的孙子。

（14）"有孙"二句，一本作"孙母未使出，见吏无完裙"。无完裙，

没有一条整齐些的裙子。含有"无法见客"之意。未，还没有。去，离开，这里指改嫁。完裙，完整的衣服

（15）老妪（yù），老妇人，老婆婆。这里是老妇自称。衰，弱。

（16）请从吏夜归，请让我和你晚上一起回去。请，请求。从，跟从，跟随。请从，就请让我。

（17）急应河阳役，赶快到河阳去服役。急应，赶快。应，响应。河阳，今河南孟州，当时唐王朝官兵与叛军在此对峙。

（18）犹得，还能够。得，能够。备，准备。晨炊，早饭。

（19）夜久，夜深了。绝，断绝，停止。

（20）如，好像，仿佛。闻，听。泣幽咽，低微断续的哭声。有泪无声为"泣"，哭声哽塞低沉为"咽"。

（21）明，天亮之后。登前途，踏上前行的路。登，踏上。前途，前行的道路。

（22）独，唯独、只有。

【赏析】

《石壕吏》是唐代伟大诗人杜甫著名的"三吏""三别"之一。这首五言古诗通过作者亲眼所见的石壕吏乘夜捉人的故事，揭露封建统治者的残暴，反映了唐代安史之乱给广大人民带来的深重灾难，表达了诗人对劳动人民的深切同情。

唐肃宗至德三年（758），为平息安（安禄山）史（史思明）之乱，郭子仪、李光弼等九位节度使，率兵20万围攻安庆绪（安禄山的儿子）所占的邺郡（今河南安阳），胜利在望。但在第二年春天，由于史思明派来援军，加上唐军内部矛盾重重，形势发生逆转，在敌人两面夹击之下，唐军全线崩溃。郭子仪等退守河阳（今河南孟州），并四处抽丁补充兵力。唐肃宗乾元二年（759）春，杜甫由左拾遗贬为华州司功参军。他离开洛阳，历经新安、石壕、潼关，夜宿晓行，风尘仆仆，赶往华州任所。所经之处，哀鸿遍野，民不聊生，这引起诗人感情上的强烈震动。他在由新安西行途中，投宿石壕村，遇到吏卒深夜捉人，于是就其所见所闻，写成这

篇不朽的诗作。

全诗可分为三节。前四句可看作第一节。首句"暮投石壕村",单刀直入,直叙其事。"暮"字、"投"字、"村"字都需玩味,读者不能轻易放过。封建社会里,由于社会秩序混乱和旅途荒凉等原因,旅客们都"未晚先投宿",更何况在兵祸连接的时代。而杜甫,却于暮色苍茫之时才匆匆忙忙地投奔到一个小村庄里借宿,这种异乎寻常的情景就富于暗示性。他或者是压根儿不敢走大路;或者是附近的城镇已荡然一空,无处歇脚。总之,寥寥五字,不仅点明了投宿的时间和地点,而且和盘托出了兵荒马乱、鸡犬不宁、一切脱出常轨的景象,为悲剧的演出提供了典型环境。"有吏夜捉人"一句,是全篇的提纲,以下情节,都从这里生发出来。不说"征兵""点兵""招兵"而说"捉人",已于如实描绘之中寓揭露、批判之意。"老翁逾墙走,老妇出门看"两句,表现了人民长期以来深受抓丁之苦,昼夜不安;即使到了深夜,仍然寝不安席,一听到门外有了响动,就知道县吏又来"捉人",老翁立刻"逾墙"逃走,由老妇开门周旋。

从"吏呼一何怒"至"犹得备晨炊"这十六句,可看作第二节。"吏呼一何怒! 妇啼一何苦!"两句,极其概括、极其形象地写出了"吏"与"妇"的尖锐矛盾。一"呼"一"啼",一"怒"一"苦",形成了强烈的对照;两个状语"一何",加重了感情色彩,有力地渲染出县吏如狼似虎、叫嚣隳突的横蛮气势,并为老妇以下的诉说制造出悲愤的气氛。"听妇前致词"承上启下。那"听"是诗人在"听",那"致词"是老妇"苦啼"着回答县吏的"怒呼"。写"致词"内容的十三句诗,多次换韵,表现出多次转折,暗示了县吏的多次"怒呼"、逼问。这十三句诗,不是"老妇"一口气说下去的,而县吏也绝不是在那里洗耳恭听。实际上,"吏呼一何怒,妇啼一何苦!"不仅发生在事件的开头,而且持续到事件的结尾。从"三男邺城戍"到"死者长已矣",是第一次转折。读者可以想见,这是针对县吏的第一次逼问诉苦的。在这以前,诗人已用"有吏夜捉人"一句写出了县吏的猛虎攫人之势。等到"老妇出门看",便扑了进来,贼眼四处搜索,却找不到一个男人,扑了个空。于是怒吼道:"你家的男人都到哪儿去了? 快交出来!"老妇泣诉说:"三个儿子都当兵守邺城去了。一个儿子刚刚捎来一封信，信中说，另外两个儿子已经牺牲了！……"泣诉的时候，可能县吏不相信，还拿出信来交县吏看。明陆时雍《唐诗镜》说："其事何长，其言何简。'吏呼'二语，便当数十言。文章家所云要令，以去形而得情，去情而得神故也。"清杨伦《杜诗镜铨》说："顿挫（'吏呼'二句下）。独匿过老翁，家中人偏一一敷出（'室中'四句下）。"

总之，"存者且偷生，死者长已矣！"处境是够使人同情的，她很希望以此博得县吏的同情，高抬贵手。不料县吏又大发雷霆："难道你家里再没有别人了？快交出来！"她只得针对这一点诉苦："室中更无人，惟有乳下孙。"因为"更无人"与下面的回答发生了明显的矛盾。合理的解释是：老妇说："家里再没有别的男人了！只有个孙子啊！还吃奶呢，小得很！""吃谁的奶？总有个母亲吧！还不把她交出来！"老妇担心的事情终于发生了，她只得硬着头皮解释："孙儿是有个母亲，她的丈夫在邺城战死了，因为要喂奶给孩子，没有改嫁。可怜她衣服破破烂烂，怎么见人呀！还是行行好吧！"（"有孙母未去，出入无完裙"两句，有的版本为"孙母未便出，见吏无完裙"，所以县吏是要她出来的。）但县吏仍不肯罢手。老妇生怕守寡的儿媳被抓，饿死孙子，只好挺身而出："老妪力虽衰，请从吏夜归。急应河阳役，犹得备晨炊。"老妇的"致词"，到此结束，表明县吏勉强同意，不再"怒吼"了。

第三节虽然只有四句，却照应开头，涉及所有人物，写出了事件的结局和作者的感受。"夜久语声绝，如闻泣幽咽。"表明老妇已被抓走，走时低声哭泣，越走越远，便听不到哭声了。"夜久"二字，反映了老妇一再哭诉、县吏百般威逼的漫长过程。"如闻"二字，一方面表现了儿媳妇因丈夫战死、婆婆被"捉"而泣不成声，另一方面也显示出诗人以关切的心情倾耳细听，通夜未能入睡。"天明登前途，独与老翁别"两句，收尽全篇，于叙事中含无限深情。前一天傍晚投宿之时，老翁、老妇双双迎接诗人，而时隔一夜，老妇被捉走，儿媳妇泣不成声，只能与逃走归来的老翁作别了。老翁的心情怎样，诗人作何感想，这些都给读者留下了想象的余地。

此诗如实地揭露了当时政治的黑暗。面对这一切，诗人没有美化现实，而是发出了"有吏夜捉人"的呼喊，这是值得高度评价的。在艺术表现上，这首诗最突出的一点则是精练。全篇句句叙事，无抒情语，亦无议论语；但实际上，作者却巧妙地通过叙事抒了情，发了议论，爱憎十分强烈，倾向性十分鲜明。寓褒贬于叙事，既节省了很多笔墨，又丝毫没有给读者概念化的感觉。清仇兆鳌《杜少陵集详注》说："古者有兄弟始遣一人从军。今驱尽壮丁，及于老弱。诗云：三男戍，二男死，孙方乳，媳无裙，翁逾墙，妇夜往。一家之中，父子、兄弟、祖孙、姑媳惨酷至此，民不聊生极矣！当时唐祚，亦岌岌乎危哉。"

【原文】

新婚别

兔丝附蓬麻[1]，引蔓故不长[2]。嫁女与征夫[3]，不如弃路旁。结发为君妻，席不暖君床。暮婚晨告别，无乃太匆忙[4]！君行虽不远，守边赴河阳。妾身未分明[5]，何以拜姑嫜[6]？父母养我时，日夜令我藏[7]。生女有所归[8]，鸡狗亦得将[9]。君今往死地，沉痛迫中肠[10]。誓欲随军去，形势反苍黄[11]。勿为新婚念，努力事戎行[12]！妇人在军中，兵气恐不扬[13]。自嗟贫家女，久致罗襦裳[14]。罗襦不复施，对君洗红妆。仰视百鸟飞，大小必双翔。人事多错迕[15]，与君永相望！

【毛泽东圈评等情况】

毛泽东曾圈阅这首《新婚别》。他圈阅较多的中华书局印行的清沈德潜编选《唐诗别裁集》卷二"五言古诗"中刊有这首《新婚别》。

[参考]张贻玖：《毛泽东评点、圈阅的中国古典诗词》，中国工人出版社 1992 年版，第 229 页。

【注释】

（1）兔丝，一种蔓生的草，茎细长，多缠附于其他植物上，今名菟丝子。古代常用来比喻妇女婚后依附丈夫。蓬、麻，是两种小草，菟丝子蔓生其上，不能缠得很长。

（2）蔓（wàn），细长能缠绕的茎。

（3）征夫，远行的人，此指出征的人。

（4）无乃，岂不是。疑问语气。

（5）身，身份，即在家庭中的地位和名义。古礼，妇人嫁三日，告庙上坟，谓之成婚。婚礼既明，名分始定。

（6）姑嫜，婆婆和公公。古代称丈夫的母亲为姑，丈夫的父亲为嫜。

（7）"日夜"句，意为父母非常爱护自己。藏，古礼，闺女不外出。

（8）归，古代礼制。嫁女叫大归，表示终身有所归从。

（9）将，带走，相随。

（10）迫，煎迫。中肠，内心。

（11）苍黄，本指自然草木青黄盛衰多变。这里指引起麻烦。

（12）事，从事。戎行（háng），军队。

（13）"妇人"二句，古代认为军中有妇女，会引起士兵思家等许多麻烦事，影响士气。李陵与单于战，陵曰："吾士气稍衰，而鼓不起者，何也？军中岂有女子乎？"（《汉书·李陵传》）杜诗本此。

（14）久致，许久才制成。襦（rú），短衣。

（15）错迕（wǔ），错杂交迕，就是不如意的意思。

【赏析】

此诗作于唐肃宗乾元二年（759）春。唐玄宗天宝十四年（755）安史之乱爆发。乾元二年三月，唐朝六十万大军败于邺城，国家局势十分危急。为了迅速补充兵力，统治者实行了无限制、无章法、惨无人道的拉夫政策。杜甫目睹了这些现象，怀着矛盾、痛苦的心情，写成"三吏三别"六首诗作。这次战争，与天宝（唐玄宗年号，公元742—756）年间的穷兵黩武有所不同，它是一种救亡图存的努力。所以，杜甫一面深刻揭露兵役的黑暗，批判"天地终无情"，一面又不得不拥护这种兵役；他既同情人民的痛苦，又不得不含泪安慰、劝勉那些未成丁的"中男"走上前线。这首《新婚别》是"三别"中的第一篇，精心塑造了一个深明大义的少妇形象。这首诗采用独白的形式，全篇先后用了七个"君"字，都是新娘对新郎倾吐的肺腑之言，读来深切感人。

　　全诗大致可分为三节，也可以说是三层，但是这三层并不是平列的，而是一层比一层深，一层比一层高，而且每一层当中又都有曲折。这是因为诗中人物的心情本来就是很复杂的。第一节，从"兔丝附蓬麻"到"何以拜姑嫜"，主要是写新娘子诉说自己的不幸命运。她是刚过门的新嫁娘，过去和丈夫没见过面，没讲过话，所以语气显得有些羞涩，有些吞吞吐吐。这表现在开头两句："兔丝附蓬麻，引蔓故不长。"新嫁娘这番话不是单刀直入，而是用比喻来引起的。这很符合她的特定身份和她这时的心理状态。兔丝，即"菟丝"，是一种蔓生的草，常寄生在别的植物身上。"蓬"和"麻"也都是小植物，所以，寄生在蓬麻上的菟丝，它的蔓儿也就不能延长。在封建社会里，女子得依靠丈夫才能生活，可是现在她嫁的是一个"征夫"，很难指望白头偕老，用"菟丝附蓬麻"的比喻非常贴切。"嫁女与征夫，不如弃路旁"，这是一种加重的说法，这位新娘子之所以会伤心到这步田地，"结发为君妻"以下的八句，正是申明了这个问题的原因。"结发"二字，说明这个新娘子对丈夫的好歹看得很重，因为这关系到她今后一生的命运。然而，这洞房花烛之夜，却就是生离死别之时，头一天晚上刚结婚，第二天一早就得走，连床席都没有睡暖，这根本不像是结发夫妻过的生活。"无乃太匆忙"的"无乃"，是反问对方的口气，意即"岂不是"。如果是为了别的什么事，匆忙相别，也还罢了，因为将来还可以团圆，偏偏丈夫又是到河阳去作战，将来的事且不说，眼前，媳妇的身份都没有明确，妻子也就无法去拜见公婆、侍候公婆。古代婚礼，新嫁娘过门三天以后，要先告家庙、上祖坟，然后拜见公婆，正名定分，才算成婚。"君行虽不远，守边赴河阳"两句，点明了造成新婚别的根由是战争；同时说明了当时进行的战争是一次"守边"战争。从诗的结构上看，这两句为下文"君今往死地"和"努力事戎行"张本。当时正值安史之乱，广大地区沦陷，边防不得不往内地一再迁移，而此时，边境是在洛阳附近的河阳，守边居然守到唐王朝自己家门口来了，这不能不让诗人感到十分可叹。所以，这两句也是对统治阶级昏庸误国的讥讽，诗人在这里用的是一种"婉而多讽"的写法。清沈德潜《说诗晬语》说："少陵《新婚别》云：'嫁女与征夫，不如弃路旁'。近于怨矣。"

　　第二节，从"父母养我时"到"形势反苍黄"。新娘子把话题由自身进一步落到丈夫身上了。她关心丈夫的死活，并且表示了对丈夫的忠贞，要和他一同去作战。"父母养我时，日夜令我藏"，当年父母对她非常疼爱，把她当作宝贝似的。然而女大当嫁，父母也不能藏她一辈子，还是不能不把她嫁人，而且嫁谁就得跟谁。"鸡狗亦得将"，"将"字当"跟随"讲，就是俗话说的"嫁鸡随鸡，嫁狗随狗"。可是新婚之时，"君今往死地，沉痛迫中肠。"丈夫要到那九死一生的战场去，万一有个三长两短，她就不能再依靠谁了。想到这些，她沉痛得柔肠寸断。紧接着，新娘子表示："我本来决心要随你前去，死也死在一起，省得牵肠挂肚。但又怕这样一来，不但没有好处，反而要把事情弄得糟糕，更复杂。军队里是不允许有年轻妇女的，你带着妻子去从军，也有许多不方便，我又是一个刚出门的闺女，没见过世面，更不用说是打仗了。真是叫人左右为难。"这段话，刻画了新娘子那种心痛如割、心乱如麻的矛盾心理，非常曲折、深刻。

　　诗的第三节，是从"勿为新婚念"到"与君永相望"。在这里，女主人公经过一番痛苦的倾诉和内心剧烈的斗争以后，终于从个人的不幸中、从对丈夫的关切中，跳了出来，站在更高的角度，把眼光放得更远了。"勿为新婚念，努力事戎行！"她一变哀怨沉痛的诉说而为积极的鼓励，话也说得痛快，不像开始的时候那样吞吞吐吐的了，她决定不随同丈夫前去，并且为了使丈夫一心一意英勇杀敌，她表示了自己生死不渝的坚贞爱情。这爱情，是通过一些看来好像不重要，其实却大有作用的细节，或者说具体行动表达出来的。这就是"自嗟贫家女"这四句所描写的。新娘说，费了许久的心血好不容易才备办得一套美丽的衣裳，现在不再穿了。并且当着丈夫的面，她把脸上的脂粉洗掉。丈夫走了以后，我更没心情梳妆打扮了。这固然是她对丈夫坚贞专一的爱情的表白，但是更可贵的，是她的目的在于鼓励丈夫，好叫他放心地并且满怀信心、满怀希望地去杀敌。她对丈夫的鼓励是明智的。因为只有把幸福的理想寄托在丈夫的努力杀敌、凯旋上面，才有实现的可能。应该说，她是识大体，明大义的。"仰视百鸟飞，大小必双翔。人事多错迕，与君永相望！"这四句是全诗的总结。其中有哀怨，有伤感，但是已经不像最初那样强烈、显著，主要意思还是在鼓励丈夫，所以才说出"人事多错迕"，好像有点人不如鸟，但立即又振作起来，说出了"与君永相望"这样含情无限的话，用生死不渝的爱情来坚定丈夫的斗志。

《新婚别》是一首高度思想性和完美艺术性结合的作品。诗人运用了大胆的浪漫的艺术虚构——实际上杜甫不可能有这样的生活经历，不可能去偷听新娘子对新郎官说的私房话，在新娘子的身上倾注了作者浪漫主义的理想色彩。另一方面，在人物塑造上，《新婚别》又具有现实主义的精雕细琢的特点，诗中主人公形象有血有肉，通过曲折剧烈的痛苦的内心斗争，最后毅然勉励丈夫"努力事戎行"，表现战争环境中人物思想感情的发展变化，丝毫没有给读者勉强和抽象之感，而显得非常自然，符合事件和人物性格发展的逻辑，并且能让读者深受感染。

人物语言的个性化，也是《新婚别》的一大艺术特点。诗人化身为新娘子，用新娘子的口吻说话，非常生动、逼真。诗里采用了不少俗语，这也有助于语言的个性化，因为他描写的本来就是一个"贫家女"。

此外，在押韵上，《新婚别》和《石壕吏》有所不同。《石壕吏》换了好几个韵脚，《新婚别》却是一韵到底，《垂老别》和《无家别》也是这样。这大概和诗歌用人物独白的方式有关，一韵到底，一气呵成，更有利于主人公的诉说，也更便于读者的倾听。《清仇兆鳌撰《杜诗详注》说："陈琳《饮马长城窟行》设为问答，此'三吏''三别'诸篇所自来也。而《新婚》一章，叙室家离别之情，及夫妇始终之分，全祖乐府遗意，而沉痛更为过之。此诗'君'字凡七见：'君妻''君床'，聚之暂也；'君行''君往'，别之速也；'随君'，情之切也；'对君'，意之伤也；'与君永相望'，志之贞且坚也。频频呼'君'，几于一声一泪。"

【原文】

垂老别

　　四郊未宁静⁽¹⁾，垂老不得安。子孙阵亡尽，焉用身独完⁽²⁾。投杖出门去，同行为辛酸。幸有牙齿存，所悲骨髓干。男儿既介胄⁽³⁾，长揖别上官⁽⁴⁾。老妻卧路啼⁽⁵⁾，岁暮衣裳单。孰知是死别⁽⁶⁾，且复伤其寒⁽⁷⁾。此去必不归，还闻劝加餐。土门壁甚坚⁽⁸⁾，杏园度亦难⁽⁹⁾。势异邺城下⁽¹⁰⁾，纵死时犹宽⁽¹¹⁾。人生有离合，岂择衰盛端⁽¹²⁾？忆昔少壮日，迟回竟长叹⁽¹³⁾。万国尽征戍⁽¹⁴⁾，烽火被冈峦⁽¹⁵⁾。积尸草木腥，流血川原丹。何乡为乐土？安敢尚盘桓⁽¹⁶⁾？弃绝蓬室居⁽¹⁷⁾，塌然摧肺肝⁽¹⁸⁾。

【毛泽东圈评等情况】

　　毛泽东曾圈阅这首《垂老别》。他圈阅较多的中华书局印行的清沈德潜编选《唐诗别裁集》卷二"五言古诗"中刊有这首《垂老别》。

［参考］张贻玖：《毛泽东评点、圈阅的中国古典诗词》，
中国工人出版社 1992 年版，第 229 页。

【注释】

　　（1）四郊，古代以京城四周百里地方为郊，这里指洛阳一带。《礼记·曲礼上》："四郊多垒。"即其所本。

　　（2）焉用，哪用，何用。完，保全。

　　（3）介胄（zhòu），古代的战衣。介，甲，护身的军服。胄，头盔。这里都用作动词。

　　（4）长揖（yī），古人相见和辞别的礼节，做法是拱手高举，自上而下。

　　（5）卧路啼，含有阻拦之意。

　　（6）孰知，即熟知，深知。孰，同"熟"，死别，即永别，将赴死地而永远分别。

　　（7）复，还，仍。其，指老妻。

（8）土门，即土门口，为太行八陉之第五陉。当在河阳附近。为当时唐朝官军驻守的据点。壁，军营围墙。

（9）杏园，即杏园镇，在今河南卫辉，那里有黄河渡口，称杏园渡。度，同"渡"。

（10）势异，情况和上次围攻邺城不同。

（11）纵，纵然，即使。宽，宽裕，这里指可以拖延些时间。

（12）岂择，哪能选择，含有身不由己、无可奈何的意思。衰盛，指老年和壮年。一本作"衰老"。

（13）迟回，徘徊。竟，终于。

（14）万方，万邦，各方诸侯。《书·汤诰》："王归自克夏，至于亳，诞告万方。"引申为天下各地，全国各地。征戍，远行屯守边疆。

（15）烽火，古时边防报警的烟火，后常指战火。被，覆盖。冈峦（luán），连绵的山。冈，山脊。

（16）安敢，哪能。盘桓，犹徘徊，留恋不肯行的意思。

（17）蓬室，简陋的茅屋。

（18）塌然，颓然、毁伤的样子。摧肺肝，形容内心悲痛之极。

【赏析】

　　安史之乱，给劳动人民带来了极大的灾难。平定安史叛乱的战争，由于唐军在邺城兵败，兵员大减，朝廷在洛阳一带到处征丁，连老翁老妇也不能幸免。《垂老别》这首诗，就是写一个"子孙阵亡尽"的垂暮老人被征从军，与老妻惜别的苦情，揭露战争带给人民的灾难和痛苦。

　　全诗可分为四节。"四郊未宁静"以下十句为第一节。开头一句"四郊未宁静"是环境描写。"四郊"，古代以京邑四周百里为郊，这里指洛阳一带。这里的环境，是一种动乱的气氛，一个"未"字，使这种气氛更加压抑。"垂老不得安"一句既点出了本诗主人公，又是本诗主人公心境的描述。人到垂暮之年，应该安安稳稳享度晚年，"不得安"三字则给人以沉郁压抑之感，也为诗之下文设下伏笔与悬念。"子孙"二句，则是沉闷压抑的原因所在。子孙都已在战争中牺牲了，剩下我这个老头子独个活着干什么？老翁的话中含着深重的悲思。"投杖出门去"，作者笔锋一转，写出老翁把拐杖一扔，毅然跨出家门投军之举。这里暗示出主人公的深明大义（责任感）。然而他毕竟年迈力衰，故"同行为辛酸"。这里写"辛酸"，不仅是同行的战士为之辛酸，也饱含诗人对一个处于风烛残年的老翁的悲苦命运的辛酸。"幸有牙齿存，所悲骨髓干"两句一方面表现了老翁的倔强：牙齿完好，可以应付战场上的艰苦生活；一方面又表现了老翁内心的悲愤与不满，骨髓行即被榨干。这里的一扬一跌，曲折地展示了主人公内心复杂的矛盾心态。"男儿既介胄，长揖别上官"，这是老翁心里感情又一次昂扬的体现，男子汉既然披上戎装，就应义无反顾，还是告别长官慷慨出发吧。这里主人公思想感情的抑扬顿挫，却不能使读者思想感情为之起伏，只能使读者倍加为主人公的悲惨命运而辛酸，抑则读者为之抑，扬则读者更为之抑，这是作者大手笔之妙用也。因为读者关心的是老翁的命运、遭遇！老翁之从军是愤然之举，老翁之慷慨也是寓于悲愤之中。

"老妻卧路啼"以下六句为第二节。接下来，是全诗最扣人心弦的描写。"老妻卧路啼，岁暮衣裳单"，两句写老翁从军刚出门之所见：年迈的老妻在寒风中穿着单衣，跪卧在路旁啼哭。这两句描写，又使悲凉的气氛更加深一层。一对老夫老妻，子孙亡尽已经够可怜的了，此时此刻又要生离死别！此情此景，铁人也不能不为之悲泣！"孰知"以下四句，是老夫妻间强抑悲痛，互怜互爱的心理描写。老翁深知此时的生离即是死别，老妻也知道老夫此去必定不能归来；然而，老翁还深为老妻衣裳之单薄受寒而悲伤，老妻还在那里劝老翁在前方要多吃点饭，多保重自己。这种描写，把人物那种凄恻、愁肠寸断、难舍难分之情刻画得入木三分。吴齐贤《杜诗论文》也说："此行已成死别，复何顾哉？然一息尚存，不能恝然，故不暇悲己之死，而又伤彼之寒也；乃老妻亦知我不返，而犹以加餐相慰，又不暇念己之寒，而悲我之死也。"作者将生活中极其寻常的同情劝慰语放在极不寻常的特定背景下来表现，收到惊心动魄的艺术效果。

"土门"以下八句为第三节，是老翁宽慰老妻之语。土门，指当时唐军驻守的据点，大约在河阳附近。壁，指军营围墙。杏园，杏园镇（在今河南卫辉）的黄河渡口。老夫妻生离死别，老翁毕竟要坚强些，他意识到此时此刻应尽快从眼前凄惨的氛围中挣脱出来。他这里是在劝慰老妻，也是在安慰自己：这次守卫河阳，土门的防线还是很坚固的，敌人要想越过杏园这个渡口过黄河，也是不太容易的；另外，这次战争和上次邺城的溃败有所不同（上次是围攻，这次是防守），即使战死也还要拖延一些时间。人生在世，总有悲欢离合、哪管你年老还是年轻！这些故作通达的宽慰话语，带有强自振作的意味，但也不能掩盖老翁内心的矛盾。其中道出的乱世真情，多少能减轻老妻的悲痛。另外，从老翁这一席劝慰语之中，还可看出主人公对整个战事了如指掌，这同前文中"子孙阵亡尽"遥相呼应：子孙相继走向前线，老翁在家又怎能不关注战争的进展情况！"忆昔少壮日，迟回竟长叹"是老翁在劝慰老妻的同时，对年轻时度过时光的感叹。年轻时的时光，是美好的，也是太平的；而此时此刻，老夫妻生死别离，战乱不息。鲜明的对比，怎不令人徘徊长叹！主人公的情思由追忆而稍作顿挫，为下文再起波澜作好了铺垫。

"万国"以下至篇末八句为第四节。老翁的眼光、思绪又回到现实，发出悲愤而又慷慨的内心呼喊：如今天下到处征战不息，烽火覆盖了所有的山冈，草木中散发着积尸的腥臭，鲜血染红了广阔的山川。还有什么地方是为乐土？在这种情况下，哪里能够只想到自己而流连不进呢？这一节里含有多层含义：一含老翁对战争带给人民深重灾难的极大悲愤；一含老翁正直、豁达而又富有爱国心；另外，客观上又逼真地再现了时代生活的真实画面，对后人认识社会、认识时代、认识时代人的心态具有不可忽视的意义。从诗情发展的脉络上看，这里又是一大振起，是难舍难分局面行将结束的高潮所在。"弃绝蓬室居，塌然摧肺肝。"是老夫妻沉痛诀别的最后一幕：将要诀别生长于斯的简陋茅屋，诀别生长于斯的家乡，诀别长期患难与共、冷暖相知的老伴、亲人，怎不令人颓然为之肝摧肺裂。这一结尾，情思大跌，然而在其中却蕴含着深刻的、耐人寻味的、引人深思的意境：独行老翁生死如何？被扔下的孤苦伶仃的老妻命运怎样？胜败莫测的战局又将怎样发展？这一切，都将留给读者以深深的体会与思索。

本诗结构严谨而曲折有致。清人浦起龙在《读杜心解》中评此诗叙老翁别妻"忽而永诀，忽而相慰，勿而自奋，千曲百折，末段又推开解譬，作死心塌地语，犹云无一寸干净地，愈益悲痛"。心理描写精细独到，刻画了一位充满悲愤的，豁达而又正直，通晓大义的老翁形象。然而，作者在诗中无论叙事抒情、刻画描写，都能做到立足生活，精心剖析，通过个别反映一般，准确传神地表现时代生活的真实，反映社会给人民造成的无穷辛酸和灾难。他的诗，博得"史诗"的美称，绝不是偶然的。

（毕桂发　孔巧玲）

【原文】

无家别

寂寞天宝后⁽¹⁾，园庐但蒿藜⁽²⁾。我里百余家⁽³⁾，世乱各东西。存者无消息，死者为尘泥。贱子因阵败⁽⁴⁾，归来寻旧蹊⁽⁵⁾。久行见空巷，日瘦气惨凄⁽⁶⁾。但对狐与狸⁽⁷⁾，竖毛怒我啼。四邻何所有？一二老寡妻。宿鸟恋本枝，安辞且穷栖⁽⁸⁾。方春独荷锄，日暮还灌畦⁽⁹⁾。县吏知我至，召令习鼓鞞⁽¹⁰⁾。虽从本州役，内顾无所携。近行止一身，远去终转迷⁽¹¹⁾。家乡既荡尽，远近理亦齐。永痛长病母，五年委沟溪⁽¹²⁾。生我不得力，终身两酸嘶⁽¹³⁾。人生无家别，何以为蒸黎⁽¹⁴⁾！

【毛泽东圈评等情况】

毛泽东曾圈阅这首《无家别》。他圈阅较多的中华书局印行的清沈德潜编选《唐诗别裁集》卷二"五言古诗"中刊有这首《无家别》。

[参考] 张贻玖：《毛泽东评点、圈阅的中国古典诗词》，
中国工人出版社 1992 年版，第 229 页。

【注释】

（1）天宝后，指安史之乱爆发以后。天宝，唐玄宗李隆基年号（742—756）。

（2）园庐，田园和房屋。但，仅只。蒿藜（hāo lí），蓬蒿和灰菜。泛指杂草、野草。《汉书·郊祀志》："嘉禾不生，蓬蒿藜莠茂焉。"

（3）里，乡里，里巷。我里，指本村。

（4）贱子，无家者自称。阵败，指相州战役的失败。

（5）旧蹊（xī），旧路。

（6）日瘦，日光暗淡微弱。

（7）狐与狸，即狐狸。明李时珍《本草纲目》："狐形似狸而黄，善能为魅。"

（8）安辞，怎能辞去。且穷栖，姑且勉强地生活下去。

（9）灌畦，灌溉田亩。习惯用于种蔬菜的田亩。

（10）习鼓鞞（pí），指入伍接受军事训练。鞞与"鼙"同。鼓鞞，就是战鼓。东汉许慎《说文》："鼓，骑鼓也。"

（11）终转迷，是说最后不知落到何等地步。

（12）委沟溪，指死后随便抛弃到山沟里。委，抛弃。《尔雅》："水注川曰溪，注溪曰谷，注谷曰沟。"溪，一作"蹊"。

（13）两，指母子双方。酸嘶，因悲伤而声音嘶哑。

（14）蒸黎，老百姓。蒸，众。黎，平民。

【赏析】

《无家别》作于唐肃宗乾元二年（759）春。唐玄宗天宝十四年（755），安史之乱爆发。在此期间，杜甫写成了著名的"三吏三别"，这首《无家别》是"三别"中的第二篇。

《无家别》叙事诗的"叙述人"不是作者，而是诗中的主人公。这个主人公是又一次被征去当兵的独身汉，既无人为他送别，又无人可以告别，然而在踏上征途之际，依然情不自禁地自言自语，仿佛是对老天爷诉说他无家可别的悲哀。

全诗可分为三节。从开头至"一二老寡妻"共十四句为第一节，总写乱后回乡所见，而以"贱子因阵败，归来寻旧蹊"两句插在中间，将这一大段隔成两个小段。前一小段，以追叙发端，写那个自称"贱子"的军人回乡之后，看见自己的家乡面目全非，一片荒凉，于是抚今忆昔，概括地诉说了家乡的今昔变化。"寂寞天宝后，园庐但蒿藜"，这两句正面写今，但背后已藏着昔。"天宝后"如此，那么就会想到天宝前的情况。于是自然地引出下两句。那时候"我里百余家"，应是园庐相望，鸡犬相闻，当然并不寂寞；"天宝后"则遭逢世乱，居人各自东西，园庐荒废，蒿藜（野草）丛生，自然就寂寞了。一起头就用"寂寞"二字，渲染满目萧条的景象，表现出主人公触目伤怀的悲凉心情，为全诗定了基调。"世乱"二字与"天宝后"呼应，写出了今昔变化的原因，也点明了"无家"可"别"的根源。"存者无消息，死者为尘泥"两句，紧承"世乱各东西"而来，如闻"我"的叹息之声，强烈地表现了主人公的悲伤情绪。

前一小段概括全貌，后一小段则描写细节，而以"贱子因阵败，归来寻旧蹊"承前启后，作为过渡。"寻"字刻画入微，"旧"字含意深广。家乡的"旧蹊"走过千百趟，闭着眼都不会迷路，如今却要"寻"，见得已非旧时面貌，早被蒿藜淹没了。"旧"字追昔，应"我里百余家"，"寻"字抚今，应"园庐但蒿藜"。"久行见空巷，日瘦气惨凄。但对狐与狸，竖毛怒我啼。四邻何所有？一二老寡妻"，写"贱子"由接近村庄到进入村巷，访问四邻。"久行"承"寻旧蹊"来，传"寻"字之神。距离不远而需久行，见得旧蹊极难辨认，寻来寻去，绕了许多弯路。"空巷"言其无人，应"世乱各东西"。"日瘦气惨凄"一句，用拟人化手法融景入情，烘托出主人公"见空巷"时的凄惨心境。"但对狐与狸"的"但"字，与前面的"空"字照应。当年"百余家"聚居，村巷中人来人往，笑语喧阗；如今却只与狐狸相对。而那些"狐与狸"竟反客为主，一见"我"就脊毛直竖，冲着"我"怒叫，好像责怪"我"不该闯入它们的家园。遍访四邻，发现只有"一二老寡妻"还活着！见到她们，自然有许多话要问要说，但杜甫却把这些全省略了，给读者留下了驰骋想象的空间。而当读到后面的"永痛长病母，五年委沟溪"时，就不难想见与"老寡妻"问答的内容和彼此激动的表情。

"宿鸟恋本枝，安辞且穷栖。方春独荷锄，日暮还灌畦"四句为第二节。这在结构上自成一段，写主人公回乡后的生活。前两句，以宿鸟为喻，表现了留恋乡土的感情。后两句，写主人公怀着悲哀的感情又开始了披星戴月的辛勤劳动，希望能在家乡活下去，不管多么贫困和孤独！

第三节"县吏知我至"至篇末,写无家而又别离。"县吏知我至,召令习鼓鞞",波澜忽起。以下六句,层层转折。"虽从本州役,内顾无所携",这是第一层转折;上句自幸,下句自伤。这次虽然在本州服役,但内顾一无所有,既无人为"我"送行,又无东西可携带,怎能不令"我"伤心!"近行止一身,远去终转迷",这是第二层转折。"近行"孑然一身,已令人伤感;但既然当兵,将来终归要远去前线的,真是前途迷茫,未知葬身何处!"家乡既荡尽,远近理亦齐",这是第三层转折。回头一想,家乡已经荡然一空,"近行""远去",又有什么差别!六句诗抑扬顿挫,层层深入,细致入微地描写了主人公听到召令之后的心理变化。如刘辰翁所说:"写至此,可以泣鬼神矣!"(见杨伦《杜诗镜铨》)沈德潜在讲到杜甫"独开生面"的表现手法时指出:"……又有透过一层法。如《无家别》篇中云:'县吏知我至,召令习鼓鞞。'无家客而遣之从征,极不堪事也;然明说不堪,其味便浅。此云'家乡既荡尽,远近理亦齐',转作旷达,弥见沉痛矣。"

"永痛长病母,五年委沟溪。生我不得力,终身两酸嘶。"尽管强作达观,自宽自解,而最悲痛的事终于涌上心头:前次应征之前就已长期卧病的老娘在"我"五年从军期间死去了!死后又得不到"我"的埋葬,以致委骨沟溪!这使"我"一辈子都难过。这几句,极写母亡之痛、家破之惨。于是紧扣题目,以反诘语作结:"人生无家别,何以为蒸黎!"意思是:已经没有家,还要抓走,叫人怎样做老百姓呢?

诗题"无家别",诗用第一人称,让主人公直接出面,对读者诉说他的所见、所遇、所感,因而不仅通过人物的主观抒情表现了人物的心理状态,而且通过环境描写也反映了人物的思想感情。几年前被官府抓去当兵的"我"死里逃生,好不容易回到故乡,满以为可以和骨肉邻里相聚了;然而事与愿违,看见的是一片"蒿藜",走进的是一条"空巷",遇到的是竖毛怒叫的狐狸,真是满目凄凉,百感交集!于是连日头看上去也消瘦了。"日"无所谓肥瘦,由于自己心情悲凉,因而看见日光黯淡,景象凄惨。正因为情景交融,人物塑造与环境描写结合,所以能在短短的篇幅里塑造出一个有血有肉的人物形象,反映出当时战区人民的共同遭遇,对统治者的残暴、腐朽，进行了有力的鞭挞。明高棅编《唐诗品汇》引刘云评语说："'曲折详至，缕缕凡七转，微显条达。'"明周珽编《唐诗选脉会通评林》引吴山民评语说："'含几许凄恻，又极温厚。'"

【原文】

别房太尉墓

他乡复行役⁽¹⁾，驻马别孤坟。

近泪无干土⁽²⁾，低空有断云。

对棋陪谢傅⁽³⁾，把剑觅徐君⁽⁴⁾。

唯见林花落，莺啼送客闻。

【毛泽东圈评等情况】

毛泽东在一本中华书局印行的清蘅塘退士编选《注释唐三百首》"五言律诗"中这首《别房太尉墓》诗题目上方天头空白处连画三个小圈。

[参考] 中央档案馆整理：《毛泽东评点诗词曲精选（上册）》，中国档案出版社 1998 年版，第 79 页。

【注释】

（1）复行役，指一再奔走。复，又值。行役，旧指因服兵役、劳役或公务出外跋涉。《诗经·魏风·陟岵》："嗟！君子行役，夙夜无已。"

（2）"近泪"句，意谓眼泪很多，以至于脚下的土都湿润了。

（3）"对棋陪谢傅"，用东晋谢安典。对棋，对弈、下棋。谢傅，指谢安。以谢安的镇定自若、儒雅风流来比喻房琯是很高妙的，足见其对房琯的推崇备至。谢玄等在淝水之战大破符坚军时，送捷报给谢安，谢安与客下棋如故，了无喜色（唐房玄龄等《晋书·谢安传》）。

（4）"把剑觅徐君"，此句用典自比。吴国的季札曾聘晋过徐国，知徐君酷爱其宝剑。等他回来时徐君已殁，便解剑挂在墓前的树上离去（《史记·吴太伯世家》）。诗人以季札自比，表达对亡友的深情厚谊虽死不忘。

【赏析】

房太尉即房琯，他在唐玄宗李隆基来到四川时拜相，为人比较正直。至德二年（757），为唐肃宗李亨所贬。杜甫曾毅然上疏力谏，结果得罪肃宗，几遭刑戮。房琯罢相后，于宝应二年（763）拜特进、刑部尚书，在路遇疾，卒于阆州，死后赠太尉（见后晋刘昫等《旧唐书·房琯传》）。两年后杜甫经过阆州，特来看看老友的坟，因写下此诗。

表达诗人对老友的思念和内心对国事的殷忧和叹息之情。

这是一首五言律诗。"他乡复行役，驻马别孤坟。"首联写诗人对房琯的深情。诗人既在他乡复值行役之中，公事在身，行色匆匆。尽管如此，诗人还是驻马暂留，来到孤坟前，向亡友致哀。先前堂堂宰相之墓，如今已是茕茕"孤坟"，表现了房琯晚年的坎坷和身后的凄凉。

"近泪无干土，低空有断云。"颔联写诗人面对亡友之墓的无限悲伤。"无干土"的缘由是"近泪"。诗人在坟前洒下许多伤悼之泪，以至于身旁周围的土都湿润了。诗人哭墓之哀，似乎使天上的云也不忍离去。天低云断，空气里都带着愁惨凝滞之感，使诗人倍觉寂寥哀伤。清吴乔撰《围炉诗话》说："《别房太尉墓》云：'他乡复行役，驻马别孤坟。'亦有三层苦境苦情。'近泪无干土，低空有断云'，上句意中事也，下句不知从何而来。在今思之，实存然者，当是意困境生耳。"

"对棋陪谢傅，把剑觅徐君。"颈联写诗人对亡友的推崇和自己的怀念之情。汉刘向所编纂《说苑》载：吴季札聘晋过徐国，心知徐君爱其宝剑，等到他回来的时候，徐君已经去世，于是解剑挂在徐君坟的树上而去。诗人以延陵季子自比，表示对亡友的深情厚谊，虽死不忘。这又照应前两联，道出他为何痛悼的原因。诗篇布局严谨，前后关联十分紧密。

"唯见林花落，莺啼送客闻。"尾联抒发了诗人对房琯身后悲凉的感慨。"唯"字贯两句，意思是，只看见林花纷纷落下，只听见莺啼送客之声。这两句收尾，显得余韵悠扬不尽。诗人着意刻画一个幽静肃穆之极的氛围：林花飘落似珠泪纷纷，啼莺送客，也似哀乐阵阵。此时此地，诗人只看见这样的场景，只听见这样的声音，格外衬托出孤零零的坟地与孤零零的吊客的悲哀。

此诗极不易写，因为房琯不是一般的人，所以句句都要得体；而杜甫与房琯又非一般之交，所以句句要有情谊。而此诗写得既雍容典雅，又一往情深，十分切合题旨。

诗人表达的感情十分深沉而含蓄，这是因为房琯的问题，事干政局，诗人已经为此吃了苦头，自有难言之苦。但诗中那阴郁的氛围，那深沉的哀痛，还是表现出诗人不只是悼念亡友而已，更多的是内心对国事的殷忧和叹息。元方回撰《瀛奎律髓》说："第一句自十分好：他乡已为客矣，于客之中又复行役，则越客越远，此句中折旋法也。'近泪无干土'，尤佳。'泪'一作'哭'，可谓痛之至而哭之多矣。'对棋''把剑'一联，一指生前房公之待少陵为何如，一指身后少陵之所以感房公为何如，诗之不苟如此。"明周珽编《唐诗选脉会通评林》说："赵云龙曰：用事典切，末语多思，愈觉惆怅。吴山民曰：三、四语悲，下句更悲。"抒情深沉含蓄是本诗主要的艺术特色。（毕桂发）

【原文】

佳 人

绝代有佳人[1]，幽居在空谷[2]。自云良家子[3]，零落依草木[4]。关中昔丧乱[5]，兄弟遭杀戮。官高何足论[6]，不得收骨肉。世情恶衰歇[7]，万事随转烛[8]。夫婿轻薄儿，新人美如玉。合昏尚知时[9]，鸳鸯不独宿[10]。但见新人笑，那闻旧人哭[11]？在山泉水清，出山泉水浊。侍婢卖珠回[12]，牵萝补茅屋。摘花不插发，采柏动盈掬[13]。天寒翠袖薄，日暮倚修竹[14]。

【毛泽东圈评等情况】

毛泽东在一本中华书局印行的清蘅塘退士编选《注释唐诗三百首》"五言古诗"中这首《佳人》诗题目上方画了一个大圈。

[参考]中央档案馆整理：《毛泽东评点诗词曲精选（上册）》，中国档案出版社1998年版，第8页。

（1）绝代，即绝世，指其貌美举世无双。汉乐府《李延年歌》："北方有佳人，绝世而独立。"佳人，美女。战国楚宋玉《登徒子好色赋》："天下之佳人，莫若楚国。"

（2）幽居，独居。静处闺室，恬淡自守。

（3）良家子，有身份地位的人家子女。古代女子也叫"子"。

（4）零落，飘零。依草木，依傍草木而居，指居住在荒僻的山林。

（5）关中，指当时潼关以西的地方，这里指长安。丧乱，死亡与祸乱，指遭逢安史之乱，安禄山攻陷长安之事。

（6）官高，指遇害的兄弟都官阶高。何足论，有什么值得说的。

（7）恶（wù），讨厌。衰歇，衰败。

（8）转烛，蜡烛的光随风而转动。比喻世态反复无常。

（9）合昏，又名合欢，即夜合花，朝开夜合。知时，指小叶的早开夜合。诗人以叶的对合比喻夫妇的感情。

（10）鸳鸯，水鸟名，雌雄成对，常形影不离。诗人用以比拟男女配偶。

（11）旧人，佳人自指。被丈夫遗弃，所以称旧人。

（12）卖珠，卖去珠宝，言其生活贫困。

（13）盈掬（jū），满把。"掬"，两手捧取。《诗经·小雅·采绿》"终朝采绿，不盈一掬"。动，往往。

（14）修竹，高高的竹子。比喻佳人高尚的节操。修，长。

【赏析】

这首诗作于唐肃宗乾元二年（759）秋季，安史之乱发生后的第五年。乾元元年（758）六月，杜甫由左拾遗降为华州司功参军。第二年七月，他毅然弃官，拖家带口，客居秦州，在那里负薪采橡栗，自给度日，《佳人》就写于这一年的秋季。关于这首诗的作意，一向有争论。有人认为全是寄托，有人则认为是写实，但大部分折中于二者之间。

杜甫对大唐朝廷竭忠尽力，丹心耿耿，最后却落得弃官漂泊的窘境。即便是在关山难越、饥寒交迫的情况下，仍始终不忘国家民族的命运。这样的不平际遇，这样的高风亮节，和诗中女主人公是很相像的。所以，作者借他人之酒以浇胸中块垒，在她的身上寄寓了自己的身世之感。清黄生说："偶有此人，有此事，适切放臣之感，故作此诗。"

《佳人》是一首五言古诗，写一个乱世佳人被丈夫遗弃，幽居空谷，艰难度日的不幸遭遇。她出身良家，然而生不逢时，在安史战乱中，原来官居高位的兄弟惨遭杀戮，丈夫见她娘家败落，就遗弃了她，于是她在社会上流落无依。然而，她没有被不幸压倒，没有向命运屈服。她咽下生活的苦水，幽居空谷，与草木为邻，立志守节，宛若山泉。此诗讴歌的就是这种贫贱不移、贞节自守的精神。

全诗可分为三节。"绝代有佳人"以下八句为第一节。"绝代有佳人，幽居在空谷"，诗一开头，便直截了当地引出幽居空谷的绝代佳人。"绝"与"佳"言女子貌之美，"幽居"与"空谷"喻女子品质之纯洁。接着以"自云"领起，由"佳人"诉说自己的身世遭遇。"良家"，指高门府第。《史记·外戚世家》言"窦姬以良家子入宫侍太后"即是其意。佳人说自己出身于高门府第，因社会动乱，兄弟虽官居高位，但在战乱中惨遭杀戮，连尸骨也无法收葬。自己就如草零木落一样，已无所依靠。佳人这里对自己身世的诉说，已经够值得同情的了，然"零落依草木"一句，暗含着佳人遭遇的更大不幸。先言之不幸，是"娘家"之不幸，"零落"句则暗含在夫家的更大不幸。

"世情恶衰歇"以下八句为第二节，则是在夫家被弃遗的遭遇的写照。娘家惨遭不幸，对佳人来说，就够悲惨了！然在人情世态随着权势转移而冷暖炎凉的社会里，命运对她这位不幸者分外冷酷。由于娘家人亡势去，轻薄的夫婿无情地抛弃了她，在她痛哭声中与新人寻欢作乐去了。社会的、家庭的、个人的灾难纷至沓来，统统降到这个弱女子的头上。女主人公边叙述、边议论，倾诉个人的不幸，愤叹世情的冷暖。尤其是"合昏尚知时，鸳鸯不独宿"的比喻与"但见新人笑，那闻旧人哭"的两相对照，使人想见佳人声泪俱下的痛苦神情。佳人的倾诉，不仅含有对轻薄夫婿的不满与愤慨，也含有对战乱的诅咒与不平。正是这种不满与不平，愤慨与诅咒，使得佳人有"在山泉水清，出山泉水浊"的感想。主人公没有被不幸压倒，她没有向命运屈服，她吞下了生活的苦果，幽居深山与草木为邻。清张谦宜撰《茧斋诗谈》说："'在山泉水清，出山泉水浊'，古腰锁法，云横山腰，似断不断，此所以妙。"

诗的最后六句为第三节，着力描绘深山幽谷的凄凉景况。"侍婢卖珠回，牵萝补茅屋"，是说佳人所居茅屋需修补，而又无银钱，只好变卖珠饰。"摘花不插发"是说佳人首不加饰；"采柏动盈掬"是言以采柏子为食。古诗有"马啖（吃）柏叶，人啖柏脂。不可长饱，聊可遏饥。"另《诗经·小雅·采绿》有"终朝采绿，不盈一掬"（掬，两手相捧）。"天寒翠袖薄"是言衣不遮寒；"日暮倚修竹"言佳人的寂寞与孤独。这里从物质和精神两个方面表现佳人境遇之苦，给人以苦不堪言的感觉。诗人在用"赋"的手法描写佳人孤苦悲惨遭遇的同时，也借助"比兴"手法赞美她的高洁自持的品格。"牵萝补茅屋"写出佳人居处之简陋而清静幽雅；"摘花不插发"喻佳人爱美而不为容的高尚情趣；这足以显示出佳人纯洁朴素的心灵。而"采柏动盈掬"和"日暮倚修竹"的描写，更将佳人的形象与"柏""竹"这些崇高品质的象征联系起来，暗示出这位饱受苦霜的女子，正像那经寒不凋的翠柏和挺拔高洁的绿竹。此外，"在山泉水清"之"清"也是象征女主人公高洁情操的。可以说，表现佳人遭遇的悲惨与情操的高洁，是本诗的两个侧面。诗人在刻画人物的这两个侧面时，在行文上用了不同的人称。叙述人物命运，用的是第一人称，语气饱含倾诉，如见其人，如闻其声；赞美人物品格，用的是第三人称，笔调含蓄蕴藉，发人深思，耐人寻味。而这二者的配合，使得女主人公的形象既充满悲剧色彩又富于崇高感，在中国古典文学的人物画廊中，形成了一个鲜明而独特的"这一个"女性形象。清沈德潜编选《唐诗别裁集》说："结处只用写景，不更着议论，而清洁贞正意，自隐然言外，诗格最超。"明唐汝询撰《唐诗解》说："此诗叙事真切，疑当时实有是人。然其自况之意，盖亦不浅。夫少陵冒险以奔行在，千里从君，可谓忠矣，然肃宗慢不加礼，一论房琯而遂废斥于华州，流离艰苦，采橡栗以食，此与"倚修竹"者何异耶？吁！读此而知唐室待臣之薄也。"

毛泽东曾多次圈画此诗，说明他对这首诗比较欣赏。（毕桂发　孔巧玲）

【原文】

梦李白二首
其一　死别已吞声

死别已吞声⁽¹⁾，生别常恻恻⁽²⁾。江南瘴疠地⁽³⁾，逐客无消息⁽⁴⁾。故人入我梦，明我长相忆⁽⁵⁾。恐非平生魂⁽⁶⁾，路远不可测。魂来枫林青⁽⁷⁾，魂返关塞黑⁽⁸⁾。君今在罗网⁽⁹⁾，何以有羽翼？落月满屋梁，犹疑照颜色⁽¹⁰⁾。水深波浪阔⁽¹¹⁾，无使蛟龙得⁽¹²⁾！

【毛泽东圈评等情况】

毛泽东在一本中华书局印行的清蘅塘退士编选《注释唐诗三百首》"五言古诗"中这首《梦李白二首　其一》诗题目上方画了一个大圈。

[参考]中央档案馆整理：《毛泽东评点诗词曲精选（上册）》，中国档案出版社1998年版，第8页。

【注释】

（1）已，止。

（2）恻恻（cè），悲凄。

（3）瘴疠（zhàng lì），瘴，南方山林间蒸发的湿热之气，古人认为是致病的原因，称为瘴气。疠，瘟疫。

（4）逐客，被朝廷放逐的人，这里指李白。

（5）明，知晓。长相忆，长，同"常"。

（6）平生魂，生人的魂魄。因李白生死不明，所以杜甫怀疑魂魄也不是平时的了。

（7）枫林青，江南多枫树，杜甫设想李白魂来时为夜间，所以枫林呈青黑色。战国楚屈原《楚辞·招魂》："湛湛江水兮上有枫，目极千里兮伤春心，魂兮归来哀江南。"

（8）关塞黑，设想李白魂返时夜间经过秦陇的关塞。

（9）在罗网，说李得罪流放，好比鸟在罗网，自己不能来去自由。

（10）颜色，指李白的容貌。

（11）"水深波浪阔"句，表面上说的是江南水深浪阔，实则暗喻了政治环境的险恶。

（12）蛟龙得，为恶人所陷害。

【赏析】

这首诗大约写于乾元二年（759），杜甫正流寓秦州。至德二年（757），李白因入永王璘幕府，被捕入狱；乾元元年（758）流放夜郎（今贵州正安西北），次年春行至巫山被赦，回到江陵。但杜甫并不知道李白赦还的消息，忧存思念，魂绕成梦，写成此诗，表达了杜甫对李白的深挚情谊，并为李白的不幸遭遇鸣不平。

这是一首五言古诗。"死别已吞声，生别常恻恻"，起首二句以人生最为悲痛之事，生离与死别来引发对友人李白的关切。如阴云蔽日，巨石压在心头，烘托出悲凉的浓郁气氛。意在写梦，则先言别；未言别，则先说死，表现出诗人对李白流放无人之境的担忧和情同手足之情。

"故人入我梦，明我长相忆"，由上二句对李白生死未卜的挂念，神情恍惚，梦幻着李白的容貌身影，在朦胧中渐渐向我走近，欣喜与安慰言表于外。这种喜悦很快由忧虑所侵扰。"恐非"二字一转，把梦打破，进一步的担忧袭上心头。"路远不可测。"揭示出当时流放者命运多舛的境况。"魂来枫林青，魂返关塞黑。"李白的魂从江南枫树木中飘来，再次进入我的梦中，又从秦州关塞阴影中离去。因为当时传说李白已死，诗人误以为真，来为李白招魂。这里诗人用了有关屈原的典故。《楚辞·招魂》："湛湛江水兮上有枫，目极千里兮伤春心，魂兮归来哀江南！"

"君今"以下四句，是作者思想的再次反复，李白被捕系狱流放，如同鸟在网中，怎能振羽飞入我的梦中？但他相信在梦中真切地看见了李白那憔悴的容颜依稀可辨。梦中情景逼真，醒来只见满屋洒落着斑驳的月色。

"水深波浪阔，无使蛟龙得！"末二句，借助自沉于汨罗江的屈原常为水中的蛟龙所苦的传说，再次对李白作亲切的叮咛。李白啊，偏远的江南之地，山险水恶，千万要小心，别让"蛟龙"一样的人加害于你。蛟龙即蛟，是古代神话中的神兽，拥有龙族血脉的水兽（包括鱼蛇等水族）在朝龙进化时的其中一个物种，只要再渡过难劫就可以化为真龙，能拥有强大的力量。任昉《述异记》云："蛟乃龙属龙；有翼，曰应龙；有角，曰虬龙；无角，曰螭龙也。"（毕桂发）

【原文】

梦李白二首
其二　浮云终日行

　　浮云终日行，游子久不至[(1)]。三夜频梦君，情亲见君意。告归常局促[(2)]，苦道来不易[(3)]。江湖多风波[(4)]，舟楫恐失坠。出门搔白首[(5)]，若负平生志。冠盖满京华[(6)]，斯人独憔悴[(7)]。孰云网恢恢[(8)]，将老身反累[(9)]！千秋万岁名，寂寞身后事[(10)]。

【毛泽东圈评等情况】

　　毛泽东曾多次圈点这首《梦李白二首　其二》。他在一本中华书局印行的清蘅塘退士编选《注释唐诗三百首》"五言古诗"中这首《梦李白二首　其二》诗题目上方画了一个大圈。

　　[参考]中央档案馆整理：《毛泽东评点诗词曲精选（上册）》，
　　　　　　　　　　　　中国档案出版社1999年版，第9页。

毛泽东挽张淮南先生联：

大计赖支持，内联共，外联苏，奔走不辞劳，七载辛勤如一日；

斯人独憔悴，始病热，继病症，深沉竟莫起，数声哭泣已千秋。

　　[参考]吴直雄：《毛泽东楹联艺术鉴赏》，当代世界出版社
　　　　　　　　　　　1995年版，第231页。

【注释】

　　（1）"浮云"二句，因《古诗十九首》"浮云蔽白日，游子不顾返"诗意，故人常以浮云比游子，以其飘荡无定是一样的。游子，此指李白。

（2）告归，告辞。局促，匆促不安的样子。

（3）苦道，竭力诉说。

（4）"江湖"二句，作为梦中李白说的话。舟楫，指船。失坠，舟覆落水。

（5）"出门"二句，描写李白告别时的姿态。搔白首，搔抓着头上的白发。大概是李白失意时的习惯动作。

（6）冠盖在这里代表达官贵人。盖是古时候官僚和贵人们车上张的伞。京华，京城，指长安。

（7）斯人，此人，指李白。憔悴，困顿潦倒。

（8）网恢恢，《老子》第七十三章："天网恢恢，疏而不失。"恢恢，宽广之意。

（9）累，连累，指李白受永王璘事件的牵连。

（10）寂寞，指死后无知无为的境界。身后，即死后。

【赏析】

唐肃宗乾元元年（758），李白被流放夜郎（治所在今贵州正安西北），第二年春，行至巫山遇赦，回到江陵。杜甫远在北方，只听说李白被流放，不知道他已被赦还，忧思拳拳，久而成梦，于是写下了两首《梦李白》诗，表达了对李白的深挚情谊，并为李白的不幸遭遇鸣不平。

这是一首五言古诗。"浮云终日行，游子久不至"，起首二句是说，天边飘浮的白云啊，你在不停地动。远方的游子啊，你为什么不能久别而归来？见浮云而念游子，为诗家比兴。李白也有："浮云游子意，落日故人情。"（《送友人》）的诗句。杜甫笔意一转，又进入梦中，天上的白云盼不归，梦中的友人却常至。接连三个夜晚梦见了你李白，由此可见你对我的真挚情谊，你的魂魄频频来探寻，你的情怀照我心。"三夜频梦君，情亲见君意。"与上篇"故人入我梦，明我长相忆"互为照应，体现了两位诗人形离神合、肝胆相照的情谊，充分展示了他们之间的一片真情。

"告归"以下六句，描述李白的幻影：李白每次入我梦中，都在匆匆地苦苦诉说，路远风大浪高，船行艰难惊险，实在困难不易。每当他走出门去，总是用手搔着那头上的白发，分明是为自己壮志未酬而苦恼。"告归常局促，苦道来不易"写神态；"江湖多风波，舟楫恐失坠"是独白；"出门搔白首，若负平生志"，通过动作、外貌揭示心理。李白啊，你为世俗所不容，但你与世俗也决不苟同。长安到处都是高冠华盖的权贵们，而唯独你一人，才华横溢却穷困潦倒，流放荒野。世上还有什么公理，谁还说什么天网恢恢？

"千秋万岁名，寂寞身后事。"末二句说，李白的声名要永垂千古，生前身后之事都是寂寞的！以议论作结，精警动人！在这沉重的嗟叹之中，寄托着对李白的崇高评价和深厚同情，也包含着诗人自己的无限心事。所以，清浦起龙说："次章纯是迁谪之慨。为我耶？为彼耶？同声一哭！"（《读杜心解》）

毛泽东多次圈画过此诗。他在 1941 年 8 月挽抗日民主人士张淮南联中引用"斯人独憔悴"成句，赞扬张淮南先为国家民族操劳致病的情态，表达了他对张淮南病逝的沉痛哀悼。（毕桂发）

【原文】

天末怀李白

凉风生天末[1]，君子意如何[2]？

鸿雁几时到[3]，江湖秋水多[4]。

文章憎命达[5]，魑魅喜人过[6]！

应共冤魂语[7]，投诗赠汨罗[8]。

【毛泽东圈评等情况】

毛泽东在一本中华书局印行的清蘅塘退士编选《注释唐诗三百首》"五言律诗"中这首《天末怀李白》诗题目上方天头空白处连画三个小圈。

[参考] 中央档案馆整理：《毛泽东评点诗词曲精选（上册）》，

中国档案出版社 1998 年版，第 78 页。

【注释】

（1）凉风，秋风。天末，天边。此指秦州。秦州地处边塞，如在天之尽头。当时李白因永王李璘案被流放夜郎，途中遇赦还至湖南。

（2）君子，泛指才德出众的人。此指李白。《易·乾》："九三，君子终日乾乾。"《白虎通·号》："或称君子何？道德之称也。君之为言群也；子者，丈夫之通称也。"

（3）鸿雁，指书信使。传说雁能传道书信，事见《汉书·苏武传》。

（4）"江湖"句，喻指充满风波的路途。犹《梦李白》中"江湖多风波，舟楫恐失坠"的意思。设想李白行路艰难。

（5）文章，犹文学，泛指文学作品。一般以文学著名的人往往命运困厄，好像文章憎恶诗人的通达似的。命，命运，时运。

（6）魑魅（chī mèi），那些山精水怪，喜人经过，便出而吞食。魑魅，传说中害人的怪物，喻指奸邪小人。过，过错，过失。

（7）冤魂，指屈原。屈原被谗，放逐江南，自沉汨罗江中，含冤莫白。

（8）赠汨（mì）罗，汨罗江在今湖南湘阴东北，传说是屈原投水处。西汉时贾谊迁谪到长沙，经过汨罗，作《吊屈原赋》祭之。后代经过汨罗的文人大都作诗文吊祭屈原。

【赏析】

本诗与五古中《梦李白二首》，同是乾元二年（759）秋天在秦州所写。当时烽烟未息，时局动乱，杜甫对这位"飘然思不群"的挚友，因坐永王李璘事，设想他被流放夜郎（今贵州境内）途中，当会经过汨罗江，其实这时李白已遇赦得还，而且确实在舟游洞庭了。友情的建立是不容易的，而可贵的友谊也只有在患难中建立。俗语云："路遥知马力，日久见人心。"文人相重，末路相亲，竟于杜甫身上见之。

此诗以凉风起兴，对景相思，设想李白于深秋时节在流放途中，从长江经过洞庭湖一带的情景，表达了作者对李白深切的牵挂、怀念和同情，并为他的悲惨遭遇愤慨不平。"凉风起天末，君子意如何？"首联二句是说，因风起天末，感秋托兴。首二句语出汉刘歆著《西京杂记》："赵飞燕

《归风送远操》：'凉风起兮天殒霜，怀吾子兮渺难望。'"又唐令狐德棻等《周书·时训》："立秋之日，凉风至。"

"鸿雁几时到，江湖秋水多。"颔联中的鸿雁，用汉苏武羁留匈奴雁足传书典，想其音信；江湖，虑其风波。以上四句对景怀人，抒发了诗人对李白的思念和关切，对友人的一片真情发自肺腑，感人至深。

"文章憎命达，魑魅喜人过！"颈联是说，有文采的人总是命运坎坷，山中鬼怪喜欢人经过，以便攫食。以"文章憎命达，魑魅喜人过"两句警语，极写李白怀才不遇的冤屈。这一"憎"一"喜"，不仅是为李白含冤受屈而感慨，也是为封建时代具有同样命运的诗人而抗争。语真而意悲，情深而气愤。

"应共冤魂语，投诗赠汨罗"，尾联二句以极其悲愤的心情，用投诗汨罗、共语冤魂这样沉痛的句子，表达了对友人李白的深切怀念，也把李白和伟大诗人屈原联系起来，给这一深切怀念赋予了崇高的思想内容。清仇兆鳌在《杜诗详注》中说："盖文章不遇，魑魅见侵，夜郎一窜，几与汨罗同冤，说到流离生死、千里关情，真堪声泪交下，此怀人之最惨怛者。"（毕桂发）

【原文】

月夜忆舍弟

戍鼓断人行(1)，秋边一雁声(2)。

露从今夜白(3)，月是故乡明。

有弟皆分散(4)，无家问死生(5)。

寄书长不达(6)，况乃未休兵(7)。

【毛泽东圈评等情况】

毛泽东在一本中华书局印行的清蘅塘退士编选《注释唐诗三百首》五言律诗中这首《月夜忆舍弟》诗的题目上方天头空白处连画了三个小圈。

[参考]中央档案馆整理：《毛泽东评点诗词曲精选（上册）》，中国档案出版社1998年版，第78页。

【注释】

（1）戍鼓，戍楼上的更鼓。断人行，指实行夜禁，更鼓响过，禁止行人。

（2）秋边，一作"边秋"，秋天的边境，此指秦州。一雁，孤雁。古人以雁行比喻兄弟，一雁，比喻兄弟分散。

（3）"露从"句，是说今天又恰逢白露节。

（4）分散，一作"羁旅"。

（5）无家，杜甫在洛阳附近巩县的老宅已毁于安史之乱。

（6）长，一直，老是。不达，收不到。达，一作"避"。

（7）况乃，何况是。未休兵，没有停止战争。此时叛将史思明正与唐将李光弼激战。

【赏析】

这首诗是唐肃宗乾元二年（759）秋杜甫在秦州所作。唐玄宗天宝十四年（755），安史之乱爆发，乾元二年九月，叛军安禄山、史思明从范阳引兵南下，攻陷汴州，西进洛阳，山东、河南都处于战乱之中。当时，杜甫的几个弟弟正分散在这一带，由于战事阻隔，音信不通，引起他强烈的忧虑和思念。这首五言律诗就是他当时思想感情的真实记录。

此诗首联和颔联写景，烘托出战争的氛围。颈联和尾联在此基础上写兄弟因战乱而离散，居无定处，杳无音讯，于是思念之情油然而生，特别是在入秋以后的白露时节，在戍楼上的鼓声和失群孤雁的哀鸣声的映衬之下，这种思念之情越发显得深沉和浓烈。舍弟，家弟。杜甫有四弟：杜颍、杜观、杜丰、杜占。

首联"戍鼓断人行，秋边一雁声"，即突兀不平。题目是"月夜"，作者却不从月夜写起，而是首先描绘了一幅边塞秋天的图景："戍鼓断人行，秋边一雁声。"路断行人，写出所见；戍鼓雁声，写出所闻。耳目所及皆是一片凄凉景象。沉重单调的更鼓和天边孤雁的叫声不仅没有带来一丝活气，反而使本来就荒凉不堪的边塞显得更加冷落沉寂。"断人行"点明社会环境，说明战事仍然频繁、激烈，道路为之阻隔。两句诗渲染了浓重悲凉的气氛，点明"月夜"的背景。明末清初王嗣奭《杜臆》："只'一雁声'便是忆弟。对明月而忆弟，觉露增其白，但月不如故乡之明，忆在故乡兄弟故也，盖情异而景为之变也。"

领联点题。"露从今夜白"，既写景，也点明时令。那是在白露节的夜晚，清露盈盈，令人顿生寒意。"月是故乡明"，也是写景，却与上句略有不同。作者所写的不完全是客观实景，而是融入了自己的主观感情。明明是普天之下共一轮明月，本无差别，偏要说故乡的月亮最明；明明是作者自己的心理幻觉，偏要说得那么肯定，不容质疑。然而，这种以幻作真的手法却使人觉得合乎情理，这是因为它深刻地表现了作者微妙的心理，突出了对故乡的感怀。这两句在炼句上也很见功力，它要说的不过是"今夜露白"，"故乡月明"，只是将词序这么一换，语气便分外矫健有力。

上两联信手挥写，若不经意，看似与忆弟无关，其实不然。不仅望月怀乡写出"忆"，就是闻戍鼓、听雁声、见寒露，也无不使作者感物伤怀，引起思念之情。所以是字字忆弟，句句有情。清浦起龙撰《读杜心解》说："上四，突然而来，若不为弟者，精神乃字字忆弟、句里有魂也。……不曰'月傍'，而曰'月是'，便使两地皆悬。"

颈联由望月转入抒情，过渡十分自然。月光常会引人遐想，更容易勾起思乡之念。诗人今遭逢离乱，又在这清冷的月夜，更是别有一番滋味在心头。在他的绵绵愁思中夹杂着生离死别的焦虑不安，语气也分外沉痛。"有弟皆分散，无家问死生"，上句说弟兄离散，天各一方；下句说家已不存，生死难卜，写得伤心断肠，感人至深。这两句诗也概括了安史之乱中人民饱经忧患丧乱的普遍遭遇。

尾联"寄书长不达，况乃未休兵"，进一步抒发内心的忧虑之情。亲人们四处流散，平时寄书尚且常常不达，更何况战事频仍，生死茫茫当更难逆料。含蓄蕴藉，一结无限深情。

全诗层次井然，首尾照应，承转圆熟，结构严谨。"未休兵"则"断人行"，望月则"忆舍弟"，"无家"则"寄书不达"，人"分散"则"死生"不明，一句一转，一气呵成。怀乡思亲之情凄楚哀感，沉郁顿挫。南宋魏庆之著《诗人玉屑》说："杜子美善于用故事及常语，多离析或颠倒其句而用之，盖如此则语峻而体健，意亦深稳矣（《麈史》）。如'露从今

夜白，月是故乡明'之类是也。"（毕英男　刘贝妮）

【原文】

乾元中寓居同谷县作歌七首　其一

有客有客字子美⁽¹⁾，白头乱发垂过耳⁽²⁾。

岁拾橡栗随狙公⁽³⁾，天寒日暮山谷里。

中原无书归不得⁽⁴⁾，手脚冻皴皮肉死⁽⁵⁾。

呜呼一歌兮歌已哀⁽⁶⁾，悲风为我从天来⁽⁷⁾。

【毛泽东圈评等情况】

毛泽东1930年7月写的《蝶恋花·从汀州向长沙》词："六月天兵征腐恶，万丈长缨要把鲲鹏缚。赣水那边红一角，偏师借重黄公略。　百万工农齐踊跃，席卷江西直捣湘和鄂。国际悲歌歌一曲，狂飙为我从天落。"末二句出自杜甫《乾元中寓居同谷县作歌七首》之一："呜呼一歌兮歌已衰，悲风为我从天来。"

[参考]《毛泽东诗词集》，中央文献出版社1996年版，第29页。

【注释】

（1）客，杜甫自称，《诗经·周颂·有客》："有客有客，亦白其马。"子美，杜甫的字。

（2）"白头乱发"句，《焦氏易林》："乱发如蓬，忧常在中。"又汉乐府《长歌行》："发短耳何长。"

（3）岁，年，这里指一年将尽时。杜甫居同谷在十一月，故云。橡（xiàng）栗，即橡子，栎树的果实，含淀粉，可食，味苦。《庄子·盗跖》："昼拾橡栗，暮栖木上，故命之曰有巢氏之民。"狙（jū）公，养猴的人。《庄子·齐物论》："狙公赋芧。曰：'朝三而暮四。'众狙皆怒。曰：'朝四而暮三'。众狙皆悦。"陆德明《经典释文》引崔曰："养猿狙者也。"芧，即橡子。狙，一种大猴。

（4）中原，指今河南一带。杜甫是河南巩义人。无书，一作"无主"，没有家书。

（5）皴（cūn），皮肤受冻而干裂。皮肉死，皮肉冻得失去知觉，好像死了一样。

（6）呜呼，感叹词，表示悲伤。兮，古代韵文中的助词，用于句中或句末，表示停顿或感叹，与现代汉语的"啊"相似。已，一作"独"。

（7）悲风，凄厉的寒风。《古诗十九首·去者日已疏》："白杨多悲风，萧萧愁杀人。"天，一作"东"。

【赏析】

《乾元中寓居同谷县作歌七首》，是杜甫在唐肃宗乾元二年（759）冬暂住同谷时写的一组诗。组诗各首内容不全同，不外乎是慨叹生活艰难，骨肉离散，政治上不得意，其中虽不无因牢骚而夸张的地方，但在一定程度上反映了他当时的困苦境遇。七篇为一个整体，继承了东汉张衡《四愁诗》、蔡琰《胡笳十八拍》等作品的写作方式，但不是呆板地模仿，而是有所变化。同谷，即今甘肃成县。

此为第一首，写诗人流寓同谷，生活艰难，以致以拾橡子为食的苦况。全诗八句，分三层意思来写。"有客有客字子美，白头乱发垂过耳"，起首二句自报家门，刻画自我形象。因流寓同谷，故自称有客。"有客"典出《诗经·周颂·有客》，用典自然，不着痕迹。次句白描，白发既乱且长，一副潦倒衰老形态。

"岁拾橡栗随狙公，天寒日暮山谷里。中原无书归不得，手脚冻皴皮肉死"，中间四句叙事，严冬岁末，拾橡子充饥，明其无食；手脚冻裂，皮肉失去知觉，明其无衣。诗人垂老之年，寒山寄迹，无衣无食，几于身不自保，为什么还要滞留在这里呢？中原战乱，不通音问，有家"归不得"。

"呜呼一歌兮歌已哀，悲风为我从天来"，末二句感慨悲歌，直抒胸臆。鉴于以上窘境，诗人不能摆脱，所以感而发叹。悲风从天而降，若助旅人之愁矣。

毛泽东非常熟悉这首诗，在1930年7月写的《蝶恋花·从汀州向长沙》词中将此诗中"呜呼一歌兮歌已哀，悲风为我从天来"点化成"国际悲歌歌一曲，狂飙为我从天落"，把杜甫的诗歌换成"国际歌"，自然界的"悲风"换成"狂飙"，即疾风，用来形容当时正在兴起的革命风暴，可谓点铁成金矣。（毕桂发）

【原文】

剑　门

惟天有设险，剑门天下壮。连山抱西南，石角皆北向。两崖崇墉倚[(1)]，刻画城郭状[(2)]。一夫怒临关，百万未可傍[(3)]。川岳储精英，天府兴宝藏[(4)]。珠玉走中原[(5)]，岷峨气凄怆[(6)]。三皇五帝前[(7)]，鸡犬各相放。后王尚柔远[(8)]，职贡道已丧[(9)]。至今英雄人[(10)]，高视见霸王[(11)]。并吞与割据[(12)]，极力不相让。吾将罪真宰[(13)]，意欲铲叠嶂。恐此复偶然[(14)]，临风默惆怅。

【毛泽东圈评等情况】

1958年3月成都会议期间，毛泽东圈阅的《诗词若干首》（唐宋明朝诗人写的有关四川的一些诗和词）中有这首《剑门》。

[参考] 刘开扬注释：《诗词若干首》（唐宋明朝诗人咏四川），

四川人民出版社1979年版，第20页。

【注释】

（1）崇墉（yōng），高的城墙，形容两崖。倚，依靠，形容山崖壁立。

（2）刻画，自然如雕刻。城郭状，山势长亘像城郭。郭，外城。

（3）傍，靠近。

（4）川岳，河山。精英，精华。天府，形容富庶的地区，这里指四川。兴，兴盛。宝藏，蕴藏于地下的自然资源。

（5）珠玉，一作"珠帛"，指征敛的财物。走，远至。中原，指朝廷所在的地方。

（6）岷峨，岷山和峨眉山。凄怆，悲愁。

（7）三皇五帝，传说中最古的一些帝王。三皇，说法不一，一般指燧人、伏羲、神农。五帝，指黄帝、颛顼、帝喾、帝尧、帝舜。

（8）后王，指夏商周三代的君王。柔远，指对边远地方实行安抚怀柔政策。

（9）职贡，设置职位和贡献，承上证珠玉说。道，指上文所说先王时"鸡犬各相放"的上古淳朴之道。丧，失去。

（10）英雄人，指秦惠文王伐蜀以后的争王霸的统治者。至今，一本作"至令"。

（11）高视，看得高，这里是野心大的意思。霸王，霸是割据，王是兼并天下。

（12）并吞，指王者，如秦始皇、汉光武等。割据，指霸者，如公孙述、刘备等。

（13）罪，作动词用，问罪，谴责。真宰，指上天。

（14）此，指凭险割据。偶然，这里有可能的意思。

【赏析】

这首诗也是杜甫在唐肃宗乾元二年（759）十二月从同谷往成都写的纪行诗之一。剑门，亦名剑阁、剑门关，在剑州大剑山、小剑山之间，有阁道三十里，峭壁中断，两崖相对如门。晋张载《剑阁铭》说："惟蜀之门，作固作镇。是曰剑阁，壁立千仞。"杜甫这首《剑门》是五言古诗，比《剑阁铭》雄肆，寓意比较深厚，表现了杜甫拥护统一、主张薄赋的政治思想。

全诗可分为三节。从开头至"百万未可傍"为第一节，首言剑门势险，可以守国。"惟天有设险，剑门天下壮。"首句用典，《易·坎》说："天险，不可升也。地险，山川丘陵也。王公设险以守其国。"北魏邢峦说："剑阁天险，右来所称。"杜甫兼用二说，以天设剑阁之险，来夸张地表现其地的壮观。"连天抱西南，石角皆北向。"接下二句用拟人化手法，实写剑门形胜。宋王洙说是"剑门山石，北向如拜伏状"，明王嗣奭说是

"亦见地形内属，彼并吞割据者，皆违天矣"。"两崖崇墉倚，刻画城郭状"两句是说，两边山崖像高墙，互相依傍，构成城郭的样子。"崇墉"，像其壁立。"城郭"，像其长亘。二句用喻极为生动。"一夫怒临关，百万未可傍。"二句用典。宋张载《剑阁铭》："一人荷戟，万夫趑趄。"李白《蜀道难》："一夫当关，万夫莫开。"杜甫这里增加了一个"怒"字，改"万夫"为"百万"，更显得有力，所以，百万人亦不可迫近也。

从"川岳储精英"至"职贡道已丧"为第二节，记其财富，恐蜀人困于诛求。"川岳储精英，天府兴宝藏。"清仇兆鳌《杜诗详注》说"往见旧人手卷"有此二句，"方接以珠玉云云"。清浦起龙《读杜心解》也说："杜诗多四句转意，此段独缺两句，且得此一提，文气愈畅，仇氏非伪撰也，脱简无疑。"二句是说剑门河山储存着精华，四川这个天然府库地下埋藏着丰富的自然资料。所以，下面接着说："珠玉走中原，岷峨气凄怆。"意思是蜀地的财物由这里运往中原，蜀地人民便穷困乏用，连岷山、峨眉山都为之悲伤。珠玉，一作"珠帛"，指征剑阁的财物。清仇兆鳌说："民苦须索，故愁怨结而山含凄怆。""三皇五帝前，鸡犬各相放。"二句述古。三皇五帝，是传说中最古的一些帝王。在他们之前便是上古的原始社会。"鸡犬各相放"，语本西晋潘岳《西征赋》："浑鸡犬而乱放，各职家而竞入。"形容上古时代民风淳朴，没有侵夺偷盗之类的事情，家禽放到外面也少不掉。"后王尚柔远，职贡道已丧。"二句继续述古。后王是指夏、商、周三代的帝王。柔远，语出《尚书·舜典》："柔远能迩。"指对边地实行安抚怀柔政策。职贡，语出《周礼》："制其职，各以其所能；制其贡，各以其所有。"二句意思是说，后来的帝王对边远地区采取安抚政策，只责令各地向朝廷进献贡物，使自己丧失了上古政治的淳朴。

从"至今英雄人"至篇末为第三节，末言其险胜，恐蜀人罹于战争。"至今英雄人，高视见霸王。"至今，一作"至令"。英雄人，指下面所说的"并吞与割据"的人物。高视，看得高，这里是野心大的意思。霸王，霸与王。古称有天下者为王，诸侯之长为霸。《礼记·经解》："义与信，和与仁，霸王之器也。"清仇兆鳌注："并吞者王，如汉光武是也。割据者霸，如公孙述是也。"二句承上两句，意思是这样一来，就使一些人物产生兴王图霸的野心。"并吞与割据，极力不相让。"申述上两句，是说那些兴王图霸的"英雄人"，为并吞割据，相互争斗，各不相让。"吾将罪真宰，意欲铲叠嶂。"真宰，指天。叠嶂，重叠的高山。嶂，高而险的山，指剑门一带。二句是说，我将要问罪于天，削平剑门这个险要关山，使欲霸者无险可据，王者用不着吞并，中国再没有"并吞与割据"的斗争。"恐此复偶然，临风默惆怅。"二句抒情，揭出题旨，是说幻想毕竟不能实现，剑门山是不能削平的，所以最后还是担心现在有可能重现历史上那种分裂割据的现象，不禁登山对风而暗中忧虑。清仇兆鳌注此二句曰："知蜀必有事，而深忧远虑也。未几，段子璋、徐知道、崔旰、杨子琳辈据险为乱。公之料事多中如此，可见其经世之才矣。"

此诗虽系纪行诗，实为赋剑阁名篇。清胡夏客云："《剑门》诗因《剑阁铭》而成，但铭词出以庄严，此诗尤加雄律。用古而能胜于古人，方称作家。"确为的评。（毕桂发）

【原文】

春夜喜雨

好雨知时节，当春乃发生[1]。
随风潜入夜，润物细无声。
野径云俱黑[2]，江船火独明。
晓看红湿处，花重锦官城[3]。

【毛泽东圈评等情况】

1958年3月，成都会议期间。一天，小雨如丝似线，霏霏洒洒的，毛泽东高兴地对李银桥说："'好雨知时节，当春乃发生'啊！走，我们到杜甫草堂去！"李银桥说："主席，杨主任说不让你出去……""怕么事！"毛泽东出主意说，"你去叫杨尚昆，让他同我们一起去！难得在成都遇上春雨，'花重锦官城'么。现在街上人少，我们穿了雨衣出去……

[参考]邸延生：《历史的真言——李银桥在毛泽东身边纪实》，
新华出版社2000年版，第694—695页。

【注释】

（1）乃，即。发生，出现。

（2）野径，野外小路。

（3）锦官城，成都的别称。三国蜀汉时为管理织锦之驻地。古锦官城是成都的少城，毁于晋桓温平蜀时。后人又称今成都市为锦官城。

【赏析】

这首诗大约是上元二年（761）春天，杜甫居成都时所作。

这是一首描绘春夜雨景、表现喜悦心情的五言律诗。"好雨知时节，当春乃发生"，首联杜甫就用一个"好"字来赞美雨。为什么这场春夜里下的雨是"好雨"呢？因为在春季农作物非常需要雨水的滋润。农谚云："春雨贵如油。"正反映了春雨的宝贵。在正需要雨水之时，雨水就降下来了，这是"知时节"的，所以"当春乃发生"。这种为万物生长所必需的"及时雨"，真是难得的"好雨"！这两句诗，是采用拟人化的手法描绘的。

颔联进一步表现雨的"好"。雨之所以"好"，就好在适时，好在"润物"。"随风潜入夜，润物细无声。"这仍用的拟人手法。"潜入夜"和"细无声"相配合，不仅表明那雨是伴随着和风而来的细雨，而且表明那雨有意"润物"，无意讨"好"。这里的"潜"字和"细"字都用得准确、贴切，前者透露出风很微，后者说明了雨极小。这恰如清人仇兆鳌所说："曰潜，曰细，写得脉脉绵绵，于造化发生之机，最为密切。"（《杜诗详注》卷十）如果说上联是从"听觉"上着墨，既描写了春雨的动态，又写出了它的润物之神，那么，第三联是从"视觉"上描绘夜雨景色。"野径云俱黑，江船火独明。"在不阴沉的夜间，小路比田野容易看得见，江面也比岸上容易辨得清。如今呢？连夜里容易看得清的田间小道和天空都是一片漆黑，说明雨意正浓。而在这一团墨黑的世界里，只有江边船上的灯火显得格外明亮。对仗工稳，形象鲜明。

尾联"晓看红湿处，花重锦官城"，写的是想象中的情景。如此"好雨"下上一夜，万物都得到润泽，发芽滋长起来了。最能代表春色的花，也就带雨开放，红艳欲滴。等到明天清晨去看一看吧！整个"锦官城"杂花生树，一片"红湿"，一朵朵红艳艳、沉甸甸，汇成花的海洋。令人目不暇接，心旷神怡。至此，诗人喜雨的感情达到了高潮。

诗题作《春夜喜雨》，全文却不见一个"喜"字，但"'喜'意都从罅缝里迸透"（清浦起龙《读杜心解》）。显然，诗人的这种感情的产生绝不是一时的冲动，而有其现实基础。据史书记载，在他写作此诗的前一年，京畿一带就有严重灾荒，"米斗至七千钱，人相食"（宋司马光《资治通鉴·唐纪》）。因此，杜甫一听到雨声，就感到无限喜悦，这喜悦不恰好反映了诗人关心人民疾苦的崇高感情吗？

毛泽东1958年3月在成都时看到下雨，便顺口吟咏此诗，并相约去参观杜甫草堂，说明了他对此诗的喜爱。（毕桂发　英男）

【原文】

进　艇

南京久客耕南亩[(1)]，北望伤神坐北窗[(2)]。

昼引老妻乘小艇[(3)]，晴看稚子浴清江[(4)]。

俱飞蛱蝶元相逐[(5)]，并蒂芙蓉本自双[(6)]。

茗饮蔗浆携所有[(7)]，瓷罂无谢玉为缸[(8)]。

【毛泽东圈评等情况】

有一次，毛泽东的护士向他读杜甫的《进艇》这首诗：（原文略）当护士读到第五句"俱飞蛱蝶元相逐"时，不认识蛱字，被卡住了。毛泽东当即为之读音释义，并把后面四句念了出来。

[参考]《诗雄与雄诗》，中央文献出版社1995年版，第83页。

【注释】

（1）南京，天宝十五年（756），唐玄宗避安史之乱到了成都，因称成都为南京。玄宗在南京停留一年多。客，旅居，寄居。南亩，农田。南坡向阳，利于农作物生长，古人田土多向南开辟，故称。《诗经·小雅·大田》：“俶载南亩，播厥百谷。”

（2）北望，北望中原，或谓长安。当时中原正处于战乱之中。伤神，伤心。南朝梁江淹《别赋》：“造分手而衔涕，咸寂寞而伤神。”北窗，唐房玄龄等《晋书·陶潜传》：“高卧北窗。”坐，一作“卧”。

（3）昼，白天。小艇，小船。艇，轻便的小船。《淮南子·俶真训》：“越舲蜀艇，不能无水而浮。”高诱注：“蜀艇，一版之舟。”

（4）稚子，幼子，小孩。《史记·屈原贾生列传》：“怀王稚子子兰劝王行：‘奈何绝秦欢！’怀王卒行。”清江，指锦江。

（5）蛱蝶，蝴蝶。南朝梁何逊《石头答庾郎丹》：“黄鹂隐叶飞，蛱蝶迎空戏。”元，犹“原”，本来，向来。

（6）并蒂芙蓉，并排长在一个茎上的两朵荷花。并蒂，指两朵花并排地长在同一个茎上。芙蓉，荷花的别称，不是木芙蓉。战国楚屈原《楚辞·离骚》：“制芰荷以为衣兮，集芙蓉以为裳。”洪兴祖补注：“《本草》云：‘其叶名荷，其华未发为菡萏，已发为芙蓉。’”

（7）茗饮，指茶。北魏杨衒之《洛阳伽蓝记·正觉寺》：“羊肉何如鱼羹？茗饮何如酪浆？”蔗浆，甘蔗汁。南朝梁元帝《谢东宫赉瓜启》：“味夺蔗浆，甘踰石蜜。”

（8）瓷罂（yīng），陶制的小口大腹的容器，多为陶制，也有木制的。《方言》第五：“自关而东，赵魏之郊谓之瓮，或谓之。”晋刘伶《酒德颂》：“先生于是方捧罂承槽，衔杯漱醪。”无谢，不让，不亚于。晋葛洪《抱朴子·博喻》：“犹日月无谢于贞明，枉矢见忘于暂出。”南朝宋鲍照《喜雨奉敕作》：“无谢尧为君，何用知柏篁。”

【赏析】

《进艇》是唐肃宗上元二年（761）杜甫在成都所作。此时的杜甫已至知天命之年，他经历了吴越江南、齐鲁燕赵的游历，到求仕不达、困守长安的无奈，再到身陷安史兵燹，流离失所，最后在成都找到归宿的人生轨迹。无情的岁月之手把他从一个胸怀大志的少年变成历经沧桑的中年，好在还有好友高适和表弟王十五的倾囊相助，他能够在成都西郊的浣花溪边上盖起了草堂，与妻儿过上一段风平浪静的日子。这首诗即为安居成都草堂后所作。

《进艇》是杜甫创作的一首七律。此诗开头写诗人独坐草堂北望的感慨，接着由抒怀转入描写诗人在成都的客居生活，最后诗人把游走的思绪拉回现实，以瓷坛饮茶暗示自己的人生价值观已从追求显达仕途转变成追求淡泊宁静的田园生活。

"南京久客耕南亩，北望伤神坐北窗"，首联中的南京，谓成都。北望，指中原。定居成都居然需要躬耕"南亩"，自食其力，此为不幸；但诗人艰难入蜀，得携妻子，此不幸中之幸也，故形之于歌咏。《杜臆》云："读起语，知非快心之作，所谓'驾言出游，以写我忧'者。"申涵光曰："'南京久客耕南亩，北望伤神坐北窗。'南北字叠用对映，每戏为之。如'旧日重阳日，传杯不放杯''桃花细逐杨花落''即从巴峡穿巫峡'之类，后人效之，易入恶道。"

"昼引老妻乘小艇"以下颔联和颈联四句，喜妻子相聚，赋而兼比。引妻乘艇，稚子浴江，蛱蝶相逐，芙蓉并蒂，四种生活场景描绘如画，纯系白描，即采用赋的写法铺排开来写。又以相逐比了，并蒂比妻，则又比拟之法。

尾联"茗饮蔗浆携所有，瓷罂无谢玉为缸"二句，"茗饮蔗浆"，舟中所携。瓷罂，盛茗浆之器。清仇兆鳌注："瓷不让玉，言贵贱齐视也。"诗以随遇而安、聊以自慰作结。

宋葛立方《韵语阳秋》说："老杜《北征》诗云：'经年至茅屋……垢腻脚不袜。'方是时，杜方脱身于万死一生之地，得见妻儿，其情如是。泊至秦州，则有：'晒药能无妇，应门亦有儿'之句。至成都，则有'老妻优坐痹，幼女问头风'之句。观其情惊，已非《北征》时比也。诗则曰：'昼引老妻乘小艇，晴看稚子浴清江。'……其优游愉悦之情，见于嬉戏之间，则又异于在秦、益时矣。"

毛泽东的护士为他读《进艇》诗，当护士不认识"蛱"字时，他便为之读音释义，并读出诗的后四句，说明他对这首诗十分熟悉。（毕桂发）

赠花卿

锦城丝管日纷纷⁽¹⁾，半入江风半入云。

此曲只应天上有⁽²⁾，人间能得几回闻⁽³⁾？

【毛泽东圈评等情况】

1958 年 3 月成都会议期间，毛泽东圈阅的《诗词若干首》（唐宋明朝诗人写的有关四川的一些诗和词）中有这首《赠花卿》。

[参考] 刘开扬注释：《诗词若干首》（唐宋明朝诗人咏四川），

四川人民出版社 1979 年版，第 29 页。

【注释】

（1）锦城，指成都。成都旧称锦官城。丝管，弦乐和管乐，泛指音乐。丝管，也称丝竹或管弦，指乐器。

（2）此曲，总上所写说。天上，双关语，虚指天宫，实指皇宫。

（3）人间，人世间，指朝廷之外。几回闻，本意是听到几回。文中的意思是说人间很少听到。

【赏析】

这首诗作于唐肃宗李隆基上元二年（761）。卿是古代对男子的敬称。花卿即四川牙将花敬定。后晋刘煦等《旧唐书·肃宗纪》：上元二年四月，梓州（四川三台）刺史段子璋反，袭东川节度使李奂于绵州（今四川绵阳），自称梁王，改元黄龙，以绵州为黄龙府，置百官。五月，成都府尹崔光远率将花敬定攻拔绵州，斩子璋。又据《高适传》，事后，敬定的部下恃功大掠东川，崔光远不能制止，因而得罪罢任，敬定亦不见重于国家。花敬定曾因平叛立过功，居功自傲，骄恣不法，放纵士卒大掠东蜀；又目无朝廷，僭用天子音乐。杜甫赠此诗予以委婉的讽刺。在中国封建社会里，礼仪制度极为严格，即使音乐，亦有异常分明的等级界限。据《旧唐书》载，唐朝建立后，高祖李渊即命太常少卿祖孝孙考订大唐雅乐："皇帝临轩，奏太和；王公出入，奏舒和；皇太子轩悬出入，奏承和……"这些条分缕析的乐制都是当朝的成规定法，稍有违背，即是紊乱纲常，大逆不道。杜甫另有《戏作花卿歌》，赞颂中有规讽之意。这首诗也是写花卿喜爱声乐的豪奢生活，大概是在花卿饮宴席上闻音乐而作，在赞美乐曲美妙时，不无弦外之音。

这是一首七言绝句。"锦城丝管日纷纷"，首句点题。锦城就是成都。丝管是丝乐、管乐的统称。日纷纷，是说这种丝管繁弦每天演个不休，已褒中有贬了。"半入江风半入云"，次句紧承上句写音乐之妙。江风，言音之清。入云，言音之高。三国魏曹植《七启》："长裾随风，悲歌入云。"此句形容乐声悠扬而高入云霄。"此曲只应天上有，人间能得几回闻？"三、四句极言音乐歌曲的美妙，如天上仙乐一般，人间能听到几回？这是普通的含义。"天上"又指朝廷，"天上有"的乐曲的特殊意义是指皇帝宫禁中的乐曲。玄宗曾到过成都，所以梨园泫曲、长安教坊大曲等在成都必定有流传的。在花卿饮宴席上，很有可能蜀伎歌奏此类乐曲。杜甫从长安流寓到成都，听到这类乐曲，很有感叹。众所周知，宫廷乐曲是不能随便演奏的。所以，杜甫见花敬定僭用天子音乐，诗中予以委婉的讽刺。明诗论家杨慎在《升庵诗话》中说："花卿在蜀，颇僭用天子礼乐，子美作此讥之，而意在言外，最得诗人之旨。"清沈德潜《说诗晬语》也说："诗贵牵意，有言在此而意在彼者，杜少陵刺花敬定之僭窃，则想新曲于天上。"杨、沈所说比较中肯。（毕英男　刘贝妮）

【原文】

南　邻

锦里先生乌角巾⁽¹⁾，园收芋栗未全贫⁽²⁾。

惯看宾客儿童喜⁽³⁾，得食阶除鸟雀驯⁽⁴⁾。

秋水才添四五尺⁽⁵⁾，野航恰受两三人⁽⁶⁾。

白沙翠竹江村暮⁽⁷⁾，相送柴门月色新⁽⁸⁾。

【毛泽东圈评等情况】

毛泽东曾圈阅此诗。他圈阅较多的中华书局印行的清沈德潜编选《唐诗别裁集》卷十三"七言律诗"中刊有这首《南邻》。

[参考] 张贻玖：《毛泽东评点、圈阅的中国古典诗词》，

中国工人出版社 1992 年版，第 230 页。

【注释】

（1）锦里，成都地名。锦里先生，当是作者仿汉初隐士角（jiǎo）里先生的号，对邻人的戏称。角巾，四方有角的方巾。古代平民不用冠，只用巾裹头。

（2）未全贫，生活不富裕，也不很贫穷。"芋"，芋头。一作芋。栗，板栗。一作"粟"。

（3）宾客，一作"门户"。

（4）阶除，台阶。除，义同"阶"。唐孙过庭书《景福殿赋》："阶除连延。"

（5）"添"，一作深。

（6）航，小舟。一作艇。《方言》："舟自关而西谓之船，自关而东或谓之舟，或谓之航。"

（7）村，一作"山"。暮，一作"路"。

（8）送，一作"对"。柴门，编柴为门，指作者自己的门。一作"篱门""篱南"。

【赏析】

《南邻》作于唐肃宗乾元三年（760），杜甫在西南漂泊时期。在成都，作者过了一段比较安定的生活，在作者居住的浣花草堂不远，有位锦里先生，杜甫称之为"南邻"（朱山人）。月夜，朱山人送作者离开。在回家的路上或者回家以后，杜甫写了这首《南邻》。

《南邻》是用两幅画面组成的一首七言律诗，诗中有画，画中有诗。前半篇展现出来的是一幅山庄访隐图。

首联"锦里先生乌角巾，园收芋栗未全贫。"到人家作客，这家人家给予杜甫的印象是怎样的呢？诗人首先看到的，主人是位头戴"乌角巾"的山人；进门是个园子，园里种了不少的芋头；栗子也都熟了。说"未全贫"，则这家境况并不富裕。可是从山人和全家的愉快表情中，可以知道他是个安贫乐道之士，很满足于这种朴素的田园生活。

颔联"惯看宾客儿童喜，得食阶除鸟雀驯。"说起山人，人们总会联想到隐士的许多怪脾气，但这位山人却不是这样。进了庭院，儿童笑语相迎。原来这家时常有人来往，连孩子们都很好客。阶除上啄食的鸟雀，看人来也不惊飞，因为平时并没有人去惊扰、伤害它们。这气氛是多么和谐、宁静！颔联两句是具体的画图，是一幅形神兼备的绝妙的写意画，连主人耿介而不孤僻、诚恳而又热情的性格都给画出来了。

随着时间的推进，下半篇又换了另一幅江村送别图。颈联"秋水才添四五尺，野航恰受两三人。"这是一个流水对。有"秋水"才能"野航"，"野航"指乡村过渡水船。水刚刚深四五尺，船正好乘两三人。对语工整，用词确切。明末清初王嗣奭《杜臆》曰说："'野航'乃乡村过渡小船，所谓'——苇杭之'者，故'恰受两三人'。"杜甫在主人的"相送"下登上了这"野航"；来时，他也是从这儿摆渡的。

"白沙翠竹江村暮，相送柴门月色新。"尾联二句是说，在"江村"傍晚的暮色里，有"白沙"，又有"翠竹"，在初升新月的掩映下，"柴门"外送客人，这就构成了一幅江村月下送客图。这样的景色，恬静清幽，真是诗中有画，画中有诗。在诗情画意中，寓寄着主客的深情厚意。这就是这家人家的外景。由于是"江村"，所以河港纵横，"柴门"外便是一条小河。

从"惯看宾客儿童喜"到"相送柴门月色新"，不难想象，主人是殷勤接待，客人是竟日淹留。中间"具鸡黍""话桑麻"这类事情，都略而不写。这是诗人的剪裁，也是画家的选景。

这首诗选取了两个侧面：一是叙写来访，一是描绘送别，其余内容是只字未提。这就给人留下想象的空间，余音无穷，却又产生了"无声胜有声"的艺术效果。（毕桂发）

野 望

西山白雪三城戍⁽¹⁾，南浦清江万里桥⁽²⁾。

海内风尘诸弟隔⁽³⁾，天涯涕泪一身遥⁽⁴⁾。

惟将迟暮供多病⁽⁵⁾，未有涓埃答圣朝⁽⁶⁾。

跨马出郊时极目，不堪人事日萧条⁽⁷⁾。

【毛泽东圈评等情况】

毛泽东曾在一本中华书局印行的清蘅塘退士编选《注释唐诗三百首》"七言律诗"中这首《野望》诗正文上方天头空白处画了一个大圈。

[参考]中央档案馆整理：《毛泽东评点诗词曲精选（上册）》，

中国档案出版社1998年版，第104—105页。

1958年3月成都会议期间，毛泽东圈阅的《诗词若干首》（唐宋明朝诗人写的有关四川的一些诗和词）中也收有这首《野望》。

[参考]刘开扬注释：《诗词若干首》（唐宋明朝诗人咏四川），

四川人民出版社1979年版，第30页。

【注释】

（1）西山，在四川松潘南叠溪湖西，一名大雪山、蓬婆岭。三城，指成都西北三镇，即松州（今四川松潘）、维州、保州（均在四川理县西、东南一带），因其地与吐蕃接壤，为蜀中边防重镇。戍，防守边地。

（2）南浦，南郊水边。清江，锦江。万里桥，即今成都南门大桥。三国时蜀汉费祎出使东吴，诸葛亮在桥上为他饯行，费祎感叹说："万里之行，始于此桥。"后遂称为万里桥。桥下水入岷江流至宜宾与金沙江合为长江，东流直达江南。

（3）海内，四海之内，指全国各地。风尘，指河北寇警。戎马所至，风尘扬起。诸弟隔，杜甫有弟颖、观、丰各在他郡。

（4）天涯，天边，成都在长安西南边远之地，故云天涯。

（5）不堪，感到不能胜任。人事，世事。萧条，寂寥。

【赏析】

本诗写于唐代宗宝应元年（762），此时已是诗人客蜀的第三个年头。安史之乱未平，西方又有吐蕃的觊觎，诗人出城野望，勾起了无限的思家之情和忧国之念。明末清初张潛说："杜诗咏一物，必及时事。"本诗也可作为明证。野望就是眺望旷野的意思。诗以《野望》为题，描写秋天悲凉的气氛，融入作者深沉的哀痛之感，含蓄有力地批判了安史之乱。是诗人跃马出郊时感伤时局、怀念诸弟的自我写照。

这首五言律诗全篇都是写望中所见之景物。"西山白雪三城戍，南浦清江万里桥。"首联写野望时所见西山和锦江。诗人在成都南门外的清江万里桥边驻马西望，松、维、保三座戍城在西山的白雪中若隐若现。首联第一句是总写清秋时节的"望"。"西山"，在四川松潘县境，一名大雪山。"三城戍"，即松、维、保三座戍城。因其界于吐蕃，故为蜀边之要害。"万里桥"，即今成都南门大桥，传说是诸葛亮送费祎赴吴处，故名万里桥。

颔联"海内风云诸弟隔，天涯涕泪一身遥"，写由战乱推出怀念诸弟、感怀思家和自伤流落的情思。海内风尘，国家离乱，使得诗人和诸弟阻隔东西，而自己孤身漂泊在遥远的天涯，念家思亲，终日流泪。杜甫四弟：颖、观、丰、占，只杜占随他入蜀，其他三弟都散居各地。此时"一身遥"，诗人远望三戍，想到国家战乱造成的家庭亲人的离散，也自然要引起悲伤。

"惟将迟暮供多病，未有涓埃答圣朝"，颈联起句是说自己年老多病，不堪驱使，竟然没有点滴之功报答圣明的朝廷。这是诗人的感慨，也可认为是诗人的自责，但更应理解为是诗人辛酸的控诉。因为他一生都愿为国出力，而且无时无刻不在关心国计民生，即使受到极不公正的待遇时也总是尽职尽责，顾全大局。关键是"圣朝"并不重用他，使他欲进无路，报国无门，甚至遭受排挤打击！诗人一生没能建功立业，能归罪于他吗？

"跨马出郊时极目，不堪人事日萧条。"尾联就续说了这层意思：在跨马出郊不时极目远望，不禁想起了近来朝中的人事变更越来越让人寒心。起句点醒了诗题，说出了"野望"，接句是诗人想到朝中人事日益不堪的忧国之情。唐代宗是个昏庸的皇帝，他重用宦官程元振、鱼朝恩，后来造成了国事维艰、吐蕃入侵的局面。诗人想到人事日非、国家无望，忧国忧民之情油然而生。"萧条"一词恰到好处地表达了诗人对国事的失望。

此诗前三联写野望时思想感情的变化过程，即由向外观察转由向内审视，尾联才指出由外向到内向的原因，在艺术结构上颇有操控自如之妙。（毕桂发）

【原文】

狂　夫

万里桥西一草堂⁽¹⁾，百花潭水即沧浪⁽²⁾。

风含翠筱娟娟净⁽³⁾，雨浥红蕖冉冉香⁽⁴⁾。

厚禄故人书断绝⁽⁵⁾，恒饥稚子色凄凉⁽⁶⁾。

欲填沟壑惟疏放⁽⁷⁾，自笑狂夫老更狂⁽⁸⁾。

【毛泽东圈评等情况】

1958年3月成都会议期间，毛泽东圈阅的《诗词若干首》（唐宋明朝诗人写的有关四川的一些诗和词）中有这首《狂夫》。

[参考]刘开扬注释：《诗词若干首》（唐宋明朝诗人咏四川），

四川人民出版社1979年版，第33页。

【注释】

（1）万里桥，即成都南门大桥，诸葛亮送费祎处。草堂就在其西面。

（2）百花潭，与浣花溪相接的一个深渊，在草堂南面。沧浪，原出战国楚屈原《楚辞·渔父》所引古歌。杜甫用这一典故，以渔父隐者自比。

（3）风含，经风吹拂。翠筱（xiǎo），绿竹。筱，是细竹子。娟娟，秀美之状。

（4）浥（yì），滋润。蕖（qú），荷花。冉冉（rǎn），慢慢而来。

（5）厚禄，高厚的俸禄。故人，旧友。书，书信。

（6）恒，常。稚子，幼子。色凄凉，面带愁容。

（7）填沟壑，死后尸体抛在山沟里。疏放，放纵，不受拘束。向秀《思旧赋》："嵇康志远而疏，吕安心旷而放。"

（8）狂夫，放荡不羁的人。这里指自己。南朝宋范晔等《后汉书·独行传·谯玄》："忽有醉酒狂夫，分争道路，既无尊严之仪，岂识上下之别。"

【赏析】

这首诗约作于唐肃宗上元元年（760）夏，时作者居成都草堂。"狂夫"一词，语出《诗经·齐风·东方未明》："狂夫瞿瞿。"狂夫，谓狂放无守的人。《论语·微子》："楚狂接舆歌而过孔子。"接舆，陆通的字。楚昭王时，政令无常，陆通被发佯狂不仕，时人称为楚狂。他隐居四川峨眉山，俗传寿数百岁，后成仙。杜甫此诗中即以楚狂自比。

这是一首七言律诗。"万里桥西一草堂，百花潭水即沧浪"，首联写草堂所在，含环境宜人之意。杜甫在《怀锦水居止二首》之二中说："万里桥西宅，百花潭北庄。"其实，百花潭在青羊宫之东，潭水上游即浣花溪，因求偶对故用"百花潭北庄"，实则庄在浣花溪北。"沧浪"一词系用典，语出战国楚屈原《楚辞·渔父》："渔父莞尔而笑，鼓枻而去，歌曰：'沧浪之水清兮，可以濯我缨；沧浪之水浊兮，可以濯我足。'"杜甫是用此典故，以渔父隐者自比，是说百花潭即如沧浪之水，宜于洗濯、垂钓，是隐居的好地方。

"风含翠筱娟娟净，雨浥红蕖冉冉香"，颔联描绘草堂一带微风细雨中的景色。上句言风，写潭上景，而着一"净"字，见得有雨；下句言雨，写潭中景，而着一"香"字，见得有风。此二句互文见义，且两句中各有三个形容词：翠筱、娟娟、净；红蕖、冉冉、香。词语安置妥帖，毫无堆砌之感；而"冉冉""娟娟"的叠字，又平添音韵之美。明杨慎在《升庵诗话》中说："诗中叠字最难下，唯少陵用之独工。今按：七律中有用之句首者……有用之句尾者……有用之上腰者……有用之下腰者，如'穿花蛱蝶深深见，点水蜻蜓款款飞'，'风含翠筱娟娟净，雨浥红蕖冉冉香'……是也。声谐义恰，句句带仙灵之气，真不可及矣。"

"厚禄故人书断绝，恒饥稚子色凄凉"，颈联叙事，写贫困处境。杜甫初到成都时，曾经依靠老友严武的接济，分赠禄米，而此时严武调任离去而又书信断绝，他一家便免不了挨饿。"饥而日恒，亏及幼子，至形于颜色，则全家可知"（现代学者萧涤非《杜甫诗选》）。这是举一反三、举重若轻之法。

"欲填沟壑惟疏放，自笑狂夫老更狂"，尾联寄慨，抒狂放不羁之情。"填沟壑"，是尸体抛在山沟里，无人收葬。狂夫，是诗人自谓。二句意思是说，穷困得就要被饿死了，就更无所顾忌，无所拘束。自己笑自己是个放荡不羁的人，但越老却越加狂放。这就写出了诗人虽饱经磨难，却没有被艰苦的生活所压倒，而始终以倔强乐观的态度对待生活。细玩全诗，就不难体味这种韵味。你看，一面是"风含翠筱""雨浥红蕖"的赏心悦目之景，一面是"凄凉""恒饥""欲填沟壑"的可悲可叹之事，全都由狂夫这一形象统一起来。没有前四句优美景色的描写，不足以表现"狂夫"的"贫贱不能移"的精神；没有后四句潦倒生活的描述，"狂夫"就不成为其"狂夫"。两种成分，缺一不可。

总之，这首诗用朴素的语言，写草堂附近的秀丽景色；然后写客中少助，生活艰辛，疏放自处。最后以"自笑"作结，首尾完美，结构统一，不愧为杜甫名篇。（毕桂发）

【原文】

客 至

舍南舍北皆春水[1]，但见群鸥日日来[2]。

花径不曾缘客扫[3]，蓬门今始为君开[4]。

盘飧市远无兼味[5]，樽酒家贫只旧醅[6]。

肯与邻翁相对饮[7]，隔篱呼取尽余杯[8]。

【毛泽东圈评等情况】

1958 年 3 月成都会议期间，毛泽东圈阅的《诗词若干首》（唐宋明朝诗人写的有关四川的一些诗和词）中有这首《客至》。

[参考] 刘开扬注释：《诗词若干首》（唐宋明朝诗人咏四川），
四川人民出版社 1979 年版，第 35 页。

【注释】

（1）舍，指家。

（2）但见，只见。此句意为平时交游很少，只有鸥鸟不嫌弃能与之相亲。鸥，水鸟，灰白色，翼长，常飞翔于海上或江湖上。这里用《列子》中海上之人狎鸥的故事。

（3）花径，长满花草的小路。

（4）蓬门，用蓬草编成的门户，以示房子的简陋。

（5）市远，离市集远。市远的市指南市津头。兼味，多种美味佳肴。无兼味，谦言菜少。飧（sūn），熟食。

（6）樽，酒杯。旧醅，隔年的陈酒。醅（péi），没有过滤的浊酒。

（7）肯，能否允许，这是向客人征询。邻翁，据杜甫《北邻》《过南邻朱山人水亭》等诗，北邻是王姓县令，南邻是朱山人，他们都好喝酒。

（8）呼取，呼得。尽余杯，干杯。余杯，余下来的酒。

【赏析】

《客至》，客指崔明府，杜甫在题后自注："喜崔明府相过。"明府，是对县令的尊称。相过，即探望、相访。明朝张绎注："前有《宾至》诗，而此云《客至》，前有敬之之意，此有亲之之意。"明人邵宝注说崔明甫是杜甫的母舅。按杜甫有送十一舅、十七舅、二十三舅、二十四舅几首诗，都尊称"舅氏"，这篇独称"君"，应是与杜甫平辈的人。这首诗记作者在江村寂寞中喜崔令来访，表现得热情而率真，足见二人颇情投意合。据黄鹤《黄氏集千家注杜工部诗史补遗》，此诗是唐肃宗上元二年（761）春天，杜甫五十岁时，在成都草堂所作。杜甫在历尽颠沛流离之后，终于结束了长期漂泊的生涯，在成都西郊浣花溪头盖了一座草堂，暂时定居下来。诗人在久经离乱、安居草堂后不久，客人来访时作了这首诗。

这是一首七言律诗。"舍南舍北皆春水，但见群鸥日日来"，首联描写了诗人江村的寂寞生活。舍即成都草堂。草堂建于浣花溪畔，故"舍南舍北皆春水"。首句把绿水环绕、春意荡漾的环境写得十分可爱。次句用典，"群鸥"，典出《列子》："海上之人有好沤（鸥）鸟者，每日至海上，从沤鸟游。沤鸟之至者百住（数）而不止。共父曰：'吾闻沤鸟皆从汝游，汝取来，吾玩之。'明日之海上，沤鸟舞而不下也。"张湛注："心动于内，形变于外，禽兽犹觉人理，岂可诈哉？"后由此故事引申为成语鸥鸟忘机，意谓像水鸟鸥、鹭一般，日与水、沙、云、天相伴，完全忘掉机巧之心。杜甫正用此意，说明自己与鸥鸟为伴，完全无机巧之心。这两句既说明作者平时的生活只是和鸥鸟相亲，同时点明作诗的时间和环境，巧妙地为客至作了铺垫。

"花径不曾缘客扫，蓬门今始为君开"，颔联叙事，写对客来特别欢迎。上句说"花径不曾缘客扫"，见得以往客少，承上句"群鸥日日来"之意；也见得不轻易接待来客，含有自重的意思。下句"蓬门今始为君开"，就客少而言，表明对客人来访深感欣慰；就自重而言，则见得很看重来客，不等闲视之。这两句说明诗人家里一向来客稀少，就连这崔令也是一位稀客；同时也说主人不拘礼法，既不扫径也不候门，益见两人交情之深厚，使后面的酣畅欢快有了着落。

"盘飧市远无兼味，樽酒家贫只旧醅"，颈联描写，写招待简单朴素。"盘飧"，指肴馔。熟食为"飧"。"无兼味"，言盘飧只有一样，没有第二样，是说菜很少。二句意谓由于贫困和离市区较远，没有许多菜肴，酒也只有旧酿的浊酒。我们仿佛看到作者延客就餐、频频劝饮的情景，听到作者抱歉酒菜欠丰盛的话语。我们很容易从中感到主人竭诚尽意的盛情和力不从心的歉疚，也可以体会到主客间真诚相待的深情厚谊。

"肯与邻翁相对饮，隔篱呼取尽余杯"，尾联叙事，写唤取邻翁共饮余杯。舍南舍北都是水，只隔篱有人居住，前后照应。二句是说客人如肯和邻叟共饮，就隔着篱笆唤他过来共尽余杯。这两句仍表现主人不拘礼数，请陪客也只是随便招呼一下隔篱的野老，并不管县令与村民的尊卑界限。从写法上而言，结尾两句又宕开一笔，别开生面，余味不尽。清张谦宜《茧斋诗谈》说："一、二言无人来也。三、四是敬客意。五、六是待客具。每句含三层意，人却不觉，炼力到也。七、八又商量得妙。如书法之有中锋，最当临摹。"清谭宗《近体秋阳》说："无意为诗，率然而成。却增损一意不得，颠倒一句不得，变易一字不得。此等构结，浅人既不辨，深人又不肯，非子美，吾谁与归！"

全诗真而不率，自然亲切，语言和内容相称。作者把门前景、家常话、身边事，编织成富有情趣的生活场景，以浓郁的生活气息和人情味，感染着后代的读者。明陆时雍编写《唐诗镜》说："村朴趣，村朴语。"清张世炜《唐七律隽》说："只家常话耳。不见深艰作意之语，而有天然真致。与《宾至》诗同一格，而《宾至》犹有作意语；虽开元、白一派，而元、白一生，何曾得此妙境！"（毕桂发）

【原文】

野 老

野老篱边江岸回[1]，柴门不正逐江开。

渔人网集澄潭下[2]，估客船随返照来[3]。

长路关心悲剑阁，片云何意傍琴台[4]。

王师未报收东郡[5]，城阙秋生画角哀[6]。

【毛泽东圈评等情况】

毛泽东曾圈阅这首《野老》。他圈阅较多的中华书局印行的清沈德潜编选《唐诗别裁集》卷十三"七言律诗"中刊有这首《野老》。

[参考]张贻玖：《毛泽东评点、圈阅的中国古典诗词》，中国工人出版社1992年版，第229页。

【注释】

（1）回，迂回曲折。篱边，一本作"篱前"。

（2）澄潭，指草堂附近的百花潭。下，投下，指下网。

（3）估客，商人。返照，指夕阳光辉。

（4）片云，孤云。孤云飘荡不定，故常用来比喻游子，这里是杜甫自喻。何意，表示反诘语气，意思就是无意、不愿意。琴台，在成都浣花溪北，相传西汉辞赋家司马相如和卓文君卖酒的地方。

（5）东郡，指京城长安以东各地，包括杜甫的故乡。

（6）城阙，城楼，习惯指京城，这里指成都。原注："至德二年，升成都为南京，故得称城阙。"秋生，秋天到来。角，军中乐器，形似竹筒，彩绘为饰，所以称"画角"。

【赏析】

《野老》写于唐肃宗上元元年（760），秋。这时安史之乱尚未平定，长安以东失地多未收复，杜甫仍客居成都草堂。他的草堂紧临浣花溪畔。浣花溪与锦江（岷江支流，流经成都城西南，今叫府河）相通，故亦称江。这时杜甫刚在草堂定居下来。经过长年颠沛流离之后，总算得到了一个憩息之处，这使他聊感欣慰。然而国家残破、生民涂炭的现实，却时时在撞击他的心灵，使他无法宁静，实际上他的心情却极其复杂矛盾。这首诗就揭示了他内心这种微妙深刻的感情波动。

这是一首七言律诗。诗首联二句"野老篱边江岸回，柴门不正逐江开"写景，大意是说，草堂院落的篱笆紧临弯弯曲曲的江岸，篱笆院门随曲折的江岸斜开着。

"渔人网集澄潭下，估客船随返照来"，颔联二句继续写景，是说，草堂附近的百花潭边聚集着打鱼的人群，他们把渔网撒在潭中捕鱼。随着夕阳西下，商船越来越多地在江岸停泊下来。从这幅图画来看，诗人好像真的要在这里"种竹植树，结庐枕江，纵酒啸咏，与田夫野老相狎"，过悠闲自得的生活了。其实，这只是诗人的部分生活表面现象，他的内心世界却是极其矛盾复杂的。诗的后四句便透露了他的这种心声。

"长路关心悲剑阁，片云何意傍琴台"，颈联是说想东归长安，探望故乡，但路是那么遥远，特别是剑阁的险阻更令人生畏。"片云"指诗人自己，他客居成都以一片孤独的浮云自况。尽管浣花溪北有司马相如和卓文君卖酒的遗址琴台，可诗人却没有心思傍依琴台，在浣花溪边的草堂住下，过平静悠闲的生活。言外之意是说，他暂时住在这里，实在是不得已，并非安于这里的平静悠闲，他仍思念着被乱贼占据的京都长安和河南故乡。

"王师未报收东郡，城阙秋生画角哀"，尾联二句表现了诗人强烈的忧国忧民的感情。乾元二年（759）九月，东京及济、汝、郑、滑四州皆沦陷，上元元年六月，田神功在郑州大破史思明之兵，然而京都长安以东的大片失地，至今尚未收复。他感到随着秋天的到来，成都城头上的军乐声显得更加悲哀。诗人忧国忧民的思想感情溢于言表。清沈德潜在篇末批注曰："前写晚景，后写旅情，不必承接，杜诗中偶有此格。"（《唐诗别裁集》）

纵观全诗，前四句写极其熟悉的景物，好像信手拈来，勾勒出一幅悦心赏目的闲适秋色图。后四句写诗人思乡忧国的悲伤感情，前面闲适的景象反衬后面的悲伤感情，因而悲伤之情显得更加强烈、感人。（袁秀兰）

【原文】

恨　别

洛城一别四千里[1]，胡骑长驱五六年[2]。
草木变衰行剑外[3]，兵戈阻绝老江边[4]。
思家步月清宵立[5]，忆弟看云白日眠[6]。
闻道河阳近乘胜[7]，司徒争为破幽燕[8]。

【毛泽东圈评等情况】

毛泽东曾圈阅这首《恨别》。他圈阅较多的中华书局印行的清沈德潜编选《唐诗别裁集》卷十三"七言律诗"中刊有这首《恨别》。

[参考] 张贻玖：《毛泽东评点、圈阅的中国古典诗词》，
中国工人出版社1992年版，第230页。

（1）洛城，即洛阳。四千里，诗人自唐肃宗乾元二年（759）春离别洛阳，辗转到成都行程约四千里。一作"三千里"。

（2）胡骑（jì），指安史叛军。五六年，从天宝十四载（755）冬安禄山叛乱，到杜甫漂泊至成都已经五年多，所以说"五六年"。一作"六七年"。

（3）剑外，也叫剑南，即剑门以南的地方，指今四川北中部地区。

（4）老，用作动词，长住无期的意思。江边，指草堂所在的锦江边。

（5）步月，月下散步。清宵，清夜。

（6）白日眠，白日不当眠而眠，见得忧思之甚，生活反常。

（7）河阳，古县名，在今河南孟州西。近乘胜，指这年"三月李光弼破安太清于怀州，夏四月破史思明于河阳西渚"（宋司马光《资治通鉴》卷二百一十一）。

（8）司徒，指李光弼，时李为检校司徒。幽燕，指安史叛军的巢穴幽州（范阳郡）一带。幽州，古为燕国地。乾元二年（759），史思明改国号为大燕，以范阳为燕京，故称"幽燕"。

【赏析】

这是杜甫唐肃宗上元元年（760）在成都写的一首七言律诗。杜甫于乾元二年（759）春告别了故乡洛阳，返回华州司功参军任所，不久弃官客居秦州、同谷，后来到了成都，辗转四千里。杜甫写此诗时，距天宝十四载（755）十一月安史之乱爆发已五六个年头。在这几年中，叛军铁蹄蹂躏中原各地，生灵涂炭，血流成河，这是杜甫深为忧虑的事。此诗抒发了杜甫流落他乡的感慨和对故园、骨肉的怀念，表达了杜甫希望早日平定叛乱的爱国思想。

"洛城一别四千里，胡骑长驱五六年"，首联二句领起"恨别"，点明思家、忧国的题旨。"四千里"，恨离家之远。"五六年"，伤战乱之久。个人的困苦经历，国家的艰难遭遇，都在这些数量词中体现出来。"一别""长驱"领联中的"衰""老"等词，一方面表现了叛军的嚣张气焰，一方面也表现了诗人在安史之乱中的无奈、悲凉、飘零憔悴的遭遇。明末清初王嗣奭《杜臆》说:"宵立昼眠,起居舛戾,恨极故然。'司徒急为破幽燕',则故乡可归,别可免矣。"《清仇兆鳌撰《杜诗详注》说:"首二领起'恨别'。'四千里',言其远;'五六年,言其久。"

颔联"草木变衰行剑外,兵戈阻绝老江边"描述了诗人流落蜀中的情况。"草木变衰",语出战国楚宋玉《九辩》中的"萧瑟兮草木摇落而变衰"。这里是指草木的盛衰变易,承上句的"五六年",暗示入蜀已有多年,同时也与下一句的"老"相呼应,暗比诗人自己的飘零憔悴。诗人到成都,多亏亲友帮助,过着比较安定的草堂生活,但思乡恋亲之情是消除不了的。由于"兵戈阻绝",他不能重返故土,只好老于锦江之边了。"老江边"的"老"字,悲凉沉郁,寻味不尽。

"思家步月清宵立,忆弟看云白日眠",颈联通过"宵立昼眠,忧而反常"(《杜少陵集详注》)的生活细节描写,曲折地表达了思家忆弟的深情。杜甫有四弟,名为杜颖、杜观、杜丰、杜占,其中杜颖、杜观、杜丰散在各地,只有杜占随杜甫入蜀。此二句中的"思家""忆弟"为互文。月夜,思不能寐,忽步忽立。白昼,卧看行云,倦极而眠。杜甫这种坐卧不宁的举动,正委婉曲折地表现了怀念亲人的无限情思,突出了题意的"恨别"。它不是抽象言情,而是用具体生动的形象说话,让读者自己去体会形象中所蕴含的忧伤之情。手法含蓄巧妙,诗味隽永,富有情致。

"闻道河阳近乘胜,司徒争为破幽燕",尾联回应次句,抒写杜甫听到唐军连战皆捷的喜讯,盼望尽快破幽燕、平叛乱的急切心情。上元元年(760)三月,检校司徒李光弼破安太清于怀州城下;四月,又破史思明于河阳西渚。这就是诗中"乘胜"的史实。当时李光弼又急欲直捣叛军老巢幽燕,以打破相持局面。杜甫盼望国家复兴,他自己亦可还乡,天下可喜可乐之事,没有比这个更好的了。这首诗以充满希望之句作结,感情由悲凉转为欢快,显示了杜甫胸怀的开阔。清浦起龙撰《读杜心解》说:"人知上六为恨别语,至结联,则曰望切寇平而已;岂知《恨别》本旨,乃正在此二句结出,而其根苗,已在次句伏下也。公之长别故乡,由东都再乱故也。解者不察,则七、八为'游骑'矣。"

这首七律用简朴优美的语言叙事抒情,言近旨远,辞浅情深。杜甫把个人的遭际和国家的命运结合起来写，每一句都蕴蓄着丰富的内涵，饱含着浓郁的诗情，值得读者反复吟味。清卢弼《闻鹤轩初盛唐近体读本》说："陈德公曰：起二笔力矫拔而意绪淋漓。三、四亦是骨立峭笔，为复沉痛。五、六字字琢叠，情真力到。结语引开，正照起绪，似此峭削章笔，更尔沉着刻挚，绝无率瘦之笔，当是情至气郁，律细工深，四合成章，乃无遗憾。"（毕桂发）

【原文】

送韩十四江东省觐

兵戈不见老莱衣⁽¹⁾，叹息人间万事非！

我已无家寻弟妹，君今何处访庭闱⁽²⁾？

黄牛峡静滩声转⁽³⁾，白马江寒树影稀⁽⁴⁾。

此别应须各努力⁽⁵⁾，故乡犹恐未同归⁽⁶⁾。

【毛泽东圈评等情况】

毛泽东曾圈阅这首《送韩十四江东省觐》。他圈阅较多的中华书局印行的清沈德潜编选《唐诗别裁集》卷十三"七言律诗"中刊有这首《送韩十四江东省觐》。

[参考]张贻玖：《毛泽东评点、圈阅的中国古典诗词》，
中国工人出版社1992年版，第230页。

【注释】

（1）老莱衣，传说春秋时代楚国有个隐士，名叫老莱子，七十岁时还常常穿上五色斑斓彩衣，模仿婴儿，戏于父母身边，娱乐他的父母（《列女传》、东汉皇甫谧《高士传》）。韩是去寻访父母的，故用此典故。

（2）庭闱（wěi），内舍。多指父母的住处，也用来指父母。西晋束皙《补亡诗》："眷恋庭闱，心不遑安。"注："庭闱，亲之所在。"何处，表示韩的父母在江东的确实住址尚待到彼处再查访；也可能是故意设问，

怀疑韩十四父母住处在战乱中或有变动。

（3）黄牛峡，在今湖北宜昌西，崖石上有黄色，像牛的形状。峡下有黄牛滩。是韩十四赴江东必经之地。滩声转，言水声在耳中旋绕不断。转，一作"急"。

（4）白马江，蜀州江名，在崇庆州（今四川崇州）东北十里。

（5）应，一作"还"。

（6）同，一作"堪"。

【赏析】

这首七律，写于唐肃宗上元二年（761）深秋，当时杜甫在成都。安史之乱尚未平定，史朝义逆势正炽。江东（长江下游）一带虽未遭受兵祸，但九月间江淮发生大饥荒，再加上统治者严加盘剥，于是暴动四起，饿殍遍野。此诗是诗人在成都附近的蜀州白马江畔送韩十四去江东探亲时写的，在深沉的别情中流露出蒿目时艰、忧心国难的浩茫心事。全诗笔力苍劲，伸缩自如，离情别绪深沉委婉，是送别诗中的上乘之作。

此诗首联"兵戈不见老莱衣，叹息人间万事非"，发端即不凡，苍劲中蕴有一股郁抑之气。诗人感叹古代老莱子彩衣娱亲这样的美谈，然而在他这个时候，干戈遍地，已经很难找到。这就从侧面扣住题意"省觐"，并且点示出背景。第二句，诗的脉络继续沿着深沉的感慨向前发展，突破"不见老莱衣"这种天伦之情的范围，而着眼于整个时代。安史之乱使社会遭到极大破坏，开元盛世一去不复返了。诗人深感人间万事都已颠倒，到处是动乱、破坏和灾难，不由发出了声声叹息。"万事非"三字，包容着巨大的世上沧桑，概括了辛酸的人间悲剧，表现出诗人深沉的忧国忧民的思想感情。

"我已无家寻弟妹，君今何处访庭闱"，颔联两句紧承"万事非"而来，进一步点明题意。送友人探亲，不由勾起诗人对骨肉同胞的怀念。在动乱中，诗人与弟妹长期离散，生死未卜，有家等于无家，这也正是"万事非"中的一例。相形之下，韩十四似乎幸运得多了。可是韩十四与父母分手年久，江东一带又不太平，"访庭闱"恐怕也还有一番周折。所以诗人用了一个摇曳生姿的探问句，表示对韩十四此行的关切，感情十分真挚。同时透露出，由于当时正是乱世，韩十四的前途也不免有渺茫之感。这一联是前后相生的流水对，从诗人自己的"无家寻弟妹"，引出对方的"何处访庭闱"，宾主分明，寄慨遥深，有一气流贯之妙。

韩十四终于走了。颈联"黄牛峡静滩声转，白马江寒树影稀"两句，描写分手时诗人的遐想和怅惘。诗人伫立白马江头，目送着韩十四登船解缆，扬帆远去，逐渐消失在水光山影之间了，他还在凝想入神。韩十四走的主要是长江水路，宜昌西面的黄牛峡是必经之地。这时诗人的耳际似乎响起了峡下黄牛滩的流水声，其中白马江头的景色乃是实景，而黄牛峡则是作者想象之中的虚景，虚实相生，饱含作者对友人的惜别之情。水声回响不绝，韩十四坐的船也就越走越远，诗人的离情别绪，也被曲曲弯弯牵引得没完没了。一个"静"字，越发突出了滩声汩汩，如在读者目前。这是以静衬动的手法，写得十分传神。等到诗人把离思从幻觉中拉回来，才发现他依然站在二人分别之地。只是江上的暮霭渐浓，一阵阵寒风吹来，砭人肌骨。稀疏的树影在水边掩映摇晃，秋意更深了。一种孤独感蓦然向诗人袭来。此二句一纵一收，正是大家手笔。别绪随船而去，道出绵绵情意；突然收回，景象更觉怅然。此情此景，催人泪下。清何焯《义门读书记》："黄牛峡静滩声转"四句，一路俱有水声、树影。兵戈之后，几于孑遗，正见寻访之难。……"各"字双收"我"字、"君"字。

"此别应须各努力，故乡犹恐未同归"，尾联更是余音袅袅，耐人咀嚼。出句是说，分手不宜过多伤感，应各自努力，珍重前程。"此别"，总括前面离别的情景；"各"字，又双绾行者、留者，也起到收束全诗的作用。对句意为，虽说如此，只怕不能实现同返故乡的愿望。韩十四与杜甫可能是同乡，诗人盼望有一天能和他在故乡重逢。但是，世事茫茫难卜，这年头谁也说不准。诗就在这样欲尽不尽的诚挚情意中结束。"犹恐"二字，用得很好，隐隐露出诗人对未来的担忧，与"叹息人间万事非"前后呼应，意味深长。

这是一首送别诗，但不落专写"凄凄戚戚"之情的俗套。诗人笔力苍劲，伸缩自如，包容国难民忧和个人遭际，离情别绪深沉委婉。明谢榛

《四溟诗话》说："凡七言八句，起承转合，亦具四声，歌则扬之抑之，靡不尽妙。如子美《送韩十四江东省觐》诗云：'兵戈不见老莱衣，叹息人间万事非。'此如平声扬之也。'我已无家寻弟妹，君今何处访庭闱？'此如上声抑之也。'黄牛峡静滩声转，白马江寒树影稀'，此如去声扬之也。'此别应须各努力，故乡犹恐未同归。'此如入声抑之也。安得姑苏邹伦者，尊前一歌，合以金石，和以琴瑟，宛乎清庙之乐，与子按拍赏音，同饮巨觥而不辞也。"清浦起龙《读杜心解》说："猛触起乱离心绪，情文恻恻。首提'莱衣'，扣题即紧，妙在不着韩说，虚从时会领起，故三、四便好彼此夹发。偏能笔势侧注，宾主历然，使五、六单项无痕。然先言'滩转'，神则预驰，后言蜀江，袄才初判：是虽单写彼行，仍已逆兜临送，恰好双拖'此别'，就势总收回顾，神矣，化矣，笔笔凌架。"

（毕桂发）

【原文】

登 楼

花近高楼伤客心⁽¹⁾，万方多难此登临⁽²⁾。

锦江春色来天地⁽³⁾，玉垒浮云变古今⁽⁴⁾。

北极朝廷终不改⁽⁵⁾，西山寇盗莫相侵⁽⁶⁾。

可怜后主还祠庙⁽⁷⁾，日暮聊为梁甫吟⁽⁸⁾。

【毛泽东圈评等情况】

毛泽东曾在一本中华书局印行的清蘅塘退士编选《注释唐诗三百首》"七言律诗"中这首《登楼》诗题头上方天头空处连画三个小圈，在正开头处上方又画了一个大圈。

[参考] 中央档案馆整理：《毛泽东评点诗词曲精选（上册）》，中国档案出版社1998年版，第105页。

1958 年 3 月成都会议期间，毛泽东圈阅的《诗词若干首》（唐宋明朝诗人写的有关四川的一些诗和词）中收有这首《登楼》。

[参考] 刘开扬注释：《诗词若干首》（唐宋明朝诗人咏四川），

四川人民出版社 1979 年版，第 37 页。

【注释】

（1）客心，客居者之心。客，作者自称。

（2）万方多难，指安史之乱以来，国家内忧外患，日甚一日。

（3）锦江，即濯锦江，岷江支流，在成都南，杜甫草堂即临近锦江。来天地，与天地俱来。

（4）玉垒，山名，在今四川都江堰西北。浮云变古今，古往今来世事，有如玉垒山浮云变化不定。变古今，与古今俱变。

（5）北极，即北极星。古人常用以指代朝廷。《论语·为政》："为政以德，譬如北辰，居其所而众星拱之。"比喻唐王朝很巩固。北极在天空中，人们望之似永远不动。吐蕃虽一度占领长安，立广武王承宏为帝改元，仅十五日而退，唐王朝未亡，所以说"终不改"。终不改，终究不能改，终于没有改。

（6）西山寇盗，指入侵的吐蕃统治者。同年十二月，吐蕃又陷松、维、保三州及云山新筑二城，后剑南西川诸州也入吐蕃。西山，指今四川西部当时和吐蕃交界地区的雪山。

（7）后主，三国时蜀汉后主刘禅。魏邓艾灭蜀，刘禅辞庙北上，成了亡国之君。还祠庙，尚有祠庙受后人祭祀，成都锦官门外有蜀先主（刘备）庙，西边为武侯（诸葛亮）祀，东边为后主祀。喻代宗并未做亡国之君，但能不能使唐王朝中兴，避免重蹈刘禅的覆辙，实在是令人忧虑的。还，仍然。

（8）聊为，不甘心这样做而姑且这样做。梁甫吟，古乐府中一首葬歌。这里代指此诗。晋陈寿《三国志·蜀书·诸葛亮传》："亮躬耕陇亩，好为《梁父吟》。"借以抒发空怀济世之心，聊以吟诗以自遣。"父"通"甫"。

【赏析】

《登楼》是唐代宗广德二年（764）春，杜甫在成都所写。当时诗人客居四川已是第五个年头。上一年正月，官军收复河南河北，安史之乱平定；十月便发生了吐蕃攻陷长安、立傀儡、改年号，代宗奔逃陕州的事；不久郭子仪收复京师。年底，吐蕃又破松、维、保等州（在今四川北部），继而再攻陷剑南、西山诸州。诗中"西山寇盗"即指吐蕃，"万方多难"也以吐蕃入侵为最烈，同时，也指宦官专权、藩镇割据、朝廷内外交困、灾患重重的日益衰败景象。

这是一首七言律诗。"花近高楼伤客心，万方多难此登临"，首联提挈全篇，"万方多难"，是全诗写景抒情的出发点。在这样一个万方多难的时候，流离他乡的诗人愁思满腹，登上此楼；虽然繁花触目，诗人却为国家的灾难重重而忧愁伤感，更加黯然神伤。花伤客心，以乐景写哀情，和"感时花溅泪"（《春望》）一样，同是反衬手法。在行文上，先写诗人见花伤心的反常现象，再说是由于万方多难的缘故，因果倒装，起势突兀；"登临"二字，则以高屋建瓴之势，领起下面的种种观感。

"锦江春色来天地，玉垒浮云变古今"，颔联从诗人登楼所见的自然山水描述山河的壮观，"锦江""玉垒"是登楼所见。诗人凭楼远望，锦江流水挟着蓬勃的春色从天地的边际汹涌而来，玉垒山上的浮云飘忽起灭，正像古今世势的风云变幻，诗人联想到国家动荡不安的局势。上句向空间开拓视野，下句就时间驰骋遐思，天高地迥，古往今来，形成一个阔大悠远、囊括宇宙的境界，饱含着诗人对祖国山河的赞美和对民族历史的追怀；而且，登高临远，视通八方，独向西北前线游目骋怀，也透露诗人忧国忧民的无限心事。

"北极朝廷终不改，西山寇盗莫相侵"，颈联议论天下大势，"朝廷""寇盗"，是诗人登楼所想。北极，星名，居北天正中，这里象征大唐政权。上句"终不改"，反承第四句的"变古今"，是从前一年吐蕃攻陷京城、代宗不久复辟一事而来，意思是说大唐帝国气运久远；下句"寇盗""相侵"，进一步说明第二句的"万方多难"，针对吐蕃的觊觎寄语相告："莫再徒劳无益地前来侵扰！"词严义正，浩气凛然，在如焚的焦虑之中透着坚定的信念。

"可怜后主还祠庙，日暮聊为梁甫吟"，尾联咏怀古迹，讽喻当朝昏君，寄托诗人的个人怀抱。后主，指蜀汉刘禅，宠信宦官，终于亡国。先主庙在成都锦官门外，西有武侯祠，东有后主祠。《梁甫吟》是诸葛亮遇刘备前喜欢诵读的乐府诗篇，用来比喻这首《登楼》，含有对诸葛武侯的仰慕之意。诗人伫立楼头，徘徊沉吟，很快日已西落，在苍茫的暮色中，城南先主庙、后主祠依稀可见。想到后主刘禅，诗人不禁喟然而叹："可怜那亡国昏君，竟也配和诸葛武侯一样，专居祠庙，歆享后人香火！"这是以刘禅比喻唐代宗李豫。李豫重用宦官程元振、鱼朝恩，造成国事维艰、吐蕃入侵的局面，同刘禅信任黄皓而亡国极其相似。所不同的是，诗人生活的时代只有刘后主那样的昏君，却没有诸葛亮那样的贤相。而诗人自己，空怀济世之心，苦无献身之路，万里他乡，高楼落日，忧虑满怀，却只能靠吟诗来聊以自遣。

全诗即景抒怀，写山川联系着古往今来社会的变化，谈人事又借助自然界的景物，互相渗透，互相包容；融自然景象、国家灾难、个人情思为一体，语壮境阔，寄意深远，体现了诗人沉郁顿挫的艺术风格。历代诗家对于此诗评价极高。清浦起龙评论说："声宏势阔，自然杰作。"（《读杜心解》卷四）清沈德潜更为推崇说："气象雄伟，笼盖宇宙，此杜诗之最上者。"（《唐诗别裁集》卷十三）（毕桂发）

【原文】

宿　府

清秋幕府井梧寒⁽¹⁾，独宿江城蜡炬残⁽²⁾。
永夜角声悲自语⁽³⁾，中天月色好谁看⁽⁴⁾？
风尘荏苒音书绝⁽⁵⁾，关塞萧条行路难⁽⁶⁾？
已忍伶俜十年事⁽⁷⁾，强移栖息一枝安⁽⁸⁾。

【毛泽东圈评等情况】

毛泽东曾在一本中华书局印行的清蘅塘退士编选《注释唐诗三百首》"七言律诗"中这首《宿府》诗题目上方天头空白处连画三个小圈，又在正开头处画了一个大圈。

[参考]中央档案馆整理：《毛泽东评点诗词曲精选（上册）》，中国档案出版社1990年版，第106页。

【注释】

（1）幕府，古时军旅出征，施用帐幕，故将军府亦称幕府。这里指严武的节度使府。

（2）江城，指成都。蜡炬，蜡烛。

（3）永夜，长夜。角，一名"画角"，军中号角，其声悲凉激越。

（4）中天，天空中央。

（5）风尘，指战乱。荏苒（rěn rǎn），指岁月推移。

（6）关塞，本指边关要塞，这里指旅途中的江河关山。萧条，荒凉冷落。行路难，旅途艰辛。

（7）伶俜（líng pīng），流离孤苦之状。

（8）强（qiǎng），勉强。一枝，化用《庄子·逍遥游》："鹪鹩巢于深林，不过一枝。"

【赏析】

此诗作于唐代宗广德二年（764）六月，新任成都尹兼剑南节度使严武保荐杜甫为节度使幕府的参谋。做这么个参谋，每天天刚亮就得上班，直到夜晚才能下班。杜甫家住成都城外的浣花溪，下班后来不及回家，只好长期住在府内。这首诗，就写于这一年的秋天。所谓"宿府"，就是留宿幕府的意思。因为别人都回家了，所以他常常是"独宿"。府，幕府，古代将军的府署。杜甫当时在严武幕府中。元方回撰《瀛奎律髓》说："此严武幕府秋夜直宿时也。三、四与'五更鼓角声悲壮，三峡星河影动摇'，同一声调，诗之样式极矣。"

杜甫的理想是"致君尧舜上，再使风俗淳"。然而无数事实证明这理想难得实现，所以早在唐肃宗乾元二年（759），他就弃官不做，摆脱了"苦被微官缚，低头愧野人"的牢笼生活。这次作参谋，虽然并非出于杜甫自愿，但为了"酬知己"，还是写了《东西两川论》，为严武出谋划策。但到幕府不久，就受到幕僚们的嫉妒、诽谤和排挤，日子很不好过。因此，在《遣闷奉呈严公二十韵》里，他诉说了自己的苦况之后，就请求严武把他从"龟触网""鸟窥笼"的困境中解放出来。这首《宿府》诗即作于这种背景之下。

　　这首七言律诗前四句写景，后四句抒情。

　　"清秋幕府井梧寒，独宿江城蜡炬残"，首联写独宿江城，环境清寒。首联倒装。按顺序说，第二句应在前。其中的"独宿"二字，是一诗之眼。"独宿"幕府，眼睁睁地看着"蜡炬残"，其夜不能寐的苦衷，已见于言外。而第一句"清秋幕府井梧寒"，则通过环境的"清""寒"，烘托心境的悲凉。未写"独宿"而先写"独宿"的氛围、感受和心情，意在笔先，起势峻耸。

　　"永夜角声悲自语，中天月色好谁看"，颔联写"独宿"的所闻所见。清代方东树指出："景中有情，万古奇警。"而造句之新颖，也非同一般。七言律句，一般是上四下三，这一联却是四、一、二的句式，每句读起来有三个停顿。诗人就这样化百炼钢为绕指柔，以顿挫的句法、吞吐的语气，活托出一个看月听角、独宿不寐的人物形象，恰切地表现了无人共语、沉郁悲抑的复杂心情。

　　前两联写"独宿"之景，而情含景中。后两联则就"独宿"之景，直抒"独宿"之情。"风尘荏苒音书绝，关塞萧条行路难"，颈联写战乱未息，处世艰难。"风尘"句紧承"永夜"句。"永夜角声"，意味着战乱未息。那悲凉的、自言自语的"永夜角声"，引起诗人许多感慨。"风尘荏苒音书绝"，就是那许多感慨的中心内容。"风尘荏苒"，指战乱延续的时间很长。诗人时常想回到故乡洛阳，却由于"风尘荏苒"，连故乡的音信都得不到。"关塞"句紧承"中天"句。诗人早在《恨别》一诗里写道："洛城一别四千里，胡骑长驱五六年。草木变衰行剑外，兵戈阻绝老江边。思家步月清宵立，忆弟看云白日眠……"好几年又过去了，诗人却仍然流落剑外，一个人在这凄清的幕府里长夜不眠，仰望中天明月，不由得心事重重。"关塞萧条行路难"，就是那重重心事之一。思家、忆弟之情有增无已，因为他还是没有办法回到洛阳。

"已忍伶俜十年事，强移栖息一枝安"，尾联写漂泊十年，如今暂且栖安，且照应首联。作为幕府的参谋而感到"幕府井梧寒"，诗人联想到《庄子·逍遥游》中所说的那个鹪鹩鸟来。"鹪鹩巢于深林，不过一枝。"他从安史之乱以来，"支离东北风尘际，飘泊西南天地间"，那饱含辛酸的"伶俜十年事"都已经忍受过来了，如今却又要到这幕府里来忍受"井梧寒"。用"强移"二字，表明他并不愿意来占这幕府中的"一枝"，而是严武拉来的。用一个"安"字，不过是诗人自我解嘲。诗人一夜徘徊彷徨、辗转反侧，心中并不安宁。

诗中抒发的感情还是伤时感事，表达出作者对于国事动乱的忧虑和飘泊流离的愁闷。正是始终压在诗人身上的愁苦使诗人无心赏看中天美好的月色。诗人当时境遇凄凉，十年飘泊辗转，诗风沉郁。清仇兆鳌注《杜少陵集详注》说："此秋夜'宿府'而有感也。上四叙景，下四言情。首句点'府'，次句点'宿'。角声惨栗，悲哉自语；月色分明，好与谁看：此'独宿，凄凉之况也。乡书阔绝，归路艰难；流落多年，借栖幕府：此'独宿'伤感之意也。玩'强移'二字，盖不得已而暂依幕下耳。"清浦起龙撰《读杜心解》说："'独宿'二字，诗之眼。'悲自语''好谁看'，正即景自伤'独宿'之况也。'荏苒''萧条'，则从'自语''谁看'中追写其故。而总束之曰'伶俜十年'，见此身甘任飘蓬矣。"（毕桂发）

【原文】

秋兴八首
其一　玉露凋伤枫树林

玉露凋伤枫树林⁽¹⁾，巫山巫峡气萧森⁽²⁾。
江间波浪兼天涌⁽³⁾，塞上风云接地阴⁽⁴⁾。

丛菊两开他日泪⁽⁵⁾，孤舟一系故园心⁽⁶⁾。

寒衣处处催刀尺⁽⁷⁾，白帝城高急暮砧⁽⁸⁾。

【毛泽东圈评等情况】

毛泽东曾将这首《秋兴八首 其一》诗编入 1958 年 3 月圈阅的《诗词若干首》（唐宋明朝诗人写的有关四川的一些诗和词）一书中。

[参考]刘开扬注释：《诗词若干首》（唐宋明朝诗人咏四川），

四川人民出版社 1979 年版，第 50 页。

毛泽东还手书过这首诗的后四句"丛菊两开他日泪，孤舟一系故园心。寒衣处处催刀尺，白帝城高急暮砧"。

[参考]中央档案馆编：《毛泽东手书选集·古诗词卷（上）》，

北京出版社 1979 年版，第 192—193 页。

【注释】

（1）玉露，秋天的霜露，因其白，故以玉喻之。隋李密《淮阴感秋》："金风飐初节，玉露凋晚林。"凋伤，使草木凋落衰败。

（2）巫山巫峡，在夔州（今重庆奉节）东，沿江壁立，绵延达一百六十里，即为巫峡。萧森，萧瑟阴森。

（3）江间，指巫峡。兼天涌，波浪滔天。

（4）塞上，指夔州地近五溪苗瑶所居的区域。接地阴，风云盖地。接地，一作匝地。

（5）他日，前日，指往时的艰苦岁月。

（6）系，泊舟，指居留夔州。故园心，思念长安城南少陵故居的心。

（7）寒衣，冬衣。处处，犹家家。催刀尺，催人裁剪，赶制新衣。

（8）白帝城，即指夔州，下临长江。砧（zhēn）捣衣石。

【赏析】

《秋兴八首》写于唐代宗大历元年（766）秋，是杜甫寓居夔州时的七律代表作。历来为名家所称道。黄生说它是杜甫七律的"裘领"，"一生心神结聚"之作。诗题"秋兴",即因感秋而发出来的诗兴;"兴"同时也是《诗经》"赋比兴"中的"兴",即以物兴起感情。公元766年夏,杜甫由云安来到夔州,生活虽然暂时比较宽裕,但他仍关心时局、怀念京都。秋天,他面对巫山巫峡的萧瑟景象,回顾自己十多年来的颠沛流离的漂泊生活,展望未来,仍是国无宁日,回归京都遥遥无期,自然感慨万千。《秋兴八首》就是在这样情况下创作的。这八首诗的中心思想是抒发个人多年郁结的悲伤之情,表达关注眷恋祖国之思。这一组诗,从夔州写到长安,又从长安写到夔州,次首之始紧接上首之末,各首之间首尾相联,回环往复,章法井然,结构紧密。

"秋兴"第一首,描写了巫山巫峡山川的深秋景象,抒发了漂泊西南的悲伤情感,表达了对长安无比怀念的思想情感。

诗的前四句是写巫山巫峡的深秋景色。诗人所描绘的巫山巫峡深秋景色画面,气象万千,给人以悲壮抑郁之感。这画面好像是诗人站在高山之巅,放眼远望,山川景色尽现眼底,而后用浓墨重彩涂抹出来的。它线条清晰,色彩鲜明,情感浓郁。"玉露凋伤枫树林,巫山巫峡气萧森",首联使你看到近处的枫林,它的树叶已被玉露打得凋敝零落,伤痕斑斑。远望过去连绵无际的巫山巫峡上面的草木尽枯,完全是一派萧条阴森的气象。一叶落而知天下秋,这景色告诉你深秋已经来临了。

"江间波浪兼天涌,塞上风云接地阴",颔联再俯视山间的江水,那里流急浪高,波浪恨不连着青天一个一个涌来,而这时站在高山之巅却又使你感到和看到风云正在翻滚,它好像恨不得扎在地面里似的。

"丛菊两开他日泪,孤舟一系故园心",颈联是说杜甫离开成都到现在已经两年,这两年曾两次看到过丛菊开放。上年在云安,今年在夔州。两次看菊都潜然泪下。而这泪也不是看到菊花开放一时激动而流出的,它乃是胸中长期郁闷的结果。所以他说:"两开他日泪。"虽然生活十分孤独,十分悲伤,但他并没忘记京都。所以他说:和他相伴的孤舟正系着他返回京都的心呢!

"寒衣处处催刀尺,白帝城高急暮砧",尾联中的"刀尺",指裁做衣服的工具。"催刀尺"即赶制衣服。砧,捣衣石。这二句意思是:深秋了，家家户户都在为裁做寒衣而忙；傍晚，从白帝城上面传来的捣衣声也显得更为急促。这两句诗进一步表达了诗人迫切返归京都的心情。从这里可以看出诗人怀念长安的情感是多么执着深厚！

从毛泽东圈阅、手书的情况看，他对这首诗是颇欣赏的。（孙瑾）

【原文】

秋兴八首
其二　夔府孤城落日斜

夔府孤城落日斜⁽¹⁾，每依北斗望京华⁽²⁾。
听猿实下三声泪，奉使虚随八月槎⁽³⁾。
画省香炉违伏枕⁽⁴⁾，山楼粉堞隐悲笳⁽⁵⁾。
请看石上藤萝月，已映洲前芦荻花。

【毛泽东圈评等情况】

毛泽东曾把这首《秋兴八首　其二》诗编入 1958 年 3 月自己圈阅的《诗词若干首》（唐宋明朝诗人写的有关四川的一些诗和词）一书中。

[参考]刘开扬注释：《诗词若干首》（唐宋明朝诗人咏四川），
四川人民出版社 1979 年版，第 50—51 页。

毛泽东还手书过这首诗的前四句："夔府孤城落日斜，每依北斗望京华。听猿实下三声泪，奉使虚随八月槎。"

[参考]中央档案馆编：《毛泽东手书选集·古诗词卷（上）》，
北京出版社 1996 年版，第 191—192 页。

【注释】

（1）夔府，即夔州。孤城，指夔州城（今重庆奉节）。
（2）京华，京师为文物荟萃之地，所以称为京华，这里指京城长安。北斗位于象征着帝座的紫微垣南，所以杜甫总对着北斗星而望长安，以寄其故国之思。

（3）奉使，奉行朝廷使命，指严武充任剑南节度使。作为检校尚书工部员外郎充节度府参谋的杜甫，曾有希望随严武还朝，但次年严武病死，还朝的希望化为泡影，所以说"虚随"。八月槎（chá），实即"博望槎"（张骞封博望侯）。槎，木筏。

（4）画省香炉，据《汉官仪》，汉朝制度，尚书省中都用胡粉涂壁，画古代的贤人烈士，所以称"画省"。尚书郎入直（入侍），有侍女史二人执香炉烧香从入。杜甫时官检校员外郎，属尚书省。伏枕，语出《诗经·陈风·泽陂》："寤寐无为，辗转伏枕。"

（5）山楼，夔州城楼。粉堞（dié），城上涂着白粉的齿状短墙。

【赏析】

这首诗写夔州晚景和思念长安之情。

首联"夔府孤城落日斜，每依北斗望京华"。上首末句写白帝城暮色，这首首句承上首末句，亦写白帝城暮色。"夔府"即白帝城（今重庆奉节），因唐贞观十四年（640）夔州曾设都督府，所以杜甫在这里称夔州为夔府。"落日斜"即傍晚时刻，诗人称白帝城为孤城，自然是他在这里的凄凉孤独情感的反映。诗人说在"落日斜"的时候，他常常凭依着北斗星遥望长安京都，因为北斗星和长安都在白帝城北方，可以说北斗星就在长安城上面。长安是当时的京都，它代表着祖国；对长安的眷恋，也是对祖国的眷恋，从这里可以体会到杜甫对祖国有着多么深厚的感情。

"听猿实下三声泪，奉使虚随八月槎"，颔联这两句写诗人由于回京都的愿望不能实现而产生的悲伤心情。诗人每天傍晚凭依北斗遥望京都，但京都却望不到。他陷于沉思之中，以致在夜深人静时听到猿声哀鸣，不觉潸然泪下。"听猿实下三声泪"即"听猿三声实泪下"的倒语。这里诗人巧用了"巴东三峡巫峡长，猿鸣三声泪沾裳"这首古代渔歌，意思是说听到猿的哀鸣之后，使你感到古代渔歌说的"猿鸣三声泪沾裳"这话确实不错。杜甫受节度使严武的举荐，以检校尚书工部员外郎的朝官身份做过严武的参谋，他之所以接受这个职务，当时是想在严武回朝时，随他一起回朝。可是现在严武已经死去，他随严武回长安的愿望也就成为梦幻泡影。诗人把他随严武回长安的愿望落空的事实比喻为"虚随八月槎"，用以说明他的悲哀。"八月槎"的故事说是说张骞奉汉武帝命寻找黄河之源，浮槎经月，至天河。诗人这里借张骞浮槎到天河的故事，比喻自己追随严武回长安事，但严武已经死去，追随严武回长安的愿望已经落空，故曰"虚随"。

"画省香炉违伏枕，山楼粉堞隐悲笳"，颈联二句进一步写他没有回京的原因，感情更为悲哀。诗人由严武的死联想到入京的事已成为幻影，进而联想到他之所以没回朝的重要原因。诗人首先检讨了他没回长安的原因是多病。古尚书省用胡粉涂壁，画古贤人像，故亦称画省。官吏到画省值宿时，要由两个女史官执香炉随侍，所以诗人用"画省、香炉"说明值宿情况。按说诗人是有资格入值的，他当过左拾遗，又是检校尚书工部员外郎，这两种职务的官都可以值宿。但是杜甫并没有回朝值宿，他把原因归之于"伏枕"。"伏枕"即卧病，并解释说由病而没有回朝是与他的愿望相违背的，因而说"违伏枕"。其次，诗人还把他现在不能回朝的原因归之于战争未休，时局不稳。诗人说他静静地沉思很久，夜深了，从山楼（城楼）白堞（指城墙上较矮的女儿墙）那儿传出隐隐约约的凄凉而悲哀的胡笳声。这说明战争未休、动乱未已，而这是他没有回朝的真正原因，因而他对战乱不已的时局，不能不感到特别的关注和悲伤。

"请看石上藤萝月，已映洲前芦荻花"，尾联进一步写沉思之久。沉思的时间的确太久了，你看初来这里时，月亮刚刚出来，它斜照着山坡石上的藤萝，现在它已高高升起，直照着洲旁生长的芦荻花了。从这夜景的描写中可以看出诗人沉思之久，从这沉思中又可以体会到诗人想念京都之情是多么执着，对时局又是多么关注与哀伤。清浦起龙说："此章大意，言留南望北，身远无依，当此高秋，讵堪回首！正为前后筋脉。"（《读杜心解》卷四之二）

从毛泽东圈阅并手书的情况看，他对这首诗是很欣赏的。（东民 刘磊）

【原文】

秋兴八首
其三　千家山郭静朝晖

千家山郭静朝晖[1]，日日江楼坐翠微[2]。

信宿渔人还泛泛[3]，清秋燕子故飞飞。

匡衡抗疏功名薄[4]，刘向传经心事违[5]。

同学少年多不贱[6]，五陵衣马自轻肥[7]。

【毛泽东圈评等情况】

1958年3月成都会议期间，毛泽东圈阅的《诗词若干首》（唐宋明朝诗人写的有关四川的一些诗和词）中有这首《秋兴八首　其三》。

[参考]刘开扬注释:《诗词若干首》（唐宋明朝诗人咏四川），

四川人民出版社1979年版，第51页。

毛泽东1925年写的《沁园春·长沙》词:"独立寒秋，湘江北去，橘子洲头。看万山红遍，层林尽染；漫江碧透，百舸争流。鹰击长空，鱼翔浅底，万类霜天竞自由。怅寥廓，问苍茫大地，谁主沉浮？ 携来百侣曾游，忆往昔峥嵘岁月稠。恰同学少年，风华正茂；书生意气，挥斥方遒。指点江山，激扬文字，粪土当年万户侯。曾记否，到中流击水，浪遏飞舟！"毛泽东词中的"恰同学少年"当由此诗中"同学少年多不贱"化出。

[参考]《毛泽东诗词集》，中央文献出版社1996年版，第6—7页。

【注释】

（1）山郭，山城，指夔州城。静，寂静。朝晖，朝阳。晖，日光。

（2）江楼，临江之楼，夔州临江。翠微，山旁陂陀之处，一说山青绿色。《尔雅疏》:"山气青绿色曰翠微，凡山远望则翠，近之则翠渐微。"

（3）信宿，再宿，这里有一天又一天的意思。指渔人夜夜在江上捕鱼。泛泛，形容小舟在水中漂浮、无所归依的样子。

（4）匡衡，字稚圭，汉代人。元帝时他数次上疏议论时事，升为光禄大夫、太子少傅。后为丞相，封安乐侯。事迹见《汉书·匡衡传》。杜甫曾为左拾遗，上疏救房琯，故以抗疏之匡衡自比，但结果反遭贬斥。抗疏，上书直陈。疏，奏疏。功名，指禄位。

（5）刘向，字子政，汉朝经学家，历仕宣帝、元帝、成帝三朝，屡次上书言事，以忠直闻名，为权贵所忌。他受命传授《谷梁传》，在石渠阁讲论"五经"；后受诬免为庶人，汉成帝即位，诏其典校内五经秘书。著有《列女传》《说苑》《新序》等。后又与儿子歆共领校秘书，讲天艺传记、诸子诗赋等。杜甫家素业儒，结果却为朝廷所疏远。心事违，指事与愿违。

（6）同学少年，指少年时代一起读书求学的朋友。同学，同受业于师。多不贱，大多作了高官。

（7）五陵，长安附近的五座汉代帝王陵墓，长陵、安陵、阳陵、茂陵、平陵，为汉高祖、惠帝、景帝、武帝、昭帝的陵墓。后来成为富贵人家聚居之地。轻肥，即轻裘肥马，比喻富贵。《论语·雍也》："乘肥马，衣轻裘。"自轻肥，有神意自得的意思。

【赏析】

这是《秋兴》组诗的第三首。上首诗写夜，这首诗写清晨。

"千家山郭静朝晖，日日江楼坐翠微"，首联中的"山郭"说明夔州地处偏僻，"千家"指人烟稀少。"朝晖"写秋晨朝霞的美景，以"静"饰"朝晖"，空寂冷漠之意顿出。早起坐江楼赏朝晖，看翠微，似乎不无惬意，冠以"日日"二字，就揭示出诗人无聊而孤寂的心情，并使"朝晖"失去诱人的光彩，甚至望"翠微"生厌。

"信宿渔人还泛泛，清秋燕子故飞飞"，颔联就眼前所见作进一层铺叙。"信宿"，一夜曰宿，再宿曰信。渔舟依旧泛泛，燕子故意飞飞，是"日日"看到的景致，在"泛泛""飞飞"中就透出诗人的憎厌之情。身处异地，心怀家国，触目皆愁；日坐江楼，看朝晖，对翠微，已透出无聊情绪，而舟泛、燕飞又皆从无聊者的眼中看出，无可奈何的心情益发清晰。

"匡衡抗疏功名薄，刘向传经心事违"，颈联借古人写心中事。这里是指如果抗言上疏论奏政治得失，何减匡衡，结果却因此遭贬，"伏奏无成，终身愧耻",因此说"功名薄";进而不得为国出力,只得退而讲经如刘向父子,但窗老一经,一事无成,违背自己的心愿,因此说"心事违"。说"功名薄",说"心事违",以转进一层的笔法,表达了诗人的强烈愤慨。抗疏遭贬,著诗抒情,诗人借二古人事以抒发自己的愤懑,写得委婉深沉。

"同学少年多不贱,五陵衣马自轻肥",尾联借"同学少年"之得意反衬自己不得意的处境。想到同学少年多已腾达得意,轻裘肥马,作威作福,既不念故人之流落,更不念家国之残破,一个"多"字,一个"自"字,表现了诗人的痛心,也表明了他的鄙视之情。诗人本不得意,却以得意者反衬,转折得突兀,收结得愤激,诗正是在愤激中揭示了诗人的深挚的忧国忧民之情。

从毛泽东圈阅并化用此诗的情况来看,他对这首诗是很欣赏的。(毕桂发)

【原文】

秋兴八首
其四　闻道长安似弈棋

闻道长安似弈棋⁽¹⁾,百年世事不胜悲⁽²⁾。
王侯第宅皆新主⁽³⁾,文武衣冠异昔时⁽⁴⁾。
直北关山金鼓振⁽⁵⁾,征西车马羽书驰⁽⁶⁾。
鱼龙寂寞秋江冷⁽⁷⁾,故国平居有所思⁽⁸⁾。

【毛泽东圈评等情况】

1958年3月成都会议期间,毛泽东圈阅的《诗词若干首》(唐宋明朝诗人写的有关四川的一些诗和词)中有这首《秋兴八首　其四》。

[参考]刘开扬注释:《诗词若干首》(唐宋明朝诗人咏四川),

四川人民出版社1979年版,第51—52页。

毛泽东1966年写的《七律·有所思》:"正是神都有事时,又来南国踏芳枝。青松怒向苍天发,败叶纷随碧水驰。一阵风雷惊世界,满街红绿走旌旗。凭栏静听潇潇雨，故国人民有所思。"毛泽东词中的"故国人民有所思"当由此诗中"故国平居有所思"化出。

[参考]《毛泽东诗词集》，中央文献出版社 1996 年版，第 217 页。

【注释】

（1）闻道，听说。似弈棋，是说长安政局彼争此夺、互为胜负，就像下棋一样。弈（yì），下棋。古代多指下围棋。

（2）百年，指代一生。

（3）第宅，府第，住宅。新主，新的主人。此句是说官高爵显者多是侥幸滥进的暴发户。

（4）衣冠，古代冠服是按封建等级身份而定的，这里的衣冠指豪门贵族。异昔时，与往日不同，这里指封建法度混乱。

（5）直北，正北，指长安以北。金鼓，古代军中发号令的工具，击鼓进军，鸣金收兵。金鼓振，指有战事。说西北回纥入侵。

（6）征西，指西边与吐蕃之间的战事。羽书，羽檄，军中有急事插鸟羽于书。这句说吐蕃入寇，征西军队告急。

（7）"鱼龙"句，鱼龙，泛指水族。寂寞，指入秋以后，水族潜伏，不在波面活动。北魏郦道元《水经注》说："鱼龙以秋日为夜。龙秋分而降，蛰寝于渊，故以秋为夜也。"比喻自己正如鱼龙值秋潜蛰。

（8）故国，旧都，指长安。杜甫曾在长安住过十年。平居，平时居处。有所思，有所怀念追忆。

【赏析】

《秋兴八首》第四首以安史之乱为中心，写长安近况，是八首诗中的枢纽。

"闻道长安似弈棋，百年世事不胜悲"，首联因听说长安政局变化很大——指长安先破于安史，后陷于吐蕃，而反思国家和个人所经历的动乱与流亡，有说不尽的悲哀。"弈棋"言中央政权彼争此夺，反复不定，变化急促，比喻贴切而形象。"百年"此处既指自己一辈子，也指唐代社会。"不胜悲"是指国运民生和自己宦海浮沉身世所生的感慨。

中四句承首联，皆"闻道"之事，具体写"似弈棋"的内容。颔联"王侯第宅皆新主，文武衣冠异昔时"，感慨世道的变迁，时局的动荡，着重内忧；国运今非昔比，老一辈文武官员都换成了新主。中央的典章、文物、制度都已废弃，在政治上自己已经是一个被遗忘的人了。

"直北关山金鼓振，征西车马羽书驰"，颈联忽然纵笔大开，大起波澜，侧重外患。"直北"即正北，"愁看直北是长安"，夔州的正北是长安、洛阳，亦即陇右关辅中原一带，此指长安以北。"直北""征西"互文，"金鼓震""羽书驰"言西北多事，吐蕃曾陷长安，后回纥入寇，党项、羌又犯同州，浑奴刺寇周至，故云。报军情的文件来往驰送，时局危急。

"鱼龙寂寞秋江冷，故国平居有所思"，尾联写在这国家残破、秋江清冷、身世凄苦、暮年潦倒的情况下，昔日在长安的生活常常呈现在怀想之中。第七句"鱼龙寂寞秋江冷"结到"秋"字，《水经注》："鱼龙以秋冬为夜。"写秋江即诗人当前身在夔州之处境。第八句结到"思"字，领起下面洋洋洒洒四首律诗，写故国平居，均由"思"字生出，故国思与前面的故园心一脉相承，承上启下，大合大开，气势流转，笔有千钧之力。

毛泽东 1966 年写的《七律·有所思》中"故国人民有所思"当由此诗中"故国平居有所思"化出。（毕桂发）

【原文】

秋兴八首
其五　蓬莱宫阙对南山

蓬莱宫阙对南山⁽¹⁾，承露金茎霄汉间⁽²⁾。
西望瑶池降王母⁽³⁾，东来紫气满函关⁽⁴⁾。
云移雉尾开宫扇⁽⁵⁾，日绕龙鳞识圣颜⁽⁶⁾。
一卧沧江惊岁晚⁽⁷⁾，几回青琐点朝班⁽⁸⁾？

【毛泽东圈评等情况】

1958年3月成都会议期间，毛泽东圈阅的《诗词若干首》（唐宋明朝诗人写的有关四川的一些诗和词）中有这首《秋兴八首　其五》。

[参考]刘开扬注释：《诗词若干首》（唐宋明朝诗人咏四川），
四川人民出版社1979年版，第52页。

【注释】

（1）蓬莱，宋王溥撰《唐会要》卷三十："龙朔二年，修旧大明宫，改名蓬莱宫，北据高原，南望终南山如指掌。"南山，即终南山。

（2）承露金茎，汉武帝相信道家方士的话，在建章宫西建立金茎承露盘。唐代宫中并无承露盘，这里借汉宫比拟唐宫。承露，指仙人承露盘。金茎，指承露盘下的铜柱。《西都赋》说："抗仙掌以承露，擢双立之金茎。"霄汉间，高入云霄，形容承露金茎极高。

（3）瑶池，神话传说中女神西王母的住地，在昆仑山。瑶池降王母，西晋郭璞注《穆天子传》等书记载有周穆王登昆仑山会西王母的传说。东汉班固撰《汉武内传》则说西王母曾于某年七月七日飞降汉宫。

（4）东来紫气，用老子自洛阳入函谷关事。西汉刘向撰《列仙传》记载，老子西游至函谷关，关令尹喜登楼而望，见东极有紫气西迈，知有圣人过函谷关，后来果然见老子乘青牛经过。函关，即函谷关。老子自洛阳入函谷关，故曰东来。

（5）云移，指宫扇云彩般地分开。雉尾，指雉尾扇，用雉尾编成，是帝王仪仗的一种。唐玄宗开元年间，萧嵩上疏建议，皇帝每月朔、望日受朝于宣政殿，上座前，用羽扇障合，俯仰升降，不令众人看见，等到坐定之后，方令人撤去羽扇。后来定为朝仪之一。

（6）日绕龙鳞，形容皇帝衣上所绣之龙纹光彩夺目，如日光缭绕。圣颜，天子的容貌。这里所说的"识圣颜"既指唐玄宗时杜甫献《三大礼赋》事，也指唐肃宗时杜甫为左拾遗上朝事。龙鳞衮衣上绣的龙纹。

（7）一，一自，自从。卧沧江，指卧病夔州。沧江，大江，指长江。岁晚，指秋深，兼指自己已近晚年。

（8）几回，言立朝时间之短，只不过几回而已。青琐，宫中门名，镂刻连环文，涂青色。指宫门。点朝班，指上朝时，殿上依班次点名传呼百官朝见天子。点，传点。

【赏析】

上首诗说往事"不胜悲"，故国"有所思"。这首诗紧接上首诗意，写回忆在长安时所见宫殿的宏伟壮丽、廷仪的隆重威严，而今却几经变迁，自己已到晚年卧病沧江，昔日之盛事已不得复见。此乃"有所思"之一。

和秋天的联系只在诗人最后的一句里，即"一卧沧江惊岁晚"里，天气已是岁晚，即秋天时节，"我"的境况为病卧沧江，越是凄切，就越发想起了当初的意气风发。前面几乎夸张的描写其实都是为了突出诗人现在悲剧性的处境而已。

"蓬莱宫阙对南山，承露金茎霄汉间"，蓬莱宫在长安东北龙首原上。它北据高原，面对终南山。在这里南望终南山如在指掌，长安街道房舍历历可见。"蓬莱宫阙对南山"，先点出蓬莱宫所在地势高而险要。"承露金茎霄汉间"，进一步再写宫中建筑物的宏伟高大。"承露"即承接仙露的铜盘，它在"金茎"上面，"金茎"即支撑盘的铜柱。"承露金茎"是汉武帝所建，它并不在蓬莱宫。杜甫这里写它高插云霄，以指代宫中建筑物的宏伟壮观。诗歌的首联描写长安宫殿的景色，采用了比兴的手法，隐晦地提出唐玄宗好道教、求神仙的荒唐。

"西望瑶池降王母，东来紫气满函关"，活用神话故事，进一步写蓬莱宫巍峨壮丽、气象万千。神话说西王母曾降在昆仑山瑶池，同周穆王相会。又说老子西游至函谷关，函谷关有关令尹喜看到紫气自东而来，因而知道有真人来，后果见老子乘青牛而过。这两个故事，本与蓬莱宫无甚瓜葛。但杜甫却说站在蓬莱宫向西可以望见王母降临的瑶池，向东可以看到老子来过的函谷关。诗人这富于浪漫色彩的描写，十分明显，意在表现蓬莱宫的壮丽气象。西王母和老子出函谷关的典故，则进一步指出了唐玄宗因为崇奉道教、追求长生而导致国家混乱。

"云移雉尾开宫扇，日绕龙鳞识圣颜"，写唐代廷仪的隆重威严。唐玄宗开元中期以后，曾实行一种廷仪仪式，每逢初一、十五皇帝上朝，未坐定之前，仪仗人员要用羽扇障合，俯仰升降，不令众人见到皇帝。等皇帝坐定后才开扇。羽扇用雉鸟尾羽制成，叫雉尾合障。"云移雉尾开宫扇"就是描写合障开扇的威严壮观景象的。合障时雉尾扇上下翻动如一团彩云翻滚，待开扇时又如彩云散开。唐代皇帝上朝时穿的衮衣上面绣着龙鳞，在仪仗人员的羽扇未开时，下面的众人都看不见，等开扇时殿下的众人才能看到皇帝。"日绕龙鳞识圣颜"就是这种景象的写照。宫阙的壮丽景象也好，廷仪的威严也好，都已成为过去。杜甫想到离开京都已经十多年了，他已经五十五岁，已到晚年，特别是漂泊西南之后病魔缠身，因之感到再观望那些盛世景色，已是不可能了，想到这些自然不胜悲哀。颈联由唐玄宗的荒唐而联系到自身，感慨自己没有能尽力劝止玄宗，于是想到自己在朝为官时的景象，"忠君爱国"的思想又充斥着诗人的胸怀。

"一卧沧江惊岁晚，几回青琐点朝班"，卧，即卧病。沧江即长江，这里指四川。青琐，指宫门。点朝班，百官朝见皇帝时，有一定的班次，依班传点，依次入朝。这二句的意思是说：自到西南以来经常卧病，忽然令人吃惊地感到已至晚年，还有几回能在宫门点朝班呢？就是说他已没有这种机遇了，自然不胜悲哀。尾联写诗人虽然豪情万丈，但身居夔州，远离朝廷，加上年老多病，这一辈子是没有希望再去朝廷替皇上分忧解难了，寄托了年华老去、壮志难酬的感叹和哀伤。整首诗交织着深秋的冷落荒凉、心情的寂寞凄楚和国家的衰败残破。清钱谦益《杜诗笺注》说："此诗追思长安全盛，叙述其宫阙崇丽，朝省庄严，而感伤则见于末句。"南宋周紫芝说杜甫："少陵有句皆忧国。"这都是中肯之言。明张綖注《杜工部诗通》评论说："其有感于长安者，但极言其盛，而所感自寓于中。徐而味之，则凡怀乡恋阙之情，慨往伤今之意。""慨往伤今"四字的评价尤为准确。（毕桂发）

【原文】

秋兴八首
其六　瞿塘峡口曲江头

瞿塘峡口曲江头⁽¹⁾，万里风尘接素秋⁽²⁾。
花萼夹城通御气⁽³⁾，芙蓉小苑入边愁⁽⁴⁾。
珠帘绣柱围黄鹄⁽⁵⁾，锦缆牙樯起白鸥⁽⁶⁾。
回首可怜歌舞地⁽⁷⁾，秦中自古帝王州⁽⁸⁾。

【毛泽东圈评等情况】

1958年3月成都会议期间，毛泽东圈阅的《诗词若干首》（唐宋明朝诗人写的有关四川的一些诗和词）中有这首《秋兴八首　其六》。

[参考] 刘开扬注释：《诗词若干首》（唐宋明朝诗人咏四川），

四川人民出版社1979年版，第52—53页。

【注释】

（1）瞿塘峡，三峡的第一峡，在夔州东，为作者所在之地。曲江，唐代长安中游览胜地，为所思之处。

（2）万里风尘，指夔州与长安相隔万里之遥。风尘，犹风云。一作风烟。素秋，秋尚白色，故称素秋。

（3）花萼，楼名，即花萼相辉楼，在唐代长安南内兴庆宫西南隅。夹城，两边筑有高墙的通道，犹今所说"夹道"。《长安志》记载，唐玄宗开元二十年（732），从大明宫依城修筑复道，经通化门，达南内兴庆宫，直通曲江芙蓉园，以便游赏，所以说"通御气"。御气，御行于元气中。

（4）芙蓉小苑，即芙蓉园，也称南苑，在曲江西南。入边愁，传来边地战乱的消息。边愁，指安禄山起兵叛乱。唐玄宗常住兴庆宫，常和妃子们一起游览芙蓉园。史载，安禄山叛乱的消息传到长安，唐玄宗在逃往四川之前，曾登兴庆宫花萼楼饮酒，四顾凄怆。

（5）珠帘绣柱，织珠为帘，以绣加柱，形容曲江行宫别院的楼亭建筑极其富丽华美。汉昭帝时,黄鹄飞下建章宫太液池中,昭帝作歌。宫室很密,黄鹄如被围住。黄鹄,天鹅。

(6)锦缆牙樯,指曲江中装饰华美的游船。锦缆,彩丝做的船索。牙樯,用象牙装饰的桅杆。起,惊起。

(7)歌舞地,指曲江池苑。此句是说昔日繁华的歌舞之地曲江,如今屡遭兵灾,荒凉寂寞,令人不堪回首。

(8)秦中,指关中,此处借指长安。《西都赋》:"汉之长安,三成帝畿。周以龙兴,秦以虎视。"帝王州,帝王建都之地。

【赏析】

诗人在万里之外的瞿塘峡口,回想往日玄宗游幸曲江的盛况,对自古帝王州的今昔盛衰变化,不胜感慨。

首联"瞿塘峡口曲江头,万里风尘接素秋",曲江又名曲江池,在古长安城东南。曲江池本汉武帝开凿,曾一度干涸,唐玄宗又大加兴修。全池面积约七十万平方米,两岸宫殿连绵,楼阁起伏,花卉环绕,烟水明媚。它的南面有紫云楼、芙蓉苑,西面有杏园、慈恩寺,乐游园,是当时的游览胜地。经安史之乱后此池遭到破坏,萧条冷落。瞿塘峡是长江三峡中的第一峡,在夔州(今重庆奉节),这两个地方相距万里,本无甚联系。然而杜甫在诗的一开始就把两个地方紧紧地联系在一起了。"瞿塘峡口曲江头,万里风尘接素秋。"在诗人看来,曲江池与瞿塘峡虽然相距万里,一为长安过去游览胜地,一为荒凉的山区,然而现在它们却同样地处于弥漫的风尘之中,同样地为秋天的萧瑟气氛所笼罩。"风尘"一般指战乱。显然诗人用同样风尘把二者联系在一起,意在说明祖国的西北、西南都处在烽火战乱之中,由于战乱的破坏,到处是一片秋天萧瑟的景象。诗一开始就给人以战乱凄凉的感觉。瞿塘峡在夔府东,临近诗人所在之地,曲江在长安东南,是所思之地。清黄生《杜诗说》说:"二句分明在此地思彼地耳,却只写景。杜诗至化处,景即情也。"不失为精到语。

颔联"花萼夹城通御气,芙蓉小苑入边愁",意在言外,写战乱的原因。在诗人看来,连年战火不熄,全国风尘弥漫,都是由于帝王的游乐无度引起的。"花萼"楼名，在唐代兴庆宫西南角。"夹城"唐玄宗修建的两边有高墙的夹道。它自蓬莱宫经通化门至兴庆宫，达曲江芙蓉苑，专供皇帝游曲江用，所以称夹城"通御气"。诗人在这里用"花萼""夹城""芙蓉"等地名和夹道，表明唐玄宗的游乐无度。在诗人看来正是这些奢侈游乐，荒废了朝政，才引起了安禄山的叛乱，才有了"边愁"的乘机而来。封建社会一般文人往往把一代的衰败归之帝王个人的荒淫、昏庸。杜甫也具有这种思想，他在这里虽非直接谴责唐玄宗的荒淫，但讥刺之意也是显而易见的。

颈联"珠帘绣柱围黄鹄，锦缆牙樯起白鸥"，诗人进一步写曲江的繁华，表明帝王生活的奢侈无度。曲江当时的楼台雕梁画栋，珠帘映门。曲江池中的游船以锦缎作缆索，以象牙作樯杆。宫殿连绵不断，以致黄鹄（指天鹅）在其中飞来飞去却总飞不出去；樯杆耸天林立，白鸥在上面上下翔翔。从这些繁华景象的描写中，可以看到当时帝王生活是何等的奢侈豪华。曲江池这种景象在杜甫的《乐游园歌》《哀江头》《曲江对雨》《曲江对酒》及《曲江二首》等诗中都有所描写，其中也大都含有讽喻意味。

"回首可怜歌舞地，秦中自古帝王州"，尾联两句是说，现在回头看看可爱的、过去歌舞升平的曲江，已经是一片凄凉，不堪回首。这应该引起人们深思：长安自古以来都是帝王建都的地方，都是兵家必争之地，占据这个地方切不可忘乎所以，任意奢侈胡为。杜甫在这里表达了他对当时最高统治者的讽喻规劝之意，情意凄切婉转。（毕桂发）

【原文】

秋兴八首
其七　昆明池水汉时功

昆明池水汉时功⁽¹⁾，武帝旌旗在眼中⁽²⁾。
织女机丝虚夜月⁽³⁾，石鲸鳞甲动秋风⁽⁴⁾。
波漂菰米沉云黑⁽⁵⁾，露冷莲房坠粉红⁽⁶⁾。
关塞极天惟鸟道⁽⁷⁾，江湖满地一渔翁⁽⁸⁾。

【毛泽东圈评等情况】

1958年3月成都会议期间，毛泽东圈阅的《诗词若干首》（唐宋明朝诗人写的有关四川的一些诗和词）中有这首《秋兴八首　其七》。

[参考] 刘开扬注释：《诗词若干首》（唐宋明朝诗人咏四川），

四川人民出版社1979年版，第53页。

【注释】

（1）昆明池，在长安城西南二十里斗门镇一带，方圆四十里，汉武帝元狩三年（前120）所凿建，以习水战，准备征讨西南彝。所以杜甫这里说"汉时功"。功，同"工"，功力，指修造工程说。

（2）武帝，汉武帝。唐人诗中多以汉武帝比拟唐玄宗，杜甫也是这样。唐玄宗好武功，曾征南诏，所以说"在眼中"。旌旗，旗的总名，有羽的叫旌，无羽的叫旗，这里指楼船上的军旗。《汉书·食货志（下）》："乃大修昆明池，列馆环之，治楼船，高十余丈，旗帜加其上，甚壮。"

（3）织女，指汉代昆明池西岸的织女石像，俗称石婆。《三辅黄图》卷四引《关辅古语》曰："昆明池中有二石人，立牵牛、织女于池之东西，以像天河。"机丝，织机及机上之丝。虚夜月，空对着一天明月。夜月虽明，却不织布，故曰"虚夜月"。

（4）石鲸，指昆明池中的石刻鲸鱼。《三辅黄图》卷四引《三辅故事》曰："池中有豫章台及石鲸，刻石为鲸鱼，长三丈，每至雷雨，常鸣吼。鬐尾皆动。"石鲸今尚存陕西博物馆（原碑林），长三丈。动秋风，状石鲸之生动。

（5）菰（gū），即茭白，生浅水中，叶如蒲草，中心嫩芽可食，秋季结实如米，叫作菰米，可以代粮充饥。沉云黑，形容菰米极多，望去好像黑沉沉的阴云一样。

（6）莲房，即莲蓬。坠粉红，指秋季莲蓬成熟，花瓣片片坠落，故曰"坠粉红"。

（7）关塞，此指夔州山川。极天，形容极高。鸟道，形容道路高峻险要，唯飞鸟可通。《南中八志》："鸟道四百里，以其险绝，兽犹无蹊，特上有飞鸟之道耳。"

（8）江湖满地，形容漂泊江湖，无涯无际，无所归依。渔翁，渔父，杜甫自谓。

【赏析】

《秋兴八首》其七是回忆长安昆明池景色，感叹漂泊西南、回长安无期的诗作。

汉武帝在长安西南二十里处，建有周围长四十里的昆明池，并于池中建楼船高十余丈，上加旌旗。杜甫此诗从汉武帝凿池造船历史往事写起。首联"昆明池水汉时功，武帝旌旗在眼中"，诗人说，他想到昆明池，就想到汉武建池的功勋，同时武帝建造的楼船上的旌旗也仿佛就在眼前似的。唐人多以唐玄宗比汉武帝，指出他们同样好大喜功，穷兵黩武。唐玄宗也曾造大船置于昆明池中，根据历史的和现实的情况，可以说杜甫在这里明写汉武，实有写玄宗之意。

"织女机丝虚夜月，石鲸鳞甲动秋风"，颔联二句写昆明池畔历史遗物。据记载，汉代在昆明池中建二石人像，东为牵牛，西为织女，遥相对立，以象天河。池中有石刻鲸鱼，每至雷雨之时，常吼鸣，鬣尾皆动。杜甫对这些历史遗物描写得极为生动，形象逼真。他以拟人化的手法写织女在月夜停止了织丝的劳动，白白地对着明月。石鲸又写得十分雄伟活脱，说它的鳞甲能扇起秋风，这自然是想象的夸张。

"波漂菰米沉云黑，露冷莲房坠粉红"，颈联二句写昆明池中秋天水上景色。到了秋天，菰米落在水中，随着微波漂动，菰的影子映入池水像一团团的黑云；池中的莲花被霜露打得从莲房里纷纷坠落。这里诗人对昆明池水面的秋色描写又显得极为冷落凄凉。以上所写的昆明池的兴建和池上壮丽、凄凉的景色，都是诗人回忆长安时所想到的，而诗的最后两句则是写诗人现实的处境及无可奈何的感叹。

"关塞极天惟鸟道，江湖满地一渔翁"，尾联说诗人现在正处在高山峻岭之中。这里山高路险，只有小鸟能飞得过去，像个渔翁一样在这里到处漂泊不定，无处可归。杜甫本有"致君尧舜上"的思想，可是不能为用，想回长安而又不可能，落魄江湖，可以说已经到了山穷水尽的地步。从这里我们可以想见诗人这时的心情是多么悲哀。

这首诗构思巧妙，形象刻画逼真，思想忧郁。第一句写汉武帝兴昆明池，第二句从"旌旗在眼中"开始，便在不觉中从历史的描写转到现实的刻画，把历史的描写同现实的反映巧妙地结合起来。织女石像描写得意蕴含蓄，石鲸则刻画得雄壮且富有生气。菰米、莲房则显凄凉。这些逼真的形象描写，又能唤起人们对历史和现实的深思。诗的最后卒章显志，表明他并不愿过渔翁式的漂泊生活，想回长安有所作为但又无门。
（毕桂发）

【原文】

秋兴八首
其八　昆吾御宿自逶迤

昆吾御宿自逶迤⁽¹⁾，紫阁峰阴入渼陂⁽²⁾。

香稻啄余鹦鹉粒，碧梧栖老凤凰枝。

佳人拾翠春相问⁽³⁾，仙侣同舟晚更移⁽⁴⁾。

彩笔昔曾干气象⁽⁵⁾，白头今望苦低垂⁽⁶⁾。

【毛泽东圈评等情况】

1958 年 3 月成都会议期间，毛泽东圈阅的《诗词若干首》（唐宋明朝诗人写的有关四川的一些诗和词）中有这首《秋兴八首　其八》。

[参考] 刘开扬注释：《诗词若干首》（唐宋明朝诗人咏四川），

四川人民出版社 1979 年版，第 53—54 页。

【注释】

（1）昆吾、御宿，两地名，都在长安南，靠终南山，汉代属上林苑的范围。昆吾亭，在今陕西蓝田境。御宿川，在今陕西西南。逶迤，长远曲折之状。

（2）紫阁，紫阁峰，终南山的山峰，在今陕西西安鄠邑区东南30里。渼陂（měi pí），在今陕西西安鄠邑区西，唐时为长安西南的风景胜地。

（3）拾翠，拾取翠鸟羽毛以为首饰。后多指妇女游春。语出三国魏曹植《洛神赋》："或采明珠，或拾翠羽。"相问，相互问候互赠礼物，形容一派天真融洽的气氛。

（4）仙侣，人品高尚、心神契合的朋友。语出南朝梁范晔等《后汉书·郭太传》："林宗（郭太字）唯与李膺同舟而济，众宾望之，以为神仙焉。"指同游渼陂的岑参等友人。晚更移，天色已晚，却游兴未尽，遂移舟夜游。

（5）彩笔，比喻创作有文采。干气象，凌，干动。气象，指山川气象，自然造化的精神。唐李延寿《南史》："江淹尝宿冶亭，梦郭璞谓曰：'吾有彩笔，在卿处多年，可以见还。'乃探怀中，得五色笔以授之。嗣后有诗绝无美句，诗人谓之才尽。"

（6）苦低垂，苦苦低下，尽量低下。

【赏析】

《秋兴八首》其八诗写长安游览胜地渼陂湖及昔日同岑参游览渼陂情况，慨叹今日衰老，对胜地已是可望而不可即。渼陂是古长安游览胜地之一，在长安西南终南山下，周围四十里，湖水澄湛碧绿。元末，湖水干涸，渼陂变为农田。杜甫在长安时曾同岑参一起到此游过，并写有《渼陂行》《城西陂泛舟》等诗描写当时游览盛况。

"昆吾御宿自逶迤，紫阁峰阴入渼陂"，首联写渼陂所在地及由长安到那里所经过的道路。上句说由长安到渼陂必须经过昆吾、御宿这两个地方，而且道路逶迤，弯弯曲曲。大意说，到了终南山的紫阁峰北面，就看到了紫阁峰影倒映在渼陂湖中，到这里就到了渼陂。

"香稻啄余鹦鹉粒，碧梧栖老凤凰枝"，颔联二句是"鹦鹉啄余香稻粒，凤凰栖老碧梧枝"的倒装。上句以"鹦鹉啄余粒"说明这里物产丰富。下句以"凤凰栖老枝"说明它在这里居住时间长久。这里的鹦鹉、凤凰并非实指，只不过是珍禽异鸟的代表罢了。这二句意思在于表明渼陂湖畔物产丰富，林深叶茂，珍禽异鸟汇集，景色十分优美。

"佳人拾翠春相问，仙侣同舟晚更移"，颈联写当年湖畔游人众多及同友人泛舟渼陂情况。上句是说年轻姑娘们拾起彩色羽毛相互馈赠，下句是说与友人泛舟直到夜晚。杜甫在天宝十三年（754）写的《城西陂泛舟》一诗中说"青娥皓齿在楼船，横笛短萧悲天远"。又在同年写的《渼陂行》一诗中说："半陂以南纯浸山，动影袅窕冲融间。船舷暝戛云际寺，水面月出蓝田关。"诗人现在对当年泛舟直至夜晚的情况仍不忘怀。但这里只略微提及，对其详情未加描述。

"彩笔昔曾干气象，白头今望苦低垂"，尾联写自己的今昔对比。上句说从前自己情采纵横，才气横溢，曾尽情地描写过渼陂及与朋友同游的情况，而今已是白头暮年，体力减退，文采衰竭，渼陂那地方再去已不可能，只有遥望和长久地伏案作诗吟颂了。暮年漂泊的痛苦，想望长安而不可即的悲哀，跃然纸上。这二句诗所表达的思想情感也是其他各首所共有的。因而它不但是这首诗的结尾，而且也可以说是《秋兴八首》总的结尾。（毕桂发）

【原文】

咏怀古迹五首
其一　支离东北风尘际

支离东北风尘际[1]，漂泊西南天地间[2]。
三峡楼台淹日月[3]，五溪衣服共云山[4]。
羯胡事主终无赖[5]，词客哀时且未还[6]。
庾信平生最萧瑟[7]，暮年诗赋动江关[8]。

【毛泽东圈评等情况】

1958年3月成都会议期间，毛泽东圈阅的《诗词若干首》（唐宋明朝诗人写的有关四川的一些诗和词）中有这首《咏怀古迹五首其一》。

[参考] 刘开扬注释：《诗词若干首》（唐宋明朝诗人咏四川），

四川人民出版社1979年版，第41页。

【注释】

（1）支离，本指破碎、形体不全，这里是流离、转移不定的意思。东北风尘际，指安禄山叛乱之后，诗人流徙奔波。风尘，指战争。际，时际，适当其时。

（2）漂泊西南，指诗人入蜀后，因兵乱往来于成都、梓州之间，最后出峡，经云安至夔州。漂泊，流离失所。

（3）楼台，泛指当地居民的山间楼舍。淹，淹留，久留。

（4）五溪，古代五溪指槿溪、雄溪、酉溪、沅溪、辰溪，为苗、瑶、土家等族居住地区，在今湖南贵州交界处。衣服，借以形容夔州地方偏远，风俗衣着与中原有别。共云山，共居杂处，不得归去。

（5）羯胡，古代北方少数民族，这里指安禄山。主，指唐玄宗。终无赖，安禄山终是狡猾反复无常之人，发动了叛乱。也指南朝叛梁的侯景。

（6）词客，词人，诗人自指，也兼指庾信。哀时，为时局的动荡不安而悲哀。且，尚。

（7）庾信，字子山，南阳新野人，仕梁朝，侯景叛乱奔江陵，梁元帝时出使西魏，被留北方，常有乡关之思，作《哀江南赋》以寄意。萧瑟，凄凉。

（8）动江关，惊动海内，影响很大。这里指荆州江陵。梁元帝都江陵时，庾信也住在江陵，其所居相传是宋王的故宅。诗人漂泊西南，也有家国乡关之思，和庾信情况相似。

【赏析】

《咏怀古迹五首》组诗是咏古迹怀古人进而感怀自己的作品。作者于唐代宗大历元年（766）从夔州出三峡，到江陵，先后游历了宋玉宅、庾信故居、昭君村、永安宫、先主庙、武侯祠等古迹，对于古代的才士、国色、英雄、名相，深表崇敬，写下了五首七言律诗，以抒情怀。这五首诗虽为一组，但它们并无不可分割的紧密联系，每首可各自独立成篇。"咏怀古迹"意思是借古迹以抒发个人怀抱，并非专为古迹而写。

《咏怀古迹五首》第一首吟咏庾信，并对庾信凄凉的身世、壮志未酬的人生表示了深切的同情，寄寓了自己仕途失意、颠沛流离的身世之感，抒发了自身的理想、感慨和悲哀。明末清初王嗣奭《杜臆》说："五首各一古迹。第一首古迹不曾说明，盖庾信宅也。借古以咏怀，作咏古迹也。……公于此自称'词客'，盖将自比庾信，先用引起下句，而以己之'哀时'比信之《哀江南》也。"

作者对庾信的诗赋推崇备至，曾称"清新庾开府""庾信文章老更成"。而自身的江陵之行，与庾信漂泊亦有相通之处，因此在抒发其对庾信的怀念，感佩其对诗歌艺术的执着追求的同时，也在其漂泊异乡的凄凉境遇中抒发了自身的感慨。清沈德潜编选《唐诗别裁集》说："此章以庾信自况，非专咏庾也。五、六语已与庾信双关；以上，少陵自叙。"

"支离东北风尘际，漂泊西南天地间"，首联是杜甫自安史之乱以来全部生活的概括。安史乱后，杜甫由长安逃难至鄜州，欲往灵武，又被俘至长安，复由长安窜归凤翔，至鄜州探视家小，长安克复后，贬官华州，旋弃官，客秦州，经同谷入蜀，故曰"支离东北风尘际"。当时战争激烈，故曰风尘际。入蜀后，先后居留成都约五年，流寓梓州阆州一年，严武死后，由成都至云安，今又由云安来夔州，故曰"漂泊西南天地间"。只叙事实，感慨自深。

"三峡楼台淹日月，五溪衣服共云山"，颔联承上漂流西南，点明所在之地。这里风情殊异，房屋依山而建，层层高耸，似乎把日月都遮蔽了。山区百姓大多是古时五溪蛮的后裔，他们身穿带尾形的五色衣服，同云彩和山峦一起共居同住。

"羯胡事主终无赖，词客哀时且未还"，颈联追究支离漂泊的起因。这两句是双管齐下，因为在咏怀之中兼含咏史之意，它既是自己咏怀，又是代古人庾信咏怀。本来，安禄山之叛唐，即有似于侯景之叛梁。杜甫遭禄山之乱，而庾信亦值侯景之乱；杜甫支离漂泊，感时念乱，而庾信亦被留北朝，作《哀江南赋》。因身份颇相类，故不无"同病相怜"之感。正由于双管齐下，所以这两句不只是承上文，同时也起下文。清方东树《昭昧詹言》说："首章前六句，先发己哀为总冒。庾信宅在荆州，公未到荆州而将有江陵之行，流寓等于庾信，故先及之。"清浦起龙撰《读杜心解》说："三、四，正咏'飘泊'。五、六，流水，乃首尾关键。'终无赖'申'支离'，'且未还'起'萧瑟'。"

　　"庾信平生最萧瑟，暮年诗赋动江关"，尾联承接上联，说庾信长期羁留北朝，常有萧条凄凉之感，到了暮年一改诗风，由原来的绮靡变为沉郁苍劲，常发乡关之思，其忧愤之情感动"江关"，为人们所称赞。庾信原为梁朝宫廷官吏，后出使西魏，适逢魏伐梁。庾信被扣留于魏，梁亡后，庾信做了西魏和北周官吏，晚年在北周非常显达。但他虽居高位，却总有亡国离乡的凄凉悲伤之感。晚年写的诗赋如《哀江南赋》等，较能反映现实，风格萧瑟悲凉。这些诗一经传到江南，深受海内文人高度的赞扬。杜甫由自己的遭遇联想到庾信，并以庾信自比，希望也能像庾信那样在暮年写出轰动海内的不朽诗篇。所以诗的最后说："庾信平生最萧瑟，暮年诗赋动江关。"诗人虽漂泊他乡，但他仍关心着国家的安危，希望国家早日安定，表现了诗人对庾信的同情并不忘对诗歌艺术的执着追求，这些都是非常难能可贵的。（毕桂发）

【原文】

咏怀古迹五首

其二　摇落深知宋玉悲

摇落深知宋玉悲⁽¹⁾，风流儒雅亦吾师⁽²⁾。
怅望千秋一洒泪，萧条异代不同时⁽³⁾。
江山故宅空文藻⁽⁴⁾，云雨荒台岂梦思⁽⁴⁾？
最是楚宫俱泯灭，舟人指点到今疑⁽⁶⁾。

【毛泽东圈评等情况】

1958年3月成都会议期间，毛泽东圈阅的《诗词若干首》（唐宋明朝诗人写的有关四川的一些诗和词）中有这首《咏怀古迹五首　其二》。

[参考] 刘开扬注释：《诗词若干首》（唐宋明朝诗人咏四川），

四川人民出版社1979年版，第41—42页。

【注释】

（1）摇落，指秋天草木凋零。战国楚宋玉《九辩》开头两句是："悲哉秋之为气也，萧瑟兮，草木摇落而变衰。"摇落，凋残，零落。

（2）风流儒雅，指宋玉文采华丽潇洒，学养深厚渊博。风流，言其风范举止。儒雅，言其文采风流。亦，也。

（3）"萧条"句，意谓自己虽与宋玉隔开几代，萧条之感却是相同。异代，朝代各异。不同时，不得同时。

（4）江山故宅，江陵和位于三峡中归州（今湖北秭归）的宋玉故宅。此指秭归之宅。空文藻，指人去物空，只有辞赋流传了下来。文藻，文辞，文采。

（5）云雨荒台，指战国楚宋玉《高唐赋》中的故事。楚怀王游高唐观，梦见一妇人，自称"巫山神女"，说："妾……旦为朝云，暮为行雨，朝朝暮暮，阳台之下。"岂梦思，岂是梦中相思，说本无此梦，只是假托罢了。阳台，山名，在今重庆巫山。

（6）"最是"两句，最令人感慨的是，楚宫今已泯灭，因后世一直流传这个故事，至今船只经过时，舟人还带着疑似的口吻指点着这些古迹。楚宫，在巫山。泯灭，消灭净尽。俱，一同。

【赏析】

这是《咏怀古迹五首》中的第二首，是杜甫凭吊楚国著名辞赋作家宋玉的。诗人瞻仰宋玉旧宅怀念宋玉，从而联想到自己的身世。诗中表现了诗人对宋玉的崇拜，并为宋玉死后被人曲解而鸣不平。全诗通篇用赋，遣词造句讲究铸炼，清丽自然。

　　首联为"摇落深知宋玉悲，风流儒雅亦吾师。"宋玉在《九辩》中说："悲哉秋之为气也，萧瑟兮，草木摇落而变衰。"《九辩》是宋玉的代表作。它反映了宋玉具有正义感和愿为国尽力的忠心，同时也反映了宋玉由于受小人的排挤不得志的悲伤凄凉情感。杜甫用"摇落"二字指代《九辩》。意思是说：读了《九辩》才能更深刻地理解宋玉的悲哀，即所谓读其文而深知其人。《九辩》深刻地表达了宋玉的怀才不遇的悲伤情感，而且写得是那样有文采，读了之后，不能不深深为之所打动。杜甫有着与宋玉的同样遭遇，因而他读了宋玉的诗更能深深地体会他的悲伤。由读其文而知其人，进而赞叹宋玉品格清高、文学修养深奥，他认为这些都值得自己学习。"风流儒雅亦吾师"是对宋玉的人品和文采进一步的赞美。"风流儒雅"是庾信《枯树赋》中形容东晋名士兼志士殷仲文的成语，这里借以强调宋玉主要是一位政治上有抱负的志士。"亦吾师"用的是王逸的说法："宋玉者，屈原弟子也。悯惜其师忠而被逐，故作《九辩》以述其志。"这里借以表示杜甫自己也可算作师承宋玉，同时表明这首诗旨意也在闵惜宋玉，"以述其志"。

　　"怅望千秋一洒泪，萧条异代不同时"，颔联大意是说，想到宋玉已作古千百余年，怅惘惋惜之情油然而生。恨生不同时，而不能在一起畅叙同样的际遇，所以就说明诗人自己虽与宋玉相距久远，不同朝代，不同时代，但萧条不遇，惆怅失志，其实相同。因而望其遗迹，想其一生，不禁悲慨落泪。再次表达了对宋玉的惋惜和敬仰。

　　"江山故宅空文藻，云雨荒台岂梦思"，颈联大意是说，在湖北秭归那一片江山的环抱里，宋玉的故宅虽然尚存，但已人去物空，只有他的几篇诗赋留在人间，所以说"空文藻"。诗人由宋玉的诗赋联想到它为什么会仍流传在人间的问题：他认为它之所以能流传下来，是因为宋玉的诗赋有重要意义。就以《高唐赋》来说吧，"云雨荒台岂梦思"？"云雨荒台"，宋玉《高唐赋》讲楚怀王在高唐观梦见一妇人，妇人说她"旦为朝云，暮为行雨，朝朝暮暮，阳台之下……怀王旦朝视之，如言。"宋玉写的这个故事难道不是用以讽谏楚怀王的吗？难道真是说梦吗？在杜甫看来，宋玉的诗文是为时而作的，这正是它受到人们珍惜以致传之后世的原因。杜甫对此极为重视，所以下面紧以楚国宫殿的泯灭与之作对比。这片大好江山里，还保存着宋玉故宅，世人总算没有遗忘他。但人们只欣赏他的文采辞藻，并不了解他的志向抱负和创作精神。这不符宋玉本心，也无补于后世，令人惘然，所以用了"空"字。就像眼前这巫山巫峡，使诗人想起宋玉的两篇赋文。赋文的故事题材虽属荒诞梦想，但作家的用意却在讽谏君主淫惑。然而世人只把它看作荒诞梦想，欣赏风流艳事。这更从误解而曲解，使有益作品阉割成荒诞故事，把有志之士歪曲为无谓词人。这一切，使宋玉含屈，令杜甫伤心。

"最是楚宫俱泯灭，舟人指点到今疑"，尾联是说，宋玉的故宅遗址尚在，宋玉的诗赋仍留传人间，而楚国的宫殿却全部毁灭了，已荡然无存。而最为叫人痛心的是，随着历史变迁，岁月消逝，楚国早已荡然无存，人们不再关心它的兴亡，也更不了解宋玉的志向抱负和创作精神，以至将曲解当史实，以讹传讹，以讹为是。到如今，江船经过巫山巫峡，船夫们津津有味，指指点点，谈论着哪个山峰荒台是楚王神女欢会处，哪片云雨是神女来临时。词人宋玉不灭，志士宋玉不存，生前不获际遇，身后为人曲解。宋玉悲在此，杜甫悲为此。前人说"言古人不可复作，而文采终能传也"，恰好与杜甫的原意相违背。

体验深切，议论精警，耐人寻味，是这首诗的突出特点和成就。这是一首咏怀古迹诗，诗人亲临实地，亲自凭吊古迹，因而山水风光自然在诗中显露出来。杜甫沿江出蜀，飘泊水上，旅居舟中，年老多病，生计窘迫，境况萧条，情绪悲怆，本来无心欣赏风景，只为宋玉遗迹触发了满怀悲慨，才洒泪赋诗。诗中的草木摇落，景物萧条，江山云雨，故宅荒台，以及舟人指点的情景，都从感慨议论中出来，迷蒙着历史的迷雾，充满诗人的哀伤。从诗歌艺术上看，这样的表现手法富有独创性。它紧密围绕主题，显出古迹特征，却不单独予以描写，而使其融于议论，化为情境，渲染着这首诗的抒情气氛，增强了咏古的特色。

这是一首七律，要求谐声律，工对仗。但也由于诗人重在议论，深于思，精于义，伤心为宋玉写照，悲慨壮志不酬，因而通篇用赋，在用词和用典上精警切实，不被格律所拘束。它的韵律和谐，对仗工整，写的是律

诗这种近体诗，却有古体诗的风味，同时又不失清丽。前人认为这首诗"首二句失粘"，只从形式上进行批评，未必中肯。（毕桂发）

【原文】

咏怀古迹五首
其三　群山万壑赴荆门

群山万壑赴荆门⁽¹⁾，生长明妃尚有村⁽²⁾。

一去紫台连朔漠⁽³⁾，独留青塚向黄昏⁽⁴⁾。

画图省识春风面⁽⁵⁾，环佩空归月夜魂⁽⁶⁾？

千载琵琶作胡语⁽⁷⁾，分明怨恨曲中论⁽⁸⁾。

【毛泽东圈评等情况】

1958年3月成都会议期间，毛泽东圈阅的《诗词若干首》（唐宋明朝诗人写的有关四川的一些诗和词）中有这首《咏怀古迹五首　其三》。

[参考]刘开扬注释：《诗词若干首》（唐宋明朝诗人咏四川），

四川人民出版社1979年版，第42页。

毛泽东曾在一本中华书局印行的清蘅塘退士编选《注释唐诗三百首》"七言律诗"中这首《咏怀古迹五首　其三》诗题目上方天头空白处连画三个小圈。

[参考]中央档案馆整理：《毛泽东评点诗词曲精选（上册）》，

中国档案出版社1998年版，第106—107页。

1971年9月下旬，毛泽东吟明李攀龙七绝一首："豫章西望彩云间，九派长江九叠山。高卧不须窥石镜，秋风怒在侍臣颜。"后把"侍臣"两字改为"叛徒"，是指的林彪。在吟诵这首诗时，还戏改了杜甫的《咏怀古迹五首》之三："群山万壑赴荆门，生长林彪尚有村。一去紫台连朔漠，独留青冢向黄昏。""林彪"二字杜诗中原为"明妃"。

[参考]董学文、魏国英：《毛泽东的文艺美学活动》，高等教育

出版社1996年版，第244页。

【注释】

（1）群山万壑，指由夔州到荆门山岭相接。荆门，即荆门山，在今湖北宜都西北长江南岸，与北岸庞牙山相对，地极险要。

（2）明妃，王昭君。名嫱，汉元帝时宫人。汉元帝景宁元年（前48），被遣嫁匈奴呼韩邪单（chán）于。西晋时避文帝司马昭讳改称明君，后人也称明妃。村，昭君村，在今湖北秭归东北四十里。

（3）紫台，紫宫，皇帝宫廷。帝王之宫因像紫微星，故称紫宫。朔漠，北方沙漠之地，这里指匈奴。

（4）青冢，王昭君墓，在今内蒙古呼和浩特南二十里。传说"其上草色常青，故曰青冢"（《太平寰宇记》）。

（5）省（xǐng）识，略识。春风面，形容王昭君的美貌。

（6）环佩，古人所系的玉佩，多指妇女所佩的玉饰。昭君死于匈奴，没有遗物留下，故曰"空归月下魂"。

（7）千载，自汉至唐近千年。琵琶，马上所弹，送昭君时慰其道路之思。作胡语，说其声如胡人的语言。

（8）怨恨曲中论，即怨思之情从弹奏琵琶的乐曲中表达出来。《琴操》："昭君在匈奴，恨帝始不见遇，乃作怨思之歌。"

【赏析】

本诗为《咏怀古迹五首》中的第三首，吟咏王昭君，并对王昭君凄凉的身世、壮志未酬的人生表示了深切的同情，寄寓了自己仕途失意、颠沛流离的身世之感，抒发了自身的理想、感慨和悲哀。

"群山万壑赴荆门，生长明妃尚有村"，首联两句，首先点出昭君村所在的地方。据《一统志》说："昭君村，在荆州府归州东北四十里。"其地址，即在今湖北秭归的香溪。杜甫写这首诗的时候，正住在夔州白帝城。这是三峡西头，地势较高。他站在白帝城高处，东望三峡东口外的荆门山及其附近的昭君村。远隔数百里，本来是望不到的，但他发挥想象力，由近及远，构想出群山万壑随着险急的江流、奔赴荆门山的雄奇壮丽的图景。他就以这个图景作为这首诗的首句，起势很不平凡。杜甫写三峡江流有"众水会涪万，瞿塘争一门"(《长江二首》)的警句，用一个"争"字，突出了三峡水势之惊险。这里则用一个"赴"字突出了三峡山势的雄奇生动。这是一个有趣的对照。但是，诗的下一句，却落到一个小小的昭君村上，颇有点出人意料，因而引起评论家一些不同的议论。明胡震亨评注的《杜诗通》就说："群山万壑赴荆门，当似生长英雄起句，此未为合作。"意思是这样气象雄伟的起句，只有用在生长英雄的地方才适当，用在昭君村上是不适合、不协调的。清吴瞻泰的《杜诗提要》则又是另一种看法。他说："发端突兀，是七律中第一等起句，谓山水逶迤，钟灵毓秀，始产一明妃。说得窈窕红颜，惊天动地。"意思是说，杜甫正是为了抬高昭君这个"窈窕红颜"，要把她写得"惊天动地"，所以才借高山大川的雄伟气象来烘托她。清杨伦《杜诗镜铨》说："从地灵说入，多少郑重。"也与这个意思相接近。清吴乔撰《围炉诗话》说："子美'群山万壑赴荆门'等语，浩然一往中，复有委婉曲折之致。"

颔联"一去紫台连朔漠，独留青冢向黄昏"，前两句写昭君村，这两句才写到昭君本人。诗人只用这样简短而雄浑有力的两句诗，就写尽了昭君一生的悲剧。从这两句诗的构思和词语说，杜甫大概是借用了南朝江淹《恨赋》里的话："明妃去时，仰天太息。紫台稍远，关山无极。望君王兮何期，终芜绝兮异域。"但是，仔细对照，杜甫这两句诗所概括的思想内容的丰富和深刻，大大超过了江淹。清朱瀚《杜诗解意》说："'连'字写出塞之景，'向'字写思汉之心，笔下有神。"说得很对。但是，有神的并不止这两个字。读者只看上句的紫台和朔漠，自然就会想到离别汉宫、远嫁匈奴的昭君在万里之外，在异国殊俗的环境中，一辈子所过的生活。而下句写昭君死葬塞外，诗人用青冢、黄昏这两个最简单而现成的词汇，就显示了大巧若拙的艺术匠心。在日常的语言里，黄昏两字都是指时间，而在这里，它似乎更主要是指空间了，它指的是那和无边的大漠连在一起的、笼罩四野的黄昏的天幕，它是那样地大，仿佛能够吞食一切、消化一切，但是，独有一个墓草长青的青冢，它吞食不下、消化不了。这句诗就给人一种天地无情、青冢有恨的无比广大而沉重之感。

颈联"画图省识春风面，环佩空归月夜魂"，紧接着前两句，更进一步写昭君的身世家国之情。画图句承前第三句，环佩句承前第四句。画图句是说，由于汉元帝的昏庸，对后妃宫人们只看图画不看人，把她们的命运完全交给画工们来摆布。省识，是略识之意。说元帝从图画里略识昭君，实际上就是根本不识昭君，所以就造成了昭君葬身塞外的悲剧。环佩句是写她怀念故国之心，永远不变，虽骨留青冢，魂灵还会在月夜回到生养她的父母之邦。南宋词人姜夔在他的咏梅名作《疏影》里曾经把杜甫这句诗从形象上进一步丰富提高："昭君不惯胡沙远，但暗忆江南江北。想佩环月夜归来，化作此花幽独。"这里写昭君想念的是江南江北，而不是长安的汉宫，特别动人。月夜归来的昭君幽灵，经过提炼，化身成为芬芳缟素的梅花，想象更是幽美。宋刘克庄《后村诗话》说："《昭君村》云：'画图省识春风面，环佩空归月夜魂'，亦佳句。"

"千载琵琶作胡语，分明怨恨曲中论"，尾联借千载作胡音的琵琶曲调，点明全诗写昭君"怨恨"的主题。汉代刘熙的《释名》："琵琶，本出于胡中马上所鼓也。推手前曰琵，引手却曰琶。"晋代石崇《明君词序》说："昔公主嫁乌孙，令琵琶马上作乐，以慰其道路之思。其送明君亦必尔也。"琵琶本是从胡人传入中国的乐器，经常弹奏的是胡音胡调的塞外之曲，后来许多人同情昭君，又写了《昭君怨》《王明君》等琵琶乐曲，于是琵琶和昭君在诗歌里就密切难分了。

杜甫的诗题叫《咏怀古迹》，他在写昭君的怨恨之情时，寄托了自己的身世家国之情。杜甫当时正"飘泊西南天地间"，远离故乡，处境和昭君相似。虽然他在夔州，距故乡洛阳偃师一带不像昭君出塞那样远隔万里，但是"书信中原阔，干戈北斗深"，洛阳对他来说，仍然是可望不可即的地方。他寓居在昭君的故乡，正好借昭君当年想念故土、夜月魂归的形象，寄托他自己想念故乡的心情。

清李子德说："只叙明妃，始终无一语涉议论，而意无不包。后来诸家，总不能及。"这个评语说出了这首诗最重要的艺术特色，它自始至终，全从形象落笔，不着半句抽象的议论，而"独留青冢向黄昏""环佩空归月夜魂"的昭君的悲剧形象，却在读者的心上留下了难以磨灭的深刻印象。《杜臆》说："因昭君村而悲其人。昭君有国色，而入宫见妒；公亦国士，

而入朝见嫉：正相似也。悲昭以自悲也。……'月夜'当作'夜月'，不但对'春风'，而与夜月俱来，意味迥别。"（毕桂发）

【原文】

咏怀古迹五首
其四　蜀主窥吴幸三峡

蜀主窥吴幸三峡[1]，崩年亦在永安宫[2]。
翠华想像空山里[3]，玉殿虚无野寺中[4]。
古庙杉松巢水鹤[5]，岁时伏腊走村翁[6]。
武侯祠屋常邻近[7]，一体君臣祭祀同[8]。

【毛泽东圈评等情况】

1958 年 3 月成都会议期间，毛泽东圈阅的《诗词若干首》（唐宋明朝诗人写的有关四川的一些诗和词）中有这首《咏怀古迹五首　其四》。

[参考] 刘开扬注释：《诗词若干首》（唐宋明朝诗人咏四川），

四川人民出版社 1979 年版，第 42—43 页。

【注释】

（1）蜀主，指刘备。窥，窥伺。幸，帝王到某处称"幸"。三峡，代指夔州。

（2）崩年，死时。帝王死称"崩"。永安宫，刘备在夔州白帝城的行宫（今重庆奉节）。

（3）翠华，皇帝之旗，以翠鸟羽做旗饰。

（4）玉殿，称殿宇。原注："殿今为卧龙寺，庙在宫东。"先主庙在今重庆奉节东。

（5）鹤，水鸟，老鹤才能巢于树上，见庙之久。

（6）岁时伏腊，古时每年夏、冬二季按时祭祀。

（7）武侯祠，诸葛亮在夔州的祠庙。诸葛亮封武乡侯，所以称武侯祠。邻近，与先主庙相邻。

（8）一体君臣，古人把帝王比作人体之首，臣下比作四肢，所以称君臣一体。

【赏析】

这是诗人凭吊夔州（今重庆奉节）先主（刘备）庙之作。诗人通过对先帝庙荒芜景象及村翁对刘备、诸葛亮祭祀的描写，表达了对刘备和孔明君臣的崇敬，表达了"君臣一体"的感慨，同时对诗人的飘泊生活不胜感慨，将荒凉的景象写得分外有情。

"蜀主窥吴幸三峡，崩年亦在永安宫"，首联中诗人以遗憾的心情交代先主庙的由来，是因为"蜀主窥吴"，败走三峡，驾崩在永安宫，故后来修建了纪念刘备的庙宇。

"翠华想像空山里，玉殿虚无野寺中"，颔联以对比手法，写刘备征吴时是仪仗开路，空山绝谷，那是多么威风！可是后来兵败猇亭，殂于永安宫。如今殿宇荒芜，残存在荒山野谷中。玉殿，实为最初的先主（刘备）庙，只是杜甫作诗时已改为"卧龙寺"。此联是点明先主庙的所在地。

"古庙杉松巢水鹤，岁时伏腊走村翁"，颈联紧接上联，再次强化庙宇的荒凉：杉松树上水鹤筑巢，栖息于上，可见平时少有人来。只有到了夏伏六月、寒冬腊月，村民才来祭祀凭吊。

"武侯祠屋常邻近，一体君臣祭祀同"，尾联写老百姓对刘备和诸葛亮君臣二人，一体对待，同样尊敬。这是全诗的"诗眼"所在，正因为刘备与诸葛亮生前能"一体"，共谋大业，所以死后能受到百姓"一体"祭祀。而诗人自己，虽胸怀报国济世的宏愿，但因救房琯遭到肃宗的贬谪，壮志难酬，一生飘零。追昔抚今，深为自己与肃宗之"不一体"而遗憾，为诸葛亮与刘备的"一体"而仰慕！（毕桂发）

【原文】

咏怀古迹五首
其五 诸葛大名垂宇宙

诸葛大名垂宇宙⁽¹⁾，宗臣遗像肃清高⁽²⁾。
三分割据纡筹策⁽³⁾，万古云霄一羽毛⁽⁴⁾。
伯仲之间见伊吕⁽⁵⁾，指挥若定失萧曹⁽⁶⁾。
运移汉祚终难复⁽⁷⁾，志决身歼军务劳⁽⁸⁾。

【毛泽东圈评等情况】

1958 年 3 月成都会议期间，毛泽东圈阅的《诗词若干首》（唐宋明朝诗人写的有关四川的一些诗和词）中有这首《咏怀古迹五首 其五》。

[参考]刘开扬注释：《诗词若干首》（唐宋明朝诗人咏四川），
四川人民出版社 1979 年版，第 43 页。

此诗在清蘅塘退士编《注释唐诗三首》"七言律诗"中收录此诗时另标《明妃村》三字为题，毛泽东在题目上方空白处连画三个小圈，在正文上方连画两个大圈，在开头二句右侧分别画了四个、三个旁圈。

[参考]中央档案馆整理：《毛泽东评点诗词曲精选（上册）》，
中国档案出版社 1979 年版，第 107 页。

【注释】

（1）垂，流传，垂留。宇宙，上下四方叫宇，古往今来叫宙。

（2）宗臣，重臣，为世人所仰望的大臣。遗像，庙中所祀诸葛亮的遗像。肃清高，是说使人见了遗像而敬仰他的清高。肃，敬肃。清，指修道静默，即"淡泊以明志，宁静以致远"（诸葛亮《诫子书》）的意思。

（3）三分割据，指诸葛亮帮助刘备建立蜀汉国，形成鼎足三分的局面。纡（yū）策，指志不得展。纡，屈。筹策，筹谋划策，指诸葛亮隆中定计。

（4）云霄一羽毛，凌霄的飞鸟，比喻诸葛亮绝世独立的智慧和品德。羽毛，指鸾凤。

（5）伯仲，兄弟。伯仲之间，不相上下。伊吕，伊尹，辅佐商汤；吕尚，辅佐周文王、周武王。他们都建立了开国大业。

（6）失萧曹，使萧何、曹参失色。萧何、曹参都是辅佐汉高祖的谋臣，佐刘邦开基，功劳最大，后为丞相。

（7）运移，国运改移。汉祚（zuò），汉朝的帝位。

（8）志决身歼，志向坚定，以身殉职。军务劳，劳于征战。指诸葛亮率军北伐，军务繁重，积劳成疾。歼，灭，死。

【赏析】

这是《咏怀古迹五首》中的最末一篇。当时诗人瞻仰了武侯祠，衷心敬慕，发而为诗。作品以激情昂扬的笔触，对其雄才大略进行了热烈的颂扬，对其壮志未遂叹惋不已。

首联首句"诸葛大名垂宇宙"，将时间空间共说，给人以"名满寰宇，万世不朽"的具体形象之感。首句如异峰突起，笔力雄放。次句"宗臣遗像肃清高"，进入祠堂，瞻望诸葛遗像，不由肃然起敬，遥想一代宗臣，高风亮节，更添敬慕之情。"宗臣"二字，总领全诗。明谢榛《四溟诗话》说："七言绝律，起句借韵，谓之'孤雁出群'，宋人多有之。宁用仄字，勿借平字，若子美'先帝贵妃俱寂寞''诸葛大名垂宇宙'是也。"

接下去进一步具体写诸葛亮的才能、功绩。从艺术构思讲，它紧承首联的进庙、瞻像，到看了各种文物后，自然地对其丰功伟绩作出高度的评价："三分割据纡筹策，万古云霄一羽毛。"颔联中的"纡"，屈也。纡策而成三国鼎立之势，此好比鸾凤高翔，独步青云，奇功伟业，历代敬仰。然而诗人用词精微，一"纡"字，突出诸葛亮屈处偏隅，经世怀抱百施其一而已，三分功业，亦只雄凤一羽罢了。"万古云霄"句形象有力，议论达情，情托于形，自是议论中高于人之处。明杨德周撰《杜诗解》说："'羽毛'状其'清'，'云霄'状其'高'也……前解慕其大名不朽，后解惜其大功不成。慕是十分慕，惜是十分惜。"

想及武侯超人的才智和胆略，使人如见其羽扇纶巾，一扫千军万马的潇洒风度。感情所至，诗人不由在颈联中呼出"伯仲之间见伊吕，指挥若定失萧曹"的赞语。伊尹是商代开国君主汤的大臣，吕尚辅佐周文王、武王灭商有功，萧何和曹参，都是汉高祖刘邦的谋臣，汉初的名相，诗人盛赞诸葛亮的人品与伊尹、吕尚不相上下，而胸有成竹、从容镇定的指挥才能却使萧何、曹参为之黯然失色。这既表现了对武侯的极度崇尚之情，同时也表现了作者不以事业成败持评的高人之见。刘克庄曰："卧龙没已千载，而有志世道者，皆以三代之佐许之。此诗侪之伊吕伯仲间，而以萧曹为不足道，此论皆自子美发之。"清黄生曰："此论出，区区以成败持评者，皆可废矣。"可见诗人这一论断的深远影响。清贺裳《载酒园诗话又编》说："如咏诸葛：'伯仲之间见伊吕，指挥若定失萧曹'。言简而尽，胜读一篇史论。"

最后，尾联"运移汉祚终难复，志决身歼军务劳"，诗人抱恨汉朝"气数"已终，长叹尽管有武侯这样稀世杰出的人物，下决心恢复汉朝大业，但竟未成功，反而因军务繁忙，积劳成疾而死于征途。这既是对诸葛亮"鞠躬尽瘁，死而后已"高尚品节的赞歌，也是对英雄未遂平生志的深切叹惋。明末清初王嗣奭《杜臆》说："通篇一气呵成，宛转呼应，五十六字多少曲折，有太史公笔力。薄宋诗者谓其带议论，此诗非议论乎？"

这首诗，由于诗人以自身肝胆情志吊古，故能涤肠荡心，浩气炽情动人肺腑，成为咏古名篇。诗中除了"遗像"是咏古迹外，其余均是议论，不仅议论高妙，而且写得极有情韵。三分霸业，在后人看来已是赫赫功绩了，而对诸葛亮来说，轻若一羽耳；"萧曹"尚不足道，那区区"三分"就更不值挂齿。如此曲折回宕，处处都是抬高了诸葛亮。全诗议而不空，句句含情，层层推选：如果把首联比作一雷乍起，倾盆而下的暴雨，那么，颔联、颈联则如江河奔注，波涛翻卷，越涨越高，至尾联蓄势已足，突遇万丈绝壁，瀑布而下，空谷传响——"志决身歼军务劳"——全诗就结于这动人心弦的最强音上。宋刘克庄《后村诗话》说："'……武侯祠屋长邻近，一体君臣祭祀同。'又云'万古云霄一羽毛'，又云'伯仲之间见伊吕'。卧龙公没已千载，而有志世道者，皆以三代之佐评之。如云'万古云霄一羽毛'，如侪之伊吕伯仲间，而以萧曹为不足道，此论皆自子美发之。考亭、南轩近世大儒，不能发也。"诸葛亮曾以管、乐自比，杜甫曾

以稷契自许,这首诗题目既为"咏怀古迹",杜甫借赞叹诸葛亮以自喻也是不言而喻的。(毕桂发)

【原文】

至 后

冬至至后日初长⁽¹⁾,远在剑南思洛阳⁽²⁾。

青袍白马有何意⁽³⁾,金谷铜驼非故乡⁽⁴⁾。

梅花欲开不自觉,棣萼一别永相望⁽⁵⁾。

愁极本凭诗遣兴⁽⁶⁾,诗成吟咏转凄凉⁽⁷⁾。

【毛泽东圈评等情况】

1958 年 3 月 7 日,成都会议期间,毛泽东游览了杜甫草堂并借阅了杜甫草堂的各种版本的杜诗十二部一百零八本。在明人杨慎编《杜诗选》中,他用铅笔圈阅了《白帝城最高楼》《至后》两首诗。

[参考]《光明日报》1977 年 10 月 30 日。

【注释】

(1)冬至,二十四节气之一,在十二月二十二日前后。日初长,指冬至之后,白天逐渐由短变长。《逸周书·时训》:"冬至之日蚯蚓结,又五日麋角解,又五日水泉动。"

(2)剑南,唐人称剑阁(今四川剑阁),以南蜀中地区为剑南,又称剑外。洛阳,今河南洛阳。杜甫于肃宗乾元二年(759)春天离别洛阳,辗转到成都。

(3)青袍白马,青色的袍子,白色的马。唐贞元三年(787),规定八品、九品官服青色。显庆元年(656),规定深青为八品之服,浅青为九品之服。因泛指品位低的官吏,亦喻闲官、卑位。这里指的是幕府生活。庾信《哀江南赋》:"青袍如草,白马如练。"东汉《张湛传》:"帝见湛,辄言白马生且又谏矣。"

（4）金谷铜驼，金谷园和铜驼陌。金谷园是晋石崇在金谷涧所筑的别馆，石崇曾写《金谷园诗序》记其事。北魏郦道元《水经注·谷水》："谷水又东，左会金谷水，水出自太白原，东南流，历金谷，谓之金谷水。东南流经晋卫尉卿石崇之故居。"铜驼陌又叫铜驼街，在今河南洛阳老城中，以道旁曾有汉铸两尊铜驼相对而得名，为古代著名的繁华区域。《太平御览》卷一五八引晋陆机《洛阳记》："洛阳有铜驼街，汉铸铜驼二枚，在宫南四会道相对。俗语曰：'金马门外集众贤，铜驼陌上集少年。'"

（5）棣（dì）萼，棠棣的花萼。《诗经·小雅·常棣》："常棣之华，鄂不韡韡。凡今之人，莫如兄弟。"后因以棣华或棣萼喻兄弟。唐房玄龄等《晋书·孝友传序》："夫天伦之重，共气分形，心睽则叶悴荆枝，性合则华承棣萼。"

（6）遣兴（xìng），抒发情怀，解闷散心。杜甫《可惜》："宽心应是酒，遣兴莫过诗。"

（7）吟咏，有节奏地朗读，吟咏玩味。南朝梁刘勰《文心雕龙·神思》："吟咏之间，吐纳珠玉之声；眉睫之前，卷舒风云之色。"凄凉，孤寂冷落。

【赏析】

《至后》当是唐代宗广德二年（764）冬在严武幕中作。乾元二年（759）秋，因关中大饥，杜甫丢弃了华州的官职，前往秦州（今甘肃天水），后经同谷（今甘肃成县）进入四川，在成都定居下来。在友人严武、高适、相茂琳等人的资助下，他在浣花溪畔营造了有水槛、药栏、竹林的草堂，得以闲居江村，诗酒自娱，其间曾一度入剑南西川节度使严武的幕府，以检校工部员外郎的官衔充任参谋，但由于不能有所作为，半年时间就辞职了。此诗表现了诗人对故乡亲人的思念。

这是一首七言律诗。首联为"冬至至后日初长，远在剑南思洛阳"。首句点明时间，冬至过后，白天时间一天天增长。俗语说："吃过冬至饭，一天长一线（妇女做针线活一天可以多用一条线）。"《周礼》："冬至日在牵牛，影长一丈三尺。"都是"日初长"的最好注脚。次句点明地点：剑南。远在剑南的诗人却思念东都洛阳，这是为什么呢？

在剑思洛，领起颔联两句："青袍白马有何意，金谷铜驼非故乡。"清仇兆鳌注此二句曰："青袍白马，剑南幕府也。金谷铜驼，洛阳遭乱矣。……此诗青袍白马，与《洗兵马》所引《侯景传》不同。朱注以公诗'青袍也自公''归来散马蹄'为证，皆指幕府言。曰'有何意'，言志不得自展也。旧注青袍白马比安史，'有何意'三字，却说不过去矣。"所言不差，二句是说幕府闲职，志不得申，这种生活又有什么意思呢？金谷园、铜驼陌，皆洛阳胜地，然而它并非旧时故乡（杜甫家在巩义，距洛阳不远）。

忆及洛阳，感慨良多，所以由洛阳而忆及亲人："梅花欲开不自觉，棣萼一别永相望。"颈联是说，冬至过后，腊梅即将绽放，因梅花而念及棣萼。棣萼，以比兄弟。骨肉兄弟，情同手足，故一别之后永远相望。

触物伤怀，引出尾联二句："愁极本凭诗遣兴，诗成吟咏转凄凉。"作诗本来是为排解愁闷，抒发情怀，但诗成后吟咏玩味起来，心境却转觉更加寂寞冷漠。杜甫《可惜》诗曰："宽心应是酒，遣兴莫过诗。"二句互文见义，意谓诗酒都是为了遣兴宽怀的。李白有云："举杯浇愁愁更愁。"李白借酒浇愁，杜甫以诗遣兴，两大诗人，同一机杼。（毕桂发）

【原文】

旅夜书怀

细草微风岸，危樯独夜舟[1]。
星垂平野阔[2]，月涌大江流[3]。
名岂文章著[4]，官应老病休。
飘飘何所似[5]，天地一沙鸥[6]。

【毛泽东圈评等情况】

毛泽东曾圈点这首《旅夜书怀》。他圈阅较多的中华书局印行的清沈德潜编选《唐诗别裁集》卷十"五言律诗"类载有这首《旅夜书怀》。

[参考] 张贻玖：《毛泽东评点、圈阅的中国古典诗词》，
中国工人出版社1992年版，第230页。

【注释】

（1）危樯（qiáng），高的桅杆。危，高。独夜舟，是说自己孤零零的一个人夜泊江边。

（2）星垂平野阔，星空低垂，原野显得格外广阔。

（3）涌，腾跃，这里指波光闪动。大江，指长江。

（4）这句连下句，是用"反言以见意"的手法。杜甫胸怀经世大志，所以说名岂以文章而著；官实因论事而罢，偏用老病自解。名，名声。文章著，因文章而著名。官应老病休，官倒是因为年老多病而被罢退。应，认为是、是。

（5）飘飘，飞翔的样子，这里含有"飘零""漂泊"的意思。

（6）沙鸥，栖息于沙滩、沙洲上的鸥鸟。

【赏析】

这首诗一向被认为是杜甫作于唐代宗永泰元年（765）。是年正月，杜甫辞去节度参谋职务，返居成都草堂。永泰四月，友人严武去世，杜甫在成都失去依靠，遂携家由成都乘舟东下，经嘉州（今四川乐山）、榆州（今重庆）至忠州（今重庆忠县）。杜甫于秋天抵达忠州后创作了这首诗。书怀，书写胸中意绪。

这是一首五言律诗。诗的前半描写"旅夜"的情景。"细草微风岸，危樯独夜舟"，首联写近景：微风吹拂着江岸上的细草，竖着高高桅杆的小船在月夜孤独地停泊着。当时杜甫离成都是迫于无奈。这一年的正月，他辞去节度使参谋职务，四月，在成都赖以存身的好友严武死去。处此凄孤无依之境，便决意离蜀东下。因此，这里不是空泛地写景，而是寓情于景，通过写景展示他的境况和情怀：像江岸细草一样渺小，像江中孤舟一般寂寞。

"星垂平野阔，月涌大江流"，颔联写远景：明星低垂，平野广阔；月随波涌，大江东流。这两句写景雄浑阔大，历来为人所称道。在这两个写景句中寄寓着诗人的什么感情，历来有不同的解读。有人认为是"开襟旷远"（清浦起龙《读杜心解》），有人认为是写出了"喜"的感情（见《唐诗论文集·杜甫五律例解》）。很明显，这首诗是写诗人暮年飘泊的凄苦景况的，而上面的两种解释只强调了诗的字面意思，这就很难令人信服。实际上，诗人写辽阔的平野、浩荡的大江、灿烂的星月，正是为了反衬出他孤苦伶仃的形象和颠连无告的凄怆心情。这种以乐景写哀情的手法，在古典作品中是经常使用的。如《诗经·小雅·采薇》"昔我往矣，杨柳依依"，用春日的美好景物反衬出征士兵的悲苦心情，写得很是动人。清王夫之《唐诗评选》说："颔联一空万古。虽以后四语之脱气，不得不留之，看杜诗常有此憾。'名岂文章著'自是好句。'天地一沙鸥'则大言无实也。"

诗的后半是"书怀"。"名岂文章著，官应老病休"，颈联说，有点名声，哪里是因为我的文章好呢？做官，倒应该因为年老多病而退休。这是反话，立意至为含蓄。诗人素有远大的政治抱负，但长期被压抑而不能施展，因此声名竟因文章而著，这实在不是他的心愿。杜甫此时确实是既老且病，但他的休官，却主要不是因为老和病，而是由于被排挤。这里表现出诗人心中的不平，同时揭示出政治上失意是他飘泊、孤寂的根本原因。

尾联"飘飘何所似，天地一沙鸥"，是说，飘然一身像个什么呢？不过广阔天地间的一只沙鸥罢了。诗人即景自况以抒悲怀。水天空阔，沙鸥飘零；人似沙鸥，转徙江湖。这一联借景抒情，以沙鸥自况，深刻地表现了诗人内心飘泊无依的感伤，真是一字一泪，感人至深。清黄生《唐诗矩》说："前后两截格。'一沙鸥'何其渺；'天地'字，何其大。合而言之曰：'天地一沙鸥'，语愈悲，气愈傲。"

清王夫之《姜斋诗话》说："情景虽有在心在物之分，而景生情，情生景，互藏其宅。"情景互藏其宅，即寓情于景和寓景于情。前者写宜于表达诗人所要抒发的情的景物，使情藏于景中；后者不是抽象地写情，而是在写情中藏有景物。杜甫的这首《旅夜书怀》诗，就是古典诗歌中情景相生、互藏其宅的一个范例。整首诗意境雄浑，气象万千。用景物之间的对比，烘托出一个独立于天地之间的飘零形象，使全诗弥漫着深沉凝重的孤独感。这正是诗人身世际遇的写照。（毕桂发）

【原文】

阁 夜

岁暮阴阳催短景⁽¹⁾，天涯霜雪霁寒宵⁽²⁾。

五更鼓角声悲壮⁽³⁾，三峡星河影动摇⁽⁴⁾。

野哭千家闻战伐⁽⁵⁾，夷歌数处起渔樵⁽⁶⁾。

卧龙跃马终黄土⁽⁷⁾，人事音书漫寂寥⁽⁸⁾。

【毛泽东圈评等情况】

毛泽东曾在一本中华书局印行的清蘅塘退士编选《注释唐诗三百首》"七言律诗"中此首《阁夜》诗的题目上方天头空白处连画三个小圈，又在正文开头处上方画了一个大圈。

[参考]中央档案馆整理：《毛泽东评点诗词曲精选（上册）》，
中国档案出版社 1998 年版，第 106 页。

【注释】

（1）阴阳，指日月。短景，冬季昼短，故云。景，通"影"，指日光。

（2）天涯，指夔州。霁（jì），雨雪初晴。

（3）五更，古代一夜分为五个更次，五更是快天亮时。鼓角，指军中的鼓声和号角声。

（4）三峡，即瞿塘峡、巫峡、西陵峡。瞿塘峡在夔州东。星河，星星和银河。

（5）野哭千家，战乱的消息传来，千家万户的哭声响彻四野。战伐，指崔旰、郭英义、杨子琳等人的互相残杀。

（6）夷歌，指四川境内少数民族的歌谣。夷，指当地少数民族。渔樵，渔人，樵夫。

（7）卧龙，指诸葛亮。晋陈寿《三国志·蜀书·诸葛亮传》记徐庶谓先主曰："诸葛孔明者，卧龙也。"跃马，指公孙述。西晋左思《蜀都赋》："公孙跃马而称帝。"终黄土，终归死亡而埋入黄土之中。

（8）人事，指亲戚、朋友交游。音书，指亲朋间的慰藉。漫寂寥，徒然感到孤寂苦闷。漫，徒然、白白的。

【赏析】

《阁夜》是唐代宗大历元年（766）冬杜甫寓居夔州西阁时所作。当时西川崔旰、郭英乂、杨子琳等军阀混战，连年不息。吐蕃也不断侵袭蜀地。杜甫流寓于荒僻的山城，面对峡江壮丽的夜景，听到悲壮的鼓角声，因而感慨万千，由眼前的情景想到国家的战乱，由历史人物想到自己的境遇，并力图在内心超越这些人生的感慨，而杜甫的好友李白、严武、高适等都先后死去。感时忆旧，他写了这首诗，表现出异常沉重的心情。

这是一首七言律诗。"岁暮阴阳催短景，天涯霜雪霁寒宵"，首联点明时间。上句中的"岁暮"指冬季。"阴阳"指日月。"景"同"影"，"短景"指冬天日短。"天涯"即天边，指夔州。"霁"即天放晴。首句的意思是说，年终一天比一天短。其中，一个"催"字用得很妙，不但形象地说明夜长昼短的冬日特点，而且使人觉得时光飞逝。次句"天涯霜雪霁寒宵"中的"天涯"指夔州，又暗含有沦落天涯意。意思是说，夔州霜雪停了的寒冬夜晚，雪光映照下，明朗如昼。诗人见到如此景象，真是彻夜难眠，感慨万千。

"五更鼓角声悲壮，三峡星河影动摇"，颔联承接上联次句"寒宵"而来，描写出了夜中所闻所见。"鼓角"指古代军中用以报时和发号施令的鼓声、号角声。"星河"指天河。"三峡"即瞿塘峡、巫峡、西陵峡。夔州在瞿塘峡西口，为三峡的起点。上句"五更鼓角声悲壮"是说，晴朗的夜晚，鼓角声格外响亮；黎明时分，那声音更显得悲壮凄凉。诗人用"鼓角""五更""声悲壮"表明兵戈未息、战争频繁不断。下句"三峡星河影动摇"是说，雨后玉宇无尘，天上银河显得格外澄澈；群星参差，映照峡江，星影在湍急的江流中摇曳不定。诗人通过对时局的深切关怀和三峡深夜美景的赞叹，蕴含着悲壮深沉的情怀。

"野哭千家闻战伐，夷歌数处起渔樵"，颈联中的"野哭"即乡野百姓的哭声。"战伐"指蜀地军阀混战的局面。"夷歌"指四川境内少数民族的歌谣。"起渔樵"即起于渔夫樵子之口。上句是说，听到征战的消息，就立即引起千家的恸哭，哭声传遍四野。诗人描绘的景象是多么凄惨！下句是说，渔夫樵子不时在夜深传来"夷歌"之声。其中，"数处"指不止一处。这两句把偏远的夔州的典型环境真实形象地表现出来。诗人在这一联，用声音来抒发情感，"野哭""夷歌"这两种声音都使他倍感悲伤，正好表现诗人忧国忧民的情怀。

"卧龙跃马终黄土，人事音书漫寂寥。"尾联中的"卧龙"指诸葛亮。"跃马"指公孙述。这里，诗人化用左思《蜀都赋》"公孙跃马而称帝"句，意指公孙述在西汉末乘乱据蜀称帝，诗人运用典故，在比较中含蓄而深沉表达了自己忧国忧民的情怀。"终黄土"即最终都死去，同归黄土。上句的意思是说，（诗人）极目远眺夔州西郊的武侯庙与东南的白帝庙，一世之雄，他们也成了黄土中的枯骨。"人事音书"即人情世故。"漫"即随他，不管他。下句的意思是说，人事与音书，都只能任其寂寞了。我们从最后两句来看，通过对"卧龙跃马终黄土"的描述，自然流露出诗人极为忧愤感伤的情绪。正如清沈德潜《唐诗别裁集》中所说："结言贤愚同尽，则目前人事，远地音书，亦付之寂寥而已。"也就是说，像诸葛亮、公孙述这样的历史人物，无论他是贤是愚，都烟消云散了；而天下大乱，民不聊生，我的寂寥孤独，也就算得了什么。这与《茅屋为秋风所破歌》中的"安得广厦千万间，大庇天下寒士俱欢颜"有异曲同工之妙，也是诗人一贯的人格与品质的最好表现。清浦起龙撰《读杜心解》说："'天涯''短景'，直呼动结联。而流对作起，则以阴晴不定，托出'寒宵'忽'霁'。三、四，从'霁寒宵'生出；'鼓角'不值'五更'，则'声'不透；'五更'，最凄切时也，再著'悲壮'字，直刺睡醒耳根也。'星河'不映'三峡'，则'影'不烁；'三峡'，最湍急处也，再著'动摇'字，直闪蒙胧眼光也。……彼定乱之'卧龙'，起乱之'跃马'，总归黄土，则'野哭''夷歌'，行且眨时变灭，顾犹以耳'悲'目'动'，寄虚愿于纷纷漠漠之世情，天涯短景，其与几何？曰'漫寂寥'，任运之旨也。噫！其词似宽，其情弥结矣。"清卢𪟝《闻鹤轩初盛唐近体读本》说："前四写景，后四言情。笔力坚苍，两俱称惬。千古绝调，公独擅之。"清马允刚

《批点唐诗正声》说："全首悲壮慨慷，无不适意。中二联皆将明之景，首联雄浑动荡，卓冠千古。次联哀乐皆眼前景，人亦难道。结以忠逆同归自慰，然音节尤婉曲。"（毕桂发）

【原文】

白帝城最高楼

城尖径仄旌旆愁[(1)]，独立缥缈之飞楼[(2)]。

峡坼云霾龙虎卧[(3)]，江清日抱鼋鼍游[(4)]。

扶桑西枝对断石[(5)]，弱水东影随长流[(6)]。

杖藜叹世者谁子[(7)]？泣血迸空回白头[(8)]。

【毛泽东圈评等情况】

1958年3月成都会议期间，毛泽东圈阅的《诗词若干首》（唐宋明朝诗人写的有关四川的一些诗和词）中收有这首《白帝城最高楼》。

[参考]刘开扬注释：《诗词若干首》（唐宋明朝诗人咏四川），

四川人民出版社1979年版，第66页。

1958年3月7日，成都会议期间，毛泽东游览了杜甫草堂并借阅了杜甫草堂的各种版本的杜诗十二部一百零八本。在明人杨慎编《杜诗选》中，他用铅笔圈阅了《白帝城最高楼》《至后》两首诗。

[参考]《光明日报》1977年10月30日。

【注释】

（1）城尖径仄（zè），城依山建筑向上筑到山顶，过了山顶又沿坡向下，所以有"尖"处，城尖就是山尖。而城尖两边的城头走道是倾斜的。旌旆愁，表示地势险。旌旆，旌旗。本义为古代旌旗末端形如燕尾的垂旒飘带。清仇兆鳌注："旌旆亦愁，言其高而且险也。"

（2）缥缈，高远不明之状。飞楼，像凌空似的高楼。

（3）龙虎，形容山峡突兀盘踞之状；峡静，故曰卧。坼，分裂。霾（mái），阴霾，晦暗。

（4）日抱，指日照。黿鼍（yuán tuó），鳖和鳄鱼，形容江流湍急闪烁之状，水动，故曰游。

（5）扶桑，东汉许慎《说文》："扶桑，神木，日所出也"。断石，指峡坼。

（6）弱水，《山海经》："昆仑之丘，其下有弱水，其水不胜鸿毛。"三国魏曹植《游仙诗》："东观扶桑曜，西临弱水流。"长流，长江。

（7）杖藜，扶着藜茎做的杖。藜，用藜茎制成的手杖。谁子，谁人，哪一个。

（8）泣血迸空，血泪洒在空中，形容哭泣得很沉痛。回白头，掉转白头。

【赏析】

唐代宗大历元年（766）春末夏初，杜甫从云安迁居夔州，开始了寄寓夔州的一段生活，也进入了一个诗歌创作的高峰期。白帝城在夔州东面，坐落于山头上，背负峭壁，面临长江，占据高峻山势，为三峡入口处著名胜景。杜甫初到夔州，登楼眺望，感慨无限，作《白帝城最高楼》。

这是一首七言律诗。"城尖径仄旌旆愁，独立缥缈之飞楼"，首联起句突出"白帝城最高楼"之高：城高路险，城头遍插旗帜，而旗帜亦愁城楼高险，则人愁不言而喻。白帝城楼高耸于此缥缈之际，凌空若飞，诗人伫立楼前，极目四望，胸襟益开。其立足之高，视野之阔，使得全诗在未展开之前已笼罩于一种雄奇壮丽的气势之中。清王士禛撰《分甘余话》说："唐人拗体律诗有二种，其一苍茫历落中自成音节，如老杜'城尖径仄旌旆愁，独立缥缈之飞楼'诸篇是也。"

"峡坼云霾龙虎卧，江清日抱黿鼍游"，颔联是写楼头所见：忽而江峡若裂，云气昏晦，纵横怪石似龙盘虎踞，横卧波心；忽而江清水澈，日照当空，滩石于粼粼光影隐耀之中，又如黿鼍怡然嬉游。阴晴气象殊异，而动人之处各不相让，两句并举，将楼头观景的倏忽万变写得活灵活现。

明钟惺、谭元春合编《唐诗归》说："钟云：此句之奇，不奇在'日抱'字，而在'游'字，再吟想始知之（'江清日抱'句下）。钟云：'影随'便妙（'弱水东影'句下）。"

"扶桑西枝对断石，弱水东影随长流"，颈联中的扶桑，为古神话中东方日出处一种神木，长约数千丈；弱水，为古神话中西方昆仑山下一条水流。此处是诗人登高临深，不禁心驰神往，设想出虚幻之境：如见扶桑西边的枝条正与山峡相对，弱水东边的影子似与长江相随。此前的诗人用此二典，一般是"东观扶桑曜，西卧弱水流"（曹植）的写法，而杜诗反向用之，是紧扣诗题，极力渲染城楼之高，可望扶桑西向；极言江流之远，可接弱水东来。以虚境写实景，于虚实之间传达神韵。

"杖藜叹世者谁子？泣血迸空回白头"，尾联诗人的目光又从越见虚渺的远景上落回楼头，孑孑老者，倚杖望空，情境与首联"独立"句相似，面对苍茫浩荡之江水，立此险峻峭拔之峰，心与物化，问"叹世者谁子"？似已达到忘我境界。但毕竟执着难遣，惟有泪洒天半。诗人一生漂泊，年逾半百仍不得归所，写此诗时离安史之乱平息不过三四年，朝野间百废待兴，国恨、乡愁，平生叹喟，郁积于胸，只有回首归去，让这地老天荒的萧瑟苍凉之感逐渐淡化消释于心罢了。

这是一首句法用律体而音节用古体的拗体七律，其情绪勃郁，声调拗怒，互相配合，突破了七律中传统的和谐，给人以耳目一新之感。加上格局严谨，首联叙写楼高，二联摹写近景，三联拟想远境，末联感慨身世，起、承、转、合，诗法井然。正如明末清初王嗣奭《杜臆》评此诗："真作惊人语，是缘忧世之心，发之以自消其垒块，叹世二字，为一章之纲，泣血迸空，起于叹世。以迸空写楼高，落想尤奇。"清方东树《昭昧詹言》说："此亦造句用力之法，句法字字攒炼。起句促簇。次句疏直而阔步放纵，乃立命之根……收句起格历落，用意疏豁。非是则收不住中四句之奇倔，如此奇险，寻其意脉，却文从字顺，各称其职。"元方回云："拗字诗在老杜集七言律诗中，谓之吴体。老杜七言律诗一百五十九首，而此体凡十九出。不止句中拗句一字，往往神出鬼没。虽拗字甚多，而骨格愈峻峭。"（《瀛奎律髓·拗字类序》）（毕桂发）

【原文】

八阵图

功盖三分国⁽¹⁾，名成八阵图⁽²⁾。

江流石不转⁽³⁾，遗恨失吞吴⁽⁴⁾。

【毛泽东圈评等情况】

毛泽东曾在一本中华书局印行的清蘅塘退士编《注释唐诗三百首》五言绝句中这首《八阵图》诗题上方天头空白处连画三个小圈。

[参考] 中央档案馆整理：《毛泽东评点诗词曲精选（上册）》，

中国档案出版社 1998 年版，第 121 页。

【注释】

（1）盖，超过。三分国，指魏、蜀、吴三国。

（2）八阵图，古代用兵的一种阵法。晋陈寿《三国志·蜀志·诸葛亮传》："推演兵法，作八阵图。"唐房玄龄等《晋书·桓温传》："初，诸葛亮造八阵图于鱼腹平沙之下，累石为八行，行相去二丈。温见之，谓'常山蛇势也'。文武皆莫能识之。"后以比喻巧妙难测的谋略。八阵图遗址说法不一：《水经注·沔水》谓在陕西沔县东南诸葛亮墓东；《水经注·江水》《太平寰宇记》谓在今重庆奉节南江边；《太平寰宇记》《明一统志》谓在今四川新都北三十里牟弥镇。

（3）石不转，指八阵图的石头未被江水冲动，遗迹终不消失。

（4）"遗恨"句有好几种说法，主要是恨未吞吴和恨失策于吞吴这两种。清沈德潜在《唐诗别裁集》中说："吴蜀唇齿，不应相仇。'失吞吴'，失策于吞吴，非谓恨未曾吞吴也。隆中初见时，已云'东连孙权，北拒曹操'矣。"这句应是说，蜀国伐吴的失策，已成为千秋遗恨。

【赏析】

这是作者初到夔州时作的一首咏怀诸葛亮的诗。杜甫在唐代宗大历元年（766）夏迁居夔州，夔州有武侯庙，江边有八阵图，传说为三国时诸葛亮在夔州江滩所设。向来景仰诸葛亮的杜甫用了许多笔墨记咏古迹抒发情怀。《八阵图》便是其中一首。"八阵图"，指由天、地、风、云、龙、虎、鸟、蛇八种阵势所组成的军事操练和作战的阵图，是诸葛亮的一项创造，反映了他卓越的军事才能。

这是一首五言绝句。"功盖三分国，名成八阵图"，一、二两句赞颂诸葛亮的丰功伟绩。第一句是从总的方面写，说诸葛亮在确立魏蜀吴三分天下、鼎足而立局势的过程中，功绩最为卓绝。三国并存局面的形成，固然有许多因素，而诸葛亮辅助刘备从无到有地创建蜀国基业，应该说就是重要原因之一。杜甫这一高度概括的赞语，客观地反映了三国时代的历史真实。第二句是从具体的方面来写，说诸葛亮创制八阵图使他声名更加卓著。对这一点古人曾屡加称颂，如成都武侯祠中的碑刻就写道："一统经纶志未酬，布阵有图诚妙略。""江上阵图犹布列，蜀中相业有辉光。"而杜甫的这句诗则是更集中、更凝练地赞颂了诸葛亮的军事业绩。一二两句诗在写法上用的是对仗句，"三分国"对"八阵图"，以全局性的业绩对军事上的贡献，显得精巧工整，自然妥帖。在结构上，前句劈头提起，开门见山；后句点出诗题，进一步赞颂功绩，同时又为下面凭吊遗迹作了铺垫。

"江流石不转，遗恨失吞吴"，三四两句就"八阵图"的遗址抒发感慨。"八阵图"遗址在夔州西南永安宫前平沙上。据《荆州图副》和刘禹锡《嘉话录》记载，这里的八阵图聚细石成堆，高五尺，六十围，纵横棋布，排列为六十四堆，始终保持原来的样子不变，即使被夏天大水冲击淹没，等到冬季水落平川，万物都失故态，唯独八阵图的石堆却依然如旧，六百年来岿然不动。前一句极精练地写出了遗迹这一富有神奇色彩的特征。"石不转"，化用了《诗经·邶风·柏舟》中的诗句"我心匪石，不可转也"。在作者看来，这种神奇色彩和诸葛亮的精神心志有内在的联系：他对蜀汉政权和统一大业忠贞不二、矢志不移，如磐石之不可动摇。同时，这散而复聚、长年不变的八阵图石堆的存在，似乎又是诸葛亮对自己赍志以殁表示惋惜、遗憾的象征，所以杜甫紧接着写的最后一句是"遗恨失吞吴"，说刘备吞吴失计，破坏了诸葛亮联吴抗曹的根本策略，以致统一大

业中途夭折，而成了千古遗恨。清仇兆鳌《杜诗详注》说："下句（按指
'遗恨失吞吴'）有四说：以不能灭吴为恨，此旧说也；以先主之征吴为
恨，此东坡说也；不能制主东行，而自以为恨，此《杜臆》、朱注说也；
以不能用阵法而致吞吴失师，此刘达之说也。"

当然，这首诗与其说是在写诸葛亮的"遗恨"，毋宁说是杜甫在为诸
葛亮惋惜，并在这种惋惜之中渗透了杜甫"伤己垂暮无成"（清黄生语）
的抑郁情怀。

这首怀古绝句，具有融议论入诗的特点。但这种议论并不空洞抽象，
而是语言生动形象，抒情色彩浓郁。诗人把怀古和述怀融为一体，浑然不
分，给人一种此恨绵绵、余意不尽的感觉。清浦起龙撰《读杜心解》说：
"说是诗者，言人人殊……抛却'石不转'二字，致全诗走作。岂知'遗
恨'从'石不转'生出耶？盖阵图正当控扼东吴之口，故假石以寄其惋
惜。云此石不为江水所转，天若欲为千载留遗此恨迹耳。如此才是咏阵图
之诗。"（刘贝妮）

【原文】

吹 笛

吹笛秋山风月清⁽¹⁾，谁家巧作断肠声？
风飘律吕相和切⁽²⁾，月傍关山几处明⁽³⁾？
胡骑中宵堪北走⁽⁴⁾，武陵一曲想南征⁽⁵⁾。
故园杨柳今摇落⁽⁶⁾，何得愁中却尽生。

【毛泽东圈评等情况】

毛泽东曾圈点这首《吹笛》。他圈阅较多的中华书局印行的清沈德潜
编选《唐诗别裁集》卷十四中"七言律诗"类载有这首《吹笛》。

[参考]张贻玖：《毛泽东评点、圈阅的中国古典诗词》，
中国工人出版社1992年版，第229页。

（1）风月，清风明月，泛指美好的景色。南朝梁沈约《宋书·始平孝敬王子鸾传》："上痛爱不已，拟汉武《李夫人赋》，其词曰：'……徒倚云日，裴回风月。'"

（2）律吕，即六律、六吕的合称，泛指乐律或音律。《汉书·历律志》："律吕和矣。"

（3）关山，即《关山月》，是乐府曲名，哀怨悲切。《乐府解题》："关山月，伤离别也。"

（4）"胡骑"句，晋时刘琨为并州刺史，被胡骑所困，他在月夜登楼奏胡笳，胡人听了引起相思，遂解围撤走（南朝宋刘义庆《世说新语》）。

（5）武陵一曲，东汉马援南征武陵时作《武溪深》，即武陵曲。崔豹《古今注》：《武溪深》，乃马援南征之所作也。援门生爰寄生，善吹笛，作歌以和之，名曰《武溪深》。《武溪深》词："嗟哉武溪一何深，飞鸟不敢度，走兽不敢临，嗟哉武溪多毒淫。"颜延榘曰："武陵曲，即《武溪深》。"

（6）故园，指杜陵。南朝梁沈约《宋书》："晋太康末，京洛为折杨柳之歌，有兵革辛苦之词。"《演繁露》："笛亦有《落梅》《杨柳》二曲，今其词亡不可考矣。"后晋刘昫等《旧唐书·乐志》："上马不捉鞭，反拗杨柳枝。下马吹横笛，愁杀行客儿。"此歌词原出北国之横笛。

【赏析】

《吹笛》约作于唐代宗大历元年（766）杜甫由夔州移寓西阁时，是一首即景抒怀之作。黄鹤注："梁权道编在大历元年。按诗云'胡骑中宵堪北走'，当指吐蕃而言。"宋司马光《资治通鉴》说："永泰元年，吐蕃与回纥入寇，子仪免胄释甲，投枪而进，回纥酋长皆下马罗拜，再成和约。吐蕃闻之，夜引兵遁去。即此事也。"

"吹笛秋山风月清，谁家巧作断肠声"，首联扣题起兴，由听到吹笛声而引发感怀。秋山静寂，皓月悬空，清风萧瑟，横笛数声，牵动万千愁思。《风俗通》说："笛，涤也，所以涤邪秽，纳之雅正也。"在山水、羁旅诗中，笛有着广泛的表情达意的功能，最常见的是牵引怀乡的情愫。又

《乐府杂录》载："笛者，羌乐也。古笛曲广为流传的有《落梅花》《折杨柳》《关山月》等，皆为思乡之作。"月明风清的秋夜，本是适于亲人故友欢会的良辰美景，而今夜，这凄恻哀伤、声声彻耳的"断肠声"，却只能使人更感寥落、凄清。"谁家"两字，以问语写听者"我"的感受，情味悠远。"巧作"一词，是言吹笛之人吹奏技巧的高妙，似乎把"我"的满怀乡愁，都淋漓尽致地宣泄出来了。这一设问陡起波澜，借他人之笛音写自己之乡思，极具共鸣感。

"风飘律吕相和切，月傍关山几处明"，颔联紧承首句之"风""月"二字写，虚实相生。一写声象，"律吕相和切"照应上句的"巧"字，写笛音之悠扬宛转，这是写实；一写景象，"月傍关山"，写明月映照关山的图景，诗人在缠绵悱恻的笛音中神游万里关山，思绪如同这澄澈如水的月光漫漶开去，这是虚写。"律吕"又作"吕律"，中国古代以管的长短来确定音的不同高度。从低音管算起，成奇数的六个管称"律"，成偶数的六个管称"吕"，总称"六吕""六律"，简称"律吕"。此处代指柔婉、和谐的笛音。"几处明"三字下得奇巧，"月有阴晴圆缺，人有悲欢离合"，月照关山，自有明暗、浓淡之别；而以"几处"问之，实则是人心的悲喜甘苦之反映。

"胡骑中宵堪北走，武陵一曲想南征"，颈联由"关山"二字再次衍发联想。上句遥想当此中宵月明之际，胡骑行军北归的场景；下句是写诗人听了这笛曲之后，萌生出南行的愿望。上下对仗工稳，由远及近，以胡人之北归来映衬"我"的思乡之切。明朝李东阳的《麓堂诗话》说这两句"清绝"，主要是就此联意境的清幽、窈眇而言的。在古诗中，月色、笛声、江南常连缀一起，表达幽怨的乡思之情。如唐代诗人李益的《春夜闻笛》："寒山吹笛唤春归，迁客相看泪满衣。洞庭一夜无穷雁，不待天明尽北飞。"

"故园杨柳今摇落，何得愁中却尽生"，尾联道出全诗主旨。"故园杨柳今摇落"是客居异乡的诗人对"故园"风景的悬揣，想必在如此萧瑟的清秋时节，杨柳早已枯黄、零落了；可是"我"，还不能回到家乡与亲人团聚，这是以杨柳之衰映衬自己的迟暮之悲。结句以反问收束，如何在忧愁的煎熬中度此余生呢？这一自问，给人以强烈的震撼！清杨伦《杜诗镜铨》说："此诗句句咏物，笔笔写意，用巧而不觉，斯为大家。"

全诗善用烘云托月之法，由闻笛入手，多方铺垫，反复渲染，逐层推进，沉郁顿挫。诚如清吴乔《答万季墅诗问》之谓："……前六句皆兴，末二句方是赋，意只在'故园愁'三字耳。"值得注意的是，此诗多用问句，或兴感，或写景，或抒情，将乡愁国忧与感时伤世之情表达得尤为酣畅。清浦起龙撰《读杜心解》说："三、四，分承风月，以申'巧作'……五、六，用古而印合寇乱，而'北走''南征'，又即'断肠'之一证也。七、八，翻古而感切家乡，而'摇落''尽生'，却与'秋'字为呼应也。句句咏物，笔笔写意，格法又出一奇。'却尽生'似拙。"清吴乔《围炉诗话》说："少陵七律，有一气直下，如'剑外忽传收蓟北'者；又有前六句皆是兴，末二句方是赋，如《吹笛》诗，通篇正意只在'故园愁'三字耳。说者谓首句'风月'二字立眼目，次联应之，名为'二字格'，盲矣！'风月'是笛上之宾，于怀乡主意隔两层也。"（毕桂发）

【原文】

又呈吴郎

堂前扑枣任西邻⁽¹⁾，无食无儿一妇人。
不为困穷宁有此⁽²⁾？只缘恐惧转须亲⁽³⁾。
即防远客虽多事⁽⁴⁾，便插疏篱却甚真。
已诉征求贫到骨⁽⁵⁾，正思戎马泪盈巾⁽⁶⁾。

【毛泽东圈评等情况】

毛泽东曾圈点这首《又呈吴郎》。他圈阅较多的中华书局印行的清沈德潜编选《唐诗别裁集》卷十四七言律诗类载有这首《又呈吴郎》。

[参考] 张贻玖：《毛泽东评点、圈阅的中国古典诗词》，
中国工人出版社 1992 年版，第 230 页。

【注释】

（1）扑枣，即用棍子把枣从树上打落。任，听任，放任。

（2）宁有，哪会有。此，指老妇人来打枣。

（3）只缘，正因为。

（4）远客，指吴郎。

（5）征求，诛求，剥削。

（6）戎马，指战争。盈，满。

【赏析】

唐代宗大历二年（767）的秋天，杜甫从夔州的瀼西草堂迁居"东屯"，把瀼西草堂借给了一个从忠州来的亲戚吴郎居住。吴郎是杜甫的亲戚，做着州府里司法参军的官员。吴郎一来就把草堂插上篱笆，可能是不让打枣。寡妇向杜甫诉说，杜甫便写了这首诗去劝告吴郎。诗题《又呈吴郎》，是因为杜甫曾写过一首《简吴郎司法》。在这首诗里，杜甫告诉吴郎一件事。在瀼西草堂的西邻住着一个老妇人，她常到草堂前面打枣。杜甫对她很和气，从不干涉她。现在草堂借给吴郎住了，特地告诉吴郎，不要禁止她打枣。呈，呈送，尊敬的说法。明末清初王嗣奭《杜臆》说："此亦一简，本不成诗。然直写情事，曲折明了，亦成诗家一体。大家无所不有，亦无所不可也。"

这是一首七言律诗。"堂前扑枣任西邻，无食无儿一妇人。"首联描述西邻贫妇打枣。诗的第一句开门见山，从诗人自己过去怎样对待邻妇扑枣说起。"扑枣"就是打枣。这里不用那个猛烈的上声字"打"，而用这个短促的、沉着的入声字"扑"，是为了取得声调和情调的一致。"任"就是放任。之所以要放任，第二句说："无食无儿一妇人。"原来这位西邻竟是一个没有吃的、没有儿女的老寡妇。诗人等于是在对吴郎说："对于这样一个无依无靠的穷苦妇人，我们能不让她打点枣儿吗？"

颔联两句紧接一二句："不为困穷宁有此？只缘恐惧转须亲。""困穷"，承上第二句；"此"，指扑枣一事。这里说明杜甫十分同情体谅穷苦人的处境。陕西民歌中唱道："唐朝诗圣有杜甫，能知百姓苦中苦。"以上四句，一气贯串，是杜甫自叙以前的事情，是为了吴郎。

颈联两句才落到吴郎身上："即防远客虽多事，便插疏篱却甚真。"这两句上下一气，相互关联，相互依赖，相互补充，要联系起来看。"防"的主语是寡妇。下句"插"字的主语是吴郎。这两句诗言外之意是：这不能怪她多心，倒是吴郎有点太不体贴人。她本来就是提心吊胆的，吴郎不特别表示亲善，也就够了，却不该还要插上篱笆。这两句诗，措词十分委婉含蓄。这是因为怕话说得太直、太生硬，教训意味太重，会引起对方的反感，反而不容易接受劝告。

"已诉征求贫到骨，正思戎马泪盈巾"，尾联两句是全诗结穴，也是全诗的顶点。表面上是对偶句，其实并非平列的句子，因为上下句之间由近及远、由小到大，是一个发展的过程。上句，杜甫借寡妇的诉苦，指出了寡妇的、同时也是当时广大人民困穷的社会根源。这就是官吏们的剥削，也就是诗中所谓"征求"，使她穷到了极点。这也就为寡妇扑枣行为作了进一步的解脱。下句说得更远、更大、更深刻，指出了使人民陷于水深火热之中的又一社会根源。这就是"安史之乱"以来持续了十多年的战乱，即所谓"戎马"。由一个穷苦的寡妇，由一件扑枣的小事，杜甫竟联想到整个国家大局，以至于流泪。这一方面固然是他那热爱祖国、热爱人民的思想感情的自然流露；另一方面，也是点醒、开导吴郎的应有文章。让他知道："在这兵荒马乱的情况下，苦难的人还有的是，绝不止寡妇一个；战乱的局面不改变，就连我们自己的生活也不见得有保障，我们现在不正是因为战乱而同在远方作客，而你不是还住着我的草堂吗？"最后一句诗，好像扯得太远，好像和劝阻吴郎插篱笆的主题无关，其实是大有关系，大有作用的。希望他由此能站得高一点，看得远一点，想得开一点，他自然就不会在几颗枣子上斤斤计较了。读者正是要从这种地方看出诗人的"苦用心"和他对待人民的态度。

这首诗的人民性是强烈而鲜明的，在通常用来歌功颂德而以"高华典雅"为特征的七言律诗中，尤其值得重视。诗的艺术表现方面也很有特点。首先是现身说法，用诗人自己的实际行动来启发对方，用颠扑不破的道理来点醒对方，最后还用诗人自己的眼泪来感动对方，尽可能地避免抽象的说教，措词委婉，入情入理。其次是运用散文中常用的虚字来作转接。像"不为""只缘""已诉""正思"，以及"即""便""虽""却"等，因而能化呆板为活泼，既有律诗的形式美、音乐美，又有散文的灵活性，抑扬顿挫，耐人寻味。清人卢德水说："杜诗温柔敦厚，其慈祥恺悌之衷，往往溢于言表。如此章，极煦育邻妇，又出脱邻妇；欲开导吴郎，又回护吴郎。八句中，百种千层，莫非仁音，所谓仁义之人其音蔼如也。"（《读杜私言》）全诗正是在这种委婉曲折的夹叙夹议中来展现诗人的心理和品质的。

此诗由一件小事写起，以小见大，委婉曲折。从同情寡妇的遭遇，揭露了当时横征暴敛的残酷，进而联想到战乱中更多人的不幸，表现杜甫关心苦难人民的真挚感情。杜甫把格律严整的律体诗，写得如口语一般，质朴流畅，体现了他近体诗又一方面的特色。（刘贝妮）

【原文】

九 日

重阳独酌杯中酒(1)，抱病起登江上台(2)。

竹叶与人既无分(3)，菊花从此不须开(4)。

殊方日落玄猿哭(5)，旧国霜前白雁来(6)。

弟妹萧条各何在(7)，干戈衰谢两相催(8)？

【毛泽东圈评等情况】

毛泽东曾圈点这首《九日》。他圈阅较多的中华书局印行的清沈德潜编选《唐诗别裁集》卷十四中"七言律诗"类载有这首《九日》。

[参考] 张贻玖：《毛泽东评点、圈阅的中国古典诗词》，中国工人出版社 1992 年版，第 230 页。

【注释】

（1）重阳，节日名。古以九为阳数之极。九月九日故称"重九"或"重阳"。独酌，一作"少饮"。

（2）起，一作"独""岂"。

（3）竹叶，酒名，杜甫时因病戒酒，故曰"无分（fèn）"。东汉张衡《七辩》："玄酒白醴，葡萄竹叶。"西晋张华《轻薄篇》："苍梧竹叶青，宜城九醖酒。"

（4）古人九日登高饮菊花酒，今既不能饮酒，也无心赏花，故曰不须开。

（5）殊方，异乡。玄猿，黑猿。汉赵晔撰《吴越春秋》："分州殊方。"晋陈寿《三国志·蜀志》："秦宓曰：'听玄猿之悲鸣'。"

（6）白雁，候鸟，似雁而小，体色纯白，来则霜降，北人谓之"霜信"。《庄子》："梁君出猎，见白雁群。"

（7）萧条，寂寞冷落，凋零。战国楚屈原《楚辞·远游》："山萧条而无兽，野寂漠其无人。"在，一作"往"。

（8）干戈，古代两种常用的兵器，因用作兵器的通称。此指吐蕃入寇。

【赏析】

《九日》五首是杜甫在唐代宗大历二年（767）九月九日在夔州登高之作。这组诗名为五首，实存四首，而著名的《登高》实是其中的第六首，因此《九日》五首是对《登高》的重要补充，合读可以帮助理解《登高》中曲折的含意。当时杜甫正卧病夔州，抱病登台，有感秋色而自感伤时，组诗基调伤感，表达了作者忧国忧民的情怀。此是第一首，诗人联系自己的身世和遭际，抒发了念亲思乡的情怀。

"重阳独酌杯中酒，抱病起登江上台"，首联表现了诗人浓烈的生活情趣。诗人在客中，重阳到来，一时兴致勃发，抱病登台，独酌杯酒，欣赏九秋佳色。诗人酷好饮酒、热爱生活的情态，便在诗行中活现。

"竹叶与人既无分，菊花从此不须开"，颔联诗笔顿转。重九饮酒赏菊，本是古代高士的传统，可是诗人因病戒酒，虽"抱病"登台，却"无分"饮酒，遂也无心赏菊。于是诗人向菊花发号施令起来："菊花从此不须开。"这一带着较强烈主观情绪的诗句，妙趣神来，好像有些任性，恰好证明诗人既喜饮酒，又爱赏菊。而诗人的任性使气，显然是他艰难困苦的生活遭遇使然。这一联，杜甫巧妙地使用借对（亦即沈德潜所谓"真假对"），借

"竹叶青"酒的"竹叶"二字与"菊花"相对，"萧散不为绳墨所窘"（《诗人玉屑》），被称为杜律的创格。菊花虽是实景，"竹叶"却非真物，然而由于字面工整贴切，特别显得新鲜别致，全联遂成为历来传诵的名句。

"殊方日落玄猿哭，旧国霜前白雁来"，颈联进一步写诗人瞩目遐思，因景伤情，牵动了万千愁绪。诗人独身飘泊异地，日落时分听到一声声黑猿的啼哭，不免泪下沾裳。霜天秋晚，白雁南来，更容易触发诗人思亲怀乡的感情。诗中用他乡和故园的物候作对照，很自然地透露了诗人内心的隐秘：原来他对酒停杯，对花辍赏，并不只是由于病肺，更是因为乡愁撩人啊！

"弟妹萧条各何在，干戈衰谢两相催"，尾联以佳节思亲作结，遥怜弟妹，寄托漂零寥落之感。上句由雁来想起了弟妹音信茫然，下句哀叹自己身遭战乱，衰老多病。诗人一边诅咒"干戈"像逼命似的接连发生，一边惋惜岁月不停地催人走向死亡，对造成生活悲剧的根源——"干戈"，发泄出更多的不满情绪。这正是诗人伤时忧国的思想感情的直接流露。

此诗由因病戒酒，对花发慨，黑猿哀啼，白雁南来，引出思念故乡、忆想弟妹的情怀，进而表现遭逢战乱、衰老催人的感伤。结尾将诗的主题升华：诗人登高，不仅仅是思亲，更多的是伤时，正所谓"杜陵有句皆忧国"。此诗全篇皆对，语言自然流转，苍劲有力，既有气势，更见性情。句句讲诗律却不着痕迹，很像在写散文；直接发议论而结合形象，毫不枯燥。写景、叙事又能与诗人的忧思关合很紧。笔端蓄聚感情，主人公呼之欲出，颇能显示出杜甫夔州时期七律诗的悲壮风格。（毕桂发）

【原文】

观公孙大娘弟子舞剑器行 并序

大历二年十月十九日[1]，夔府别驾元持宅见临颍李十二娘舞剑器[2]，壮其蔚跂[3]。问其所师，曰："余公孙大娘弟子也。"开元五载，余尚童稚，记于郾城[4]，观公孙氏舞剑器浑脱[5]，浏漓顿挫[6]，独出冠时[7]。自高头宜春、梨园二伎坊内人[8]，洎外供奉舞女[9]，晓是舞者[10]，圣文神武皇帝初⁽¹¹⁾，公孙一人而已⁽¹²⁾。玉貌锦衣⁽¹³⁾，况余白首⁽¹⁴⁾。今兹弟子⁽¹⁵⁾，亦匪盛颜⁽¹⁶⁾。既辨其由来⁽¹⁷⁾，知波澜莫二⁽¹⁸⁾。抚事慷慨⁽¹⁹⁾，聊为《剑器行》。往者吴人张旭⁽²⁰⁾，善草书书帖，数常于邺县见公孙大娘舞西河剑器⁽²¹⁾，自此草书长进，豪荡感激⁽²²⁾，即公孙可知矣。

　　昔有佳人公孙氏⁽²³⁾，一舞剑器动四方。观者如山色沮丧⁽²⁴⁾，天地为之久低昂⁽²⁵⁾。㸌如羿射九日落⁽²⁶⁾，矫如群帝骖龙翔⁽²⁷⁾。来如雷霆收震怒，罢如江海凝清光。绛唇珠袖两寂寞⁽²⁸⁾，晚有弟子传芬芳⁽²⁹⁾。临颍美人在白帝⁽³⁰⁾，妙舞此曲神扬扬。与余问答既有以⁽³¹⁾，感时抚事增惋伤。先帝侍女八千人⁽³²⁾，公孙剑器初第一⁽³³⁾。五十年间似反掌⁽³⁴⁾，风尘澒洞昏王室⁽³⁵⁾。梨园弟子散如烟，女乐余姿映寒日⁽³⁶⁾。金粟堆南木已拱⁽³⁷⁾，瞿塘石城草萧瑟⁽³⁸⁾。玳筵急管曲复终⁽³⁹⁾，乐极哀来月东出⁽⁴⁰⁾。老夫不知其所往⁽⁴¹⁾，足茧荒山转愁疾⁽⁴²⁾。

【毛泽东圈评等情况】

　　1958年3月成都会议期间，毛泽东圈阅的《诗词若干首》（唐宋明朝诗人写的有关四川的一些诗和词）中收有这首《观公孙大娘弟子舞剑器行》。

[参考]刘开扬注释：《诗词若干首》（唐宋明朝诗人咏四川），
四川人民出版社1979年版，第68—69页。

　　1938年，毛泽东在延安会见舒群、朱光谈及书法时，说："杜甫《观公孙大娘弟子舞剑器行》并序云：'吴人张旭，善草书书帖，数常于邺县见公孙大娘舞西河剑器，自此草书长进，豪荡感激……'不是至理名言吗？"

[参考]张贻玖：《毛泽东评点、圈阅的中国古典诗词》，
中国工人出版社1992年版，第96页。

　　毛泽东曾在一本中华书局印行的清蘅塘退士编《注释唐诗三百首》七言古诗中这首《观公孙大娘弟子舞剑器行并序》诗题目上方画了一个大圈，又在小序后、正文开始处上方画了一个大圈。

[参考]中央档案馆整理：《毛泽东评点诗词曲精选（上册）》，
中国档案出版社1998年版，第37—39页。

【注释】

（1）大历，唐代宗年号（766—779）。大历二年，即公元767年。

（2）别驾，官名，是州刺史的佐吏。元持，人名，生平不详。临颍，县名，故址在今河南临颍西北。

（3）蔚跂，矫健雄武的样子。

（4）郾（yǎn）城，唐时县名，即今河南郾城。

（5）剑器浑脱，将剑器与浑脱二舞融合起来而创制的一种新的武舞。浑脱，唐代流行的一种武舞。

（6）浏漓，形容舞姿的活泼。顿挫，形容舞姿的明快节奏。

（7）独出冠时，是说公孙大娘的舞艺超群出众，在当时是首屈一指的。

（8）高头，疑为"前头"，指接近皇帝的舞者。宜春，宜春院，唐玄宗时从事歌舞表演的宫女所住的地方。梨园，唐玄宗开元二年（714），在蓬莱宫侧设置教坊，演习乐舞，并亲自教授法曲，被召参加演习乐舞的人称为梨园子弟。伎坊，教坊，教习乐舞的机构。内人，住在宜春院演习歌舞的宫女被称为内人，也称"前头人"。

（9）洎（jì），到。外供奉，指不住在宫中而随时奉诏入宫表演的伎人。

（10）是舞，这种舞蹈，指"剑器浑脱"舞。

（11）圣文神武皇帝，指唐玄宗。开元二十七年（739），群臣给唐玄宗上的尊号。

（12）公孙，指公孙大娘。

（13）玉貌，指公孙大娘年轻时的美好容貌。锦衣，华美的服饰。

（14）白首，白头。

（15）兹，此，这位。弟子，指十二娘。

（16）匪，通"非"，不是。盛颜，丰美的容颜，即青春年华。

（17）辨，判明。由来，来历，指公孙大娘和李十二娘的师徒传授渊源。

（18）波澜莫二，一脉相承，指李十二娘颇得老师真传。

（19）抚事，追怀往事。

（20）张旭，唐代著名书法家，善草书，有"草圣"之称。

（21）邺县，在今河南安阳。西河剑器，《剑器》舞的一种。西河，似即河西、河湟一带，指舞的产地。一说是《剑器》舞中以西凉乐曲为伴奏者。

（22）感激，奋发的意思。

（23）昔，从前。佳人，美人，指公孙大娘。

（24）色沮丧，指因剑舞的凌厉飞扬而震惊失色。

（25）低昂，上下起伏。昂，高昂。

（26）爚（huò），光芒闪灼之状。

（27）矫，矫健。骖（cān）龙翔，驾龙飞行。

（28）绛唇朱袖，指公孙大娘的容颜和舞姿。

（29）晚有，晚近有，即后来有。弟子，指李十二娘。芬芳，这是对公孙大娘高超舞艺的美称。

（30）临颍美人，指李十二娘。白帝，白帝城，这里指夔州。

（31）以，根由，原委。

（32）先帝，指唐玄宗。侍女，指从玄宗的女艺人。

（33）初第一，本来就是第一。初，始，本。

（34）五十年间，自开元五年（717）杜甫初见公孙大娘时至今（767）正好五十年。似反掌，喻时间迅速易逝。

（35）澒（hòng）洞，浩大无际的样子。风尘澒洞，喻指安史之乱的巨大灾难。昏王室，使唐朝国运衰落。

（36）女乐，原指女歌舞艺人，这里指李十二娘。余姿，指李十二娘的舞蹈颇有往日公孙大娘的风韵姿态。寒日，时在十月，故云，兼寓日暮途穷之意。

（37）金粟堆，指玄宗泰陵，在陕西蒲城东北的金粟山。拱，两手所围。《左传·僖公三十二年》：“尔墓之木拱矣。”

（38）瞿塘石城，指夔州。夔州地近瞿塘峡。

（39）玳筵，豪华的筵席。急管，指管乐吹奏的急促的音乐声。

（40）乐，指宴会中的歌舞使人愉悦。哀，感叹自己身世飘零和国家由盛而衰。

（41）老夫，杜甫自称。

（42）足茧荒山，足生厚茧，迟行荒山。转愁疾，犹"疾转愁"，很快地感到忧愁。

【赏析】

诗人写此诗时年已 55 岁。他饱经忧患，却仍滞留异乡，自有不胜今昔兴衰之感，诗中借几十年前观看玄宗开元年间著名舞蹈家公孙大娘弟子舞剑器的回忆，倾述了这种感情。

有人说，杜甫是以诗为文，韩愈是以文为诗。杜甫这个序，正是以诗为文。不仅主语虚词大半省略，而且在感慨转折之处，还用跳跃跌宕的笔法。不过，序文的内容仍然是清楚的：他先叙在夔州看了公孙大娘弟子所表演的剑器舞，然后回忆自己童年时在郾城亲见公孙大娘的舞蹈，说明在唐玄宗初年，公孙大娘的剑器舞在内外教坊独享盛名的情况。抚今思昔，深有感慨，因而写成这首《剑器行》。这篇序写得很有诗意，结尾讲大书法家张旭见公孙剑舞而草书长进的故事，尤其见出诗人对公孙舞蹈艺术的敬佩。

"剑器舞"是什么样的舞蹈呢？唐代的舞蹈分为健舞和软舞两大类，剑器舞属于健舞之类。晚唐郑嵎《津阳门诗》说："公孙剑伎皆神奇。"自注说："有公孙大娘舞剑，当时号为雄妙。"唐司空图《剑器》诗说："楼下公孙昔擅场，空教女子爱军装。"可见这是一种女子穿着军装的舞蹈，舞起来，有一种雄健刚劲的姿势和浏漓顿挫的节奏。

这首七言古诗可分为四节。诗的开头"昔有佳人公孙氏"以下八句，是盛赞公孙大娘的剑器舞。诗人先写公孙大娘的舞蹈：很久以前有一个公孙大娘，她善舞剑器的名声传遍了四面八方。人山人海似的观众看她的舞蹈都惊讶失色，整个天地好像也在随着她的剑器舞而起伏低昂，无法恢复平静。"㸌如羿射九日落"四句，或称为"四如句"，前人解释不一，这大体是描绘公孙舞蹈给杜甫留下的美好印象。羿射九日，可能是形容公孙手持红旗、火炬或剑器作旋转或滚翻式舞蹈动作，好像一个接一个的火球从高而下，满堂旋转；骖龙翔舞，是写公孙翩翩轻举，腾空飞翔；雷霆收怒，是形容舞蹈将近尾声，声势收敛；江海凝光，则写舞蹈完全停止，舞场内外肃静空阔，好像江海风平浪静、水光清澈的情景。

"绛唇珠袖两寂寞"以下六句，写自己弄清李十二娘的师承关系后引起的感慨。诗人突然转到公孙死后剑器舞的沉寂无闻，幸好晚年还有弟子继承了她的才艺。跟着写她的弟子临颍李十二娘在白帝城重舞剑器，还有公孙氏当年神采飞扬的气概。同李十二娘的一席谈话，不仅知道她舞技的师传渊源，而且引起了自己抚今思昔的无限感慨。

"先帝侍女八千人"以下六句，转入追昔，对五十年间的治乱变化无限感慨。笔势又一转折，思想又回到五十年前。回忆开元初年，当时政治清明，国势强盛，唐玄宗在日理万机之暇，亲自建立了教坊和梨园，亲选乐工，亲教法曲，促成了唐代歌舞艺术的空前繁荣，当时宫廷内外教坊的歌舞女乐就有八千人，而公孙大娘的剑器舞又在八千人中"独出冠时"，号称第一。可是五十年历史变化多大啊！一场安史之乱把大唐帝国的整个天下闹得风尘四起、天昏地黑。唐玄宗当年亲自挑选、亲自培养的成千上万的梨园弟子、歌舞人才，也在这一场浩劫中烟消云散了，如今只有这个残存的教坊艺人李十二娘的舞姿，还在冬天残阳的余光里映出美丽而凄凉的影子。对曾经亲见开元盛世的文艺繁荣、曾经亲见公孙大娘剑器舞的老诗人杜甫说来，这是他晚年多么难得的精神安慰，可是又多么地令他黯然神伤啊！这一段是全诗的高潮。善于用最简短的几句话集中概括巨大的历史变化和广阔的社会内容，正是杜诗"沉郁顿挫"的表现。

"金粟堆南木已拱"以下六句，是全诗的尾声，抒发了诗悲伤的感情。诗人接着上段深沉的感慨，说玄宗已死了六年，在他那金粟山上的陵墓上，树已够双手拱抱了。而自己这个玄宗时代的小臣，却流落在这个草木萧条的白帝城里。末了写别驾府宅里的盛筵，在又一曲急管繁弦的歌舞之后告终了，这时下弦月已经东出。一种乐极哀来的情绪支配着诗人，使他不禁四顾茫茫，百端交集，行不知所往，止不知所居，长满老茧的双足，拖着一个衰老久病的身躯，寒月荒山，踽踽独行。身世的悲凉，就不言而可知了。"转愁疾"三字，是说自己以茧足走山道本来很慢，但在心情沉重之时，却反而怪自己走得太快了。

这首七言歌行自始至终并没有离开公孙大娘师徒和剑器舞，但是从全诗那雄浑的气势，从"五十年间似反掌，风尘澒洞昏王室"这样力透纸背的诗史之笔，又感到诗人的确是在通过歌舞的事，反映五十年来兴衰治乱的历史。明末清初王嗣奭总评这首诗说："此诗见剑器而伤往事，所谓抚事慷慨也。故咏李氏，却思公孙；咏公孙，却思先帝；全是为开元天宝五十年治乱兴衰而发。不然，一舞女耳，何足摇其笔端哉！"（清仇兆鳌《杜诗祥注》引《杜臆》）这一段评语，分析全诗的层次、中心，说得相当中肯。但是，他说"一舞女耳，何足摇其笔端哉"，并不符合杜甫本来的思想，杜甫是十分重视和热爱艺术的。

这首诗的艺术风格，既有"浏漓顿挫"的气势节奏，又有"豪荡感激"的感人力量，是七言歌行中沉郁悲壮的杰作。开头八句，富丽而不浮艳，铺排而不呆板。"绛唇珠袖"以下，则随意境之开合，思潮之起伏，语言音节也随之顿挫变化。全诗既不失雄浑完整的美，用字造句又有浑括锤炼的功力。篇幅虽然不太长，包容却相当广大。从乐舞之今昔对比中见五十年的兴衰治乱，没有沉郁顿挫的笔力是写不出来的。

1938年在延安，毛泽东有一次和舒群、朱光谈到书法时，认为杜甫在此诗序中所说张旭观公孙大娘舞西河剑器，"自此草书长进，豪荡感激"，是"至理名言"。杜甫认为舞蹈艺术与书法艺术是相通的，毛泽东有相同的看法，所以说杜甫这一观点是"至理名言"。毛泽东的书法龙飞凤舞，他也常常从戏剧、绘画、舞蹈中汲取艺术营养。1958年《红旗》杂志创刊时，毛泽东为其题写多幅刊名，他在其中自选的三篇上，分别注道："此拟可""比较从容""这种写法是从红绸舞来的，画红旗。"在这一点上，毛泽东和杜甫可谓英雄所见略同。（毕桂发）

【原文】

登岳阳楼

昔闻洞庭水[1]，今上岳阳楼。

吴楚东南坼[2]，乾坤日夜浮[3]。

亲朋无一字[4]，老病有孤舟[5]。

戎马关山北[6]，凭轩涕泗流[7]。

【毛泽东圈评等情况】

毛泽东曾在一本中华书局印行的清蘅塘退士编选《注释唐诗三百首》"五言律诗"中这首《登岳阳楼》诗题目上方天头空白处连画三个小圈。

[参考] 中央档案馆整理：《毛泽东评点诗词曲精选（上册）》，中国档案出版社 1998 年版，第 80 页。

1964 年，毛泽东南巡回京，专列暂停岳阳。毛泽东与省委书记张平化谈工作时，问及岳阳楼情况，忽生灵感，挥笔书写了此诗。诗后有"杜甫登岳阳楼诗一首"等字。据毛泽东手书制作的雕屏现挂在岳阳楼的三楼上。

【注释】

（1）洞庭水，即洞庭湖。在今湖南北部，长江南岸。

（2）吴楚，春秋时两个诸侯国名，其领地约在我国东南部（江、浙、皖、赣、湘、鄂）。大致说吴在湖东，楚在湖西。坼（chè），分裂。

（3）乾坤，指天地，也包括日月。北魏郦道元《水经注·湘水》：洞庭湖水"湖水广圆五百余里，日月若出没于其中"。

（4）亲朋，亲戚、朋友。字，文字，指书信。

（5）有，在。

（6）戎马，战马，此指战争。宋司马光《资治通鉴·原纪四十》：大历三年（768）"八月，壬戌，吐蕃十万众寇灵武（今宁夏灵武）。丁卯，吐蕃尚赞摩二万众寇邠州（今陕西彬县），京师戒严；邠宁节度使马璘击破之。……九月，壬申，命郭子仪将兵五万屯奉天（今陕西乾县）以备吐蕃"。

（7）凭轩，倚靠楼窗。涕泗（sì），眼泪和鼻涕。

【赏析】

唐代宗大历三年（768）年春，杜甫携眷自夔州出峡，年底，一家人托身于一只小船，漂泊到岳州（今湖南岳阳）。岳阳楼，即岳阳城西门楼，唐开元初张说做岳州刺史时所建，下临洞庭湖，为登览胜地。杜甫早就向往能到此一游。如此，他登楼眼观波涛浩瀚、气象万千的洞庭景色，无限欣喜地写下了《登岳阳楼》这首五律。这首诗是一首即景抒情之作，诗人在作品中描绘了岳阳楼的壮观景象，反映了诗人晚年生活的不幸，抒发了诗人忧国忧民的情怀。

"昔闻洞庭水，今上岳阳楼"，首联二句，即揭示登楼的题旨，写自己夙愿终偿的欣喜之情。虚实交错，今昔对照，从而扩大了时空领域。"洞庭水"，即洞庭湖。在今湖南北部，长江南岸，为我国第二大淡水湖，素有"八百里洞庭"之称。湘、资、沅、澧四水汇流于此，在城陵矶入长江。湖中小山甚多，以君山最著名，沿湖有岳阳楼等名胜古迹。"昔闻""今上"云云，用时间概念连接两个描述诗人行动的句子，使得登临者兴高采烈的情状溢于言表。

"吴楚东南坼，乾坤日夜浮"，颔联二句写洞庭湖雄伟壮阔的气象。吴楚，指春秋战国时吴楚两国之地，在我国东南一带（江、浙、皖、赣、湘、鄂）。大致说来，吴在洞庭湖东，楚在湖西，所以说吴楚之地好像被洞庭湖分作两半。坼，分裂。乾坤，指天地，包括日月。北魏郦道元《水经注·湘水》：洞庭湖"湖水广圆五百余里，日月若出没于其中"。诗人以雄浑飞动的笔力，描写了登楼所见的壮丽景色。洞庭烟波，浩渺无际，湖水漂浮日月、分裂吴楚的壮阔气势，骇目惊心。这和孟浩然"气蒸云梦泽，波撼岳阳城"（《望洞庭湖赠张丞相》），同为描写洞庭湖的千古名句。清诗评家沈德潜说："孟襄阳三四语实写洞庭，此只用空写，却移他处不得，本领更大。"（《唐诗别裁集》）杜甫避开了对洞庭湖的实景描绘，运用"空写"手法，使洞庭湖在诗人笔下，别具壮采，表现为吞吐宇宙、劈划山川的雄伟意象。

"亲朋无一字，老病有孤舟"，颈联二句，写诗人满腹的孤身漂泊之感与万里乡关之思。亲朋，亲戚、朋友。无一字，没有一点音讯。字，文字，这里指书信。老病，年老而又多病。杜甫时年57岁，他困居长安时，就已害过肺病，漂泊西南时，又患过风痹，右臂偏枯，左耳已聋，一身都是病。出蜀后杜甫全家都住在船上，在水上到处漂泊，所以说"老病有孤舟"。有，在。二句是说，诗人羁旅他乡，关山阻隔，亲朋竟无一字，于今老且病，寄身于一叶孤舟之中，这是何等凄惨。

"戎马关山北，凭轩涕泗流"，尾联二句写眼望国家动荡不安、自己报国无门的哀伤。戎马，战马，比喻战事。代宗大历二年（767）八月，吐蕃不断侵扰灵武（今宁夏灵武）、邠州（今陕西彬州）等地，九月代宗命郭子仪率兵五万屯驻奉天（今陕西乾县）防卫。轩，指岳阳楼长廊上的窗。涕泗（si），眼泪和鼻涕。二句是说，诗人凭窗北望重重关山，烽火遍地，想到国家的灾难、人民的痛苦，不禁涕泪交流，感伤不已。忧国伤时之情，发自肺腑，感人至深。

首联叙事，颔联描写，颈联抒情，尾联总结。通篇是"登岳阳楼"诗，却不局限于写"岳阳楼"与"洞庭水"。诗人摒弃眼前景物的精微刻画，从大处着笔，吐纳天地，心系国家安危，悲壮苍凉，催人泪下。时间上抚今追昔，空间上包吴楚、越关山。其身世之悲、国家之忧，浩浩茫茫，与洞庭水势融合无间，形成沉雄悲壮、博大深远的意境。（毕桂发）

【原文】

江南逢李龟年

岐王宅里寻常见⁽¹⁾，崔九堂前几度闻⁽²⁾。
正是江南好风景，落花时节又逢君。

【毛泽东圈评等情况】

毛泽东手写过这首《江南逢李龟年》。

[参考] 中央档案馆编：《毛泽东手写选集·古诗词卷（上）》，
北京出版社1996年版，第194页。

【注释】

（1）岐王，李范，唐玄宗之弟，唐睿宗之四子。寻常，这里是经常的意思。

（2）崔九，即殿中监崔涤，中书令崔湜之弟。九，崔涤的排行。

【赏析】

《江南逢李龟年》是唐代诗人杜甫绝句中最晚的一篇，作于唐代宗大历五年（770）。安史之乱后，杜甫漂泊到江南一带，和流落的宫廷歌唱家李龟年重逢，回忆起在岐王和崔九的府第频繁相见和听歌的情景而感慨万千，故而写下这首诗。友人相逢的季节在落花时节，落花时节还暗指唐朝由盛而衰。李龟年是唐代著名的音乐家，受唐玄宗赏识，开元、天宝年间，特承恩遇，曾在京都洛阳大起宅第，后流落江南。每遇良辰美景，常为人歌数曲，听者莫不流泪。江南，这里指江湘一带。

李龟年常在贵族豪门歌唱。杜甫少年时才华卓著，常出入于岐王李范和中书监崔涤的门庭，得以欣赏李龟年的歌唱艺术。"岐王宅里寻常见，崔九堂前几度闻"，诗的一二两句是追忆昔日与李龟年的接触，寄寓诗人对开元初年鼎盛的眷怀。这两句下语似乎很轻，含蕴的感情却深沉而凝重。"岐王宅里""崔九堂前"，仿佛信口道出，但在当事者心目中，这两个文艺名流经常雅集之处，是鼎盛的开元时期丰富多彩的精神文化艺术活动集中的地方，它们的名字就足以勾起诗人对"全盛日"的美好回忆。当年诗人出入其间，接触李龟年这样的艺术明星，是"寻常"而不难"几度"的，多年过后回想起来，简直是不可企及的梦境了。

梦一样的回忆，毕竟改变不了眼前的现实。"正是江南好风景，落花时节又逢君"，三、四两句是说，风景秀丽的江南，在承平时代，原是诗人们所向往的作快意之游的所在。诗人真正置身其间，所面对的竟是满眼凋零的"落花时节"和皤然白首的流落艺人。"落花时节"，如同是即景书事，又如同是别有寓托，寄兴在有意无意之间。这四个字，暗喻了世运的衰颓、社会的动乱和诗人的衰病漂泊，但诗人丝毫没有刻意设喻，这种写法显得特别浑成无迹。加上两句当中"正是"和"又"这两个虚词一转一跌，更在字里行间寓藏着无限感慨。江南好风景，恰恰成了乱离时世和沉沦身世的有力反衬。一位老歌唱家与一位老诗人在飘流颠沛中重逢了，落花流水的风光，点缀着两位形容憔悴的老人，成了时代沧桑的一幅典型画图。它无情地证实"开元全盛日"已经成为历史陈迹，一场翻天覆地的大动乱，使杜甫和李龟年这些经历过盛世的人，沦落到了不幸的地步。感慨是很深的，但诗人写到"落花时节又逢君"，却黯然而收，在无言中包孕着深沉的慨叹，痛定思痛的悲哀。这样"刚开头却又煞了尾"，连一句也不愿多说，显得蕴藉之极。清沈德潜评此诗："含意未申，有案未断。"诗人这种"未申"之意对于有着类似经历的当事者李龟年，是不难领会的；对于后世善于知人论世的读者，也不难把握。

四句诗，从岐王宅里、崔九堂前的"闻"歌，到落花江南的重"逢"，"闻""逢"之间，联结着四十年的时代沧桑、人生巨变。尽管诗中没有一笔正面涉及时世身世，但透过诗人的追忆感喟，却表现出了给唐代社会物质财富和文化繁荣带来浩劫的那场大动乱的阴影，以及它给人们造成的巨大灾难和心灵创伤，可以说"世运之治乱，华年之盛衰，彼此之凄凉流落，俱在其中"（孙洙评）。唐李益《唐诗从绳》说："无限深情，俱藏裹于数虚字之内，真妙作也。"清杨伦《杜诗镜铨》说："邵云：子美七绝，此为压卷。"清黄叔灿编《唐诗笺注》："'落花时节又逢君'，多少盛衰今昔之思！上二句是追旧，下二句是感今，却不说尽，偏着'好风景'三字，而意含在'正是'字、'又'字内。"（毕英男　刘贝妮）

【原文】

暮 归

霜黄碧梧白鹤栖[(1)]，城上击柝复乌啼[(2)]。

客子入门月皎皎[(3)]，谁家捣练风凄凄[(4)]。

南渡桂水阙舟楫[(5)]，北归秦川多鼓鼙[(6)]。

年过半百不称意[(7)]，明日看云还杖藜[(8)]。

【毛泽东圈评等情况】

毛泽东曾圈阅这首《暮归》。他圈阅较多的中华书局印行的清沈德潜编选《唐诗别裁集》卷十四"七言律诗"类载有这首《暮归》。

[参考] 张贻玖：《毛泽东评点、圈阅的中国古典诗词》，中国工人出版社1992年版，第229页。

【注释】

（1）霜黄碧梧，碧梧因霜而黄，表明季节已是秋天。黄，在此用作动词，霜使原来的碧梧变黄。梧，梧桐。白鹤，鸟名。

（2）柝（tuò），旧时巡夜者击以报更的木梆。乌，乌鸦。

（3）客子，杜甫自谓。皎皎，明亮之状。战国楚屈原《楚辞·远游》："时仿佛以遥见兮，精皎皎以往来。"

（4）捣练，捣洗白绸。练，白绸。

（5）桂水，名叫桂水的河流不止一条，远可指今广西境内的桂江（漓江），近可指今湖南境内的桂水，都在江陵之南。这里应指湘水。阙舟楫，缺少船只，比喻条件未备。阙，通"缺"。

（6）秦川，指今陕西、甘肃秦岭以北平原一带，因春秋战国时地属秦国而得名。川，平川。这里指长安。晋陈寿《三国志·蜀志·诸葛亮传》："将军（刘备）身率益州之众，以出秦川。"鼓鼙，古代军中常用的乐器，指大鼓和小鼓。借指征战。可能是指当年吐蕃入侵。

（7）不称意，不如意。称（chèn）意，合乎心意。

（8）看云，看云解忧。杖，拄（杖）。杖藜，用藜茎做的拐杖。

【赏析】

此诗当作于唐代宗大历三年（768）诗人在公安（今湖北公安）时。此前杜甫在夔州的时候，写诗极其讲究诗律，写出了不少调高律细的诗篇，同时又想突破律的束缚，尝试一种新的诗体。有一天，他写了一篇非古非律、亦古亦律的七言诗《愁》，题下自己注道："强戏为吴体。"接着，他又陆续写了十七八首这样的诗，于是唐诗中开始多了一种"吴体诗"。这首《暮归》也是一首吴体七律。

所谓吴体七律，有这样几个特点：一是七言律诗；二是拗句体；三是诗体字句整齐，讲究押韵。出句和对句的平仄大体相对，惟平仄不依定式，黏连不守规矩，故与律诗不同。

"霜黄碧梧白鹤栖，城上击柝复乌啼。客子入门月皎皎，谁家捣练风凄凄。"这首诗前四句写暮归的景色，营造出凄凉的氛围，衬托诗人的悲哀之感。白鹤都已栖止在被浓霜冻黄的绿梧桐边。城头已有打更击柝的声音，还有乌鸦的啼声。寄寓在此地的客人回进家门时，月光已亮了，不知谁家妇女还在捣洗白练，风传来悲凄的砧杵声。天色晚了，城上守卫兵要打梆子警夜。唐诗中写夜景，常有捣练、捣衣、砧杵之类的词语。大约当时民间妇女都在晚上洗衣服。木杵捶打衣服的声音，表现了民生困难，故诗人听了有悲哀之感。

"南渡桂水阙舟楫，北归秦川多鼓鼙。年过半百不称意，明日看云还杖藜。"诗的后四句转入抒情。要想渡桂水而南行，可是没有船；要想北归长安，路上还多兵戎，都是去不得的。年纪已经五十多岁，事事不称心，明天还只得拄着手杖出去看云。这最后一句是描写他旅居夔州时生活的寂寞无聊，只好每天拄杖看云。清浦起龙说："结语见去志。"（《读杜心解》）

这首拗体七律体现了杜甫在诗艺上的追求。在这首诗中值得注意的艺术特点是虚实结合。尤其是第一句"霜黄碧梧白鹤栖"，一句中出现了三种颜色。仔细推究，这些颜色是有虚实之分的。"黄"和"白"是实在的，但"碧"就是虚写，因为"碧梧"叶已给严霜打"黄"了。可见用字也像用兵那样，可以"虚虚实实"。"虚写"，实质就是突破词义的束缚，使词的组合形式达到意义的丰富性，有更强的艺术感染力。杜甫的"语不惊人死不休"的努力就是一种"陌生化"的艺术感染力，值得借鉴。清仇兆鳌《杜诗详注》说："作拗体诗，须有疏斜之致，不衫不履，如'客子入门月皎皎'及'落日更见渔樵人'，语出天然，欲不拗不可得。而此一首，律中带古，倾欹错落，尤为入化。……'霜黄碧梧白鹤栖'，一句中用三个颜色字，见安插顿放之妙。杜律拗体，较他人独合声律，即诸诗皆然，始知通人必知音也。"清方东树《昭昧詹言》说："起四句，情景交融，清新真至。后四句叙情，一气顿折，曲盘瘦硬，而笔势回旋，顿挫阔达，纵横如意，不流于直致，一往易尽，百炼钢化为绕指柔矣。"（毕桂发）

崔 曙

崔曙（约704—739），原籍博陵（今河北定州）人，后移居宋州（今河南商丘），唐代诗人。开元二十三年（735）进士状头（状元）。只做过河南尉一类的小官。工诗，其诗多为记游感怀、送别唱和之作，写景状物，同时寄寓乡愁友思，词句对仗工整，词气多悲。以《奉试明堂火珠》诗而闻名于世。《全唐诗》录存其诗一卷。

【原文】

九日登望仙台呈刘明府

汉文皇帝有高台[(1)]，此日登临曙色开。
三晋云山皆北向[(2)]，二陵风雨自东来[(3)]。
关门令尹谁能识[(4)]，河上仙翁去不回[(5)]。
且欲近寻彭泽宰[(6)]，陶然共醉菊花杯[(7)]。

【毛泽东圈评等情况】

毛泽东曾在一本中华书局印行的清蘅塘退士编《注释唐诗三百首》"七言律诗"中这首《九日登望仙台呈刘明府》诗题目上方天头空白处连画三个小圈，在正文开头上方天头空白处画了一个大圈。

[参考] 中央档案馆整理：《毛泽东评点诗词曲精选（上册）》，
中国档案出版社1998年版，第100—101页。

【注释】

（1）汉文皇帝，即汉文帝刘恒（前202—前157），西汉皇帝，公元前180—前157年在位。高台，即望仙台。

（2）三晋，春秋末年韩、赵、魏三家分晋而各自立国，称为"三晋"，其地在今山西、河南、河北西南部。

（3）二陵，即崤山的南北两山，在今河南洛宁北，西北接三门峡市陕州区。《左传·僖公三十二年》："崤有二陵焉，其南陵夏后皋之墓也，其北陵文王之所避风雨也。"

（4）关，即函谷关。令尹，即尹喜，曾做函谷关的关门令。《史记·老庄申韩列传》载：老子过函谷关，关令尹喜强留老子著书，于是老子乃著《道德经》五千言而去，尹喜也随之西行。

（5）河上仙翁，即河上公。东晋葛洪《神仙传》："河上公，汉文帝时结草为庵于河之滨，帝幸其庵，公授《素书》一卷，遂失所在。"

（6）彭泽宰，即陶渊明，他曾做过八十余日的彭泽县令。这里借指刘明府。

（7）陶然，酣畅之状。菊花杯，即菊花酒。

【赏析】

《九日登望仙台呈刘明府》是唐代诗人崔曙在盛唐时期创作的一首七言律诗。九日，指农历九月九日重阳节。望仙台，据说汉河上公授汉文帝《老子章句》四篇而去，后来文帝筑台以望河上公，台即望仙台，在今河南三门峡市陕州区西南。刘明府，即刘容，生平事迹不详，但从此诗来看，作者与其是有一定交往并颇为熟悉的。明府是唐代对县令的尊称。此诗写诗人重九登高邀请友人痛饮，写得不落常套，独具特色，在抒写怀念友人的情思中，隐含着知音难遇的喟叹。这首诗写景气势雄浑，酣畅淋漓，转承流畅自然。

此诗主题表达富贵荣华转瞬即逝，奔波仕途徒劳无功，不如归隐。"汉文皇帝有高台，此日登临曙色开"，首联言事。作者登台凭高望远，看到朝阳，心情顿觉开朗。

"三晋云山皆北向，二陵风雨自东来"，颔联字面写四季变换，"云山皆北向"，是夏天；"风雨自东来"是春天。从汉文帝修筑此台到作者登台时，经历了近千个春夏秋冬。战国时的三晋，经过秦汉、魏晋、北朝，几经分合，此时成了一统天下的一个部分。汉代的皇帝，当时多么显赫，而此刻只能在二陵中，任凭风雨侵袭了。实际上是感叹：历史变迁，不以人的意志为转移。

"关门令尹谁能识，河上仙翁去不回"，颈联继续抒发历史感慨：望仙台所在地的地方长官，经过多次改朝换代，难以记住他们一个个的名字。当年磻溪垂钓、后来被周文王聘请为宰相的姜尚，也早死了多年，再也不能回来了。真有"吴宫花草埋幽径，晋代衣冠成古丘"的感慨。

"且欲近寻彭泽宰，陶然共醉菊花杯"，尾联言志。有了前面的铺垫，既然功名利禄都是过眼云烟，那么就不必拼命走仕途了。不如沿着陶渊明的道路，采菊东篱下，饮酒自娱。

崔曙只有这一首七律，但却是名作，可见诗贵精不贵多。（毕桂发）

常 建

　　常建（708—765），字少府，祖籍邢州，长安（今陕西西安）人，唐代诗人。唐玄宗开元十五年（727）与王昌龄同榜进士。仕宦不得意，来往山水名胜，长期过着漫游生活。后移家隐居鄂渚。天宝时曾任盱眙尉。其诗多以田园、山林为主要题材，风格接近王、孟一派。其诗多为五言，善于运用凝练简洁的笔触，表现清寂幽邃的意境。也有部分边塞诗。有《常建集》。《全唐诗》录存其诗一卷。常建的现存文学作品不多，其中的《题破山寺后禅院》一诗较为著名。破山寺即今虞山兴福禅寺，寺中有米碑亭，铭刻了宋代书法大家米芾书写的《常少府题破山寺诗》石碑。

【原文】

宿王昌龄隐居

清溪深不测，隐处惟孤云⁽¹⁾。
松际露微月，清光犹为君⁽²⁾。
茅亭宿花影⁽³⁾，药院滋苔纹⁽⁴⁾。
余亦谢时去⁽⁵⁾，西山鸾鹤群⁽⁶⁾。

【毛泽东圈评等情况】

　　毛泽东曾圈点这首《宿王昌龄隐居》。他读一本中华书局影印的清沈德潜编选《唐诗别裁集》卷一"五言古诗"时圈阅了这首《宿王昌龄隐居》。

　　[参考] 张贻玖：《毛泽东评点、圈阅的中国古典诗词》，
中国工人出版社1992年版，第242页。

【注释】

（1）深不测，指溪水深不可测。孤云，一片云彩。

（2）君，指王昌龄。清光，明朗的月光。

（3）茅亭，茅草盖的亭子。宿花影，喻夜静时花影如眠。

（4）药院，种药草的庭院。滋，繁衍。

（5）谢时，谓辞去世俗之累。

（6）西山，指武昌西的樊山，诗人辞官归隐之处。鸾鹤群，言与鸾鹤为伍作伴。鸾鹤，古代常指仙人乘骑的禽鸟。

【赏析】

这是一首山水隐逸诗，在盛唐已传为名篇。到清代，更受"神韵派"的推崇，同《题破山寺后禅院》并为常建代表作品。

此诗题曰"宿王昌龄隐居"，一是指王昌龄出仕前隐居之处，二是说当时王昌龄不在此地。王昌龄及第时大约已有三十七岁。此前，他曾隐居石门山。山在今安徽含山境内，即此诗所说"清溪"所在。常建任职的盱眙，即今江苏盱眙，与石门山分处淮河南北。常建辞官西返武昌樊山，大概渡淮绕道不远，就近到石门山一游，并在王昌龄隐居处住了一夜。

"清溪深不测，隐处惟孤云"，诗的一、二句写王昌龄隐居所在。"深不测"一作"深不极"，并非指水的深度，而是说清溪水流入石门山深处，见不到头。王昌龄隐居处便在清溪水流入的石门山上，望去只看见一片白云。齐梁隐士、"山中宰相"陶弘景对齐高帝说："山中何所有？岭上多白云。只可自怡悦，不堪持赠君。"因而山中白云便沿为隐者居处的标志，清高风度的象征。但陶弘景是著名阔隐士，白云多，王昌龄却贫穷，云也孤，而更见出清高。清徐增说："惟见孤云，是昌龄不在，并觉其孤也。"这样理解，也具情趣。

"松际露微月"以下四句，写夜宿王昌龄隐居处所见所感。王昌龄住处清贫幽雅，一座孤零零的茅屋，即所谓"茅亭"。屋前有松树，屋边种花，院里蔚药，见出他的为人和情趣，独居而情不孤，遁世而爱生活。常建夜宿此地，举头望见松树梢头，明月升起，清光照来，格外有情。想来明月不知今夜主人不在，换了客人，依然多情来伴，故云"犹为君"，"君"指王昌龄。这既暗示王昌龄不在，更表现隐逸生活的清高情趣。夜宿茅屋是孤独的，而抬眼看见窗外屋边有花影映来，也别具情意。到院里散步，看见王昌龄莳养的药草长得很好。因为久无人来，路面长出青苔，所以茂盛的药草却滋养了青苔。这再一次暗示主人不在已久，更在描写隐逸情趣的同时，流露出一种惋惜和期待的情味，表现得含蓄微妙。

"余亦谢时去，西山鸾鹤群"，末二句写自己的归志。"鸾鹤群"用江淹《登庐山香炉峰》"此山具鸾鹤，往来尽仙灵"语，表示将与鸾鹤仙灵为侣，隐逸终生。这里用了一个"亦"字，很妙。实际上这时王昌龄已登仕路，不再隐居。这"亦"字是虚晃，故意也是善意地说要学王昌龄隐逸，步王昌龄同道，借以婉转地点出讽劝王昌龄坚持初衷而归隐的意思。其实，这也就是本诗的主题思想。题曰"宿王昌龄隐居"，旨在招王昌龄归隐。

这首诗的艺术特点确同殷璠对此诗的赞赏，其《河岳英灵集》首列常建诗，并称其诗"其旨远，其兴僻，佳句辄来，唯论意表"。诗人善于在平易写景中蕴含深长的比兴寄喻，形象明朗，诗旨含蓄，而意向显豁，发人联想。就此诗而论，诗人巧妙地抓住王昌龄从前隐居的旧地，深情地赞叹隐者王昌龄的清高品格和隐逸生活的高尚情趣，诚挚地表示讽劝和期望仕者王昌龄归来的意向。因而在构思和表现上，"唯论意表"的特点更为突出，终篇都赞此劝彼，意在言外，而一片深情又都借景物表达，使王昌龄隐居处的无情景物都充满对王昌龄的深情，愿王昌龄归来。但手法又只是平实描叙，不拟人化。所以，其动人在写情，其悦人在传神，艺术风格确实近王维、孟浩然一派。清沈德潜编选《唐诗别裁集》说："清澈之笔，中有灵悟。"（毕桂发）

岑 参

　　岑参（约715—770），江陵（今湖北江陵）人，盛唐边塞诗人。唐太宗时功臣岑文本重孙，后徙居江陵。先世居南阳棘阳（今河南新野东北）。岑参早岁孤贫，从兄就读，遍览史籍。唐玄宗天宝三年（744）进士。初为率府兵曹参军。后两次从军边塞，天宝八年（749）曾官安西节度使高仙芝掌书记，天宝末，封常青任安西节度使，岑参摄监察御史，充安西、北庭节度判官。肃宗在凤翔时，任右补阙，后出为虢州长史，五十五岁官至嘉州（今四川乐山）刺史。世称岑嘉州。罢官后客死成都旅舍。

　　岑参与高适齐名，并称"高岑"。其诗诗风奇峭，色彩瑰丽，气势磅礴，尤工七言歌行及五律，绝句亦有佳作。边塞诗善于描写塞上风光和战争景象，尤为著名。《全唐诗》录存其诗四卷三百六十首。

【原文】

奉和杜相公发益昌

相国临戎别帝京[(1)]，拥麾持节远横行[(2)]。
朝登剑阁云随马[(3)]，夜渡巴江雨洗兵[(4)]。
山花万朵迎征盖[(5)]，川柳千条拂去旌[(6)]。
暂到蜀城应计日[(7)]，须知明主待持衡[(8)]。

【毛泽东圈评等情况】

　　毛泽东曾手书这首《奉和杜相公发益昌》诗的"朝登剑阁云随马，夜渡巴江雨洗兵"两句。

　　[参考] 中央档案馆编：《毛泽东手书选集·古诗词卷（上）》，北京出版社1996年版，第200—201页。

1958年3月成都会议期间，毛泽东圈阅的《诗词若干首》（唐宋明朝诗人写的有关四川的一些诗和词）中有这首《奉和杜相公发益昌》。

　　[参考] 刘开扬注释：《诗词若干首》（唐宋明朝诗人咏四川），

四川人民出版社1979年版，第77页。

【注释】

　　（1）相国，一作"相公"，清沈德潜编选《唐诗别裁集》作"相国"。指杜鸿渐。临戎，监临军旅。帝京，指长安。

　　（2）麾，旌旗。节，符节。拥麾持节，指出任一方。南朝陈徐陵《关山月》之二："将军拥节起，战士夜鸣弓。"横行，纵横驰骋。

　　（3）剑阁，古道路名，在今四川剑阁东北大剑山、小剑山之间。三国时诸葛亮主持在此凿山，开设阁道（栈道），为川、陕间主要通道。自古为戍守要地，唐于此设立剑门关。

　　（4）巴江，指四川嘉陵江在阆中以北的一段，以嘉陵江之源阆、白二水南流曲折如巴字而得名。

　　（5）征盖，指杜出行之麾盖。盖，仪仗之一，古代大臣出行时所用伞状圆盖。

　　（6）川柳，水旁之柳。川，水道。去，离去。旌（jīng），古代用牦牛尾或兼五彩羽毛饰竿头的旗子。泛指旗帜。《仪礼·乡射礼》："旌各以其物。"郑云注："旌，总名也。"战国楚屈原《楚辞·九歌·国殇》："旌蔽日兮敌若云，矢交坠兮士争先。"

　　（7）蜀城，即今四川成都。应计日，计算日子，不久。

　　（8）明主，此指唐代宗李豫。持衡，衡即秤，在秤上衡量轻重使得其平，这里是借指执政。

【赏析】

　　奉和，是依照别人诗中的韵字作诗。杜相公，指杜鸿渐。杜鸿渐当过宰相，唐朝人称宰相为"相公"，所以叫杜相公。秦汉时宰相本称相国，所以正文中又称杜为相国。"发益昌"，就是从益昌出发。"益昌"，郡名，治所在今四川广元境内。唐代宗永泰元年（765）十月，蜀中军阀混战。次年，朝廷派杜鸿渐领兵平乱。大军四月至益昌，六月入剑门，七月到成都。从益昌继续进发时，杜鸿渐写了一首《发益昌》的诗。当时岑参在他幕下办事，遵照他的意思和了这首诗，所以说是"奉和"。

"相国临戎别帝京，拥麾持节远横行"，诗的首联两句是回叙到益昌之前的情形，开门见山点明题意，说杜鸿渐领命平乱，带兵离开帝京长安，拿着麾（指挥军事的旗子）和节（领命出使的凭证），远行出征，平定战乱。第一联写了杜鸿渐的使命"远横行"，指远征，有不受阻碍的意思。也就是杜甫诗中说的"万里可横行"之意。"远横行"三个字把出征将士饱满的精神传达出来了。

"朝登剑阁云随马，夜渡巴江雨洗兵"，颔联写行军途中将士们的乐观精神。晴天的早上，部队攀登山势陡峭的大剑山和小剑山，骑着马穿过山间的白云，在凿石架木的剑阁道上行进；晚上大军渡过巴江（泛指巴蜀的江河），天正下着雨，古称出军遇雨为洗兵。洗兵也有洗刷兵器不用的意思，即预祝结束战争，取得胜利。"雨洗兵"，雨洗兵器，比喻出师报捷，以胜利结束战争。这是用周武王伐纣的典故。周武王讨伐殷纣王，骤然遇上大雨，武王说："天洗兵也。"这两句形象鲜明，充分表现了将士们的乐观精神，是广被传诵的名句。

"山花万朵迎征盖，川柳千条拂去旌"，颈联描写沿途山川秀丽的景物。在山间行军时，山上千万朵野花夹道欢迎主帅（"征盖"就是大臣出使时用的伞形麾盖，这里指主帅）；到了平原的河边，两岸千万条的垂柳拂掠过大军的旌旗。从这两联可以看出，大军在征途上步履是艰难的，但心情却是轻快的，大有雄赳赳、气昂昂的气势，完全是赞颂的调子。

"暂到蜀城应计日，须知明主待持衡"，尾联两句写对此次出征的祝愿。希望杜鸿渐迅速平定战乱，劝他说：应当抓紧时间，计算日程，快点赶到成都（蜀城）去；要知道，圣明的皇上正在等待你去秉公持正（持衡）处理战乱的大事。

毛泽东曾圈阅此诗并手书过此诗的"朝登剑阁云随马，夜渡巴江雨洗兵"，说明他对这首诗特别是"朝登"两警句的喜爱。（毕桂发）

走马川行奉送封大夫出师西征

君不见走马川，雪海边⁽¹⁾，平沙莽莽黄入天⁽²⁾。轮台九月风夜吼⁽³⁾，一川碎石大如斗⁽⁴⁾，随风满地石乱走。匈奴草黄马正肥⁽⁵⁾，金山西见烟尘飞⁽⁶⁾，汉家大将西出师⁽⁷⁾。将军金甲夜不脱⁽⁸⁾，半夜军行戈相拨⁽⁹⁾，风头如刀面如割。马毛带雪汗气蒸，五花连钱旋作冰⁽¹⁰⁾，幕中草檄砚水凝⁽¹¹⁾。虏骑闻之应胆慑⁽¹²⁾，料知短兵不敢接⁽¹³⁾，军师西门伫献捷⁽¹⁴⁾。

【毛泽东圈评等情况】

毛泽东曾在一本中华书局印行的清蘅塘退士原编《注释唐诗三百首》"七言古诗"中这首《走马川行奉送封大夫出师西征》诗题目上方天头空白处画了一个大圈，在正文开头处上方天头空白处连画三个小圈。

[参考]中央档案馆整理：《毛泽东评点诗词曲精选（上册）》，
中国档案出版社 1998 年版，第 30 页。

【注释】

（1）"川"下原有"行"字，当是衍文。全诗连句用韵，三句一转。雪海，在今新疆境内，指天山以北的沙陀碛（今乌鲁木齐北的古尔班通古特沙漠）。《新唐书·西域传》："此三日行度雪海，春夏带雨雪。"

（2）莽莽，渺无边际之状。

（3）轮台，唐时属庭州，隶北庭都护府。今新疆轮台东南。

（4）川，指旧河床。

（5）匈奴，本是古北方部族名，这里借指唐西域的游牧部族。

（6）金山，即阿尔泰山，在新疆北部。蒙古语和突厥语系的哈萨克语、维吾尔语都呼金为阿尔泰。阿尔泰山就是有金的山。

（7）汉家大将，指封常清。汉家，即唐家，唐王朝。

（8）金甲，铁衣。

（9）戈，古代的一种长柄兵器。戈相拨，兵器互相撞击。

（10）五花连钱，指名贵的马。五花，五花马，即剪马鬃为五瓣花样。连钱，马身上的斑纹。《尔雅·释畜》"青骊"，郭璞注："色有深浅，斑驳隐辚，今之连钱。"旋，立刻。

（11）草檄，起草征讨的文书。

（12）虏骑，敌方的骑兵。慑，惧怕。

（13）短兵，指刀、剑一类武器。战国楚屈原《楚辞·九歌·国殇》："操吴戈兮披犀甲，车错毂兮短兵接。"注："短兵，刀剑也。"接，接战。

（14）军师，应作"车师"，即北庭都护府治所，在今新疆乌鲁木齐东北。伫（zhù），久立，此处当等待讲。捷，战利品。东汉许慎《说文·手部》："捷，猎也，军获得也。"

【赏析】

《走马川行奉送封大夫出师西征》是唐代诗人岑参创作的一首七言古诗。走马川，又称左末河，即现在新疆的玛纳斯河。"行"是古代歌曲的一种体裁，统称"歌行体"。"封大夫"，封常清，当时以摄御史大夫任北庭都护、伊西节度使、瀚海军使，是西北边防驻军的统帅。岑参这时随他驻扎轮台（今新疆轮台）。唐玄宗天宝十三年（754）九月，他奉命西征，平定播仙部族贵族集团的叛乱，岑参写了这首诗为他送行。此诗抓住有边地特征的景物来状写环境的艰险，从而衬托士卒们大无畏的英雄气概。

全诗分三节。开头"君不见走马川"以下六句为第一节，描写了边塞恶劣的地理环境和气候。开头三句说，你没有看见吗？这次行军的出发地轮台到走马川、雪海边（在今新疆北境）这么广大的地区，都是"春夏常雨雪"的苦寒地带，一片黄沙，莽莽苍苍，无边无际，一直延伸到天边。这是典型的戈壁沙漠的景观，突出一个"沙"字，从颜色来讲，是单一的"黄"色，这是视觉所见的白天景象。到了夜里，风像发疯的野兽，怒吼咆哮，把斗大的石块吹得乱滚动，极言风狂力大，描绘了一幅狂风怒号、走石飞沙的现象，"轮台"是此次出征的出发地，"九月"点明了送行的时间。

"匈奴草黄马正肥"以下九句为第二节，写出征原因和行军情况，是这首诗的主体。出师原因是匈奴的入侵。"匈奴"，是汉朝对北方少数民族的统称，这里借指播仙部族。"草黄马正肥"，是说秋天是匈奴向内地侵扰的时机。你看，阿尔泰山西边烽火台上烟尘滚滚，战火已经燃起来了。"汉家大将"，指封常清，主帅亲自出征，说明情况严重。以至于将军夜里连铠甲也不脱下，说明情况紧急。"半夜军行戈相拨"，写士兵半夜行军，连平头戟那种短兵器都互相碰撞，凛冽的寒风刮到脸上就像刀割一样疼痛，将帅以身作则，战士纪律严明，从上面写环境转到写人，是从触觉上来写。将士当然离不开战马。马匹一身霜雪，汗气蒸腾，连马颈上的毛剪成五瓣花的五花马和连钱那样的良马，都奔跑得身上的汗气立刻结成了冰，可见天气的酷寒。不要说旷野行军这么冷，就连在大军帐中起草声讨敌人的文书（草檄）时，砚台上磨墨用的水都凝结成了冰块，突出了气候寒冷、条件恶劣。这里又从人写到马，是从视角着笔。

　　有以身作则的将帅，有斗志昂扬的士兵，胜利是有把握的，所以诗的结尾"虏骑闻之应胆慑"四句为第三节，归结到给出征将士的祝词。（敌人的马队）听到大将西出征的消息，将会胆寒心惊，不敢前来交锋肉搏；我将在轮台节度使府右车师（西汉时西域国名）东北等候大军凯旋，向皇帝报捷。这是作者对这次西征将士们的勉励和对胜利的迫切期待，充分表现了诗人强烈的爱国精神。

　　这首诗在艺术上也颇有特色。一首送别诗，很容易写成一篇套话，但诗人却从视觉、听觉、触觉等几方面写人写物，突出了环境的恶劣、将士们昂扬的斗志，殷切的企盼格调雄放，是边塞诗的佳作。在用韵上三句一转，句句连押，形成了特有激越高昂的声势，富有民族特色。清王士祯选、清吴煊和清胡棠辑注《唐贤三昧集笺注》说："第一解二句，余皆三句一解，格法甚奇。'大如斗'者尚谓之'碎石'，是极写风势，此见用字之诀。奇句，亦是用字之妙（'马毛带雪'二句下）。其精悍处似独辟一面目，杜亦未有此。老杜《饮中八仙歌》中，多甲三句一解而不换韵，此首六解换韵，平仄互用，别自一奇格也。"

　　岑参是著名的边塞诗人，毛泽东圈画过他不少诗。（毕桂发）

【原文】

轮台歌奉送封大夫出师西征

轮台城头夜吹角⁽¹⁾，轮台城北旄头落⁽²⁾。羽书昨夜过渠黎⁽³⁾，单于已在金山西⁽⁴⁾。戍楼西望烟尘黑⁽⁵⁾，汉兵屯在轮台北⁽⁶⁾。上将拥旄西出征⁽⁷⁾，平明吹笛大军行⁽⁸⁾。四边伐鼓雪海涌⁽⁹⁾，三军大呼阴山动⁽¹⁰⁾。虏塞兵气连云屯⁽¹¹⁾，战场白骨缠草根。剑河风急雪片阔⁽¹²⁾，沙口石冻马蹄脱⁽¹³⁾。亚相勤王甘苦辛⁽¹⁴⁾，誓将报主静边尘。古来青史谁不见⁽¹⁵⁾，今见功名胜古人。

【毛泽东圈评等情况】

毛泽东曾在一本中华书局印行的清蘅塘退士原编《注释唐诗三百首》七言律诗中这首《轮台歌奉送封大夫出师西征》诗题目上方天头空白处画了一个大圈，又在旁左侧正文开头处连画三个小圈。

[参考] 中央档案馆整理：《毛泽东评点诗词曲精选（上册）》，

中国档案出版社 1998 年版，第 31 页。

【注释】

（1）角，号角，军营中用以号令、报时。

（2）旄头，星宿名，即二十八宿中的昴星，古人以为是"胡人"的象征。《史记·天官书》："昴曰髦头，胡星也。"旄头落，象征"胡兵"将要覆灭。

（3）渠黎，本是汉西域国名，在轮台东南。《通典·边防典》七："轮台、渠黎，地名，在今交河、北庭界中，其地相连。"《读史方舆纪要》卷六五："渠黎城，在废庭州西南，轮台东。"旧址在今新疆吉木萨尔与米泉之间。

（4）单（chán）于，本是匈奴君长的称号，此借指西域少数民族首领。

（5）戍楼，驻防的城楼。烟尘，烽烟与尘土。

（6）汉兵，指唐兵。

（7）上将，指封常清。旄，旌旗杆上的饰物。唐时节度使皆拥旄节，用以专制军事。后晋刘煦等《旧唐书·职官志》："天宝中，缘边御戎之地，置八节度使，受命之日，赐之旌节，谓之节度使，得以专制军事，行则建节符，树六。外任之重，无比焉。"

（8）平明，天刚亮时。

（9）伐鼓，击鼓。雪海，当指天山以北之沙陀碛（今乌鲁木齐北之古尔班通古特沙漠）。

（10）古兵制，中军、左军、右军（亦称上、中、下）为三军。此指军队。阴山，清萧雄《听园西疆杂述诗》卷二《乌鲁木齐章》云："天山至此（指乌鲁木齐）亦名阴山，如长春子过沙陀抵阴山，岑参《轮台歌》'三军大呼阴山动'，皆谓此处一带。非《汉书·匈奴传》辽东外之阴山也。"地即今新疆境内之天山东部。

（11）虏塞，敌方要塞。

（12）剑河，水名。《新唐书·回鹘传》："青山东，有水曰剑河。偶艇以渡，水悉东北流。"

（13）沙口，未详。脱，打滑。

（14）亚相，汉制御史大夫，位次宰相，故称亚相。封常清时任节度使又摄御史大夫，故称之。《汉书·百官公卿表》："御史大夫，秦官，位上卿，银印青绶，掌副丞相。"勤王，为皇帝出力。

（15）青史，古代以竹简记事，后来便称史籍为"青史"。南朝梁江淹《诣建平王上书》："俱启丹册，并图青史。"

【赏析】

"轮台"，唐时属庭州，隶北庭都护府，在今新疆轮台东南部。封常清曾驻兵于此。唐玄宗天宝十三年（754）至十四年（755），岑参充任安西、北庭节度判官，亦多居此。本篇与《走马川行奉送封大夫出师西征》是同一时期、为同一事、赠同一人之作，但内容不同。"走马川行"只写出师，本篇则写了战斗过程；前篇为预祝，后似为追记；艺术手法各异，不妨皆为佳作。

全诗可分三节。"轮台城头夜吹角"以下六句为第一节，写战前的征兆和两军对垒的态势，造成一种紧张气氛。"轮台城头"二句，"角"是画角，军中吹奏报时的乐器。"旄头"，星宿名，古人以为是"胡人"的象征。"旄头落"象征"胡兵"将要覆灭。二句连用"轮台城"三字开头，造成连贯的语态，烘托出围绕此城的临战气氛。"夜吹角"说明唐军警惕性很高，"旄头落"预示匈奴必败。接着，风云突变：昨天夜里告急的军事文书（羽毛）飞过"渠黎"（在轮台东南），"单于"已经到达阿尔金山西面。唐军边境的哨楼烟尘滚滚，遮天蔽日，军情十分紧急，"汉兵"实指唐军，已屯扎在轮台城北。诗人采用因果倒置手法，写出胡兵入侵是此次战争的原因；敌我双方位置的变化，写出了两军对垒之势。局势紧张，可谓一触即发。

"上将拥旄西出征"以下八句为第二节，写唐军出师与之接仗。"上将"指主帅封常清。他手持着皇帝赐给他的掌管军队的节旄，挥师西上，天亮时在笛子吹奏中大军出发，四面八方响起的战鼓震天动地，"雪海"为之汹涌；三军大声呐喊，巍巍阴山也被震动。此四句写出唐军声势雄壮，斗志昂扬。唐军势盛，敌军也不弱，敌方的要塞集结很多军队。两强相斗，必是苦战，牺牲必多。"战场白骨缠草根"，极言双方伤亡惨重。况且这场战争是在"风急"、雪大、"石冻"、奇寒的环境中进行的。"剑河""沙口"这些地名都有泛指意味。"沙口""石冻"，致使马蹄打滑，战争之艰苦不言而喻了。

"亚相勤王甘苦辛"以下末四句赞美封常清忠勇报国，以颂扬作结。"亚相"是唐代对御史大夫的称呼。封常清当时是领御史大夫的官衔，仅次于宰相，故称"亚相"。"勤王"是替皇帝出力，是说有封常清这样的人肯为皇帝效力，一定能平定边境叛乱。"青史"，是对古代史书的称谓。古时用青竹简记事，故称。末二句说，古代的英雄人物都青史留名，万古流传，谁不知道呢？现在我们看到封常清的功业声名远远胜过古人。采用古今对比手法，赞美封常清忠勇效命的爱国主义精神。

全诗先写临战氛围，再写战斗过程，结以青史留名，结构紧严。又运用象征、夸张、对比等手法，渲染大军声威，描写战争画面，使全诗洋溢着一种浪漫主义精神和边塞生活气息，突出地表现了三军将士忠勇报国的爱国主义精神。清李锳《诗法易简录》说："此诗前十四句，句句用韵，两韵一换，节拍甚紧，后一韵衍作四句，以舒其气，声调悠扬有余音矣。"
清张文荪《唐贤清雅集》说："送大将出师，岂宜妄作感慨？如此闲闲着
笔，既有情致，又不犯口，音节亦自然，读古人诗须识其苦心，学其妙
法，向有长进处。"（毕桂发）

【原文】

白雪歌送武判官归京

北风卷地白草折⁽¹⁾，胡天八月即飞雪。忽如一夜春风来，千树
万树梨花开⁽²⁾。散入珠帘湿罗幕⁽³⁾，狐裘不暖锦衾薄⁽⁴⁾。将军角弓不
得控⁽⁵⁾，都护铁衣冷难着⁽⁶⁾。瀚海阑干百丈冰⁽⁷⁾，愁云惨淡万里凝⁽⁸⁾。
中军置酒饮归客⁽⁹⁾，胡琴琵琶与羌笛。纷纷暮雪下辕门，风掣红旗
冻不翻⁽¹⁰⁾。轮台东门送君去，去时雪满天山路⁽¹¹⁾。山回路转不见君，
雪上空留马行处。

【毛泽东圈评等情况】

毛泽东曾在一本中华书局印行的清蘅塘退士原编《注释唐诗三百首》
"七言律诗"中这首《白雪歌送武判官归京》诗题目上方画了一个大圈，
又在正文开头天头空白处连画三个小圈。

[参考] 中央档案馆整理：《毛泽东评点诗词曲精选（上册）》，
中国档案出版社 1998 年版，第 32 页。

【注释】

（1）白草，即今俗称芨芨草。《汉书·西域传》颜师古注："白草似
莠而细，无芒，其干熟时正白色，牛马所嗜也。"王先谦补注谓白草："春
兴新苗与诸草无异，冬枯而不萎。性至坚韧。"

（2）梨花，春天开放，花作白色。这里比喻雪花积在树枝上，像梨
花开了一样。

（3）珠帘，缀有珠子的帘幕。罗幕，丝罗制成的帷幕。

（4）狐裘（qiú），狐皮袍子。锦衾（qīn），锦缎缝制的被子。

（5）角弓，用兽角装饰的硬弓，一作"雕弓"。不得控，拉不开。控，引弓。

（6）都护，唐时曾设置安西、北庭等六大都护府，每府都有大都护，管理有关边政事务。此是指军中主将。

（7）瀚海，大沙漠。阑干，纵横之状。百丈，一作"千尺"。

（8）惨淡，阴暗之状。

（9）中军，古时多分兵为中、左、右三军，中军为主帅发号施令之所。这里指主帅营幕。归客，指武判官。

（10）掣，牵引。冻不翻，旗被冻硬，风吹不能飘展。

（11）天山，一名祁连山，横亘新疆东西，长六千余里。唐时也指称伊州、西州以北一带山脉。

【赏析】

《白雪歌》是唐人乐府曲题名。宋郭茂倩《乐府诗集》载："唐高宗显庆二年（657），太常言，《白雪琴曲》本宜合歌，今依琴中旧简，以御制《雪诗》为《白雪歌》辞，是亦属旧曲改新声之类。"这首诗是岑参在安西、北庭节度使幕中做判官时作，其时在唐玄宗天宝十三年（754），诗人在夏秋之交到轮台，唐肃宗至德二年（757）春夏之交东归。这次是岑参第二次出塞，充任安西北庭节度使封常清的判官（节度使的僚属），而武判官或即其前任，生年未详。诗人在轮台送他归京（唐代都城长安）而写下了此诗。诗中描写了边塞风雪严寒中的绮丽风光和军中饯饮、雪中送别的依恋情景。这是诗人边塞诗中最出色的作品。

全诗分为两节：前八句写雪景，后十句写送别。"北风卷地白草折"以下八句为第一节。诗人下笔奇突，不及雪而先写"北风卷地白草折"，风力强劲，刮地而起，致使经冬"枯而不萎，性至坚韧"的白草也折断了。这是写风，因风而及雪。"胡天八月即飞雪"，"胡天"，泛指西北地区，金秋八月，在中原正是天高气爽的季节，而在北地已是雪花飞舞了。一个"即"字写出了诗人以内地人眼光见边疆景色的少见多怪的奇特感受。接着诗人用"忽如"二字一转，写出"胡天"变幻无常，风雪来得突然。诗人以春风催开梨花来比喻北风吹落大雪，贴切新奇。"千树万树梨花开"，造语新奇，意境壮美，奇特的想象，别致的描写，令人在漫天风雪之中感到春意盎然，看到满目生气。千古以来，此句被传为绝唱。这四句写雪，还是室外旷野的雪景。然后从"散入珠帘湿罗幕"，转到写室内的寒冷，这是雪的威力。由于风雪交加，军帐中温度骤降，连保暖性能最好的狐裘也不暖了，织锦的被褥也嫌单薄了，将军的手僵得连弓也拉不开，边塞长官（都护）的铠甲也冰冻得难以着身。这四句写风雪带来的奇寒，写出边疆军旅生活的艰苦。从艺术手法上看，这主要是通过人和人的感受，写白雪的威力，既紧扣"白雪歌"题意，又为下文雪中送别作了铺垫。

"瀚海阑干百丈冰"至篇末十句为第二节，写送别，层次清楚。"瀚海"二句是说整个大沙漠冰天雪地，横七竖八裂开着，满天阴云凝聚成一片惨淡景色，为送别提供了一个典型环境。前句写地，后句写天，开始转入送别。场地再由室外转入室内。"中军置酒"二句写军中饯饮，所奏皆胡乐，是塞外风光。"胡琴"，古胡乐器，是弹击弦乐器，与今胡琴不同。《文献通考》记载，唐文宗朝女伶郑中丞善弹胡琴。"胡琴""琵琶""羌笛"都是胡乐器，说明演奏的都是充满异域情调的胡乐，被送之人回归内地可增其乡思，送客之人则别有一番滋味在心头了。宴饮结束，已是暮色苍茫，军帐大门外大雪纷飞，北风怒号，红旗在风雪中冻得翻不动了。"风掣红旗冻不翻"这一细节描写，反衬得整个画面更加生动。送出东门，只见漫天大雪铺满天山崎岖的山路；归客在蜿蜒曲折的山道上转了几个弯，便消失在风雪之中了，那漫长的雪道上只留下几行马蹄的痕迹。这是一幅绝妙的雪中行旅图，是诗人描绘的北国风光的壮丽画卷。诗写到这里，便戛然而止，意味深长。写送别而没有常见的低回依恋的情态，而是通过满天风雪、峰回路转、点点蹄痕、站立怅望、不见故人的景物描写，别意自然流露出来，言有尽而意无穷，以景结情，达到情景交融的境界。

这首诗是七言古诗"歌行体"，没有句数、平仄和押韵的限制，抒写比较自由，适于表达比较繁复的内容，特别是易于表现豪迈奔放的感情，易形成一种雄浑、悲壮、气势磅礴的特色。清方东树《昭昧詹言》评曰："岑嘉州《白雪歌送武判官归京》奇峭。起飒爽，'忽如'六句，奇气奇情逸发，令人心神一快。须日诵一过，心摹而力追之。'瀚海'句换气，起下'归客'。"

这首诗的另一特色是结构紧严。诗分前、后两节，前节写雪景，点明送别的时间和地点，后节写送别，是在冰天雪地的雪景之中，中间以"瀚海阑干"二句承上启下，由雪景的壮丽和雪后的奇寒过渡到送客的情景和别后的怅惘，构思是很完整的。（毕桂发）

【原文】

逢入京使

故园东望路漫漫⁽¹⁾，双袖龙钟泪不干⁽²⁾。

马上相逢无纸笔，凭君传语报平安。

【毛泽东圈评等情况】

毛泽东曾圈点这首《逢入京使》。他圈阅较多的中华书局影印清沈德潜编选《唐诗别裁集》卷十九"七言绝句"中刊有这首《逢入京使》。

[参考]张贻玖：《毛泽东评点、圈阅的中国古典诗词》，中国工人出版社1992年版，第231页。

【注释】

（1）故园，指作者在长安的家。漫漫，广远无际之状。《管子·四时》："五漫漫，六惛惛，孰知之哉！"尹知章注："漫漫，旷远貌。"汉刘向《九叹·忧苦》："山修远其辽辽兮，涂漫漫其无时。"

（2）龙钟，眼泪横流的样子。汉王褒《与周弘正书》："援笔揽纸，龙钟横集。"

【赏析】

《逢入京使》这首诗是唐玄宗天宝八年（749）诗人赴安西途中所作。这一年，岑参入安西节度使高仙芝幕掌书记，告别了在长安的妻子，离开家园，踏上通往西域的路程，旅途劳顿，边地荒远，备尝艰辛，诗人很自然地会引起思乡之情。入京使，进京的使者。

《逢人京使》是唐代诗人岑参创作的名篇之一。此诗描写了诗人远涉边塞、路逢回京使者、托带平安口信、以安慰悬望的家人的典型场面，具有浓烈的人情味。

这是一首七言绝句。"故园东望路漫漫"，首句是写眼前的实景。这句是说：离开长安家园已经好多天了，回头一望，只见长路漫漫没有尽头。诗人在这里并没有直接抒情，而是通过富有戏剧性的动作描写来表现对长安故园的眷怀之情。用"东望"这一动作来表现诗人对长安故园的深切思念。"故园"指在长安的家。"路漫漫"既是"东望"的感受，也是指从空间上表示离开家园越来越远，思乡之情不能遏止。

"双袖龙钟泪不干"，第二句则带有夸张的意味，强调自己思念亲人的心情。"龙钟"是沾湿淋漓的样子，这句是说袖子被眼泪打湿了。它夸张地写出了行人内心的冲动，又是"泪不干"的形象描绘。"泪不干"是东望故园因而内心激动的结果。"龙钟""泪不干"都形象地描绘了诗人对长安亲人无限眷念的神情。

"马上相逢无纸笔，凭君传语报平安"，三、四两句紧扣诗题，以旅行者的口吻来表述，但多言外之意。这两句是说，走马相逢，没有纸笔，也顾不上写信了，就请你替我捎个平安的口信吧！语气十分安详、通脱。诗的一、二句感情冲动、缠绵，三、四句平稳和安详、豪爽。诗句写不作家书，仅凭人传语，且不言身边琐事、儿女之情，只报旅途平安。表面上看，这样仅仅是因为"马上相逢无纸笔"的缘故，其实是诗人怀有广阔的胸襟和不凡的抱负。这种平静安详的口吻，表现的恰是豪迈大度。

这首诗语言平易洗练，平易之中又显出丰富的韵味，不加雕琢，信口而成，而又感情真挚。此诗形象、真实地反映了盛唐时代青年志士的豪情，"马上相逢"的片语，给人以壮美之感，不但表现了征途的特点，更使人想到边塞的军旅生活。清沈德潜说："人人胸臆中语，却成绝唱。"（《唐诗别裁集》）清刘熙载也说："诗能于易处见工，便觉亲切有味。"（《艺概·诗概》）这首诗正有这些特色。（东民）

【原文】

与高适薛据同登慈恩寺浮图

塔势如涌出⁽¹⁾，孤高耸天宫⁽²⁾。登临出世界⁽³⁾，磴道盘虚空⁽⁴⁾。突兀压神州⁽⁵⁾，峥嵘如鬼工⁽⁶⁾。四角碍白日，七层摩苍穹⁽⁷⁾。下窥指高鸟⁽⁸⁾，俯听闻惊风⁽⁹⁾。连山若波涛，奔凑似朝东。青槐夹驰道⁽¹⁰⁾，宫馆何玲珑⁽¹¹⁾！秋色从西来，苍然满关中⁽¹²⁾。五陵北原上⁽¹³⁾，万古青濛濛。净理了可悟⁽¹⁴⁾，胜因夙所宗⁽¹⁵⁾。誓将挂冠去⁽¹⁶⁾，觉道资无穷⁽¹⁷⁾。

【毛泽东圈评等情况】

毛泽东曾在一本中华书局印行的清蘅塘退士原编《注释唐诗三百首》卷一"五言古诗"中这首《与高适薛据同登慈恩寺浮图》诗题目上方天头空白处连画三个小圈。

[参考]中央档案馆整理：《毛泽东评点诗词曲精选（上册）》，
中国档案出版社 1998 年版，第 13 页。

【注释】

（1）"塔势"句，《妙法莲华经·宝塔品》云："尔时佛前有七宝塔，高五百由旬，纵广二百五十由旬，从地涌出。"此用其语，意谓凸起于平地。

（2）天宫，犹天空。《圆觉经》："地狱天宫，皆为净土。"

（3）出世界，高出于人世的境界。

（4）磴道，石阶。

（5）突兀，高耸之状。神州，指中国。

（6）鬼工，鬼斧神工，意即非人力所能建成。

（7）七层，塔本六级，后渐损，武则天时重建，增为七层。摩，挨近。苍穹（qióng），青天。

（8）窥，视。

（9）惊风，疾风。

（10）驰道，御道，皇帝乘辇经行之道。

（11）宫馆，宫殿楼馆。一作"宫观"，犹宫阙。玲珑，灵巧。

（12）关中，指今陕西中部地区。

（13）五陵，本指汉代五帝陵墓，即高祖长陵、惠帝安陵、景帝阳陵、武帝茂陵、昭帝平陵。这里指长安附近地带。

（14）净理，佛理。了，明白。

（15）胜因，佛教语，善缘。夙所宗，早就信仰。

（16）挂冠，辞官。南朝宋范晔等《后汉书·逄萌传》："时王莽杀其子宇，萌谓友人曰：'三纲绝矣。不去，祸将及人。'即解冠挂东都城门，归将家属浮海，客于九辽东。"

（17）觉道，悟道。资，应。

【赏析】

　　这首诗是岑参登慈恩寺塔写的。慈恩寺是唐高宗做太子时为他母亲所建，故称"慈恩"。浮图，亦作浮屠、佛图。梵语 Buddhastūpa（音译"佛陀窣堵波"）的音译之讹略，即佛塔。塔是永徽三年（652）建的，称大雁塔，在今西安东南。唐玄宗天宝十一年（752）秋天的一个黄昏，岑参和杜甫、高适、薛据、储光羲等同登慈恩寺塔，各人先后都写诗记游，成为唐代文学的一段佳话。这首诗描写了慈恩寺塔的挺拔不凡和塔附近的景物，抒发了登塔的感受，意境高远，气象万千，是诗人的佳作之一。

　　全诗分三节。"塔势如涌出"以下八句为第一节，写登塔过程，突出塔的高峻雄伟、非凡气势。"塔势如涌出，孤高耸天宫。"诗一开头就出语奇突，气势雄伟。塔本来是人造成的，而说"势如涌出"，一个"涌"字，给人的感觉塔不是人建在地面上的，而是像大自然中的造山运动一样，由于地壳的变动，从地下突然隆起的，那自然是势不可当。次句写塔高峻，无物可比，故曰"孤高"。一个"耸"字写出塔矗立之势。"天宫"本指天帝所住宫殿，这里是高空的意思，但诗人用"天宫"而不用高空，因为"天宫"不仅写出塔高，而且带上一种神秘色彩，更显得高不可攀了。"登临出世界，磴道盘虚空"，三、四句写登塔，登上高塔就像高出于人世的境界之外，给人一种超尘拔俗的感觉。登塔的阶梯在悬空中盘缠而上，仍然从塔高着墨。为了突出塔高，诗人又颠倒了登塔过程。"突兀压神州，峥嵘如鬼工"，五六句写塔的建造精美。"突兀"是高耸的样子。神州指中国，一个"压"字，把塔耸立在中国高空之上的态势写得生动如绘。"峥嵘"，也是高峻的样子。"鬼工"，即鬼斧神工，是说非凡人能营造的工程。二句用夸张手法，来写塔势的高峻雄伟、工程的精巧神奇。"四角碍白日，七层摩苍穹"，七、八句写登上塔后的感觉，是说登上塔顶，塔角的飞檐就遮住了太阳，最高的第七层简直摩擦住了青天，仍不离塔的高峻。诗人在写登塔过程中，抓住塔势高峻这一突出特点，运用比喻、夸张手法反复描写，给人一种强烈的印象。

"下窥指高鸟"以下十句为第二节，写登塔所见长安附近景观。登高必望远。因为刚才登上塔顶太吃力了，所以只觉其高，当然要先回头往下看了。"下窥"二句是说，登上塔顶往下张望，指点着高飞的鸟儿还在其下；俯下身去，倾听惊涛骇浪般的风声。然后诗人放眼四望，首先映入眼帘的是巍巍群山，"连山"二句是说，群山高下起伏，如万顷波涛奔涌而东，这是指长安城南的秦岭。"驰道"是秦始皇统一中国时修的大路，宽十五步，两旁种树，诗中泛指宽广大道。"宫馆"指长安皇城内的建筑物。"青槐"二句写到，看脚下的长安城内外，城郊青槐绿荫夹着大道，城内的宫殿是多么明丽。视线转向西方，面对的是著名的八百里秦川，金黄的秋色从西至东降临，到它的最东端还是青绿一片。接着诗人视线转向北方，看到长安北原上的汉朝刘邦、刘盈、刘启、刘彻、刘弗陵五个皇帝的陵墓，自古以来就郁郁葱葱、树色迷蒙。以上十句，诗人从东、南、西、北等不同方位、城内城外、近郊远野写他登塔所见，山川道路、自然景观和城内建筑尽纳笔底，写来从容不迫，层次清楚，令人神往。

最末四句写登塔所感。净土宗为唐代佛教的重要宗派之一，佛理以远离尘世间一切恶行、不受垢染为清净，"了可悟"是说透彻地觉悟佛家真谛。"胜因"，即良好的因缘机遇。"净理了可悟，胜因夙所宗"二句是说，诗人懂得了佛教的"净理"，平素就希望有这么个良机，归结于信佛。"誓将挂冠去，觉道资无穷"二句中的"挂冠"是弃官的意思，语出南朝宋范晔等《后汉书·逢萌传》：王莽杀了儿子王宇，逢萌预料天下必将大乱，脱下官帽挂在东都洛阳城门顶，举家逃往辽东避乱。"觉道"，即佛道，主张人生只有消除一切欲望，追求超脱世间的杂念，才能达到最高的理想境界。此二句是说，我发誓弃官不做，信仰佛教道义，便可以应用无穷。

岑参的这首五言诗被评为"气象阔大"，仅次于杜甫的《同诸公登慈恩寺塔》。正如清沈德潜所评："登慈恩寺塔诗，少陵下应推此作。高达夫、储太祝皆不及也。"（《唐诗别裁集》）（毕桂发）

【原文】

送费子归武昌

汉阳归客悲秋草[(1)]，旅舍叶飞愁不扫。秋来倍忆武昌鱼[(2)]，梦魂只在巴陵道[(3)]。曾随上将过祁连[(4)]，离家十年恒在边。剑锋可惜虚用尽，马蹄无事今已穿。知君开馆常爱客[(5)]，㧑捬百金每一掷[(6)]。平生有钱将与人[(7)]，江上故园空四壁[(8)]。吾观费子毛骨奇[(9)]，广眉大口仍赤髭[(10)]。看君失路尚如此[(11)]，人生贵贱那得知[(12)]。高秋八月归南楚[(13)]，东门一壶聊出祖[(14)]。路指凤凰山北云[(15)]，衣沾鹦鹉洲边雨[(16)]。勿叹蹉跎白发新[(17)]，应须守道勿羞贫[(18)]。男儿何必恋妻子，莫向江村老却人[(19)]。

【毛泽东圈评等情况】

这武昌鱼还有典故的：岑参有"秋来倍忆武昌鱼，梦魂只在巴陵道"，马祖常有"携幼归来拜丘陇，南游莫忘武昌鱼"。看来武昌鱼历史悠久。

[参考]毛泽东1956年在武汉同厨师杨纯清的谈话，转引自杨纯清：
《辣椒·妹妹菜·武昌鱼》，《毛泽东在湖北》，中共党史出版社
1993年版，第314—315页。

【注释】

（1）汉阳，古县名，属鄂州郡。治所在今湖北武汉汉阳。

（2）武昌鱼，指古武昌（今湖北鄂城）樊口的鳊（biān）鱼，称团头

鳊或团头鲂。语出晋陈寿《三国志·吴书·陆凯传》：三国吴末主孙皓，自建业"迁都武昌，百姓沂流供给，其患甚重，左丞相陆凯上疏谏止，引童谣云：'宁饮建业水，不食武昌鱼。'"

（3）梦魂，一作"梦著"，著即同"着"。巴陵，郡名。南朝宋文帝刘义隆元嘉十六年（439）分长沙郡置，治所在巴陵（今湖南岳阳）。

（4）上将（jiàng），主将，统帅。《孙子·地形》："料敌制胜，计险隘远近，上将之道也。"祁连，祁连山，一名天山、白山、折罗漫山。在今甘肃、青海二省（区）交界区。汉时匈奴呼天为"祁连"，故名，当指今天山。

（5）开馆，设置接待宾客的馆舍。南朝宋范晔等《后汉书·来历传》："来艳少好学下士，开馆养徒，少历显位。"

（6）摴蒱（chū pū），古代博戏的一种。唐李肇《国史补》下："洛阳令崔师本，又好为古之摴蒱。其法：三分其子三百六十，限以二关，人执六马，其骰五枚，分上为黑，下为白。黑者刻二为犊，白者刻二为雉……其彩十四；三犊三白为犊，其彩十；全白为白，其彩八；四者贵彩也。开为十二，塞为十一，塔为五，秃为四，撅为三，枭为二，六者杂采也。贵彩得连掷，得打马，得过关，余彩则否。新加进九退六两彩。"又见宋李昉、李穆、徐铉等学者奉敕编纂《太平御览》卷七五四"摴蒱"。

（7）将与人，拿出来赠人。将，持，拿，取。北魏杨衒之《洛阳伽蓝记》平等寺："将笔来，朕自作之。"唐李白《将进酒》："五花马，千金裘，呼儿将出换美酒。"

（8）空四壁，谓家中十分贫穷。《史记·司马相如列传》："家居徒四壁立。"《索引》："案孔文祥云：徒，空也。家空无资储，但有四壁而已。"

（9）毛骨，毛发和骨骼，谓人的骨骼容貌。南朝宋刘义庆《世说新语·赏誉下》："祖士少风领毛骨，恐没世不复见如此人。"奇，奇特。

（10）仍，仍然，还是。赤髭，红胡子。

（11）失路，迷失道路，喻不得志。汉扬雄《解嘲》："当涂者升青云，失路者委沟渠。"

（12）贵贱，富贵与贫贱，指地位的尊卑。《易·系辞上》："卑高以陈，贵贱位矣。"韩康伯注："天尊地卑之义既列，则涉乎万物贵贱之位明矣。"

（13）高秋，天高气爽的秋天。南朝梁沈约《休沐寄怀》："临池清溽暑，开幌望高秋。"南楚，古地区名。春秋战国时，楚国在中原南面，后世称南楚，为三楚之一。北起淮汉，南至江南，约包括今安徽中部、西南部，河南东南部，湖南、湖北东部及江西等地区。战国楚宋玉《登徒子好色赋序》："且夫南楚穷巷之妾，焉足为大王言乎？"《史记·货殖列传》："衡山、九江、江南、豫章、长沙，是南楚也，其俗大类西楚。"

（14）东门，指长安东门。一壶，一壶酒。聊，姑且。出祖，古人外出时祭路神。《诗经·大雅·韩奕》："韩侯出祖，出宿于屠。"孔颖达疏："言韩侯出京师之门，为祖道之祭，为祖若讫，将欲出宿于屠地。于祖之时，王使卿士之显父以酒饯送之。其清美之酒，多至于百壶，言受韩侯而送酒多也。"

（15）凤皇山，即凤凰山。在今湖北武汉武昌北。

（16）鹦鹉洲，在今湖北武汉汉阳西南长江中。

（17）蹉跎（cuō tuó），失意，虚度光阴。南朝齐谢朓《和王长史卧病》："日与岁眇邈，归根积蹉跎。"

（18）守道，坚守某种道德规范。《左传·昭公二十年》："守道不如守官，君子韪之。"勿羞贫，不要把贫贱当作羞耻。《论语·卫灵公》："君子忧道不忧贫。"

（19）老却人，老了人。却，止息，停止。

【赏析】

这是一首送别诗。送别的对象"费子"，姓费，名不详，生平无考。从诗中所写内容来看，费氏早年戍边，立有军功，并未贵显。后羁留都城长安，开了一个小旅馆。光阴荏苒，费子入于晚境，要思归故里，诗人便写了这首诗为他送别。诗中对其遭遇的不公待遇表示同情，对其豪爽好客的性格予以赞扬，对其归家加以慰勉。子，是古代对男子的尊称或美称。《左传·昭公十二年》："乡人或歌之曰：'我有圃，生之杞乎；从我者子乎，去我者鄙乎，倍其邻者耻乎！'"杨伯峻注："子为男子之美称，意为顺从我者不失为男子汉。"武昌，今湖北鄂城。

全诗共二十四句，每四句为一节，可分六节。"汉阳归客悲秋草"以下四句为第一节，写费子思归。汉阳归客，指费子。悲秋草，对秋草而伤感。我国古代有悲秋之说，即面对萧瑟秋景而伤感。语出战国楚宋玉《楚辞·九辩》："悲哉！秋之为气也。萧瑟兮，草木摇落而变衰。"旅舍，或为费子寄居之馆舍，或为费子经营之旅馆。愁不扫，谓羁愁郁织，任凭叶落旅馆门口而不加扫除。武昌鱼以味道鲜美著称，且系家乡特产。后晋刘昫等《旧唐书·地理志》云："岳州有巴陵县。"费子归武昌途经巴陵。二句又暗用晋张翰在洛做官时见秋风起想起莼羹、鲈鱼脍命车以归典故，是说秋天到了，费子更加忆武昌鱼，做梦只在回家的路上，归思难收，跃然纸上。

"曾随上将过祁连"等四句为第二节，写费子从军戍边，立有边功。这四句是说，费子曾随着主帅到天山一带戍边，十年之中都在边地转战。可惜费子空将剑锋用尽，马蹄踏穿，而今却去职赋闲。写剑锋用"虚用尽"，虚，白白地。用尽，南朝梁吴均《咏怀》其一："野战剑锋尽，攻城才智贫。"写马蹄谓"穿"，即踏破之意，都极生动。这样一位戍边十年的将士，一旦去职，即成徒劳。

"知君开馆常爱客"等四句为第三节，写费子重义轻财，豪爽好友。费子在边地转战十年，当立有军功，有所封赏，生活当得到妥善安排。看来并不是这样，从他"开馆""爱客"来看，他只是靠开一个小旅馆维持生活。但费子重义轻财，赌起挎捕来，往往一掷百金。平时有钱都送给了别人，武昌家中，"徒四壁立"，贫穷得很。在如何对人与律己的对比中，写出了费子的豪爽个性。

"吾观费子毛骨奇"等四句为第四节，写费子相貌奇特而生活失意。这四句是说，在我看来，费子相貌奇特，宽眉大口还长着一把红胡须。这种奇特的相貌，本当贵显，然而他却这样不得意，由此可知，人生贵贱实在难料。在对费子遭遇的议论中，充满同情与关爱。

"高秋八月归南楚"等四句为第五节，写诗人为费子饯行。这四句是说，在天高气爽的八月你要回归南楚家乡，我在长安东门为您置酒饯行。

您的归程指向武汉的凤皇山和鹦鹉洲。武汉是费子回鄂城的必经之处，故举以标示其归乡路线。

"勿叹蹉跎白发新"等末四句为第六节，写诗人对费子的劝勉。这四句是说，不要感叹光阴迅速转瞬之间新生了白发，应该坚持道德规范而不要把贫贱当作羞耻。男子汉大丈夫何必眷恋妻子和孩子，不要回到家中无所事事，终老一生。这是诗人对费子的安慰与勉励，结出送费子归故乡题旨。全诗语言质朴，感情真挚，条理清楚，首尾完足，不失为一首送人的佳作。

1956 年 5 月 31 日至 6 月 3 日，毛泽东在武汉三次畅游长江。一次，毛泽东游长江后在轮船上吃饭，厨师杨纯清给他做了四菜一汤，其中有一盘清蒸武昌鱼。毛泽东喝了一小杯茅台酒，吃了一小碗米饭，武昌鱼全吃光了。

毛泽东回到武昌东湖住地，对杨纯清说："杨师傅哎，你做的武昌鱼蛮不错。这武昌鱼还有典故的：岑参有'秋来倍忆武昌鱼，梦魂只在巴陵道'，马祖常有'携幼归来拜丘陇，南游莫忘武昌鱼'。看来武昌鱼历史悠久。"

毛泽东说罢，从口袋里掏出一张条幅，对杨纯清说："杨师傅，我刚刚写了一首新诗给你，要不要？不吃你做的武昌鱼，我是写不出诗来的。"——这就是那首《水调歌头·游泳》。从毛泽东讲"武昌鱼"的典故来看，他对岑参的这首诗是非常熟悉的。（毕桂发）

刘方平

刘方平（生卒年不详），约公元758年前后在世，排行八，匈奴族，洛阳（今河南洛阳）人，唐天宝年间诗人。曾应进士举，又欲从军，均不得意，乃退隐颍川大谷、汝水之滨，终生未仕。与皇甫冉、元德秀、李颀、严武为诗友。萧颖士也很赏识他，称他为"山东茂异"。工诗，善画山水。其诗多五言乐府，尤擅绝句。其诗多咏物写景之作，多写闺情宫怨、乡思，善于寓情于景，意蕴无穷，时有清丽之作。存诗仅二十六首。

【原文】

月 夜

更深月色半人家(1)，北斗阑干南斗斜(2)。
今夜偏知春气暖(3)，虫声新透绿窗纱(4)。

【毛泽东圈评等情况】

毛泽东在一本中华书局印行的清蘅塘退士原编《注释唐诗三百首》"七言绝句"中这首《月夜》诗正文上方天头空白处画了一个五角星（☆），作为圈阅的标记。

[参考] 中央档案馆整理：《毛泽东评点诗词曲精选（上册）》，中国档案出版社1998年版，第132—133页。

【注释】

（1）更深，夜深了。月色半人家，（月光）仅照亮庭院的一半，另一半则笼罩于夜幕之中。

（2）阑干，横斜之状。南斗，即斗宿，有星六颗。在北斗星以南，形似斗，故称。北斗横，南斗斜，正是更深时景象。

（3）偏知，方知。偏，有出于常态之意。

（4）新，初。

【赏析】

《月夜》这首绝句写的是月夜中透露出的春意，构思新颖别致。诗人选取了静寂的、散发着寒意的月夜为背景，从夜寒中显示出春天的暖意，从静寂中显示出生命的萌动，从几声虫叫引起人们对春回大地的美好联想。

"更深月色半人家，北斗阑干南斗斜"，诗的一、二两句写月夜之景。"北斗""南斗"皆为星宿。"南斗"，即斗宿为玄武七宿之首，有六颗星。因其位置在北斗之南，故人称其为南斗。"阑干"，横斜的样子。这两句诗是说：更深夜静，北斗和南斗都已横斜，朦胧的月光斜照在已经安睡的家家户户。月光仅照亮庭院的一半，另一半则笼罩于夜幕之中。大地没有一点声息，只有月亮和星斗点缀于天幕之上，这是一幅多么静谧的春之月夜图啊！

"今夜偏知春气暖，虫声新透绿窗纱"，三、四两句写的自然还是月夜的一角，但它实际上蕴含的却是月夜中透露的春意。这两句构思非常新颖别致，不落俗套。春天是生命的象征，它总是充满了缤纷的色彩、喧闹的声响、生命的活力。如果以"春来了"为题，人们总是选择在艳阳之下呈现出活力的事物来加以表现，而诗人却撇开花开鸟鸣、冰消雪融等一切习见的春的标志，独独选取静谧而散发着寒意的月夜为背景，从静谧中写出生命的萌动与欢乐，从料峭夜寒中写出春天的暖意，谱写出一支独特的回春曲。这不仅表现出诗人艺术上的独创精神，而且显示了敏锐、细腻的感受能力。

"今夜偏知春气暖"，是谁"偏知"呢？看来应该是正在试鸣新声的虫儿。尽管夜寒料峭，敏感的虫儿却首先感到在夜气中散发着的春的信息，从而情不自禁地鸣叫起来。而诗人则又在"新透绿窗纱"的"虫声"中感觉到春天的来临。前者实写，后者则意寓言外，而又都用"偏知"一语加以缩结，使读者简直分不清什么是生命的欢乐，什么是发现生命的欢乐之欢乐。"虫声新透绿窗纱"，"新"字不仅蕴含着久盼寒去春来的人听到第一个报春信息时那种新鲜感、欢愉感，而且和上句的"今夜""偏知"紧相呼应。"绿"字则进一步衬出"春气暖"，让人从这与生命联结在一起的"绿"色上也感受到春的气息。这些地方，都可见诗人用笔的细腻。

《月夜》写得自然流畅，生趣横溢，洋溢着诗人对春天、对生命的赞颂。"虫声新透绿窗纱"一句，展现诗人捕捉物象的敏锐独特的审美视角，特别是一个"透"字，写出了"感觉"，可谓传神。此诗作者刘方平，是唐代一位不很出名的诗人。但他的《月夜》（一作《夜月》）诗却写得别具一格，在众多名家所写的此类题材的作品中，一点儿也不逊色，故而能流传至今。

据元辛文房《唐才子传》记载，刘方平"善画山水，妙墨无前"。这就使我们想到了王维。王维既是诗人，又是画家，人们常赞其"诗中有画，画中有诗"。刘方平的这首《月夜》诗就是一幅绝妙的画，不但笔法细腻，而且含义隽永。依此而言，此诗堪与王维的同类诗相媲美。（毕桂发）

【原文】

春　怨

纱窗日落渐黄昏⁽¹⁾，金屋无人见泪痕⁽²⁾。
寂寞空庭春欲晚⁽³⁾，梨花满地不开门。

【毛泽东圈评等情况】

毛泽东曾在一本中华书局印行的清蘅塘退士原编《注释唐诗三百首》"七言绝句"中这首《春怨》诗正文上方天头空白处画了一个五角星（☆），作为圈阅的标记。

[参考]中央档案馆整理：《毛泽东评点诗词曲精选（上册）》，
中国档案出版社1998年版，第133页。

【注释】

（1）纱窗，蒙纱的窗户。

（2）金屋，华美之屋。据《汉武故事》载，汉武帝幼时，曾对其姑母长公主说："若得阿娇（长公主的女儿，陈皇后小名）作妇，当作金屋贮之也。"后常用以形容娶妻或纳妾。南朝梁费昶《长门怨》："金屋贮娇时，不言君不入。"

（3）空庭，幽寂的庭院。欲，一作"又"。

【赏析】

古代以《春怨》为题的诗不计其数，多写女子的伤春哀怨之情。刘方平这首《春怨》当是一首宫怨诗。

"纱窗日落渐黄昏，金屋无人见泪痕"，第一句点明时间，第二句点破主题。"金屋"，为用典，暗示诗中主人公的身份。汉武帝幼时，曾对其姑母长公主说："若得阿娇（长公主女儿，陈皇后小名）作妇，当作金屋贮之。"诗用"金屋"之典，说明主人公大概是一位失宠的妃子。"泪痕"，说明流泪已久。人们常说，"不到伤心不落泪"。落泪之时有人劝慰，或许可以减轻几分伤感的痛苦。落泪而无人见，可以想见，此等伤感哀怨将会何等重、何等深！日落、黄昏的特定景象，更加衬托出主人公的悲哀心境。

第三句"寂寞空庭春欲晚"，是为无人的"金屋"增添孤寂的感觉。屋内无人，固然使人感到孤寂，假如屋外人声喧闹，春色浓艳，呈现一片生机盎然的景象，或者也可以减少几分孤寂。现在，院中竟也寂无一人，而又是花事已了的晚春时节，正如欧阳修《蝶恋花》词所说的"门掩黄昏，无计留春住"，也如清代李雯《虞美人》词所说的"生怕落花时候近黄昏"，这就使"金屋"中人更感到孤寂难堪了。

末句"梨花满地不开门"，它既直承上句，是"春欲晚"的补充和引申；也遥应第二句，对诗中之人起陪衬作用。清王夫之在《夕堂永日绪论》中指出"诗文俱有主宾"，要"立一主以待宾"。这首诗中所立之主是第二句所写之人，所待之宾就是这句所写之花。这里，以宾陪主，使人泣与花落两相衬映。宋李清照《声声慢》词中以"满地黄花堆积",来陪衬"寻寻觅觅,冷冷清清,凄凄惨惨戚戚"的词中人,所采用的手法与这首诗是相同的。

从时间布局看,诗的第一句是写时间之晚,第三句是写季节之晚。从第一句纱窗日暮,引出第二句窗内独处之人;从第三句空庭春晚,引出第四句庭中飘落之花。再从空间布局看,前两句是写屋内,后两句是写院中。写法是由内及外,由近及远,从屋内的黄昏渐临写屋外的春晚花落,从近处的杳无一人写到远处的庭空门掩。一位少女置身于这样凄凉孤寂的环境之中,当然注定要以泪洗面了。更从色彩的点染看,这首诗一开头就使所写的景物笼罩在暮色之中,为诗篇涂上了一层暗淡的底色,并在这暗淡的底色上衬映以洁白耀目的满地梨花,从而烘托出了那样一个特定的环境气氛和主人公的伤春情绪,诗篇的色调与情调是一致的。为了增强画面效果,深化诗篇意境,诗人还采取了重叠渲染、反复勾勒的手法。诗中写了日落,又写黄昏,使暮色加倍昏暗;写了春晚,又写落花满地,使春色扫地无余;写了金屋无人,又写庭院空寂,更写重门深掩,把诗中人无依无伴、与世隔绝的悲惨处境写到无以复加的地步。这些都是加重分量的写法,使为托出宫人的怨情而着意刻画的那样一个凄凉寂寞的境界得到最充分的表现。这首诗在层层烘托诗中人怨的同时,还以象征手法点出了美人迟暮之感,从而进一步显示出诗中人身世的可悲、青春的暗逝。曰"日落",曰"黄昏",曰"春欲晚",曰"梨花满地",都是象征诗中人的命运,作为诗中人的影子来写的。这使诗篇更深曲委婉,味外有味。(毕桂发)

张　继

　　张继（生卒年未详），字懿孙，襄州（今湖北襄阳）人，一说为南阳（今河南南阳）人，唐代诗人。生平事迹不详，与刘长卿为同时代人。唐玄宗天宝十二年（753）进士。大历末，官检校词部员外郎，又在洪州（今江西南昌）为盐铁判官。其诗多旅游题咏，有些诗篇表现了对时事的关切和对兵乱后人民生计的关心。唐人高仲武《中兴间气集》中称誉其诗"秀发当时，诗体清回"。他的诗爽朗激越，不事雕琢，清新自然，比兴幽深，事理双切，对后世颇有影响。有《张祠部诗集》。《全唐诗》录存其诗一卷。

【原文】

枫桥夜泊

月落乌啼霜满天⁽¹⁾，江枫渔火对愁眠⁽²⁾。
姑苏城外寒山寺⁽³⁾，夜半钟声到客船⁽⁴⁾。

【毛泽东圈评等情况】

　　毛泽东曾在一本中华书局印行的清蘅塘退士原编《注释唐诗三百首》"七言绝句"中这首《枫桥夜泊》诗正文上方天头空白处画了一个大圈。

　　[参考]中央档案馆整理：《毛泽东评点诗词曲精选（上册）》，
中国档案出版社1998年版，第132页。

【注释】

　　（1）乌啼，一说为乌鸦啼鸣，一说为乌啼镇。霜满天，满天都是霜，是空气极冷的形象语。

（2）江枫，一般解释作"江边枫树"。江指吴淞江，源自太湖，流经上海，汇入长江，俗称苏州河。另外有人认为指"江村桥"和"枫桥"。枫桥，在吴县南门（阊阖门）外西郊，本名"封桥"，因张继此诗而改为"枫桥"。渔火，就是渔船上的灯火；也有说法指一同打鱼的伙伴。对愁眠，伴愁眠之意。

（3）姑苏，苏州的别称，因西南有姑苏山而得名。寒山寺，在枫桥东，始建于南朝梁时，相传因唐寒山、拾得二僧曾居于此而得名。

（4）夜半钟声，古代僧寺有夜半敲钟的习惯，叫"无常钟"或"分夜钟"。

【赏析】

根据元辛文房《唐才子传》卷三记载，张继于"天宝十二年（753）礼部侍郎杨浚下及第"，也就是说考取了进士。而就在天宝十四年（755）一月爆发了安史之乱，天宝十五年（756）六月，玄宗仓皇奔蜀。因为当时江南政局比较安定，所以不少文士纷纷逃到今江苏、浙江一带避乱，其中也包括张继。一个秋天的夜晚，诗人泊舟苏州城外的枫桥。江南水乡秋夜幽美的景色，吸引着这位怀着旅愁的客子，使他领略到一种情味隽永的诗意美，写下了这首意境清远的小诗。诗题一作《夜泊枫桥》。枫桥，在今江苏苏州西郊。泊，停船靠岸。

在这首诗中，诗人精确而细腻地讲述了一个客船夜泊者对江南深秋夜景的观察和感受，勾画了月落乌啼、霜天寒夜、江枫渔火、孤舟客子等景象，有景有情，有声有色。此外，这首诗也将作者羁旅之思，家国之忧，以及身处乱世尚无归宿的顾虑充分地表现出来，是写愁的代表作。

"月落乌啼霜满天"为诗的首句，写了午夜时分三种有密切关连的景象：月落、乌啼、霜满天。上弦月升起得早，半夜时便已沉落下去，整个天宇只剩下一片灰蒙蒙的光影。树上的栖乌大约是因为月落前后光线明暗的变化，被惊醒后发出几声啼鸣。月落夜深，繁霜暗凝，在幽暗静谧的环境中，人对夜凉的感觉变得格外锐敏。"霜满天"的描写，并不符合自然景观的实际（霜华在地而不在天），却完全切合诗人的感受：深夜侵肌砭骨的寒意，从四面八方围向诗人夜泊的小舟，使他感到身外的茫茫夜气中正弥漫着满天霜华。整个一句，月落写所见，乌啼写所闻，霜满天写所感，层次分明地体现出一个先后承接的时间过程和感觉过程。而这一切，又都和谐地统一于水乡秋夜的幽寂清冷氛围和羁旅者的孤孑清寥感受中。从这里可以看出诗人运思的细密。

"江枫渔火对愁眠"为诗的第二句，接着描绘"枫桥夜泊"的特征景象和旅人的感受。在朦胧夜色中，江边的树只能看到一个模糊的轮廓，之所以径称"江枫"，也许是因枫桥这个地名引起的一种推想，或者是选用"江枫"这个意象给读者以秋色秋意和离情羁思的暗示。"湛湛江水兮上有枫，目极千里兮伤春心"，"青枫浦上不胜愁"，这些前人的诗句可以说明"江枫"这个词语中所沉积的感情内容和它给予人的联想。透过雾气茫茫的江面，可以看到星星点点的几处"渔火"，由于周围昏暗迷蒙背景的衬托，显得特别引人注目，动人遐想。"江枫"与"渔火"，一静一动，一暗一明，一江边，一江上，景物的配搭组合颇见用心。写到这里，才正面点出泊舟枫桥的旅人。"愁眠"，当指怀着旅愁躺在船上的旅人。"对愁眠"的"对"字包含了"伴"的意蕴，不过不像"伴"字外露。这里确有孤孑的旅人面对霜夜江枫渔火时萦绕的缕缕轻愁，但同时又隐含着对旅途幽美风物的新鲜感受。

诗的前幅布景密度很大，十四个字写了六种景象，后幅却特别疏朗，"姑苏城外寒山寺，夜半钟声到客船"，两句诗只写了一件事：卧闻山寺夜钟。这是因为，诗人在枫桥夜泊中所得到的最鲜明深刻、最具诗意美的感觉印象，就是这寒山寺的夜半钟声。月落乌啼、霜天寒夜、江枫渔火、孤舟客子等景象，固然已从各方面显示出枫桥夜泊的特征，但还不足以尽传它的神韵。在暗夜中，人的听觉升居为对外界事物景象感受的首位。而静夜钟声，给予人的印象又特别强烈。这样，"夜半钟声"就不但衬托出了夜的静谧，而且揭示了夜的深永和清寥，而诗人卧听疏钟时的种种难以言传的感受也就尽在不言中了。

这里当然不能忽略"姑苏城外寒山寺"。寒山寺在枫桥西一里，初建于梁代，唐初诗僧寒山曾住于此，因而得名。枫桥的诗意美，有了这所古刹，便带上了历史文化的色泽，而显得更加丰富，动人遐想。因此，这寒山寺的"夜半钟声"也就仿佛回荡着历史的回声，渗透着宗教的情思，而给人以一种古雅庄严之感了。诗人之所以用一句诗来点明钟声的出处，看来不为无因。有了寒山寺的夜半钟声这一笔，"枫桥夜泊"之神韵才得到最完美的表现，这首诗便不再停留在单纯的枫桥秋夜景物画的水平上，而是创造出了情景交融的典型化艺术意境。夜半钟的风习，虽早在《南史》中即有记载，但把它写进诗里，成为诗歌意境的点眼，却是张继的创造。在张继同时或以后，虽也有不少诗人描写过夜半钟，却再也没有达到过张继的水平，更不用说借以创造出完整的艺术意境了。宋陈岩肖撰《庚溪诗话》说："六一居士《诗话》谓：'句则佳矣，奈半夜非鸣钟时。'然余昔官姑苏，每三鼓尽，四鼓初，即诸寺钟皆鸣，想自唐时已然也。后观于鹄诗云：'定知别后家中伴，遥听缑山半夜钟。'白乐天云：'新秋松影下，半夜钟声后。'温庭筠云：'悠然旅榜频回首，无复松窗半夜钟。'则前人言之，不独张继也。"近代俞陛云《诗境浅说续编》说："作者不过夜行记事之诗，随手写来，得自然趣味。诗非不佳，然唐人七绝佳作如林，独此诗流传日本，几妇稚皆习诵之。诗之传与不传，亦有幸有不幸耶！"

（朱东方）

钱 起

钱起（约722—780），字仲文，吴兴（今浙江湖州）人，唐代诗人。早年数次赴试落第，唐玄宗天宝十年（751）进士，初为秘书省校书郎、蓝田县尉，后任司勋员外郎、考功郎中、翰林学士等，故世称"钱考功"。代宗大历中为翰林学士，"大历十才子"之一，被誉为"大历十才子之冠"。又与郎士元齐名，称"钱郎"，当时称为"前有沈宋，后有钱郎"。他和王维有过酬唱，与刘长卿并称。钱起当时诗名很盛，其诗多为赠别应酬、流连光景、粉饰太平之作，与社会现实相距较远。然其诗具有较高的艺术水平，风格清空闲雅、流丽纤秀，尤长于写景，为大历诗风的杰出代表。少数作品感时伤乱，同情农民疾苦。诗以五言为主，诗风清丽新奇，注重声律技巧。有《钱考功集》。

【原文】

送僧归日本

上国随缘住⁽¹⁾，来途若梦行⁽²⁾。
浮天沧海远⁽³⁾，去世法舟轻⁽⁴⁾。
水月通禅寂⁽⁵⁾，鱼龙听梵声⁽⁶⁾。
惟怜一灯影⁽⁷⁾，万里眼中明⁽⁸⁾。

【毛泽东圈评等情况】

毛泽东曾在一本中华书局印行的清蘅塘退士原编《注释唐诗三百首》"五言律诗"中这首《送僧归日本》诗题目上方天头空白处连画三个小圈。

[参考] 中央档案馆整理：《毛泽东评点诗词曲精选（上册）》，中国档案出版社1998年版，第88页。

【注释】

（1）上国，春秋时称中原为上国，这里指中国（唐朝）。随缘，佛教语，谓佛应众生之缘而施教化。缘，指身心对外界的感触。南朝宋宗炳《明佛论》："然群生之神，其极虽齐，而随缘迁流，成粗妙之识，而与本不灭矣。"

（2）来途，指从日本来中国。一作"东途"。

（3）浮天，舟船浮于天际，形容海面宽广，天好像浮在海上。一作"浮云"。沧海，即大海，因水深而呈青绿色，故名。

（4）去世，离开尘世。这里指离开中国。法舟，指受佛法庇佑的船。一作"法船"。法舟轻，意为因佛法高明，乘船归国，将会一路顺利。法，特指属于佛教徒的事物。南朝梁沈约《宋书·天竺迦毗黎国传》："无上法船，济诸沉溺。"

（5）水月，佛教用语，比喻一切都像水中月那样虚幻。禅寂，即禅定，佛教指清寂凝定的心境。

（6）梵声，指诵经之声。梵文为古印度文，佛教来自印度，故与佛教有关的事物常加"梵"字。

（7）惟怜，最爱。一作"惟慧"。一灯，佛家用语，比喻智慧。一作"一塔"。灯，双关，以舟灯喻禅灯。禅灯指佛理。《维摩诘经》："譬如一灯然百千灯，冥者皆明，明终不尽。"

（8）眼中明，指日本僧人的无量佛法，既指他凭着佛法渡海回国，也指他回国后用佛法普度众生。

【赏析】

《送僧归日本》是唐代诗人钱起创作的一首五言律诗。此诗写作者送别日本僧人，僧为何人，不得而知。唐代国势强盛，日本派了不少遣唐使来到中国，还有不少僧人同来学习文化、技艺，求取佛法，从而极大地促进了中日文化的交流。这首诗是作者赠送给即将回国的僧人的，当时诗人在长安。诗之起笔突兀，本是送别，"上国随缘住，来途若梦行"，首联两句却不写送归，偏从来路写起。"若梦行"表现长时间乘舟航海的疲惫、恍惚的状态，以衬归国途中的艰辛，并启中间两联。"浮天沧海远，去世法舟轻"，颔联写海上航行时的迷茫景象，暗示归途邈远。"浮天"状海路之远，海面之阔，寓含着对僧人长途颠簸的关怀和体贴。"法舟"扣紧僧人身份，又含有人海泛舟、随缘而往之意蕴。"水月通禅寂，鱼龙听梵声"，颈联写僧人在海路中依然不忘法事修行，在月下坐禅，在舟上诵经。"水月"喻禅理，"鱼龙听"切海行，又委婉表现僧人独自诵经而谨守佛律的品性，想象丰富。"惟怜一灯影，万里眼中明"，尾联用"一灯"描状僧人归途中之寂寞，只有孤灯相伴，这是实处。但实中有虚，"一灯"又喻禅理、佛理。虚实相映成趣。此诗后半首不明写送归，而写海上景物，这就拓宽诗境，不受内容拘泥，使较窄的题目有了丰富的内容，成了好的诗篇。

　　此诗构思新奇、别致，诗意含蓄、蕴藉，感情隐而不露。读者只有细细咀嚼方能品出其中之味。高仲武在《中兴间气集》赞其"右丞（指王维）之后，员外（指钱起）为雄"，足以说明钱起在当时诗坛中的地位。

（毕桂发）

韩翃

韩翃（生卒年不详），字君平，南阳（今河南邓州）人。唐玄宗天宝十三年（754）登进士第。代宗宝应元年（762），任淄青节度使侯希逸幕中从事。大历后期，入汴宋节度使田神功、田神玉幕，后又佐李希烈、李勉等节度使幕。建中初年，因作一首《寒食》而被唐德宗所赏识，晋升不断，德宗亲自点名用他为中书舍人。卒于贞元初年。韩翃一直在军队里做文书工作，擅长写送别体裁的诗歌，与钱起等诗人齐名，为"大历十才子"之一。其诗多是流连光景和应酬赠别之作，刻意追求诗歌的技巧和辞藻的华美，抒情少而叙事写景多。《全唐诗》录存其诗三卷。

【原文】

送客之鄂州

江口千家带楚云，江花乱点雪纷纷。

春风落日谁相见，青翰舟中有鄂君⁽¹⁾。

【毛泽东圈评等情况】

毛泽东曾圈点这首《送客之鄂州》。他圈阅较多的中华书局影印清沈德潜编选《唐诗别裁集》卷二十"七言绝句"中刊有这首《送客之鄂州》。

[参考] 张贻玖：《毛泽东评点、圈阅的中国古典诗词》，

中国工人出版社 1992 年版，第 232 页。

【注释】

（1）青翰，船名，指刻有鸟形的涂以青色的船。汉刘向《说苑·善说》："君独不闻夫鄂君子皙泛舟于新波之中也，乘青翰之舟。"鄂君子皙，

是楚王母亲的弟弟，官为令尹，爵为执珪。越人喜欢他的美，因作《越人歌》而赞之。后"鄂君"成为美男子的统称。

【赏析】

这是一首送客到楚地去的诗。鄂州，春秋时属楚，秦属南郡，汉为江夏郡，唐复设鄂州，州治故地在今武昌，后称湖北为鄂省。韩翃的送别诗很多，占其诗作的百分之七八十，内容多劝慰之辞。

这是一首七言绝句。"江口千家带楚云，江花乱点雪纷纷"，一、二句写送别时的景色。送别的地点是江边渡口，渡口的人家都被笼罩在楚地的阴云之中，天灰蒙蒙的，阴暗暗的。时间是春季，江上落花飘舞，纷纷扬扬，迷迷蒙蒙，使人眼花缭乱。这样，江边的渡口、渡口的人家、人家的阴云，加上江面上纷纷扬扬的落花，给人以寂静、清冷的感觉。在这样的场景中送客，显出凄凉而依依之情。正如白居易《琵琶行》诗句："去来江口守空船，绕船月明江水寒。"可见情景是为送别而设的。

"春风落日谁相见，青翰舟中有鄂君"，三、四句写惜别与劝慰。诗人与客人要告别了，依依之情，在所难免。在夕阳衔山之际，友人与谁可以相见呢，诗人劝慰道："青翰州中有鄂君。""青翰"是船名，指刻有鸟形的涂以青色的船。鄂君是人名。鄂君子皙，是楚王母亲的弟弟，官为令尹。越人喜欢他的美，因作《越人歌》而赞之。因此，以后"鄂君"成为美男子的统称。诗人用这个典故来劝慰客人，意思是说，我们分别之后不必感伤难过，四海之内皆兄弟，天下处处有朋友。我们虽天涯海角各一方，但自有像鄂君一样的知己者结为朋友。这个典故用得贴切，既给朋友以宽慰，又对客人加以赞扬，恰当地抒发了送别之情。

为什么说"青翰舟中有鄂君"呢？"青翰舟"是"彩船"，"鄂君"是"美男"，鄂君乘清翰，显得人高贵船也华丽。汉刘向《说苑·善说》有语："君独不闻鄂君子皙之泛舟于新波之中也，乘青翰之舟。"江边送别要乘船，可以联想到，诗人意在劝慰友人：说不定告别乘舟之后，就会遇到像鄂君一样的朋友。三、四句虽属劝慰之意，但也不乏形象的画面。"春风""落日""青翰舟"，景物、时间、处所都有了，给读者以宽阔的想象

神驰的天地。（毕晓莹　王汇涓）

【原文】

寒　食

春城无处不飞花，寒食东风御柳斜。

日暮汉宫传蜡烛[1]，轻烟散入五侯家[2]。

【毛泽东圈评等情况】

毛泽东曾手书过《寒食》。

[参考] 中央档案馆编：《毛泽东手书选集·古诗词卷（上）》，
北京出版社 1996 年版，第 203 页。

毛泽东在一本中华书局印行的清蘅塘退士原编《注释唐诗三百首》"七言绝句"中这首《寒食》诗正文上方天头空白处画了一个大圈，作为圈阅的标记。

[参考] 中央档案馆整理：《毛泽东评点诗词曲精选（上册）》，
中国档案出版社 1998 年版，第 132 页。

【注释】

（1）春城，春天的长安城。

（2）御柳，指御苑之柳。当时风俗，每于寒食节，新柳插门，以示纪念，所以诗中特意写到柳。

（3）汉宫，汉朝的宫殿，借指唐宫。传蜡烛，寒食节普天下禁火，但权贵宠臣可得到皇帝恩赐而燃烛。《唐辇下岁时记》："清明日取榆柳之火以赐近臣。"

（4）五侯，指宦官。东汉桓帝同日封官单超新丰侯、徐璜武原侯、具瑗东武阳侯、左琯上蔡侯、唐衡汝阳侯，因诛梁冀及其亲党有功，同日"五人封侯，故世谓之五侯"。这里泛指皇帝的近幸之臣。唐肃宗、代宗以来的宦官，权威可比汉之末世，朝政日乱。韩翃对此深感忧愤。这首诗借汉讽唐，寓意明显。

【赏析】

寒食是我国古代的一个传统节日。一般在冬至后的第105天。古人很重视此节，按风俗家家禁火，只吃现成冷食，故称寒食。为什么寒食禁火呢？传说春秋时介子推随公子重耳出亡在外19年。重耳回国后为君（晋文公），赏赐随从出亡的人。介子推不求做官，也没有受封，与母亲隐居绵山（今山西介休）。后来重耳找不到他，认为烧山可逼他出来。他拒不出山，竟抱住树被烧死了。后人为了纪念他，每年冬至后第105日禁火寒食，俗称寒食节。由于节日正当暮春，景物宜人，因此自唐至宋，寒食便成为游玩的好日子。

作者写这首诗，不仅写了景物与风俗，而且是有所为而写的。

"春城无处不飞花"，第一句写寒食节的美好春光。"春城"指长安城。不说"京城""京都"而说"春城"，可以令人想见充满春光春色的长安城，造语新颖，给人以美感。"无处不飞花"，即处处飞花，不但写出了春天是花的世界，呈现出万紫千红的景象，而且用一个"飞"字，准确地表现出寒食是在暮春，既花团锦簇，又落英缤纷。不说"处处"，而说"无处不"，用双重否定构成肯定，显示了强调语气。

"寒食东风御柳斜"，第二句暗写游春的盛况。第一句既写了"无处不飞花"的整个长安城，第二句就把范围缩到最繁华的皇城。"御柳"指皇城中的杨柳。当时风俗，每到寒食，折柳插门以示纪念。我们可以想见"皇城花似锦"、杨柳随风摇的景象，还可以想见成群结队的游春赏春的人们。御城的繁华景象，可见一斑。

"日暮汉宫传蜡烛，轻烟散入五侯家"，三、四句明写寒食习俗，暗中借汉讽唐。寒食这天的特点之一是从城镇到村落不见烟火，连皇城中也一样。寒食节本应禁绝烟火，但唯有宫中得到皇帝许可，才可以例外。汉刘歆著、东晋葛洪辑抄《西京杂记》记载："寒食禁火日，赐侯家蜡烛。"可见唐代有"赐蜡烛"之举。关于"汉宫""五侯"之说，据南朝宋范晔等《后汉书·宦者传》记载：桓帝封单超新丰侯、徐璜武原侯、具瑗东武阳侯、左悺上蔡侯、唐衡汝阳侯，五人同日封侯，世称五侯。诗人韩翃所处的唐代，自肃宗、代宗以来，宦官当权之盛，不减于汉朝桓灵之时。当时朝政日乱，诗人对此深感忧愤，所以借汉讽唐，寓意明显。"传蜡烛"的"传"是挨个赐予的意思；"散入"的"散"是得到宠幸的意思。作者明写"传蜡烛"的典故，暗中借汉讽唐，这种"有案无断"的写法，表现了讽刺诗的含蓄之美。

作者写这首深含讽喻的诗，没有采取议论的方式，而是运用高度形象化的语言，句句不离寒食的生动图景。春城之花，御都之柳，日暮的蜡烛，五侯家的轻烟，历历如在目前，这种手法正是这首诗久传不衰的原因。（孙瑾）

【原文】

酬程近秋夜即事见赠

长簟迎风早⁽¹⁾，空城澹月华⁽²⁾。

星河秋一雁⁽³⁾，砧杵夜千家⁽⁴⁾。

节候看应晚⁽⁵⁾，心期卧亦赊⁽⁶⁾。

向来吟秀句，不觉已鸣鸦⁽⁷⁾。

【毛泽东圈评等情况】

毛泽东曾在一本中华书局印行的清蘅塘退士原编《注释唐诗三百首》"五言律诗"中这首诗《酬程近秋夜即事见赠》题目上方天头空白处连画三个小圈，作为圈阅的标记。

[参考]中央档案馆整理：《毛泽东评点诗词曲精选（上册）》，中国档案出版社1998年版，第89页。

【注释】

（1）簟（diàn），竹名。晋嵇含《南方草木状·簟竹》："簟竹，叶疏而大，一节相去六七尺，出九真（今越南北部一带）。彼人取嫩者，硾浸纺织为布，谓之竹疏布。"

（2）空，形容秋天清虚景象。澹（dàn），荡漾之状。月华，月光。

（3）星河，银河。

（4）砧杵（zhēn chǔ），捣衣用具，古代捣衣多在秋夜。砧，执捣衣石。杵，棒槌。

（5）节候，指节令气候。看，估量的意思。唐李延寿《南史·向柳传》："我与士逊（指颜峻）心期之矣，岂可一旦以势利处之。"

（6）心期，心愿。指两心相通。赊（shē），迟。

（7）向来，刚才。秀句，优美的文句。南朝梁钟嵘《诗品》卷中："奇章秀句，往往警道。"

（8）鸣鸦，指天将亮时的鸦啼声。

【赏析】

友人程近写了一首《秋夜即事》赠给诗人，诗人写此诗作酬答。诗人酬和友人，以友人的诗题和诗，描写了秋夜清远疏淡的景色，意境开阔，同时写出时序更迭引起诗人心事未了的惆怅。酬，以诗词赠答。秋夜即事，是程近诗的题目。即事，写当前的情事。见赠，相赠（从受赠者言）。这类诗多以记事为题，意在抒写近况和随感。

这首五言律诗的前四句写秋夜的景色。"长篁迎风早，空城澹月华"，首联第一句写竹子。"篁"，竹名。修长的竹子迎着晨风，发出哗啦啦的响声，给人以凄清的感觉。第二句写空荡荡的城，月色像动荡着的水一样。写"空城"，是城中没有人家吗？不是，这是为了突出了夜阑人静。作者写秋夜的月光如水一般，而且"水"在荡漾。李白写"床前明月光，疑是地上霜"，人们认为是名句，作者这样写月光，更给人以清新的感觉。风吹竹响月如水，突出了秋夜的静寂和月色的明亮。

"星河秋一雁，砧杵夜千家"，颔联属对，写时节和人家备寒衣的情况。"星河"指空中银河。秋夜银河在天，大雁声声，天气渐冷，北雁南归了。"砧杵"指捣衣的声音，夜间捣衣声，显出家家户户在忙着准备寒衣，寄给亲人了。此情此景，自然会惹起思友之心。以上四首，构成了一幅秋夜图，有声有色，情景交融。"星河秋一雁，砧杵夜千家"是为后人所赞赏的名句。清查慎行撰、张载华辑《初白庵诗评》说："'秋''夜'

二字极寻常，一经炉锤，便成诗眼。"

"节候看应晚，心期卧亦赊"，颈联承上文秋夜，启下文记事兴趣。"节候"指节令气候；"看应晚"意指念友心切，心中受煎熬。"心期"指两心相许；"卧亦赊"指躺卧着却长时间不能入睡。思念友人心切，感到节气已经晚了。心绪受煎熬，辗转反侧，深夜不能入眠，只有拿起友人的诗句来吟咏，以慰思念之心了。南朝梁何逊《秋夕诗》有句："寸心怀是夜，寂寂漏方赊。"此句与这两句诗意相近。

"向来吟秀句，不觉已鸣鸦"，尾联是说为了吟咏见赠的秀句，不觉竟至深夜天曙，已闻鸦噪之声。"秀句"是誉称程近的赠诗。不仅是夜不能寐而吟秀句，而且"向来"如此，可见情同手足，实为莫逆之交。"鸣鸦"指寒鸦啼鸣，只有天亮时寒鸦才会鸣叫。真的会如此思念朋友吗？情谊再深，也不至于彻夜不能入睡，足见诗人极言感怀之切、念友心切了。

大历诗人的诗送行赠诗较多，而韩翃尤为突出。他的送行赠答的诗，倾吐离愁别绪者少，安慰鼓励者多，很少抒发儿女情怀。这首诗不仅熔铸了景色的优美，而且表达了深厚真挚的思念之情，表现出了诗人的艺术才能。（毕晓莹　范冬冬）

杨　凝

　　杨凝（？—803），字懋功，虢州弘农（今河南灵宝南）人，唐代诗人。生年不详，约卒于唐德宗贞元十八年（802）。少孤，受母训。长善文辞，与兄凭、弟凌皆有名。大历中，踵擢进士第，时号"三杨"。杨凝由协律郎三迁侍御史，为司封员外郎。坐厘正嫡媵封邑，为权幸所忌，徙吏部。稍迁右司郎中。宣武董晋表为判官。亳州刺史缺，晋以凝行州事，增垦田，决淤堰，筑堤防，水患为息。时孟叔度纵横挠军治，凝亦荒于酒。董晋卒，凝走还京师，阖门三年。拜兵部郎中，以痼疾卒。杨凝诗以七律见长，多为送别、咏物之作。《全唐诗》录存其诗一卷共三十九首。

【原文】

送客入蜀

剑阁迢迢梦想间[(1)]，行人归路绕梁山[(2)]。
明朝骑马摇鞭去，秋雨槐花子午关[(3)]。

【毛泽东圈评等情况】

　　毛泽东曾圈点这首《送客入蜀》。他圈阅较多的中华书局影印本清沈德潜编选《唐诗别裁集》卷二十"七言绝句"中刊有这首《送客入蜀》。

　　[参考]张贻玖：《毛泽东评点、圈阅的中国古典诗词》，中国工人出版社1992年版，第237页。

【注释】

　　（1）剑阁，古道路名，在今四川剑阁东北大剑山、小剑山之间，为川陕间主要通道。迢迢（tiáo），遥远之状。

（2）梁山，在今陕西南郑境内东南。

（3）子午关，亦称子午谷，在今陕西长安南，是川陕交通要道。《长安志》载，谷长六百六十里，北为子口，在西安府南百里；南为午口，在汉中府洋县东一百六十里。槐花，当指檶槐，秋季开花。

【赏析】

这是一首七言绝句。作者于长安送朋友赴蜀，而以行前一日之悬想为诗。"剑阁迢迢梦想间"，首句写前路迢遥，以"梦想"出之，有力。"行人归路绕梁山"，次句忽出"归路"，"绕"字，写出依依思恋之情。前二句对比之中寓含友人进退两难的心情。诗的前两句，写行人入蜀途经的两个地点，一为四川的剑阁，一为陕西的梁山。"剑阁"，自古称为险道、畏途，是从陕入蜀的必经之地，而长安距剑阁又很远，所以，诗的起句，言万里迢迢的剑阁，只有在梦想之间到达，而实际是很不容易到达的。同名的山很多，"梁山"，在这里似应指南郑东南的梁山。因这个梁山在行人入蜀的路线上，故诗的第二句，言行人须绕过梁山，向剑阁进发。

不管多么艰难，但无论如何也要前去，"明朝骑马摇鞭去，秋雨槐花子午关"，后二句预拟明日路途之景，鲜明真切，暗示诗人对友人孤独远行的牵念。诗的后两句，写行人入蜀要经过的另一地点，即子午关。诗的第三句，点明行人出发的时间，是"明朝"；也点明行人代步的方法，是"骑马"。这一句相当重要，不仅描写了行人上路的形象，而且也可以根据出发的日期和马行的速度，推测出行人的行程。所以，第四句便说，当秋雨洒湿槐花的时候，行人便可到子午关了。"槐花"，当指檶槐，秋季开花，与"秋雨"正合。"子午关"，指子午谷，北口离长安只百里，但南口在洋县东一百六十里，全长约六百六十里。这句诗，以"秋雨""槐花""子午关"三个词组成，写景如画，后来陆游的诗句"铁马秋风大散关"和虞集的词句"杏花春雨江南"，造意与此相似。四句全为友人着想，正见诗人殷殷情意。

这首送行诗，艺术上有两个特色：首先，唐人多送行诗，其写法，或写离筵、临歧之际的别绪，或抒送别之后的离情，或状凄别后的思念。杨凝这首诗却独具匠心，写临别前日之预想次日的送行——别在明朝，今日却已在想象明日送别处、行人途经处、入蜀处，亦即未曾相别而别绪已先萦怀，如此构思，更见别情深挚，故而于送行诗中，可谓别开生面之作。其次，唐人送行诗，述及友人别后所经旅途，往往由近及远，而此诗则另辟蹊径，叙写客人的行程由远而近：剑阁，又名剑门关，在今四川剑阁北——客人入蜀处；梁山，在今陕西南郑东南——客人中途所经之地；子午关——明日即可到达之处。在一首绝句中，连用三个地名，从而表达了相忆路漫漫、相聚难上难，因而更加难舍难分的惜别意绪，章法之奇绝，用意之婉曲，难能可贵。杨凝此诗，可谓独标一格。（毕桂发）

司空曙

司空曙（约720—790），字文初（《唐才子传》作文明，此从《新唐书》），广平（今河北永年东南）人。约唐代宗大历初登进士第，为剑南节度使幕府。历任洛阳主簿、江陵长林县丞、左拾遗、水部郎中，终虞部郎中。司空曙是"大历十才子"之一，同时期作家有卢纶、钱起、韩翃等。司空曙的诗多写自然景色和乡情旅思，幽凄情调，间写乱后的心情。语言朴挚，较长于五律。诗中常有好句，如后世传诵的"乍见翻疑梦，相悲各问年"，《全唐诗》录存其诗二卷。

【原文】

峡口送友

峡口花飞欲尽春⁽¹⁾，天涯去住泪沾巾⁽²⁾。

来时万里同为客，今日翻成送故人。

【毛泽东圈评等情况】

毛泽东曾圈点这首《峡口送友》。他圈阅较多的中华书局影印本清沈德潜编选《唐诗别裁集》卷二十"七言绝句"中刊有这首《峡口送友》。

[参考] 张贻玖：《毛泽东评点、圈阅的中国古典诗词》，
中国工人出版社1992年版，第242页。

【注释】

（1）峡口，两山夹水的地方，这里指长江出蜀的险隘西陵峡口，为长江出蜀的隘口。北魏郦道元《水经注·江水二》引《直都记》："自黄牛滩东入西陵界，至峡口百许里，山水纡曲，而两岸高山重嶂，非日中夜半，

不见日月。"欲尽春，春欲尽。

（2）去住，指走的人和留的人。

【赏析】

据《唐才子传》载，司空曙曾入剑南节度使韦皋幕府，"授洛阳主簿，未几迁长林县丞"。此诗大概作于诗人贬官长林之时。

《峡口送友》是司空曙与好友离别后所作的送别诗。作者采用伤春之景烘托离别之情，写出彼此间的惆怅心情。

这是一首七言绝句。"峡口花飞欲尽春"，首句写眼前景物，点明时间、地点。"峡口"表示地点。"花飞"也就是飞花。"欲尽春"则直接表明季节是暮春。"天涯去住泪沾巾"，"去住"形象的描绘，写到"客""主"双方。这里采用了正面烘托的手法，用伤春之景正面烘托离别之情。烘托本是中国画的一种技法，用水墨或色彩在物象的轮廓外面渲染衬托，使物象明显突出。它后被用于艺术创作，是一种从侧面渲染来衬托主要写作对象的表现技法。写作时先从侧面描写，然后再引出主题，使要表现的事物鲜明突出。"来时万里同为客"，第三句转写"来时"，我们两人从万里之外同来做客，第四句"今日翻成送故人"，今日，我却以客身送你离去，这种情况，怎能不令我格外伤心呢？写出彼此间的惆怅心情。语平意深，委婉有致。选材一般，写法却比较别致。可见，作者匠心独用，想象力较为丰富。

此诗使用一个或多个意象来描摹景物特征，渲染氛围，营造意境，并蕴含作者的思想感情。峡口花已飞落，知道春将逝去。惜春之情奠定了全文悲的情调。"天涯"二字让人自然而然地想到了思念或是生离，"泪沾巾"将更多的可能留给了生离。别情总是最伤感最缠绵的，而客中送客更是悲苦深刻。寄身是客本已凄凉，又遇别客情，则比一般的送别更加悲凄。作者将别情融入自己的身世处境，情感更加深刻复杂。清沈德潜在《唐诗别裁集》中评此诗曰："客中送客，自难为情，况又'万里'之远耶？况又'同为客'耶？"这一评语说明，诗人在构思形式与表达感情上是很费脑筋，并且又很善于动脑筋的。（毕桂发）

【原文】

江村即事

钓罢归来不系船⁽¹⁾，江村月落正堪眠⁽²⁾。

纵然一夜风吹去⁽³⁾，只在芦花浅水边。

【毛泽东圈评等情况】

　　毛泽东曾圈点这首《江村即事》。他圈阅较多的中华书局影印本清沈德潜编选《唐诗别裁集》卷二十"七言绝句"中刊有这首《江村即事》。

　　　　　　　　[参考]张贻玖：《毛泽东评点、圈阅的中国古典诗词》，

　　　　　　　　　　　　中国工人出版社1992年版，第242页。

【注释】

　　（1）钓罢，垂钓归来。罢，完了。不系船，《庄子》曰"巧者劳而智者忧，无能者无所求，饱食而遨游，泛若不系之舟"，即以"不系之舟"为无为思想的象征。系船，泊舟，即船泊之后用缆索把船拴缚在岸上。

　　（2）正堪眠，正是睡觉的好时候。堪，可以，能够。

　　（3）纵然，即使。

【赏析】

　　此诗叙写一位垂钓者在深夜归来、连船也顾不得系就上岸就寝之事，描绘了江村宁静优美的景色，表现了钓者悠闲的生活情趣。诗名虽题"江村即事"咏景，但诗人并不着力描写江村的景色，只是摄取眼前之景，抓住钓者的一个典型的细节动作和心理活动，反映江村恬静而淳朴的生活。

　　这是一首七言绝句。"钓罢归来不系船"，首句写渔翁夜钓回来，懒得系船，而让渔船任意飘荡。"不系船"三字为全诗关键，以下诗句全从这三字生出。"江村月落正堪眠"，第二句上承起句，点明"钓罢归来"的地点、时间及人物的行动、心情。船停靠在江村，时已深夜，月亮落下去了，人也已经疲倦，该睡觉了，因此连船也懒得系。但是，不系船

可能对安然入睡会有影响。这就引出了下文:"纵然一夜风吹去,只在芦花浅水边。"这两句紧承第二句,回答了上面担心的问题。"纵然""只在"两个关联词前后呼应,一放一收,把意思更推进一层:且不说夜里不一定起风,即使起风,没有缆住的小船也至多被吹到那长满芦花的浅水边,也没有什么关系。这里,诗人并没有刻画幽谧美好的环境,然而钓者悠闲的生活情趣和江村宁静优美的景色跃然纸上,表达了诗人对生活随性的态度。

这首小诗善于以个别反映一般,通过"钓罢归来不系船"这样一件小事,刻画江村情事,由小见大,就比泛泛描写江村的表面景象要显得生动新巧,别具一格。诗在申明"不系船"的原因时,不是直笔到底,一览无余,而是巧用"纵然""只在"等关联词,以退为进,深入一步,使诗意更见曲折深蕴,笔法更显腾挪跌宕。诗的语言真率自然,清新俊逸,和富有诗情画意的幽美意境十分和谐。唐皎然《诗式》说:"首句以'钓罢'二字作主,则以下纯从'钓罢'着笔。顾'钓罢'以后,从何处着笔?盖从钓船言,既已钓罢,正当系船,乃以'不系船'三字承之,则诗境翻空,出人意料。二句值江村月落之时,眠于船上,任其所之,便有洒然无拘滞之意。……凡做诗,意贵翻陈出新,如此首是。若于'不系船'三字,非著一'不'字,则'钓罢'以后,便系船矣,以下无论如何刻画,总落恒蹊,断难如此灵妙。(品)超诣。"明末清初唐汝询《唐诗解》说:"全篇皆从'不系船'三字翻出,语极浅,兴味自在。"(东民)

【原文】

喜外弟卢纶见宿

静夜四无邻,荒居旧业贫(1)。
雨中黄叶树,灯下白头人(2)。
以我独沉久(3),愧君相见频(4)。
平生自有分(5),况是霍家亲(6)。

【毛泽东圈评等情况】

毛泽东手书过此诗的前四句"静夜四无邻，荒居旧业贫。雨中黄叶树，灯下白头人"。

[参考] 中央档案馆编：《毛泽东手书选集·古诗词卷（上）》，
北京出版社 1996 年版，第 211 页。

毛泽东在一本中华书局印行的清蘅塘退士原编《注释唐诗三百首》"五言律诗"中这首《喜外弟卢纶见宿》诗题目上方先画了一个大圈，然后又打了一个叉（⊠）。

[参考] 中央档案馆整理：《毛泽东评点诗词曲精选（上册）》，
中国档案出版社 1998 年版，第 91 页。

20 世纪五六十年代，毛泽东曾手书这首《喜外弟卢纶见宿》。

[参考] 中央档案馆编：《毛泽东手书选集·古诗词卷（上）》，
北京出版社 1993 年版，第 211 页。

【注释】

（1）业，家产。

（2）"雨中"两句，用雨中树叶的萎黄比拟灯下两人容颜的衰老。

（3）沉，沉沦。

（4）愧，惭愧。君，指卢纶。频，多次，一次又一次的。

（5）分（fèn），情谊。此句一作"平生有深意"。

（6）霍家亲，表亲。西汉霍去病是卫青姐姐的儿子，卫家与霍家是姑表亲。一作"蔡家亲"，晋羊祜为蔡邕外孙，两家是舅表亲。均切合作者与外弟卢纶的关系。

【赏析】

这是一首五言律诗。诗题中的"见宿"，留下住宿。一作访宿，即过访并住宿之意。外弟，姑母的儿子。卢纶，诗人，"大历十才子"之一。卢纶《晚次鄂州》中有"旧业已麓征战尽"句，说明当时两人的处境都很困顿，所以愈加能互相体惜。这首诗通过外弟的探访，抒发了自己沉沦不遇和荒居孤寂的情怀。

"静夜四无邻，荒居旧业贫"，首联写自己荒居的寂寞和贫困。静谧的夜晚寂无声响，荒宅一处，陋室数间，四面一家邻居也没有，连鸡鸣狗吠也听不到，这就是诗人的全部家业。开头十字，写出静夜里荒村中陋室内贫士的艰苦处境。

"雨中黄叶树，灯下白头人"，颔联语意惨恻。雨中黄叶，既有飘零之感；灯下白头，实含老大之悲，又更进一层利用作比的形象来烘托气氛，特别富有诗意。你想，雨中飘零的黄叶，不正象征着这灯下白头人的孤苦命运吗？这种气氛烘托，类似起兴。自从战国楚宋玉在《九辩》中提出"悲哉，秋之为气也，萧瑟兮草木摇落而变衰"，秋风落叶，常常被用以营造悲凉的氛围，"黄叶树"自然也烘托了悲的情绪。比兴兼用，所以特别具有艺术感染力。明谢榛《四溟诗话》卷一曰："韦苏州曰：'窗里人将老，门前树已秋。'白乐天曰：'树初黄叶日，人欲白头时。'司空曙曰：'雨中黄叶树，灯下白头人。'三诗同一机杼，司空为优：善状目前之景，无限凄感。见于言表。"其实三诗之妙，不只是善于描状景物，而且还善于设喻。司空曙此联之所以"为优"，在于比韦应物、白居易多了雨景和昏灯这两层意思，虽然这两层并无"比"的意思，却有兴的作用，这就大大加强了气氛。所以，可以说司空曙"雨中""灯下"两句之妙，就在于运用了兴而兼比的艺术手法。

"以我独沉久，愧君相见频"，颈联的"独沉久"，沉是沉沦，此句承上联的"雨中"而来；"相见频"应"灯下"而生，把自己沉沦的苦况和亲友的慰藉连在一起，既感到了人世的一丝温暖，也增加了无限的愧疚。

"平生自有分，况是霍家亲"，尾联以亲情友谊作结。分，情谊。霍家亲，表亲。西汉霍去病是卫青姐姐的儿子，卫青和霍家是姑表亲。清沈德潜编选《唐诗别裁集》作蔡家亲。《全唐诗》亦作蔡家亲。此据《唐诗三百首》作霍家亲。不管霍去病是卫青的外甥，还是羊祜是蔡邕的外孙，即舅表或姑表，都是表亲，都与司空曙与卢纶的关系相符合，用典十分贴切。二句是说，朋友之间的聚散离合，自有分定，何况你我是至亲，能在这荒居共宿夜话，也是极有缘分了。语意亲切，词实悲怆，写尽了沦落荒居的孤寂和哀伤。近代俞陛云《诗境浅说》说："前半首写独处之悲，后言相逢之喜，反正相生，为律诗一格。"

从毛泽东圈阅和手书的情况来看，他是很喜爱这首诗的。（毕晓莹）

僧皎然

僧皎然（约720—约803），俗姓谢，字清昼，湖州长城（今浙江长兴）人，唐代著名诗僧，自云为谢灵运十世孙（但据《唐才子传·颜真卿传》及《旧唐书》记载，是东晋名将谢安十二世孙，谢灵运乃是谢安侄子，因皎然更重视谢灵运名气故自称谢灵运十世孙）。出家为僧，法号皎然，久居吴兴杼山妙喜寺。皎然在文学、佛学、茶学等方面颇有造诣，与颜真卿、灵澈、陆羽等和诗，其诗多以山水、宗教生活和送别酬答为题材，清淡自然，幽寂闲雅。其"取境"说，强调情与境的有机统一，为我国古代诗歌"意境"理论之端倪，对司空图、严羽、王国维等后世诗论家有一定影响。有《皎然集》（一名《杼山集》）十卷，另撰有《诗式》《诗仪》《诗评》等诗论。《全唐诗》录存其七卷。

【原文】

寻陆鸿渐不遇

移家虽带郭⁽¹⁾，野径入桑麻⁽²⁾。
近种篱边菊⁽³⁾，秋来未著花⁽⁴⁾，
扣门无犬吠⁽⁵⁾，欲去问西家⁽⁶⁾。
报道山中去⁽⁷⁾，归来每日斜⁽⁸⁾。

【毛泽东圈评等情况】

毛泽东曾在一本中华书局印行的清蘅塘退士原编《注释唐诗三百首》"五言律诗"中这首《寻陆鸿渐不遇》诗正文上方天头空白处画了一个大圈，作为圈阅的标记。

[参考] 中央档案馆整理：《毛泽东评点诗词曲精选（上册）》，中国档案出版社1998年版，第97页。

【注释】

（1）虽，虽然。一作"唯"。带郭，靠近城边。带，靠近。郭，外城，泛指城墙。《史记·货殖列传》："及名国万家之城，带郭千亩亩种之田。"

（2）野径，郊野小路。

（3）篱边菊，语出东晋陶渊明《饮酒》诗："采菊东篱下，悠然见南山。"

（4）著花，开花。著，开。

（5）扣门，叩门。

（6）欲去，想离去。西家，指陆鸿渐西边的人家。

（7）报道，回答说。报，回报，回答。去，一作"出"。

（8）归时每日斜，一作"归时日每斜"。日斜，日将落山，暮时也。

【赏析】

皎然与陆羽的友谊很深。陆羽，字鸿渐，唐朝竟陵（今湖北天门）人，曾授太子文学，不就，后隐居苕溪，自称桑苎翁，对茶很有研究，著有《茶经》，被祀为茶神。皎然与陆鸿渐曾同居妙喜寺，陆鸿渐曾在寺旁建亭，皎然赋诗，当时湖州（今浙江湖州吴兴）刺史颜真卿为亭题名，时称"三绝"。

从这首诗的内容看，当写于陆鸿渐隐居以后。这是一首写访友不遇的诗。访友不遇，本该有些不快，有些烦恼，然而此诗却丝毫没有这种不悦情趣。

这是一首五言律诗。"移家虽带郭，野径入桑麻"，首联两句写朋友的住所方位及周围环境。郭，外城。带，绕，靠近。野径，郊野小路，朋友搬家了，搬到近城的郊外，顺着幽静乡间小路可以望见，他家附近是一片茂密的桑麻。这两句交代了作者访友的原因，因为朋友"移家"，特地去看他。

"近种篱边菊，秋来未著花"，颔联二句是说，等到走近村舍，看见近处的篱笆墙边种满了菊花，秋天已经到了，菊花却还没有开放。"著"，开的意思。这句"近种篱边菊"，不能不使我们想起那位著名的爱菊诗人——陶渊明。或许这位陆鸿渐是效法陶渊明的"归田园居"，他也"独爱菊"，在他的篱边也种满了菊花，可这里的菊花在秋天却没有开，是主人寄情山水把它忘了，还是……不得而知，但至少有一点我们可以肯定，这位朋友是一位性情淡泊、不热衷功名利禄的"世外人"。

"扣门无犬吠，欲去问西家"，颈联中的"西家"，指陆鸿渐西边的邻居。这两句写作者来到朋友家门前，举手叩门，不见犬吠，言无人应，也即"寻陆鸿渐不遇"，那么，他去哪儿了？干什么去了呢？作者既来寻友，就急切想知道他在不在家，去什么地方了。所以他在想离开时又想到"问西家"，那么，他问没有呢？

"报道山中去，归来每日斜"，尾联二句的意思是，邻人回答说他去山里面了，回来时常常是夕阳西下了。"归来每日斜"，"每"是每每、常常的意思，这个"每"字道出了友人隐逸的志趣。诗到此收住，不再写自己访友不遇的感受，似乎显得突兀，没有点明中心，实际上，就是这种结尾，更寓情于不言之中。

诗的前半部分写寻的经过，是写景，后半部分写不遇的事，是抒情。情景交融，结构完整，既写出了友人隐逸的高趣，也表现了诗僧自己恬淡的情怀。清沈德潜《说诗晬语》说："（五律）又有通体俱散者，李太白《夜泊牛渚》、孟浩然《晚泊浔阳》、释皎然《寻陆鸿渐》等章，兴到成诗，人力无与；匪垂典则，偶存标格而已。"清何焯《唐三体诗评》说："上四句'寻'字，下四句'不遇'。诗至此都无笔墨之痕。"（毕晓莹）

柳中庸

柳中庸（? —约775），名淡，字中庸，河东（今山西永济）人，唐代边塞诗人。柳宗元的族人。大历年间进士，曾官鸿府户曹，未就。萧颖士以女妻之。与弟中行并有文名。唐代宗大历年间，曾任洪州（今江西南昌）户曹参军。与卢纶、李端友善。柳中庸存诗十三首，见于《全唐诗》。其中近一半沿袭了六朝和初唐轻绮风格。其诗以写边塞征怨为主，意新语工，颇具特色。《征人怨》为其代表作。

【原文】

征人怨

岁岁金河复玉关⁽¹⁾，朝朝马策与刀环⁽²⁾。

三春白雪归青冢⁽³⁾，万里黄河绕黑山⁽⁴⁾。

【毛泽东圈评等情况】

20世纪五六十年代，毛泽东曾手书这首《征人怨》。

[参考] 中央档案馆编：《毛泽东手书选集·古诗词卷（上）》，北京出版社1993年版，第204页。

【注释】

（1）岁岁，指年年月月，下文的"朝朝"同义。金河，即黑河，在今呼和浩特南。玉关，即甘肃玉门关。

（2）朝（zhāo）朝，每天。马策，马鞭。刀环，刀柄上的铜环，喻征战事。

（3）三春，春季的三个月或暮春，此处为暮春。青冢，西汉时王昭君的坟墓，在今内蒙古呼和浩特之南，当时被认为是远离中原的一处极僻远荒凉的地方。传说塞外草白，惟独昭君墓上草色发青，故称青冢。

（4）黑山，一名杀虎山，在今内蒙古呼和浩特东南。

【赏析】

《征人怨》这首诗约作于唐代宗李亨大历年间（766—779），当时吐蕃、回鹘多次侵扰唐朝边境，唐朝西北边境不甚安定，守边战士长期不得归家。诗中写到的金河、青冢、黑山，都在今内蒙古境内，唐时属单于都护府。由此可以推断，这首诗写的是一个隶属于单于都护府的征人的怨情。

这是一首七言绝句，诗题一作《征怨》。它通过对征人久驻边塞生活的描写来表现"怨"，在唐人的边塞诗中，可以说是别开生面的。

"岁岁金河复玉关"，首句叙事，写戍边将士久戍之苦。岁岁，年年。金河，即黑河，唐代设有金河县，故址在今内蒙古呼和浩特南。玉关，即玉门关，在今甘肃敦煌西北小方盘，为古丝绸之路上的重镇。内蒙古的金河和甘肃的玉门关之间有千里之遥，黄沙漫漫，少有人烟。就是在这样浩瀚荒凉的地方，戍边将士年复一年戍守战斗，其艰苦可想而知。诗人再以"金河"和"玉关"具体点明转战之地。这就是从时间和空间两个方面来写戍边之久。诗人用了"玉关"这一地名入诗，很容易使读者想起初唐诗人王之涣《凉州词》中"羌笛何须怨杨柳，春风不度玉门关"的名句。明杨慎《升庵诗话》卷二云："此诗言恩泽不及于边塞，所谓君门远于万里也。"所以客观地叙写之中哀怨已生。

"朝朝马策与刀环"，次句继续叙事，写征人的征战生活。朝朝，天天。马策，马鞭。刀环，刀柄上的铜环，这里指战刀。马策、刀环，是用以行军和打仗的，它们与戍边将士相伴厮守，形影不离，而且是"朝朝"如此。此句以扬鞭策马、手握战刀、骋驰沙场的生动描绘，把战斗生活具体化形象化，征人的飒爽英姿如在目前。

"三春白雪归青冢"，第三句的描写，从边地的苦寒着笔。三春，即暮春三月。青冢，即王昭君墓，在今内蒙古呼和浩特南。传说塞外草白，独王昭君墓上草色是青的，故名"青冢"。阳春三月，正是江南"杂花生树，群莺乱飞"的美好季节，可是在这塞外昭君墓上还覆盖着皑皑白雪，阳春烟景的美丽景观连一点影子也看不到。这实际是以昭君的"怨"来衬托征人，只是"不着一字"罢了。

"万里黄河绕黑山"，末句仍用描写，写黄河绕黑山奔流。黑山，一名杀虎山，在今呼和浩特东南。此句似写河流，实际上是写征人的行程，意思是说，戍边将士在广袤的塞北千里转战，恰如黄河回绕黑山。实际上黄河和黑山并不在一起，当然不能"绕"，诗人这样写，正如《木兰辞》里"旦辞黄河去，暮宿黑山头"一样，都是以奇伟的山水来状塞外风光的冷峻，表现了征人之怨。

这首诗紧扣一个"征"字写来，"金河""玉关""青冢""黑山"，都是征人戍守转战之地。全诗无一怨字，但透过"岁岁""朝朝""复"字等副词表现了深沉的怨。清宋顾乐《唐人万首绝句选评》说："直写得出，气格亦好。"

此诗在艺术上的另一个特点是对仗的工稳。它既句与句相对（前、后两句各相对），每句中也自相成对；而且色彩、数字也相对；谨严工整，实词虽多，却别具飞动流走之妙。近代俞陛云《诗境浅说续编》说："四句皆作对语，格调雄厚。前二句言情；后二句写景，嵌'白''青''黄''黑'四字，句法浑成。"（毕晓莹）

李 端

李端（743—782），字正已，号衡岳幽人，赵州（今河北赵县附近）人，出身赵郡李氏东祖，唐代诗人。少居庐山，师诗僧皎然。大历五年（770）进士，授秘书省校书郎，后为杭州司马。晚年辞官归隐湖南衡山，自号衡岳幽人。喜作七言歌行，其诗多为应酬之作，多表现消极避世思想，个别作品对社会现实亦有所反映，一些写闺情的诗也清婉可诵。风格与司空曙相似。有《李端诗集》三卷。《全唐诗》录存其诗三卷。

【原文】

江上逢司空曙

共尔髫年故⁽¹⁾，相逢万里余。

新春两行泪，故国一封书⁽²⁾。

夏口帆初落⁽³⁾，浔阳雁正疏⁽⁴⁾。

唯当执杯酒，暂食汉江鱼⁽⁵⁾。

【毛泽东圈评等情况】

毛泽东曾圈阅这首《江上逢司空曙》。

[参考] 张贻玖：《毛泽东评点、圈阅的中国古典诗词》，中国工人出版社1992年版，第242页。

【注释】

（1）髫（tiáo）年，幼年。髫，儿童下垂之发。

（2）故国，故乡。

（3）夏口，当为汉水入江之口，与武昌隔江相对，为长江、汉水交汇处的重要口镇。

（4）涔阳，涔水之阳。涔水源出湖南澧县西北龙洞峪，合于澧水。

（5）汉江鱼，《全唐诗》诗尾注《襄阳耆旧传》曰：汉水中有鱼甚美。

【赏析】

此诗为喜逢故友的感怀之作。诗作于何时，已不得考。从诗所提地名而言，诗题所云"江上"，大概当指汉江。李端与司空曙，皆为"大历十才子"，二人关系密切，卢纶诗《纶与吉侍郎中孚、司空郎中曙、苗员外发、崔补阙峒、耿拾遗湋、李校书端、风尘追游向三十载，数公皆负当时盛称，荣耀未几，俱沉下泉，畅博士当感怀前踪，有五十韵见寄，辄有所酬，以申悲旧，兼寄夏侯侍御审、侯仓曹钊》便可为证。

这是一首五言律诗。"共尔髫年故，相逢万里余"，诗的首联二句交代诗人与故友的重逢。"髫年"，即幼年。李端为赵州人，司空曙为广平人，赵州、广平皆属今河北。以宽义而言，二人也可称为同乡。今日二人皆离家乡，又相逢于汉江之上，故诗中称"髫年故""万里余"。

"新春两行泪，故国一封书"，颔联二句写相逢时的心情。"新春"，点明相逢的时间，又为颈联句的写景作一铺垫。"故国"，指家乡。此诗题下校一作"岳阳逢司空文明，得关中书"。诗人远离故土，自然思念家乡。今日适逢身在万里之遥的故人，又得家乡音讯，自然悲喜交集，感而流泪了。

"夏口帆初落，涔阳雁正疏"，颈联二句写眼前之景。因诗题云"江上逢司空曙"，故此写江上所见之景。"夏口"，当为汉水入江之口，与武昌隔江相对，为长江、汉水交汇处的重要口镇。"涔阳"，涔水之阳。涔水源出湖南澧县西北龙洞峪，合于澧水。"夏口"句写近景，"涔阳"句写远景。"帆初落"，点明时间，大概为傍晚之时。"雁正疏"，承颔联"新春"句，为季节之景。雁冬初迁于南方（大概在湖南衡阳一带，古诗中每每有衡阳雁之说），初春又徙居北方，此句暗扣"新春"之景。这两句以写景衬托诗人的心情。帆落归居、疏雁北徙皆为眼前之景，诗人目睹此景自然会联想到自身处境：疏雁尚知归徙故地，但自己却远离故土、告别亲朋，其思乡怀国之情难免油然而生。故此二句，又为故友重逢、得知乡音而带来的喜悦蒙上了一层感发思乡、思友之情的哀愁。

"唯当执杯酒，暂食汉江鱼"，尾联二句紧承颈联二句之气氛，进一层抒发诗人的感伤情怀。"何以解忧，唯有杜康"，诗人于无可奈何之际，也只有借酒解愁了。《全唐诗》诗尾注《襄阳耆旧传》云，汉水中有鱼甚美。"唯当""暂食"，贴切地表达了诗人聊以自慰的心情。

李端的诗多酬赠送行之作，感叹身世，又多出世之思，情调低沉，然遣词造语洗练洒脱，有俊逸之气。清乔亿《大历诗略》言其诗"思致弥清，径陌迥别，品第在卢允言（卢纶）、司空文明（司空曙）之上"是有一定道理的。（东民）

严　武

　　严武（726—765），字季鹰，华州华阴（今陕西华阴）人。唐朝中期大臣、诗人。中书侍郎严挺之之子。《旧唐书》说严武"神气隽爽，敏于闻见。幼有成人之风，读书不究精义，涉猎而已"。他二十岁便调补太原府参军，累迁殿中侍御史，后任剑南节度使，两次镇蜀，以军功封郑国公。永泰元年（765），因暴病逝于成都，年四十。追赠尚书左仆射。工诗善战，能文能武。与杜甫友善，常以诗歌唱和。《全唐诗》录存其诗六首。

【原文】

军城早秋

昨夜秋风入汉关⁽¹⁾，朔云边月满西山⁽²⁾。
更催飞将追骄虏⁽³⁾，莫遣沙场匹马还⁽⁴⁾。

【毛泽东圈评等情况】

　　毛泽东曾圈阅这首《军城早秋》。他圈阅较多的中华书局影印清沈德潜编选《唐诗别裁集》卷二十"七言绝句"中刊有这首《军城早秋》。

[参考] 张贻玖：《毛泽东评点、圈阅的中国古典诗词》，
中国工人出版社 1992 年版，第 242 页。

【注释】

　　（1）汉关，汉朝的关塞，这里指唐朝军队驻守的关塞。唐民谣："将士长歌入汉关。"此指严武军队驻守的城堡、关塞。
　　（2）朔云边月，指边境上的云和月。月，一作"雪"。朔，北方。边，边境。朔云，北方昏暗的云。西山，指今四川西部的大雪山（岷山）。

（3）更催，再次催促。飞将，汉代李广征讨匈奴出名，被称为"飞将军"。此处泛指作战勇猛的唐朝将军。骄虏，指吐蕃军队。唐沈佺期诗："薄命由骄虏。"

（4）莫遣，不要让。沙场，战场。匹马，《公羊传·僖公三十二年》："匹马只轮无反者。"

【赏析】

安史之乱以后，唐王朝国力削弱，吐蕃趁虚而入，曾一度攻入长安，后来又向西南地区进犯。严武两次任剑南节度使。唐代宗广德二年（764）秋天，严武镇守剑南，率兵西征，击破吐蕃军七万余众，收复失地，安定了蜀地。对此战，宋司马光《资治通鉴》记载："（严）武以崔旰为汉州刺史，使将兵击吐蕃于西山，连拔其城，攘地数百里。"这首诗作于这次同吐蕃交战之时。

这首七言绝句，一方面显示了严武作为镇守一方的主将的才略和武功，另一方面也表现了这位统兵主将的词章文采，能文善武，无怪乎杜甫称其为"出群"之才。

"昨夜秋风入汉关"，诗的第一句看上去是写景，其实是颇有寓意的。中国西北和北部的少数民族的统治武装，常于秋高马肥的季节向内地进犯。"秋风入汉关"就意味着边境上的紧张时刻又来临了。"昨夜"二字，紧扣诗题"早秋"，如此及时地了解"秋风"，正反映了严武作为边关主将对时局的密切关注、对敌情的熟悉。

"朔云边月满西山"，第二句接着写诗人听到秋风的反映，这个反映是很有个性的，他立即注视西山，表现了主将的警觉、敏感，也暗示了他对时局所关注的具体内容。西山，寒云低压，月色清冷，再加上一个"满"字，就把那阴沉肃穆的气氛写得更为浓重，这气氛正似风云突变的前兆，大战前的沉默。"眼中形势胸中策"（宋宗泽《早发》），这是一切将领用兵作战的基本规律。所以诗的前两句既然写出了战云密布的"眼中形势"，那胸中之策就自不待言了，诗中略去这一部分内容，正表现了严武是用兵的行家。

"更催飞将追骄虏,莫遣沙场匹马还",三、四两句中的"更催"二字暗示战事已按主将部署胜利展开。两句一气而下,笔意酣畅,字字千钧,既显示出战场上势如破竹的气势,也表现了主将刚毅果断的气魄和胜利在握的神情,而整个战斗的结果也自然寓于其中了。这就是古人所说的"墨气所射,四表无穷,无字处皆其意也"(清王夫之《姜斋诗话》)。

诗的思想感情、语言风格,也都富有作者本人的个性特征。这不是一般诗人所能写得出的。明高棅《批点唐诗正声》说:"桂天祥曰:风格矫然,唐人塞下诸作为第一。"清李锳《诗法易简录》说:"前二句写早秋,即切定军城;三四句就军城生意,又不能脱早秋。盖秋高马肥,正骄虏入寇时也。"(毕国民)

韦应物

韦应物（737—约790），字义博，京兆杜陵（今陕西西安）人，唐代诗人，世称"韦苏州""韦左司""韦江州"。韦应物出身京兆韦氏逍遥公房，以门荫入仕，起家右千牛备身，出任栎阳县令，后加朝散大夫。外放治理滁州、江州刺史，检校左司郎中、苏州刺史等职。约贞元七年（791）初，韦应物在苏州去世。

韦应物是山水田园派诗人，诗风澄澹精致，诗歌内容丰富，风格独特，影响深远，后人每以王（王维）孟（孟浩然）韦柳（柳宗元）并称。他写情细腻，赋物工整，主要抒写闲适的胸襟，描摹自然界的风光。有《韦苏州集》。

【原文】

滁州西涧

独怜幽草涧边生⁽¹⁾，上有黄鹂深树鸣⁽²⁾。
春潮带雨晚来急，野渡无人舟自横⁽³⁾。

【毛泽东圈评等情况】

毛泽东曾在一本中华书局印行的清蘅塘退士原编《注释唐诗三百首》"七言绝句"中这首《滁州西涧》诗正文上方天头空白处连画三个小圈，作为圈阅的标记。

［参考］中央档案馆整理：《毛泽东评点诗词曲精选（上册）》，
中国档案出版社1998年版，第132页。

【注释】

（1）独怜，最爱。怜，爱怜。幽草，幽深地方的草丛。《诗经·小雅·何草不黄》："有芃者狐，率彼幽草。"生，一作"行"。

（2）黄鹂，黄莺。深树，树林深处。

（3）渡，渡口。

【赏析】

《滁州西涧》这首诗是唐德宗李适建中二年（781）韦应物任滁州刺史时所作。韦应物生性高洁，爱幽静，好诗文，笃信佛教，鲜食寡欲，所居每日必焚香扫地而坐。他时常独步郊外，滁州西涧便是他常光顾的地方。作者最喜爱西涧清幽的景色，一天游览至滁州西涧（在滁州城西郊野），写下了这首诗情浓郁的小诗，诗里写的虽然是平常的景物，但经诗人的点染，却成了一幅意境幽深的有韵之画，还蕴含了诗人一种不在其位、不得其用的无奈与忧伤情怀，也就是作者对自己怀才不遇的不平。此诗成为韦应物的代表作之一。

这是一首七言绝句。"独怜幽草涧边生，上有黄鹂深树鸣"，诗的前二句是说，诗人独喜爱涧边生长的幽草，上有黄莺在树阴深处啼鸣。这是清丽的色彩与动听的音乐交织成的幽雅景致。"独怜"是偏爱的意思，偏爱幽草，流露着诗人恬淡的胸怀。"春潮带雨晚来急，野渡无人舟自横"，后二句是说，傍晚下雨了，潮水涨得更急，郊野的渡口没有行人，只有一只渡船横泊在河里。这雨中渡口扁舟闲横的画面，蕴含着诗人对自己无所作为的忧伤，引人思索。还更加说明韦应物宁愿做一株无人关注的小草，也不愿意去做那些大的官职。末两句以飞转流动之势，衬托闲淡宁静之景，可谓诗中有画，景中寓情。明赵彦《唐绝诗钞注略》说："《诗人玉屑》以'春潮'二句为入画句法。"

这首诗中有无寄托，所托何意，历来争论不休。有人认为它通篇比兴，是刺"君子在下，小人在上"，蕴含一种不在其位、不得其用的无可奈何之忧伤。所难尤在此种笔墨，分明是一幅画图。"有人认为"此偶赋西涧之景，不必有所托意"。清黄叔灿《唐诗笺注》说："闲淡心胸，方能领略此野趣。实则诗中流露的情绪若隐若显，开篇幽草、黄莺并提时，诗人用"独怜"的字眼，寓意显然，表露出诗人安贫守节、不高居媚时的胸襟，后两句在水急舟横的悠闲景象中，蕴含着一种不在其位、不得其用的无奈、忧虑、悲伤的情怀。韦应物先后做过"三卫郎"和滁州、江州、苏州等地刺史。他深为中唐政治腐败而忧虑，也十分关心民生疾苦，但他无能为力。这首诗就委婉地表达了这种心情。

同时，诗人以情写景，借景述意，写自己喜爱和不喜爱的景物，说自己合意和不合意的事情，而胸襟恬淡，表达了作者对生活的热爱。明高棅《唐诗品汇》说："欧阳子云：滁州城西乃是丰山，无西涧，独城北有一涧水极浅不胜舟，又江潮不到。岂诗人务在佳句而实无此景耶？谢叠山云：'幽草''黄鹂'，此君子在野，小人在位。'春潮带雨晚来急'，乃季世危难多，如日之已晚，不复光明也。末句谓宽闲寂寞之滨，必有贤人如孤舟之横渡者，特君不能用耳。此诗人感时多故而作，又何必滁之果如是也。刘（辰翁）云：此语自好，但韦公体出，数字神情又别，故贵知言，不然不免为野人语矣。好诗必是拾得，此绝先得后半，起更难似，故知作者用心。"（毕桂发）

【原文】

寄李儋元锡

去年花里逢君别[1]，今日花开又一年。
世事茫茫难自料[2]，春愁黯黯独成眠[3]。
身多疾病思田里[4]，邑有流亡愧俸钱[5]。
闻道欲来相问讯，西楼望月几回圆[6]。

【毛泽东圈评等情况】

毛泽东曾在一本中华书局印行的清蘅塘退士原编《注释唐诗三百首》七言律诗中这首《寄李儋元锡》题目上方天头空白处连画三个小圈，又在左侧正文开头处画了一个大圈。

[参考] 中央档案馆整理：《毛泽东评点诗词曲精选（上册）》，

中国档案出版社 1998 年版，第 108 页。

在庐山，1959 年 7 月 14 日，毛泽东邀王任重、刘建勋、梅白共进晚餐。席间，毛泽东谈起诗，……唐人诗曰"邑有流亡愧俸钱"，这寥寥七字，写出古代清官的胸怀，也写出了中国古代知识分子的高尚情操。写诗就要写出自己的胸襟和情操，这样才能引起读者的共鸣，才能使人振奋。

[参考] 王伯福：《毛泽东轶事大观》，山东人民出版社

1997 年版，第 247—248 页。

【注释】

（1）去年，指诗人于唐德宗建中四年（783）春离开长安赴滁州任时。花里，指春天。

（2）茫茫，广阔无际之状。难自料，自己难以预料。

（3）春愁，眼前是美好的春天，但自己只有忧愁苦闷。黯黯，心神暗淡之态。

（4）思田里，想念田园乡里，即希望辞官归隐。

（5）邑，城市，指自己所管辖的地区，此当指苏州一带（或滁州）。流亡，百姓因生活困难而流离失所。愧俸钱，因拿了俸禄而没尽到职责，感到惭愧。

（6）"闻道"两句说，听说你们想来探望我，我渴望你们来，在州城西楼盼望，已经有几个月了。问讯，探望。西楼，唐代苏州有名的登临观览的楼，后改名"观风楼"。一说似在滁州。

【赏析】

作者诗集中，有多首赠李儋、元锡之作。李儋（dān），武威（今属甘肃）人，曾任殿中侍御史。元锡，字君贶，曾任临淄王。据此，我们可知李儋、元锡乃作者要好的朋友。这首诗当写于唐德宗兴元元年（784），韦应物出刺苏州任上。

这首诗叙述了与友人别后的思念和盼望,抒发了国乱民穷造成的内心矛盾。诗是寄赠好友的,所以从叙别开头。"去年花里逢君别,今日花开又一年",首联即谓去年春天在长安分别以来,已经一年。以花里逢别起,即景勾起往事,有欣然回忆的意味;而以花开一年比衬,则不仅显出时光迅速,更流露出别后境况萧索的感慨。"世事茫茫难自料,春愁黯黯独成眠",颔联写自己的烦恼苦闷。"世事茫茫"是指国家的前途,也包含个人的前途。当时长安尚为朱泚盘踞,皇帝逃难在奉先,消息不通,情况不明。这种形势下,他只得感慨自己无法料想国家及个人的前途,觉得茫茫一片。他作为朝廷任命的一个地方行政官员,到任一年了,眼前又是美好的春天,但他只有忧愁苦闷,感到百无聊赖、一筹莫展、无所作为、黯然无光。"身多疾病思田里,邑有流亡愧俸钱",颈联具体写自己的思想矛盾。正因为他有志而无奈,所以多病更促使他想辞官归隐;但因为他忠于职守,看到百姓贫穷逃亡,自己未尽职责,于国于民都有愧,所以他不能一走了事。这样进退两难的矛盾苦闷处境下,诗人十分需要友情的慰勉。"闻道欲来相问讯,西楼望月几回圆",尾联便以感激李儋、元锡的问候和亟盼他来访作结。

这首诗之所以为人传诵,主要是因为诗人诚恳地披露了一个清廉正直的封建官员的思想矛盾和苦闷,真实地概括出这样的官员有志无奈的典型心情,具有较强的现实性。这首诗的思想境界较高,尤其是"身多疾病思田里,邑有流亡愧俸钱"两句,自宋代以来,甚受赞扬。范仲淹叹为"仁者之言",朱熹盛称"贤矣"。《唐音癸签》说:"韦左司'身多疾病思田里,邑有流亡愧俸钱',仁者之言也。刘辰翁谓其居官自愧,闵闵有恤人之心,正味此两语得之。若高常侍'拜迎官长心欲碎,鞭挞黎庶令人悲',亦似厌作官者,但语微带傲,未必真有退心,如左司之一向淡耳。"

全诗起于分别,终于相约,体现了朋友间的深挚友谊,感情细腻动人,同时章法严密,对仗工整,用语婉转,堪为七律名篇。

毛泽东对这首诗极其欣赏,特别是对诗中"邑有流亡愧俸钱"一句评价特高,说是"这寥寥七字,写出古代清官的胸怀,也写出了中国古代知识分子的高尚情操"。(毕桂发)

【原文】

郡斋中雨与诸文士燕集

兵卫森画戟⁽¹⁾，宴寝凝清香⁽²⁾。海上风雨至⁽³⁾，逍遥池阁凉。烦疴近消散⁽⁴⁾，嘉宾复满堂。自惭居处崇⁽⁵⁾，未睹斯民康⁽⁶⁾。理会是非遣⁽⁷⁾，性达形迹忘⁽⁸⁾。鲜肥属时禁⁽⁹⁾，蔬果幸见尝。俯饮一杯酒，仰聆金玉章⁽¹⁰⁾。神欢体自轻⁽¹¹⁾，意欲凌风翔⁽¹²⁾。吴中盛文史⁽¹³⁾，群彦今汪洋⁽¹⁴⁾。方知大藩地⁽¹⁵⁾，岂曰财赋强⁽¹⁶⁾。

【毛泽东圈评等情况】

毛泽东曾在一本中华书局印行的清蘅塘退士原编《注释唐诗三百首》"五言古诗"中此这首《郡斋雨中与诸文士燕集》题目上方天头空白处连画三个小圈，在"神欢体自轻，意欲凌风翔""方知大藩地"三句右侧各画三个墨圈，"岂曰财赋强"句右侧画了两个墨圈。

[参考] 中央档案馆整理：《毛泽东评点诗词曲精选（上册）》，
中国档案出版社 1998 年版，第 15 页。

【注释】

（1）兵卫，带兵器的卫士。森，多，此谓密集地排列。画戟（jǐ），古兵器名。长柄，顶部两边有利刃，能直刺横击，柄上有花纹。唐制三品以上的官员，门前可列画戟，作为仪仗。

（2）宴寝，宴饮休息的地方。此处指私室，即上"郡斋"。清香，室中所焚之香。唐李肇《国史补》云："韦应物立性高洁，鲜食寡欲，所在焚香扫地而坐。"

（3）海上风雨至，苏州地处近东海，古人认为风雨是从海上而来。

（4）烦疴（kē），这里指因闷热而烦躁不适。疴，本指疾病。

（5）居处崇，指身处高位，生活舒适。

（6）睹，看，见。斯民，指老百姓。《孟子·万章上》："予将以斯道觉斯民也。"康，安乐。

（7）理会，领悟到自然之理。是非遣，人世间的是非烦恼被排遣掉。

（8）性达，性情旷达，心胸开阔。形迹忘，放浪形骸，不拘礼节，超然物外。

（9）鲜肥，鲜鱼肥肉。属时禁，正为时下所禁止。唐代朝廷经常下诏禁止屠宰牲畜，禁食荤腥。

（10）聆（líng），听。金玉章，文采华美、声韵和谐的好文章。这里指客人们的诗篇。

（11）神欢，精神欢悦。

（12）凌风翔，乘风飞翔。

（13）吴中，苏州古属吴国，故称苏州为吴中。盛文史，兴盛发达的文化历史。

（14）群彦，众多有才德的人。彦，指有才德的人。汪洋，本为宏大深广，此指人才众多，济济一堂。

（15）大藩，大的州郡，藩本指藩王封地，唐时苏州属江南东道，为大郡，此指苏州。

（16）财赋强，安史之乱后，天下财赋，仰给于东南，苏杭一带是中央财政的重要支撑。

【赏析】

《郡斋雨中与诸文士燕集》是一首五言古诗，写作者与文士宴集情形。全诗议论风情人物，大有长官胸襟。诗人自惭居处高崇，不见黎民疾苦。郡斋，指苏州刺史官署中的斋舍。燕，通"宴"。此诗为唐德宗贞元五年（789），韦应物为苏州刺史时所作。这时顾况被贬为饶州刺史（今江西上饶一带），在赴饶途中路过苏州，韦应物设宴招待，两人诗酒唱和。燕集诗，是一种"应用诗"，应酬意味甚重，然而这首诗却不同凡响。它既十分得体，又典型地表现了诗人当时领袖东南诗坛的气度，及其淡远中见闲雅雍容之致的创作个性。

此诗可分成四节。"兵卫森画戟"等开头六句为第一节，写宴集的环境，突出"郡斋雨中"四字。兵卫禁严，宴厅凝香，显示刺史地位的高贵、威严。然而这并非骄矜自夸，而是下文"自惭"的原由。宴集恰逢下雨，不仅池阁清凉，雨景如画，而且公务骤减，一身轻松。再加上久病初愈，精神健旺，面对嘉宾满堂，诗人不禁喜形于色。寥寥数句，洒脱简劲，颇有气概。清张谦宜撰《茧斋诗谈》说："莽苍中森秀郁郁，便近汉魏。'兵卫森画戟，宴寝凝清香'二语，起法高古。"明陆时雍撰《唐诗镜》说："都雅雍裕。每读韦诗，觉其如兰之喷。'海上风雨至，逍遥池阁凉'，意境何其清旷！"

"自惭居处崇"以下四句为第二节，写宴前的感慨。"自惭居处崇"，不单指因住处的高大宽敞而感到惭愧，还包括显示刺史地位的"兵卫森画戟，宴寝凝清香"等因素在内，因为这些更使韦应物感到了自身责任的重大。当然，"未睹斯民康"——人民生活的艰难困苦是触发他"自惭"的最为直接的原因。诗人从儒家仁政爱民的思想出发，自觉地将"斯民"之康跟自己的华贵、威严及"居处崇"对比，这是很自然的。他以前早就说过"身多疾病思田里，邑有流亡愧俸钱"（《寄李儋元锡》）和"方惭不耕者，禄食出闾里"（《观田家》）等语，把自己所得俸禄与农民的辛勤劳动联系起来，把自己的地位和自己的责任联系起来，为自己的无功受禄而深感惭愧，深感不安，这种深刻的认识，来自他历年担任地方官所得到的感性印象。清焦袁熹《此木轩论诗汇编》说："居然有唐第一手。起'兵卫'云云，谁知公意在'自惭居处'之'崇'。"但是又将宴饮享乐，为了解决这种心理上的矛盾，最好的办法莫过于老庄思想了。于是，"理会是非遣，性达形迹忘"，会老庄之理而遣送是非，达乐天知命之性而忘乎形迹，用这种思想去麻痹自己，可以暂时忘怀一切，心安理得地宴集享受，不必再受良心的谴责。韦应物亦不能免俗。这是中国封建社会知识分子的通病。

"鲜肥属时禁"以下六句为第三节，写诗人对这次宴集的欢畅体会。这次宴会，正值禁屠之日，并无鱼肉等鲜肥食品上桌，而是以蔬果为主。这说明与宴者的欢乐并不在吃喝上，而是在以酒会友、吟诗作赋上。诗人得意洋洋地说："俯饮一杯酒，仰聆金玉章。神欢体自轻，意欲凌风翔。"他一边品尝美酒，一边倾听别人吟诵佳句杰作，满心欢快，浑身轻松，几乎飘飘欲仙了。

"吴中盛文史"等最后四句为第四节，诗人悟得，自己拜领君命守土大藩，治理东南财赋之地，其实还不足幸，最幸运的是东南人杰地灵，文史兴盛。这一结尾既承上申足情趣，又隐含作为州守，当以文教兴邦的深意，而在结构上，更上应全诗的枢纽——"烦疴"至"未睹"四句，在切合燕集诗体制的同时，有无尽余味。

这首诗不仅艺术水平较高，更表现了作者居安思危的襟怀。"自惭居处崇，未睹斯民康"，推己及人，居安思危，一饭不忘来处，这是他关心民情、搞好政务的动力。而这正是《诗经》以来"缘情体物"的优良传统的继续。清张文荪《唐贤清雅集》说："兴起大方，逐渐叙次，情词蔼然，可谓雅人深致。末以文士胜于财赋，成为深识至言，是通首归宿处。"（毕桂发）

【原文】

淮上喜会梁州故人

江汉曾为客[1]，相逢每醉还。

浮云一别后[2]，流水十年间[3]。

欢笑情如归，萧疏鬓已斑[4]。

何因不归去？淮上有秋山。

【毛泽东圈评等情况】

毛泽东在一本清蘅塘退士编《注释唐诗三百首》"五言律诗"中，在《淮上喜会梁州故人》一诗标题上方天头空白处连画三个小圈，在右侧正文开头处批注："好"。

[参考]中央档案馆整理：《毛泽东评点诗词曲精选（上册）》，中国档案出版社1998年版，第89页。

【注释】

（1）江汉，江是长江，汉是汉水。这里的"江汉"是指汉江，流经梁州（今陕西、湖北一带地方）。

（2）浮云，飘摇不定的云，以此比喻朋友聚散无常。唐李白《送友人》："浮云游子意，落日故人情。"

（3）流水，比喻逝去的岁月年华。

（4）萧疏句，零落的鬓角已现花白。萧疏，稀疏。斑，头发花白。

【赏析】

《淮上喜会梁州故人》是唐代诗人韦应物创作的一首五言律诗。韦应物早年当过唐玄宗的侍卫，飞横跋扈，无法无天。后来他发愤读书，在江淮一带做过县令和刺史。韦应物曾在唐德宗建中四年（783）刺滁州（今安徽滁州），后又于德宗贞元四年（788）出任苏州刺史，贞元六年罢任，后寓居苏州郊外永定寺。韦集中还有《淮上即事寄广陵亲故》《淮上遇洛阳李主簿》《夕次盱眙县》等，均是这一时期的作品。淮上，即淮河边。淮河源于河南桐柏山，向东流经安徽、江苏，入洪泽湖。梁州，唐州名，在今陕西南郑东。州，一作"川"。

这首诗是诗人在淮上（今江苏淮阴一带）喜遇梁州故人时所作。他和这位老朋友，十年前在梁州江汉一带有过交往。此诗题曰"喜会"故人，诗中表现的却是"此日相逢思旧日，一杯成喜亦成悲"的悲喜交加的感情。

这是一首五言律诗。"江汉曾为客，相逢每醉还"，首联写诗人昔日在江汉作客期间与故人相逢时的乐事，概括了以前的交谊。那时他们经常欢聚痛饮，扶醉而归。诗人写这段往事，仿佛是试图从甜蜜的回忆中得到慰藉，然而其结果反而引起岁月蹉跎的悲伤。

"浮云一别后，流水十年间"，颔联一跌，直接抒发十年阔别的伤感，表现的时间最长，表现的空间最宽，表现的人事最杂。这里却只用了十个字，便把这一切表现出来了。这两句用的是流水对，自然流畅，洗练概括。别后人世沧桑，千种风情，不知从何说起，诗人只在"一别""十年"之前冠以"浮云""流水"，便表现出来了。暗用汉代苏武李陵河梁送别诗意。李陵《与苏武诗三首》有"仰视浮云驰，奄忽互相逾。风波一失所，各在天一隅"，苏武《诗四首》有"俯观江汉流，仰视浮云翔"，其后常以"浮云"表示漂泊不定、变幻无常，以"流水"表示岁月如流、年华易逝。诗中"浮云""流水"不是写实，都是虚拟的景物，借以抒发诗人的主观感情，表现一别十年的感伤，由此可见诗人的剪裁功夫。

"欢笑情如归，萧疏鬓已斑"，颈联的出句又回到诗题，写这次相会的"欢笑"之态。久别重逢，确有喜的一面。他们也像十年前那样，有痛饮之事。然而这喜悦，只能说是表面的，或者说是暂时的，所以对句又将笔宕开，写两鬓萧疏。十年的漂泊生涯，使得人老了。这一副衰老的形象，不言悲而悲情溢于言表，漂泊之感也就尽在不言之中。一喜一悲，笔法跌宕；一正一反，交互成文。

"何因不归去？淮上有秋山"，尾联以反诘作转，以景色作结。为何不归去，原因是"淮上有秋山"。这里的"归"包含归乡和归隐二层意思。因为韦应物的思想基础"藏有儒道两家素质"，在他的思想深处，一直交织着仕与隐的矛盾。韦诗中常常流露出归田的思想。如他在《高陵书情寄三原卢少府》诗中："日夕思自退，出门望故山。"在《答畅校书当》中："偶然弃官去，投迹在田中。"在《寄李儋元锡》中："身多疾病思田里，邑有流亡愧俸钱。"在《闻雁》中："故国渺何处？归思方悠哉。"……思归而不归，这正说明了诗人思想上的矛盾和痛苦。"淮上有秋山"言淮上风光可恋，申足上"不归去"之意。这是作者说的不归原因。实际上淮上并无秋山。沈德潜在《唐诗别裁集》中此诗末批注云："语意好，然淮上实无山也。""秋山"只不过是点出了作者与故人相会的时间和志趣。"秋山"一词在韦诗中曾多次出现。如《淮上即事寄广陵亲故》中："秋山起暮钟，楚雨连沧海。"《登楼》诗中："坐厌淮南守，秋山红树多。"在《登楼寄王卿》中："数家砧杵秋山下，一郡荆榛寒雨中。"韦应物似乎特别喜爱"秋山"，到底是喜爱秋山的红叶，还是爱秋山的疏林？抑或是有更深的意思？这里以"淮上有秋山"作结，秋光中的满山红树，正是诗人耽玩留恋之处。这个结尾给人留下了回味的余地。明谢榛《四溟诗话》说："此篇多用虚字，辞达有味。"明周珽编《唐诗选脉会通评林》说："周珽曰：人如浮云易散，一别十年，又若流水去无还期，二语道尽别离情绪。他如'旧国应无业，他乡到是归'，其悲慨之思可想。"

在一本清蘅塘退士编《注释唐诗三百首》中，毛泽东在这首诗的标题

后连画三个小圈，批注："好。"言简意赅地表现了他对这首诗思想与艺术的高度评价。（毕桂发）

【原文】

赋得暮雨送李曹

楚江微雨里[(1)]，建业暮钟时[(2)]。

漠漠帆来重[(3)]，冥冥鸟去迟[(4)]。

海门深不见[(5)]，浦树远含滋[(6)]。

相送情无限，沾襟比散丝[(7)]。

【毛泽东圈评等情况】

毛泽东曾在一本中华书局印行的清蘅塘退士原编《注释唐诗三百首》"五言律诗"中这首《赋得暮雨送李曹》诗题目上方天头空白处连画三个小圈，作为圈阅的标记。

［参考］中央档案馆整理：《毛泽东评点诗词曲精选（上册）》，中国档案出版社 1998 年版，第 89 页。

【注释】

（1）楚江，指长江中游。《李太白诗集》注："大江自三峡以下直至濡须口，皆楚境，故称楚江。"

（2）建业，原名秣陵，三国时吴主孙权迁都于此，改名建业。今江苏南京。

（3）漠漠，水汽迷蒙之状。

（4）冥冥，高远之状。战国楚宋玉《楚辞·九辩》："尧舜之抗行兮，瞭明明而薄天。"

（5）海门，长江入海处，在今江苏海门。

（6）浦树，水边的树。浦，近岸的水面。含滋，饱含着水汽。

（7）沾襟，以微雨沾湿，喻流泪。此处为双关语，兼指雨、泪。散丝，指细雨，这里喻流泪。晋张协《杂诗》："密雨如散丝。"这里以"散丝"作为细雨的代称。

【赏析】

赋得，分题赋诗，分到的什么题目，称为"赋得"。这里分得的题目是"暮雨"，故称"赋得暮雨"。李曹，一作李胄，又作李渭，其人其事及他与韦应物的关系，似已无考。从此诗看，想必两人的交谊颇深。这是一首送别的五言律诗。虽是送别，却重在写景，全诗紧扣"暮雨"和"送"字着墨。

首联"楚江微雨里，建业暮钟时"，起句点"雨"，次句点"暮"，直切诗题中的"暮雨"二字。"暮钟时"，即傍晚时分，当时佛寺中早晚都以钟鼓报时，所谓"暮鼓晨钟"。以楚江点"雨"，表明诗人正伫立江边，这就暗切了题中的"送"字。"微雨里"的"里"字，既显示了雨丝缠身之状，又描绘了一个细雨笼罩的压抑场面。这样，后面的帆重、鸟迟这类现象始可出现。这一联，淡淡几笔，便把诗人临江送别的形象勾勒了出来，同时，为二、三联画面的出现，涂上了一层灰暗的底色。南宋刘辰翁《韦孟全集》说："起甚佳，余复称是。"

下面诗人继续描摹江上景色："漠漠帆来重，冥冥鸟去迟。海门深不见，浦树远含滋。"颔联和颈联是说，细雨湿帆，帆湿而重；飞鸟入雨，振翅不速。虽是写景，但"迟""重"二字用意精深。下面的"深"和"远"又着意渲染了一种迷蒙暗淡的景色。四句诗，形成了一幅富有情意的画面。从景物状态看，有动，有静；动中有静，静中有动：帆来鸟去为动，但帆重犹不能进，鸟迟似不振翅，这又显出相对的静来；海门、浦树为静，但海门似有波涛奔流，浦树可见水雾缭绕，这又显出相对的动来。从画面设置看，帆行江上，鸟飞空中，显其广阔；海门深，浦树远，显其邃邈。整个画面富有立体感，而且无不笼罩在烟雨薄暮之中，无不染上离愁别绪。元方回撰《瀛奎律髓》说："三四绝妙，天下诵之。"

景的设置，总是以情为转移的，所谓"情哀则景哀，情乐则景乐"（清吴乔《围炉诗话》）。诗人总是选取对自己有独特感受的景物入诗。在这首诗里，那冥冥暮色、霏霏烟雨，固然是诗人着力渲染的，以求与自己沉重的心境相吻合，就是那些用来衬托暮雨的景物，也无不寄寓着诗人的匠心，挂牵着诗人的情思。海门是长江的入海处。南京临江不临海，离海门有遥遥之距，海门"不见"，自不待言，此处并非实指，而是暗示李曹的东去，就视觉范围而言，即指东边很远的江面，那里似有孤舟漂泊，所以诗人极目而视，神萦魂牵。

然而人去帆远，暮色苍苍，目不能及；但见江岸之树，栖身于雨幕之中，不乏空寂之意。无疑这海门、浦树蕴含着诗人怅惘凄戚的感情。诗中不写离舟而写来帆，也自有一番用意。李白的名句"孤帆远影碧空尽"是以离帆入诗的，写出了行人远去的过程，表达了诗人恋恋不舍的感情。此诗只写来帆，则暗示离舟已从视线中消失，而诗人仍久留不归，同时又以来帆的形象衬托去帆的形象，而对来帆的关注，也就是对去帆的遥念。其间的离情别绪似更含蓄深沉。而那羽湿行迟的去鸟，也正是远去行人的写照。

经过铺写渲染烟雨、暮色、重帆、迟鸟、海门、浦树，连同诗人的情怀，交织起来，形成了浓重的阴沉压抑的氛围。置身其间的诗人，情动于中，不能自已。猛然，那令人肠断的钟声传入耳鼓，撞击心弦。此时，诗人再也抑止不住自己的感情，不禁潸然泪下，离愁别绪喷涌而出："相送情无限，沾襟比散丝。"随着情感的迸发，尾联点题，直抒胸臆；又在结句用一个"比"字，把别泪和散丝交融在一起。"散丝"，即雨丝，晋张协《杂诗》有"密雨如散丝"句。这一结，使得情和景"妙合无垠"，"互藏其宅"（清王夫之《姜斋诗话》），既增强了情的形象性，又进一步加深了景的感情色彩。从结构上说，以"微雨"起，用"散丝"结，前后呼应；全诗四联，一脉贯通，浑然一体。《唐诗笺要》说："通首无一语松放'暮雨'，此又以细切见精神者，韦苏州之不可方物如此。"宋代朱熹在谈到韦应物诗的特点时说："苏州诗无一字造作，直是自在，气象近道。其高于王维、孟浩然诸人者，以无声色臭味也。"（《唐音癸签》）这首送别诗，不正体现了韦诗的这些特点吗？（毕桂发）

【原文】

夕次盱眙县

落帆逗淮镇⁽¹⁾，停舫临孤驿⁽²⁾。

浩浩风起波⁽³⁾，冥冥日沉夕⁽⁴⁾。

人归山郭暗⁽⁵⁾，雁下芦洲白⁽⁶⁾。

独夜忆秦关⁽⁷⁾，听钟未眠客⁽⁸⁾。

【毛泽东圈评等情况】

　　毛泽东曾在一本中华书局印行的清蘅塘退士原编《注释唐诗三百首》"五言古诗"中这首《夕次盱眙县》诗题目上方天头空白处连画三个小圈，作为圈阅的标记。

[参考] 中央档案馆整理：《毛泽东评点诗词曲精选（上册）》，

中国档案出版社 1998 年版，第 16—17 页。

【注释】

　　（1）落帆，卸帆。逗，停留。淮镇，淮水边的市镇，指盱眙。

　　（2）停舫，停船。舫，小船。临，靠近。驿，驿站，古代供传递政府公文的人中途更换马匹或休息、住宿的地方。

　　（3）浩浩，河水盛大之状。

　　（4）冥冥，昏暗，暮色苍茫之状。

　　（5）山郭，山城。郭，外城。

　　（6）芦洲，芦苇丛生的沙洲。

　　（7）独夜，孤独之夜。秦关，指长安。秦，今陕西的别称，因战国时为秦地而得名。关中古属秦国。

　　（8）客，诗人自指。

【赏析】

　　《夕次盱眙县》当作于唐德宗李豫建中三年（782），时诗人出任滁州刺史。次，停泊。盱眙（xū yí），今属江苏，地处淮水南岸。韦应物自长安赴滁州时经过此地。这是一首写羁旅风波、泊岸停宿、客居不眠、顿生乡思的五言古诗。诗人因路遇风波而夕次孤驿，在孤驿中所见全是秋日傍晚的一片萧索的景象，夜听寒钟思念故乡，彻夜未眠。一片思乡之情和愁绪全在景物的描写之中。诗的妙处，在寓情于景，情景交融。此诗对旷野苍凉凄清的夜景极尽渲染，把风尘飘泊、羁旅愁思烘托得强烈感人。

首四句叙事，写赴滁途中船停淮镇。"落帆逗淮镇，停舫临孤驿"，起首一、二句点题，交代时间、地点，自然引出下文停船所见景物的描写。"孤"含有孤寂之意，奠定全诗感情基调。"落帆""停舫"意为黄昏时分船要泊岸停靠。

"浩浩风起波，冥冥日沉夕"，三、四句承接一、二句，"风起波""日沉夕"描写夜晚江边的景象。傍晚因路途风波，不得不停舫孤驿，交代停泊的原因，也写出羁旅奔波的艰辛。晚风劲吹，水波浩荡，夕阳沉落，暮色昏暗。以旷野苍凉凄清的夜景，烘托内心漂泊异乡的凄苦心情。

后四句是抒情。写作者客旅异地的思乡之情。"人归山郭暗，雁下芦洲白"，五、六句描写停舟靠岸后放眼所见景象。"山郭暗""芦洲白"写夜色降临之景；"人归""雁下"意为随着夜色降临，在外的人们回到家，高飞的大雁也停下休息。日落黄昏，是人回家鸟回巢的时刻，眼见人们回家尽享家的温馨以解一天的疲惫，鸟儿们也有温暖的巢得一晚的安眠，反观自身却是孤身一人，流落天涯，有家不能回，无限酸楚顿上心头，颇有"古道西风瘦马，夕阳西下，断肠人在天涯"（元马致远）之味。此处精选意象，运用色彩明暗对比渲染了凄冷的意境，景中寓情（借景抒情），借人归雁下表达羁旅乡思之情。夜幕降临，人雁归宿反衬作者客居异乡的凄苦惆怅。"独夜忆秦关，听钟未眠客"，末二句中的"独夜""听钟""未眠"也处处点"夕"，处处写夜，写出乡思客愁之深。

韦应物是唐代花间派的代表人物，其诗风委婉含蓄，多借物抒情。清乔亿评此诗："淡然无意，而真率之气自不可掩。"（《剑溪说诗》卷上）

（毕桂发）

卢　纶

卢纶（748—约800），字允言，河中蒲（今山西永济）人，祖籍范阳涿县（今河北涿州），出身范阳卢氏。卢纶早年避安史之乱，客居鄱阳，唐玄宗天宝末年举进士，遇乱不第；唐代宗朝又应举，屡试不第。后宰相元载取其文进荐之，补阌（wén）乡尉，后由宰相王缙荐为集贤学士、秘书省校书郎，升监察御史。出为陕州户曹、河南密县令。之后元载、王缙获罪，卢纶遭到牵连。唐德宗朝，卢纶复为昭应县令，出任河中元帅浑瑊府判官，官至检校户部郎中。不久去世。

卢纶是"大历十才子"之一。诗多送别酬答之作，也工于写景，其反映军旅生活的边塞诗豪放雄浑。《塞下曲》和《腊日观咸宁王部曲娑勒擒虎歌》是其名作。《全唐诗》录存其诗五卷共三百三十六首。

【原文】

塞下曲四首
其一　鹫翎金仆姑

鹫翎金仆姑⁽¹⁾，燕尾绣蝥弧⁽²⁾。
独立扬新令⁽³⁾，千营共一呼。

【毛泽东圈评等情况】

毛泽东曾在一本中华书局印行的清蘅塘退士原编《注释唐诗三百首》"五言绝句"中《塞下曲四首》这首诗题目上方天头空白处连画了三个小圈，又在左侧北首正文上方画了一个大圈。

[参考] 中央档案馆整理：《毛泽东评点诗词曲精选（上册）》，
中国档案出版社1998年版，第126页。

【注释】

（1）鹫（jiù），雕，一种凶猛的大鸟。翎（líng），鸟尾上的长毛，可做箭羽。金仆姑，好箭的名字。《左传·庄公十一年》："公以金仆姑射南宫长万。"

（2）燕尾，指旗帜末端成燕尾形的飘带。蝥（máo）弧，旗名，用锦缎织成的战旗。《左传·隐公十一年》："颍考叔取郑伯之旗蝥弧以先登。"

（3）独立，屹立。扬，摇旗传令。

【赏析】

诗题一作《和张仆射塞下曲》。张仆射（yè），当指张延赏。南朝宋范晔等《旧唐书·张延赏传》："德宗贞元元年（785）官至左仆射同平章事。"塞下曲为乐府旧题，唐代诗人多借以写边地军事生活。卢纶答和此诗时，正在浑瑊镇守河中的幕府中当幕僚。原诗共六首，《注释唐诗三百首》选四首，此为第一首。

"鹫翎金仆姑"，首句写将军佩挂的弓箭。"鹫"，雕，一种很凶猛的鸟。翎，鸟尾上的长毛，可作箭羽。金仆姑，箭的名字。将军佩挂的是强弓硬弩，用的箭的箭羽是用很凶猛的鹫羽做的，身边飘扬的是装饰华美的战旗。

"燕尾绣蝥弧"，次句写兵场上竖着的饰有燕尾形飘带的帅旗。《左传》："颍考叔取郑伯之旗蝥弧以先登。"句中的"燕尾"，指旗帜末端成燕尾形的飘带。蝥弧，旗名。带有燕尾形飘带的蝥弧旗随风飘扬，好不威武。这两句既写出了将军作为主帅身份的威严，也概括出了这支装备精良的、即将出征的边疆大军的威武雄壮。虽然只写武器、旗帜，未正面写将士，但军容的严整、声威的雄壮却已隐约透出。前两句纯用名词造句，形象鲜明突出。句法也整齐妥帖。

"独立扬新令，千营共一呼"，三、四两句写士气的高昂。"独立"，屹立的意思。"扬新令"，发布新的命令。"千营"，喻指众多的部队。"共一呼"，指众多部队共同听命于将帅的一声令下，奔赴疆场。这两句是说，将军独立于高台之上，发布新的命令，战士们齐声高呼，响应将军的号令，声音在万里边关久久回荡。前两句写物衬人，后两句转而正面写人。它不仅衬托出了将军的军纪严明，也充分反映了广大将士的必胜信念和乐观情绪，同时也表现了将军在士卒们心中的崇高威望。像这样一支上下同心、众志成城的军队是战无不胜的。强劲有力的语势，使壮怀激烈的场面突兀在读者面前，形象鲜明。

这首诗在选材上别具一格，用笔奇巧。本是军营中最常见、最普通的誓师出征的场面。可在诗人的笔下，军队昂扬的斗志和雄壮的声威得到了充分的表现。诗人选取弓箭、旗帜和发布命令的场景进行描写，以小见大，写一斑而窥见全豹。大概这就是诗人的高明所在吧！卢纶流畅轻松的笔调，雄壮豪放的气魄，与中唐边塞诗人凄凉低沉的基调迥然不同。由此足见诗人对军中生活的喜爱。正因为如此，他的《塞下曲》才技高一筹，别具特色，难怪千百年来广为传诵。（毕国民）

【原文】

塞下曲四首
其二　林暗草惊风

林暗草惊风[(1)]，将军夜引弓[(2)]。
平明寻白羽[(3)]，没在石棱中[(4)]。

【毛泽东圈评等情况】

毛泽东曾在一本中华书局印行的清蘅塘退士原编《注释唐诗三百首》"五言绝句"中《塞下曲四首》这首诗题目上方天头空白处连画三个小圈，又在左侧正文上方连画了三个小圈，作为圈阅的标记。

[参考]中央档案馆整理：《毛泽东评点诗词曲精选（上册）》，中国档案出版社1998年版，第126页。

【注释】

（1）惊风，突然被风吹动。

（2）引弓，拉弓，开弓，这里包含下一步的射箭。

（3）平明，天刚亮时。白羽，指箭，箭杆上装有白色羽毛。

（4）没，陷入。石棱，石头的棱角。这句用了汉代李广的典故。《史记·李将军列传》："广出猎，见草中石，以为虎而射之。中石没镞，视之，石也。"

【赏析】

《塞下曲》出于古乐府《横吹曲》的《出塞》《入塞》之曲，唐代称《塞上》《塞下》曲，多借以写边地军事生活。此诗是和张仆射之作，诗题一作《和张仆射塞下曲》。张仆射（yè），即张延赏，唐德宗时曾任左仆射。

这是组诗六首中的第二首。诗中借汉朝李广的故事，赞美边疆部队将军的英武。诗的这一典型情节取材于《汉书·李广传》载："广（居右北平）出猎，见草石以为虎而射之，中石没镞矢，视之，石也。"用汉代名将李广比守边的将军，不仅切合守边卫国的情事，而且运用射猎的典故，十分生动地表现将军过人的勇力和高度的警觉，这比截取生活中的任何一个战斗场景，都更富有象征意义。

这是一首五言绝句。"林暗草惊风"，诗的起句便用"山雨欲来"的气氛烘托。写将军夜猎于幽暗的林中，突然刮来一股强劲的风，惊动了（刮倒了）高高的野草。古人说："云从龙，风从虎。"昏暗的树林，飒飒的风声，狂摇的草木，使人觉得这猛虎威猛欲出。右北平是多虎地区，深山密林是猛虎藏身之所，而虎又多黄昏出山，"风"惊"草"，就难免使人想到林中有虎，一种紧张异常的气氛呼之欲出。虽未见猛虎，但渲染的紧张可怖气氛已出，为下文的情节变化作了铺垫。

在首句排山倒海的起势之后，第二句变得舒缓起来，诗人悄然而语："将军夜引弓。"这一"惊"之后的搭箭开弓动作敏捷有力而不仓皇，是为表现将军临险的镇定自若，从容不迫。越写虎势如泰山压顶，将军之安之若素，便越显出将军的神勇。

"平明寻白羽，没在石棱中"，后二句是对将军英勇威势的反衬和补充性描写。"平明"，指天刚亮时。"白羽"，指箭杆上的羽毛，这里指箭。"没"，陷没，指箭射入石头中。"石棱"，石头的棱角。这两句是说，第二天清晨，将军来搜寻猎物，发现中箭者并非猛虎，而是一块蹲石，箭已经射入石头中了。这戏剧性的描写，神话般的夸张，为诗歌涂上了一层浪漫的色彩。这不可想象的"没石饮羽"的奇迹，足以令人玩味。

诗人为文语言凝练，视角独具，将很普通平常的《汉书·李广传》中的一段文字，提炼加工，便升华出魅力无穷的诗句。这不正是清人吴乔在《围炉诗话》中以酿米为酒、化稻粱为醇醪之道吗？（毕国民）

【原文】

塞下曲四首
其三　月黑雁飞高

月黑雁飞高，单于夜遁逃[1]。
欲将轻骑逐[2]，大雪满弓刀。

【毛泽东圈评等情况】

毛泽东曾在一本中华书局印行的清蘅塘退士原编《注释唐诗三百首》"五言绝句"中《塞下曲四首》这首诗题正上方天头空白处连画了三个小圈，又在左侧正文连画三个小圈，作为圈阅的标记。

[参考] 中央档案馆整理：《毛泽东评点诗词曲精选（上册）》，中国档案出版社1998年版，第126页。

【注释】

（1）单（chán）于，古代匈奴部族首领的称号。这里代指入侵者的最高统帅。

（2）将，率领。轻骑，轻装疾行的骑兵。逐，追击。

【赏析】

《塞下曲》是卢纶以汉乐府旧题创作的一组五言古体诗，组诗共六首，完整反映了边塞战争。此为第三首，描写的是雪夜追杀逃遁之敌的场面。

"月黑雁飞高，单于夜遁逃"，诗的一、二两句写敌军的溃败。"月黑"，指没有月亮的黑夜。"单于"，古代匈奴族君主的称号，是匈奴的最高统治者，这里代指入侵者的最高统帅。"夜遁逃"，可见敌军已全线崩溃。这两句是说：一个漆黑的夜晚，敌军全线崩溃，敌军的最高统帅单于遁逃了。败军败退的嘈杂声惊飞起正在沉睡的大雁。

"欲将轻骑逐，大雪满弓刀"，三、四句写我军准备追击的情形，表现了将士们威武的气概。"将"，率领。"轻骑"，轻装快速的骑兵。想率领轻骑兵前去追杀逃遁的敌人，正逢漫天大雪，刹那间纷纷扬扬飘落的雪花洒满了弓刀，落满了征衣。这是一个多么紧张而又扣人心弦的场面啊！这两句既点明了严冬的节候特点，又写出了将士们艰苦奋战、英勇杀敌、保家卫国的战斗豪情，反衬出将士们知难而进的忠勇精神。

从这首诗的诗题看，它为乐府，实际上更是一首非常成功的五绝。五绝简古，以词近旨远、浑然天成为佳。明代胡震亨《唐音癸签》中这样说："宫词、从军、出塞等，虽用乐府题，自是唐人绝句。"卢纶的《塞下曲》是符合这一点的。诗人善于把具有典型意义的形象放在最具艺术效果的时刻加以表现。他不写军队如何出击，也不说追上敌人没有，只是描绘了一个准备出击的场面，就有力地烘托出了紧张的战斗气氛。犹如搭箭在弦，将发未发，具有强烈的吸引力。不交代结果，留下空白，引导读者和他一起创造出一个雄浑、豪放的艺术境界。这首诗催人奋发，引人向上，直至今天，也还能激起人们爱国保边的雄心壮志、自豪感、自信心，足见其强大的艺术生命力。清李锳《诗法易简录》说："上二句言匈奴畏威远遁。下二句不肯邀开边之功，而托言大雪，便觉委婉，而边地之苦亦自见。"

（毕国民）

塞下曲四首
其四　野幕敞琼筵

野幕敞琼筵⁽¹⁾，羌戎贺劳旋⁽²⁾。

醉和金甲舞⁽³⁾，雷鼓动山川⁽⁴⁾。

【毛泽东圈评等情况】

毛泽东曾在一本中华书局印行的清蘅塘退士原编《注释唐诗三百首》"五言绝句"中《塞下曲四首》这首诗题目上方天头空白处连画了三个小圈，又在左侧正文上方连画三个小圈，作为圈阅的标记。

[参考] 中央档案馆整理：《毛泽东评点诗词曲精选（上册）》，中国档案出版社 1998 年版，第 126 页。

【注释】

（1）野幕，郊野军营的帐幕。敞，开。琼筵，盛宴，美宴。筵，宴席。

（2）羌，古代西北地区民族名。戎，古代对少数民族的泛称。劳，慰劳。旋，凯旋。

（3）和，带。金甲，铁制的铠甲。

（4）雷鼓，大鼓，以声大如雷，故称。《荀子·解蔽》："心不使焉，则白黑在前而目不见，雷鼓在侧而耳不闻。"杨倞注："雷鼓，大鼓，声如雷者。"此指大鼓发出的如雷鼓声。

【赏析】

《塞下曲·野幕敞琼筵》是卢纶组诗《塞下曲六首》中的第四首。这首诗写战斗结束、将士凯旋、祝捷的动人景象。

首句"野幕敞琼筵"，写战斗结束，将士凯旋，在郊野的营帐里设下丰盛的宴席，为将士庆功。盛宴刚开，次句便有"羌戎贺劳旋"，更为这次"琼筵"增添了气氛。在一、二两句叙事之后，三、四两句"醉和金甲舞，雷鼓动山川"，转而描写欢庆的场景。将士们连身上的铠甲都来不及脱下，就和当地少数民族人民欢乐地跳起舞来。军民载歌载舞，胜利的欢呼声、如雷贯耳的击鼓声，震动着山河大地。

这是多么欢乐、热烈的场面啊！看上去，本首一句一意，四句四个意思，好似皆未说尽。然而细细体察，尤其二句"羌戎贺劳旋"，仅用五字，就把击败入掠者、加强民族间的团结和此战的正义性，充分地表现出来了，可谓含蓄蕴藉，要言不烦。

此诗语言精练含蓄，情态活跃鲜明，细吟组诗，军营之生活、守边之艰苦、胜利之欢腾无不历历在目，令人感奋。近代俞陛云《诗境浅说续编》说："边氛既扫，乃宏开野幕，飨士策勋。醉余起舞，金甲犹攅，击鼓其镗，雷鸣山应。玉关生入，不须'醉卧沙场'矣。唐人善边塞诗者，推岑嘉州。卢之四诗，音词壮健，可与抗手。宜其在大历十子中，与韩翃、钱起齐名也。"（毕国民）

【原文】

酬畅当寻嵩岳麻道士见寄

闻逐樵夫闲看棋⁽¹⁾，忽逢人世是秦时⁽²⁾。
开云种玉嫌山浅⁽³⁾，渡海传书怪鹤迟⁽⁴⁾。
阴洞石幢微有字⁽⁵⁾，古坛松树半无枝。
烦君远寄青囊箓⁽⁶⁾，愿得相从一问师。

【毛泽东圈评等情况】

毛泽东曾手书《酬畅当寻嵩岳麻道士见寄》。

[参考]中央档案馆编：《毛泽东手书选集·古诗词卷（上）》，北京出版社1996年版，第213页。

【注释】

（1）闻逐樵夫闲看棋，南朝梁任昉《拾遗记》载，樵子王质入山打柴，看童子弈棋，不久，童子催归，质视柯柄已烂尽，离家已数十年。此句暗用此典。

（2）“忽逢”句，暗用东晋陶潜《桃花源记》“问所从来，乃不知有汉，无论魏晋”句意。

（3）开云，开垦云天。种玉，南朝宋刘义庆《搜神记》载，杨伯雍在路旁施水，行者饮之。三年后有一饮者，与其一斗石子，让其种之，说“玉当生其中”。后果得玉，以白璧五双聘徐氏为妻。

（4）“渡海”句，古有青鸟递信、鸿雁传书的故事，易为“鹤”，以切道士身份。

（5）阴洞，阴暗的山洞。石幢（zhuàng），古代祠庙中刻有经文、图像或题名的大石柱。

（6）青囊箓，道家盛秘文秘箓的袋子。青囊，卜筮人盛书之囊。箓（lù），道教的秘文秘箓。

【赏析】

此诗一作岑参诗。酬是以诗词赠答。畅当，河东（今山西永济）人，唐代诗人，曾被召从军。唐代宗大历年间进士。唐德宗贞元初（785）为太常博士，终果州刺史。《全唐诗》存其诗一卷。《嵩岳寻麻道士》为畅当诗的题目。嵩岳，即中岳嵩山，在今河南登封。麻道士，未详。见寄，相寄（从受寄者言）。全句意为“为酬答畅当《寻嵩岳麻道士》赠诗而作”。诗中表现了作者一种寻仙访道、逍遥世外的隐逸思想。

这是一首七言律诗。“闻逐樵夫闲看棋，忽逢人世是秦时”，首联二句用典，言世间变化之速。樵夫，即打柴的人。樵夫看棋是用典。旧题南朝梁任昉《述异记》卷上：“信安郡石室山，晋时王质伐木至，见童子数人棋而歌，质因听之。童子以一物与质，如枣核。质含之，不觉饥。俄顷，童子谓曰：‘何不去？’质起视，斧柯尽烂。既归，无复时人。”这个王质入山遇仙、归时斧柄已烂的故事，后人便借以咏遇仙，或作咏弈棋的典故。次句“人世是秦时”，暗用东晋陶潜《桃花源记》典。渔夫误入桃花源后，“村中闻有此人，咸来问讯。自云先世避秦时乱，率妻子邑人来此绝境，不复出焉，遂与外人间隔。问今是何世，乃不知有汉，无论魏晋。"首联二句借王质遇仙事，自述世界变迁之感，为写麻道士造势。

"开云种玉嫌山浅，渡海传书怪鹤迟"，颔联仍是用典。开云种玉，见晋干宝《搜神记》卷十一："杨公伯雍，洛阳县人也。……父母亡，葬无终山，遂家焉。……作义浆于坡头，行者皆饮之。三年，有一人就饮，以一斗石子与之，使至高平好地有石处种之，云：'玉当生其中。'杨公未娶，又语云：'汝后当得好妇。'语毕不见。乃种其石。数岁，时时往视，见玉子生石上，人莫知也。有徐氏者，右北平著姓，女甚有行，时人求，多不许。公乃试求徐氏。徐氏笑以为狂，因戏云：'得白璧一双来，当听为婚。'公至所种玉田中，得白璧五双，以聘。徐氏大惊，遂以女妻公。天子闻而异之，拜为大夫。"这个传说后因作咏仙迹的典故。这里用种玉事，将麻道士描绘为仙人。渡海传书，典出《山海经·海内西经》："西王母梯几而戴胜，其南有三青鸟，为西王母取食。"旧题《汉武故事》："七月七日，上于永华殿斋。日正中，忽有一青鸟从西方来，集殿前。上问东方朔，朔曰：'此西王母欲来也。'有顷王母至，有二青鸟如鸾夹侍王母旁。"这些神话传说，西王母有三青鸟代为取食，又曾派青鸟向汉武帝报信，后因以"青鸟"喻指仙使或信使。又古代神话传说，我国东海中有蓬莱、瀛洲、方丈三座仙山，后因用作咏仙境的典故。鹤龄长，故用以比喻有道者、隐逸者年老。此处合用二典，又易"青鸟"为"鹤"，以切麻道士身份。二句是说麻道士是位有道行的道士。

"阴洞石幢微有字，古坛松树半无枝"，颈联描写，说麻道士的修行环境。阴暗的山洞，已有几分仙气，祠庙前刻有经文、图像和题名的大石柱，表明他道行很深。庭院中古老的祭坛和死去一半枝条的老松树，更增添了年深日久的神韵。二句从麻道士修道的洞穴、祠庙的环境，衬托出他是一位修行颇深的道长。

这不由得引起诗人的向往，他表示："烦君远寄青囊箓，愿得相从一问师。"尾联述情，表示愿同畅当一起向麻道士学道，表现出一种逍遥世外的隐逸思想，揭出本诗题旨，挽合酬畅当赠诗之意。（毕桂发）

李　益

李益（748—约827），字君虞，陇西姑臧（今甘肃武威）人。唐代宗大历四年（769）进士。曾任郑县尉，漫游燕赵间，任幽州节度使刘济从事，居边塞十余年。唐宪宗闻其诗名，召为秘书少监、集贤殿学士。唐文宗大和初，官终礼部尚书。工诗，其诗音律和美，为当时乐工所传唱，长于七绝，以写边塞诗著称，主要抒写士兵久戍思归的心情，情调感伤，反映出当时军事形势的变化。《江南曲》《夜上受降城闻笛》等是其名作。有《李益集》。《全唐诗》录存其诗二卷。

【原文】

夜上受降城闻笛

回乐烽前沙似雪[(1)]，受降城外月如霜。
不知何处吹芦管[(2)]，一夜征人尽望乡。

【毛泽东圈评等情况】

毛泽东手书过这首《夜上受降城闻笛》。

[参考]中央档案馆编：《毛泽东手书选集·古诗词卷（上）》，
北京出版社1996年版，第214页。

【注释】

（1）回乐烽，指同乐县附近的烽火台。北周曾置回乐县，故城在今宁夏灵武西南。烽，一作"峰"。

（2）芦管，当指芦笛，乐器名。宋陈旸《乐书》称芦管与觱篥、芦笳相类。以芦叶为管，管口有哨簧，管面有孔，下端有铜喇叭嘴。

【赏析】

这是一首抒写戍边将士思乡愁情的名作，曾被谱入弦管，天下传唱。这首七言绝句，历来受人推崇，有人认为它可和盛唐时期李白、王昌龄的七言绝句相媲美；有人称此诗为中唐边塞诗的"绝唱"。虽然这些说法未必妥当，但足以说明这首诗的艺术魅力所在。诗题中的受降城，故城位置在今宁夏灵武西南。唐代在西北筑有东、西、中三受降城，此处指西受降城。在唐代，这里是抵御突厥入侵的最前线。当时，唐王朝政治危机加剧，边疆经常受到外族的侵扰，不得安宁。战士长期驻守，不能还乡，厌战情绪普遍。诗人耳闻目睹这一切，感慨万千，写下了这首感人肺腑的诗。

"回乐烽前沙似雪，受降城外月如霜"，诗的前两句，描写登上城楼所见的边塞月夜的独特景色。远望回乐城东蜿蜒数十里的丘陵上，耸立着一座座高大的烽火台。丘陵下是一望无垠的沙漠，在塞外清冷的秋月映照下，仿佛是皑皑白雪，令人望而生寒。第一句虽没有写月而实际有皎洁的月光，同时用"沙如雪"这一比喻使景物异常鲜明，突出了大漠的荒寒。近看，高城之外是有如秋霜那样的凄冷月色。"月如霜"这具体而形象的比拟，使这笼罩边塞的明月，给人以凄冷之感。这两句用笔简洁，而塞外秋夜风光物候的特色十分鲜明。正是这似雪的沙漠和如霜的月光使受降之夜显得格外空寂惨淡，在这样荒凉而凄寒的环境中，才很容易勾起征人的思乡情愫。

如果说前两句写景，寓情于景，蓄而不发的话，那么后两句"不知何处吹芦管，一夜征人尽望乡"则是通过登楼所闻正面写情。在秋月普照的边塞，凄冷寂静，夜风中传来如泣如诉的芦笛之声，划破边地秋夜的长空，四处飘散。萧瑟荒凉的景色本已使征人增添了不少的愁绪，再加上这悲凉的笛声，思乡之情更不能自已。厌战思归，何止登楼者一人而已！一个"尽"字就把诗境大大深化了，而"尽望乡"三字则极为真实地表现了征人久戍思乡的情怀，写出了征人们无一例外的不尽乡愁。

这首诗写得有声、有色、有情。它用烽火台、沙漠、高城、月色构成了征人思乡的典型环境，而这其中如泣如诉的笛声是贯穿全文的"诗眼"，同时也照应了诗题中的"闻笛"。全诗将景色、声音、感情三者融为一体，将诗情、画意和音乐美熔于一炉，构成了简洁空灵而又蕴含不尽的艺术境界。它的语言精纯优美，节奏和谐，可见诗人从乐府民歌中汲取了不少丰富的养分。因此，它的受推崇不是偶然的。

毛泽东手书过这首诗，说明他十分喜爱和熟悉它。（毕国民）

【原文】

盐州过胡儿饮马泉

绿杨著水草如烟⁽¹⁾，旧是胡儿饮马泉。
几处吹笳明月夜⁽²⁾，何人倚剑白云天⁽³⁾。
从来冻合关山路，今日分流汉使前⁽⁴⁾。
莫遣行人照容鬓，恐惊憔悴入新年。

【毛泽东圈评等情况】

毛泽东曾圈点这首《盐州过胡儿饮马泉》。他圈阅较多的中华书局影印清沈德潜编选《唐诗别裁集》卷十四"七言律诗"中刊有这首《盐州过胡儿饮马泉》。

[参考] 张贻玖：《毛泽东评点、圈阅的中国古典诗词》，
中国工人出版社 1992 年版，第 241 页。

【注释】

（1）著（zhuó）水，拂水。草如烟，形容草茂盛。

（2）吹笳明月夜，据唐房玄龄等《晋书·刘琨传》，刘琨"在晋阳，尝为胡骑所围数重，城中窘迫无计，琨乃乘月登楼清啸，贼闻之，皆凄然长叹；中夜奏胡笳，贼又流涕歔欷，有怀土之切；向晓频吹之，贼并弃围而走"。

（3）倚剑白云天，长剑靠于白云天边。此是化自战国楚宋玉的《大言赋》中"长剑耿耿倚天外"一句的意思。

（4）汉使，作者自指。这两句说昔时水尚冻合，现已解冻分流于汉使之前，寓有失地已收复的意思。

【赏析】

诗题一作《过五原胡儿饮马泉》，又作《盐州过五原至饮马泉》。唐代五原县属盐州，今为内蒙古五原。饮马泉，指鹦鹉泉。诗原注：鹦鹉泉在丰州城北，胡人饮马于此。中唐时期，这一带是唐王朝和吐蕃反复争夺的边缘地区。李益曾为幽州节度使刘济的幕僚，在军旅中度过了十多年的戎马生涯。

这是一首七言律诗，抒写了诗人在经过收复了的五原时的复杂心情。"绿杨著水草如烟，旧是胡儿饮马泉"，诗的首联写五原景色明丽诱人。诗人踏上五原这块土地，举目眺望原野，只见五原杨柳拂水，清泉汩汩，绿草如烟，风光绮丽，春意盎然。由此可见诗人的心情是十分喜悦的。可是第二句诗意陡然一转，诗人抚今追昔，忽地想起：不久前，美丽的五原还是一片战场，这汩汩的清泉还是胡人饮马的地方。"旧是"，暗示出五原曾被敌军占据，又有失而复得之意，透露出诗人庆幸这块土地收复时的欣慰心情。然而，这种欣慰的心情却难以持久，被夜宿五原的见闻吹得烟消云散了。

"几处吹笳明月夜，何人倚剑白云天"，颔联写夜宿五原的所见所闻。五原之夜，明月当空照，在空寂的原野上，隐约传来哀婉的胡笳声。"笳"，即胡笳，古代军中号角。月夜笳声——边塞独特的音响使诗人暗想：莫非是哪里又发生了战事，不知又是哪些壮士在英勇杀敌卫国呢？这笳声揭示出五原宁静中潜藏的动荡不安；"倚剑白云天"化自宋玉的《大言赋》中"长剑耿耿倚天外"一句，赞叹守边将士的英雄形象，同时又传达出剑拔弩张的紧急气氛。诗人用"几处""何人"的不定语气微妙道出对边防尚未巩固、战事尚未停息的忧虑。沈德潜注此二句云："言备边无人，句特含蓄。"（《唐诗别裁集》）这一联一扫初至五原的喜悦欣慰之情，蕴含着一种忧伤的情调，使读者仿佛听见诗人的慨叹：这一片失而复得的土地，可不要再失去啊！

"从来冻合关山路，今日分流汉使前"，颈联诗歌的情绪又是一变，通过"从来"和"今日"景色比较，透露出诗人对未来充满希望的心迹。边塞"从来"都是冰雪严寒，关山险阻，道路坎坷的；"今日"适逢解冻，冰雪消融，春水分流，似乎欢迎远道而来的"汉使"。很显然，这里诗人有了感情寄托，就是那远道而来的"汉使"，李益的幕主刘济。前句指胡人统治下的五原，后句指收复后的五原。这一联写征途的顾往瞻前，意在委婉地希望朝廷乘胜前进，使"绿杨著水草如烟"的春景常驻。

　　"莫遣行人照容鬓，恐惊憔悴入新年"，尾联诗人触景生情，感慨意味深长。眼前"胡儿饮马泉"的潺潺清流，恰似一面明镜。诗人告诫自己：切莫临水照镜，要是看见自己那憔悴的面容恐怕是要大吃一惊的。面对这汩汩的饮马泉，诗人想起自己戎马生涯的军旅生活，因国力日衰，个人无以建功立业，青春已逝，容颜憔悴，鬓发染霜，就不愿用它回顾自己的过去。而这汩汩清泉曾映照胡儿饮马的身影，它何尝不是一面反映唐朝政治紊乱、国家衰弱的明镜呢？正是由于诗人的失意、失望太多，所以即使是新春伊始，他的忧虑和伤感还是多于欢欣的。哀叹身世、忧虑国事使得失而复得的五原又蒙上了浓重的愁云，显示出诗人对社会现实及唐王朝前途的顾虑，委婉地表达出自己对朝廷的期望和忠告。

　　全诗的情调悲壮婉转，悠扬低回。这首诗的忧伤重于欢欣，失望多于希望。这是诗人虽有爱国热忱，但又知前途难测的结果。它的欢而不乐、伤而不哀是李益边塞诗的基本情调。（毕国民）

【原文】

喜见外弟又言别

十年离乱后[(1)]，长大一相逢[(2)]。
问姓惊初见[(3)]，称名忆旧容。
别来沧海事[(4)]，语罢暮天钟[(5)]。
明日巴陵道[(6)]，秋山又几重。

【毛泽东圈评等情况】

　　毛泽东曾在一本中华书局印行的清蘅塘退士原编《注释唐诗三百首》"五言律诗"中这首《喜见外弟又言别》诗题目上方天头空白处画了一个

大圈，又在左侧正文上方连画了三个小圈，作为圈阅的标记。

[参考] 中央档案馆整理：《毛泽东评点诗词曲精选（上册）》，
中国档案出版社 1998 年版，第 90—91 页。

【注释】

（1）十年离乱，在社会大动乱中离别了十年。离乱，一作"乱离"。

（2）一，副词，可作"竟然"或"忽而"解。

（3）这两句"问姓"与"称名"互文见义。

（4）别来，指分别十年以来。来，后也。沧海事，即沧海桑田，比喻世事变化巨大。这句化用了沧海桑田的典故。晋葛洪《神仙传》："麻姑自说云：'接待以来，已见东海三为桑田，向到蓬莱，水又浅于往者会时略半也，岂将复还为陵陆乎？'方平笑曰：'圣人皆言海中复扬尘也。'"

（5）语罢，谈话停止。暮天钟，黄昏寺院的鸣钟。

（6）巴陵，唐郡名，治所在今湖南岳阳一带。即诗中外弟将去的地方。

【赏析】

此诗当作于安史之乱之后的藩镇割据时期。唐代自唐玄宗天宝十四年（755）爆发安史之乱，至唐代宗广德元年（763）结束，旋即又发生了吐蕃、回纥的连年侵扰，以及各地藩镇的不断叛乱，大大小小的战争时断时续，一直延续到唐顺宗永贞元年（805）才大体告一段落，历时三十年。此诗就是在这种动乱的社会背景下创作的。

李益以质朴的语言和真挚的情感，艺术地再现了诗人同表弟（外弟）久别相聚、暂聚又别的情景，把亲友间聚散离合的惊喜和怅惘，深切而动人地表达了出来。它从一个侧面反映了安史之乱给人们带来的苦难，就使惜别的主题有了较为深刻的社会意义。

这是一首五言律诗。"十年离乱后，长大一相逢"，诗的首联介绍姑表兄弟相逢的时代背景。这里讲了三层意思：一是指出离别已有十年之久；二是说明这是社会动乱中的离别；三是说二人分手于幼年，"长大"后才会面，意味着双方的容貌已有了极大变化。一对姑表兄弟，从小分别，中经十年离乱，可喜的是"历尽劫波兄弟在"，在长别离之后，好不容易有这样一个难得相逢的机会，怎么不令人欣喜呢，而且，这"一相逢"，绝非平常的小别重见可比。诗的首联突出一个"喜"字，可见"喜"字足当诗题之首位。

"问姓惊初见，称名忆旧容"，颔联正面写重逢的情景。由于多年不见，见面之初却又见而不识，可是一经通名之后，发现原来是自己的表弟，再仔细地看，想起来了，十年前的面影还存留许多，眼前的人真正是那个表弟呀！诗人从生活出发，抓住"初见"一瞬间这一典型细节，从"问"到"称"，从"惊"到"忆"，层次清晰地写出了初见不识到接谈相认的神情变化，那种至亲重逢的深挚情谊也就自然地从描述中流露出来。这两句写喜事中的一个特写场面，突出一个"见"字，且委婉地表达出这是一种不正常的情况，原因在于长期阻隔。

"别来沧海事，语罢暮天钟"，颈联写兄弟二人倾诉别情的场景。"沧海事"即沧海变为桑田，比喻世事变化巨大。互相谈起十年往事，变化之大如同沧海变成了桑田。这里化用沧海桑田的典故，突出了十年间个人、亲友、社会的变化之多，也透露出对社会动乱的无限感慨。"暮天钟"有两解，唐代寺院半夜打钟；另外，寺院以暮鼓晨钟报时。此处解作半夜打钟较为合理。两人热烈地交谈，谈得十分入神，连天色的变化都顾不上看。两人互相说起家国变化、个人经历，当这些话说罢以后，报告午夜的钟声已经响起。可见叙旧时间很长，那气氛一定是热烈的，心情也一定是激动的。此联突出一个"言"字。

深夜絮语诉离情，才一停顿，天就要亮了，已寓有无限的惜别情意。因此尾联才说："明日巴陵道，秋山又几重？"把这深深的惜别情意，通过鲜明的形象抒发出来，悠然不尽。"明日"点出聚散匆匆。"巴陵道"即通往巴陵郡（今湖南岳阳一带）的道路，提示了表弟即将远行的方向。"秋山"点明了相见而又相别的时间，也蕴含作者伤别的情怀。明天早晨就要走在去往巴陵的途中了，不知道我们之间又隔着几重秋山，何时才能再相见呢？"几重"冠以"又"字，使后会难期的惆怅心情溢于言表，又同首句的"十年离乱"相呼应。此联虽然也是写"言"，但从中看得出突出的是一个"别"字。结尾这两句可谓赠别诗的赠别言，情深意重，余味无穷。

这首诗的诗情由四个层次构成："喜""见""言""别"，并巧妙地一一展开表现，然后又凝成和谐的整体，层次分明地再现了社会动乱中人生聚散的一幕，委婉地抒发了真挚的至亲情谊，语淡情长，诗味隽永。宋范晞文撰《对床夜语》说："'马上相逢久，人中欲认难'，'问姓惊初见，称名忆旧容'，'乍见翻疑梦，相悲各问年'，皆诗人会故人诗也。久别倏逢之意，宛然在目，想而味之，情融神会，殆如直述。前辈谓唐人行旅聚散之作，最能感动人意，信非虚语。"清沈德潜说它是"一气旋转，中唐诗中仅见者"（《唐诗别裁集》）。（毕国民）

【原文】

从军北征

天山雪后海风寒⁽¹⁾，横笛偏吹行路难⁽²⁾。

碛里征人三十万⁽³⁾，一时回首月中看⁽⁴⁾。

【毛泽东圈评等情况】

毛泽东曾圈点这首《从军北征》。他读中华书局影印本清沈德潜编选《唐诗别裁集》卷二十"七言绝句"时圈阅了这首《从军北征》。

[参考]张贻玖：《毛泽东评点、圈阅的中国古典诗词》，

中国工人出版社1992年版，第241页。

【注释】

（1）海，这里指内陆湖泊。

（2）偏，即遍。行路难，乐府杂曲名，本为汉代歌谣，多述世路艰难及离别悲伤之意。

（3）碛（qì），沙漠。这里指边关。

（4）回首，回向。月中，月明。

【赏析】

此诗作于德宗贞元元年（785）至四年（788）间。此时李益入朔方节度使崔宁的幕府，随着崔宁在祖国边疆巡视时，感受到军队已经不复盛唐的雄壮豪迈，空余衰飒之气，有感而发。李益选取了一幅最动人的画面，描绘了一个壮阔而又悲凉的行军场面，以快如并刀的诗笔把它剪入诗篇，将其呈现在读者面前，感人至深。李益的边塞诗直接来源于生活，诗中往往隐藏着自己的影子，因而就具有独特的艺术感染力。诗人那独特敏锐的观察力和他那生花妙笔，也是此诗的感染力所在。诗的题目是《从军北征》，说明诗人也参加了这次远征。正如清黄叔灿在《唐诗笺注》中所说，"碛里征人，妙在不说自己，而己在其中"。

这是一首七言绝句。"天山雪后海风寒"，诗的首句只七个字，就把地域、季节、气候一一交代清楚了，有力地烘托出这次行军的富有特殊意味的环境、气氛。"天山"，在今新疆哈密南，春夏积雪，冬季酷寒，雪后月下的天山，其寒就更甚了。"海"，这里指内陆湖泊。天山远离大海，这里说"海"显然是为了加重"寒"的分量，突出环境之艰苦，行军之难。但接下来诗人没有直接描述行军的艰苦，而是用次句"横笛偏吹行路难"折射出征人的心情和行军的艰苦。《行路难》，乐府杂曲歌辞。据唐吴兢撰《乐府古题要解》说："《行路难》，备言世路艰难及离别伤悲之意。"战士们在严酷的自然气候中行进，笛声不适当地吹出了《行路难》的曲调。首句无声，次句有声；但此时却是有声胜无声，给冷漠的天山月夜雪景，涂上了一层更幽暗的色彩。而这两句的写景是为了衬托下文的征人的。清毛先舒《诗辩坻》说："七绝，李益、韩翃足称劲敌。李华逸稍逊君平，气骨过之，至《从军北征》，便不减盛唐高手。"

"碛里征人三十万，一时回首月中看"，诗的后两句写一片笛声在军中引起的共鸣。在寒风刺骨艰难跋涉着的长长行列中的战士们，当笛声传入耳畔时，竟齐刷刷地回过头来，向东望故乡。句中的"碛里""月中"，加重了首句的气氛，指明这支队伍不仅在雪后的天山下、刺骨的寒风里，而且是在荒漠上、月夜中，就使人加倍地感到环境的荒凉、气氛的悲怆。句中"三十万"的数字和"一时回首"的描写，是夸张艺术手法的运用，这样写能充分地显现笛声的哀怨和征人们的心情，才能使这支远征军在大漠上行军的壮观得到最好的艺术再现。清黄生编《唐诗摘钞》说"'回首'，望乡也，却藏一'乡'字。闻笛思乡，诗中常事，硬说三十万人一时回首，便使常意变新。"

在这首诗中，诗人仅仅摄取了一个回首看的动作，而这一动作发生的时间也不过三五秒钟，却把征人思乡之情描摹尽致。寓情于景，情在景中，以小见大，令人遐思无限。（毕国民）

【原文】

听晓角

边霜昨夜堕关榆⁽¹⁾，吹角当城片月孤⁽²⁾。

无限塞鸿飞不度⁽³⁾，秋风吹入《小单于》⁽⁴⁾。

【毛泽东圈评等情况】

毛泽东曾圈点这首《听晓角》。他在读一本中华书局影印本清沈德潜编选《唐诗别裁集》卷二十"七言绝句"时圈阅了这首《听晓角》。

[参考] 张贻玖：《毛泽东评点、圈阅的中国古典诗词》，

中国工人出版社1992年版，第241页。

【注释】

（1）堕关榆，是说霜凋榆叶。关榆，古代北方边关城塞常种榆树，关榆就是指关旁的榆树。此句一作"繁霜一夜落平芜"。

（2）片月孤，一作"汉月孤"。

（3）无限，一作"无数"。塞鸿，边塞的鸿雁。

（4）吹入，一作"卷入"。《小单于》，曲调名，是唐代大角曲中的一种。

【赏析】

《听晓角》旨在写征人的边愁乡思，但诗中只有一片角声在回荡，一群塞鸿在盘旋，既没有明白表达征人的愁思，甚至始终没有让征人出场。诗篇采用的是镜中取影手法，从角声、塞鸿折射出征人的处境和心情。它不直接写人，而人在诗中；不直接写情，而情见篇外。晓角，一作"鸣角"。角，古代军中的一种乐器。

这是一首七言绝句。"边霜昨夜堕关榆，吹角当城片月孤"，诗的前两句着重描写边关秋晨的冷寂凄清气象，从中烘托出听晓角的环境。应当看到"堕关榆"和"片月孤"的内在联系。正因为昨夜边霜严烈，关上榆叶纷纷坠落，所以晨起一望，月亮才显得非常孤单。此时，浓霜满地，榆叶凋零，晨星寥落，残月在天；回荡在如此凄清的环境中的角声该是多么的悲凉哀怨呀。从表面上看，这两句只是写景、写角声，但这景这声却是以征人为中心的，景与声是征人的所见所闻。字里行间处处透露出征人的所感所思。写"月"，在其后加一个"孤"字，不仅形容天上的月是孤零零的，更是写地上看月人的感觉也是孤零零的。

上面两句是写听晓角的环境背景。"无限塞鸿飞不度，秋风吹入《小单于》"，后两句则是正面写听晓角。清沈德潜注此二句云："塞鸿闻角声尚不能飞度，况《小单于》吹入征人耳乎？与受降城一首相印。"（《唐诗别裁集》）《小单于》，是唐代大角曲中的一种。既然是说征人的乡愁的，本应该写征人进而道出他们的感受。可是，出人意料的是诗人的视线仍停留在寥廓的秋空，看到的是回翅北飞的鸿雁。诗人目驰神往，诗思奇特，运用夸张的手法，写出了画角声响的力量，暗示秋风力量的强大。当画角吹奏起《小单于》乐曲的时候，那声音呜咽悲凉，忽亢忽坠，在山谷里引起回响，显出一片战斗杀伐之气。这本来就够使人听了感到苍凉的了，不料强劲的秋风卷地而来，那呼啸的风声又参加了《小单于》乐曲的合奏，于是角声力量增强，不但触发了诗人的感慨，连南飞的鸿雁听了这片异常的声响，也为之深深动情，因而在关上低回流连，盘旋不度。这里，以雁代人，从雁取影，委婉而曲折地写出了角声的悲亢凄凉。鸿雁还是如此，人何以堪，征人的感受也就不言而自明了。清黄叔灿《唐诗笺注》说："一

片悲凉，却纯用白描法写照，画意无痕，几不着纸。风吹塞雁，却与霜堕关榆相映。"（毕国民）

【原文】

上汝州郡楼

黄昏鼓角似边州⁽¹⁾，三十年前上此楼。

今日山川对垂泪，伤心不独为悲秋⁽²⁾。

【毛泽东圈评等情况】

毛泽东曾圈点这首《上汝州郡楼》。他读一本中华书局影印本清沈德潜编选《唐诗别裁集》卷二十"七言绝句"中时圈阅了这首《上汝州郡楼》。

[参考] 张贻玖：《毛泽东评点、圈阅的中国古典诗词》，

中国工人出版社 1992 年版，第 241 页。

【注释】

（1）鼓角，指战鼓和号角的总称。古代军队中为了发号施令而制作的吹擂之物。语出南朝宋范晔等《后汉书·公孙瓒传》："袁氏之攻，状若鬼神，梯冲舞吾楼上，鼓角鸣于地中。日穷月蹴，无所聊赖。"

（2）不独，不但，不仅。悲秋，对萧瑟秋色而伤感。战国楚宋玉《九辩》："悲哉！秋之为气也。"

【赏析】

这是一首触景生情、感今忆昔之作。它表现出诗人对国事的忧愤和个人的苍凉心情。"汝州"，今河南临汝，原为唐王朝的腹心地区。据考证，这首《上汝州郡楼》大约写于唐德宗贞元二十年（804）李益57岁时。追溯历史，他第一次登郡楼应在做华州郑县簿尉期间。这三十年间，由于唐王朝中央政权的削弱，经常受割据的强藩、回纥、吐蕃的兵马蹂躏，实际上汝州成了朝廷势力的边区。诗人登楼，感慨万千，既有感于个人的身

世，更包含有沉重的社会内容。"似边州"三字寄慨无穷，贯穿全篇。

这是一首七言绝句。"黄昏鼓角似边州"，首句写景，写登上汝州郡楼的所见、所闻。黄昏日落，秋意萧萧，已是悲伤在心了，可位于东都洛阳为东都屏障的唐王朝腹心地区，竟然能听到古代军中用来报时和号令的鼓声、号角声，使诗人仿佛有到了"边城"的感觉。轻笔淡抹，却抹出万千的感慨。黄叔灿在《唐诗笺注》中曾这样评价该句中"似"的作用："'似'字见风尘满地，三十年中，乱离飘荡，山川如故，风景已非。"这一个"似"字传达出诗人的无限伤痛和悲怆。

"三十年前上此楼"，次句叙述当时时事如何，诗人没有直接说出来。第一次登此楼时，汝州还是唐王朝的腹地。此后的三十年，战乱频繁，而此间李益也仕途坎坷，在西北边庭辗转多年，却未能施展抱负、建功立业。三十年的变化之大，是难以料及的。旧地重来，想到自己由少壮变为衰老；想到汝州，经受干戈洗礼，腹地却似边陲。城郭依旧，人事全非，怎不百感交集、万虑丛生，既为岁月更迭慨叹，又为国运升降而悲怆呢？然而这变化、这感慨全都蕴含在诗句中了。正如清孙洙在《唐诗三百首》中评杜甫的《江南逢李龟年》时所说那样："世运之治乱，年华之盛衰……俱在其中。"

"今日山川对垂泪"，第三句诗会使人想起东晋过江诸人于新亭宴饮，感慨国土沦丧、相对流泪的故事，也会使人想起周所说的"风景不殊，举目有江山之异"一类的话来。而李益面对山川、怆然泪下的感触是纷至沓来、千头万绪的，这感受与前人颇为近似。

"伤心不独为悲秋"，末句写他的伤心落泪，"不独为悲秋"。实际上单纯的悲秋并不存在。自从战国楚宋玉在《九辩》中发出"悲哉秋之为气也，萧瑟兮草木摇落而变衰"的悲吟以后，"悲秋"就成了诗歌中常见的内容。杜甫的"万里悲秋常作客"是因"常作客"而悲；刘禹锡的"朝来入庭树，孤客最先闻"是因自身是"孤客"而悲。而李益的"不独为悲秋"，没有把弦外音说明，戛然而止，留给读者无尽的思索和畅想。

可是，通读全诗，诗人的弦外之音不言自明，这"不独是"寄寓着诗人深厚的爱国热情。（毕国民）

【原文】

临滹沱见蕃使列名

漠南春色到滹沱⁽¹⁾，杨柳青青塞马多⁽²⁾。

万里关山今不闭，汉家频许郅支和⁽³⁾。

【毛泽东圈评等情况】

毛泽东曾圈点这首《临滹沱见蕃使列名》。他读一本中华书局影印的清沈德潜编选《唐诗别裁集》卷二十"七言绝句"时圈阅了这首《临滹沱见蕃使列名》。

[参考] 张贻玖：《毛泽东评点、圈阅的中国古典诗词》，中国工人出版社1992年版，第241页。

【注释】

（1）漠南，指沙漠以南地区，诗中指回纥，唐代为回纥居地。春色，语意双关，既指春日景色，也指蕃使及咸安公主。

（2）塞马多，指回纥以马易帛事。后晋刘煦等《旧唐书·回纥传》："回纥恃功，自乾元之后，屡遣使以马易缯帛，仍岁来市，以马一匹易绢四十匹，动至数万马。其使候遣，继留于鸿胪寺者非一。蕃得帛无厌，我得马无用，朝廷甚苦之。"这里指蕃使众多。

（3）郅（zhì）支，即郅支骨都侯单于，汉代匈奴首领之一。元帝初，叛汉，杀汉使，旋复向汉修好，汉恃强大，坚不与和。汉元帝刘奭建昭三年（前36），为西域副校尉陈汤等攻灭。后因以郅支代称外寇。频许，即含有匈奴时叛时服之意。

【赏析】

这首诗是写作者去到滹沱会见蕃使的景象和感想。"滹沱（hū tuó）"，河名，源出山西五台山，东流入河北境内，在献县与滏阳河汇合为子牙河。题中的"蕃使"，就诗的内容看当指回纥。唐代回纥使者到京城长安，照例取道滹沱。后晋刘昫等《旧唐书·回纥传》记载：德宗贞元三年（787），回纥遣使者来贡且请和亲。贞元四年（788）十月，回纥公主及使者来唐迎亲，迎娶的就是德宗之女咸安公主。使者十月到京，回程至滹沱，当中贞元五年（789）春日。诗中"漠南春色"的措辞和所写的隆重景象，可能就是这次接待下嫁回纥的咸安公主的活动。"列名"，指被列为正式参加会见的成员。

这是一首七言绝句。"漠南春色到滹沱，杨柳青青塞马多"，一、二两句写会见的时间、地点和热闹的场面。"漠南"，指沙漠以南地区，诗中指回纥，唐代为回纥居地。"春色"，语意双关，既是指春日的景色，也是指蕃使即咸安公主，这时她已被唐册封为智慧端正长寿孝顺可敦，故以"漠南春色"称之。"塞马多"指回纥以马易帛事。据后晋刘昫等《旧唐书·回纥传》记载："回纥恃功，自乾元之后，屡遣使以马易缯帛，仍岁来市，以马一匹易绢四十匹，动至数万马。其使候遣，继留于鸿胪寺者非一。蕃得帛无厌，我得马无用，朝廷甚苦之。"这里指蕃使众多。滹沱河上，成群的塞马昂首伫立。春风吹拂，杨柳青青，滹沱河上春光荡漾。这美好的春色，不仅烘托出人们的喜悦心情，也象征着唐和回纥的友好关系。

"万里关山今不闭，汉家频许郅支和"，三、四两句是写作者参加这次会见的感触。这两句意思是说：朝廷频频准许同回纥和好，如今万里关山都不设防。这既是承上对唐和回纥和好的赞誉，也是对唐的边防废弛的担忧。"万里关山今不闭"句是说唐的边防非常空虚。"汉家"指唐朝。"郅支"，即郅支骨都侯单于，汉代匈奴首领之一，曾杀汉使，旋复向汉修好，汉恃强大，坚不与和。后为陈汤等攻灭。"频许郅支和"句是说以此许和郅支，喻国势衰弱。"频许"即含有时叛时服之意。如果边防废弛，必然要吃大亏。

这首诗前两句用写景来叙事抒情，后两句议论含而不露，蕴藉有致。李益是中唐时期七绝最杰出的诗人之一，清沈德潜说他的诗"音节神韵，可追逐龙标（王昌龄）、供奉（李白）"。现代学者刘拜山说"关山不闭，频许和戎，塞马纵横，竟占滹沱春色，感愤之情深矣"。（东民）

【原文】

拂云堆

汉将新从虏地来⁽¹⁾，旌旗半上拂云堆⁽²⁾。

单于每向沙场猎⁽³⁾，南望阴山哭几回⁽⁴⁾。

【毛泽东圈评等情况】

毛泽东曾圈点这首《拂云堆》。他读一本中华书局影印的清沈德潜编选《唐诗别裁集》卷二十"七言绝句"时圈阅了这首《拂云堆》。

[参考] 张贻玖：《毛泽东评点、圈阅的中国古典诗词》，

中国工人出版社 1992 年版，第 241 页。

【注释】

（1）虏地，指突厥占据之地。虏，对敌方的蔑称。

（2）旌旗，旌是羽毛指示物，基层部队使用；旗指的是布面指示物，高层部队使用。此为旗帜的总称，也借指军士。

（3）单（chán）于，匈奴最高首领的称号，此指突厥首领。沙场，平坦的沙地，此指沙漠。

（4）阴山，即今内蒙古阴山山脉。

【赏析】

拂云堆，古地名，在今内蒙古包头西北。唐时朔方军北与突厥以河为界，河北岸有拂云堆神祠，突厥如用兵，必先往祠祭酹求福。张仁愿既定漠北，在河北筑中、东、西三受降城以固守。中受降城即在拂云堆，故拂云堆又为中受降城的别称。诗人已有《夜上受降城闻笛》，写诗人夜上受降城所闻所见所感，描写了北方边塞的严寒凄冷，刻画了守边战士思念家乡的心情。此诗与《夜上受降城闻笛》虽然所咏是同一对象，但诗人却另辟蹊径，从战争双方对拂云堆的不同感受着眼，含蓄地表达了自己对战争的看法。

这是一首七言绝句。"汉将新从虏地来，旌旗半上拂云堆"，一、二两句从我方入手，汉将（以汉拟唐，实指唐将）深入敌后打了胜仗回来，在拂云堆受降，各种旗帜只有一半插上拂云堆，两句写出我军的胜利和祝捷盛况。"单于每向沙场猎，南望阴山哭几回"。三、四句则转换视角，从敌方入手。长期战争的原因何在？匈奴最高首领——单于常常发动战争，入侵内地。但是，每次战争的结果对入侵者都不妙，就是说他们总是以失败而告终，只能眼巴巴地望着碍隔敌我双方的阴山山脉而不能跨越，只能哀哀恸哭，哭了一回又一回。诗人对我军胜利的喜悦、对敌人失败的嘲弄溢于言外，严厉地谴责了匈奴贵族奴隶主入侵内地战争的非正义性。（毕桂发）

【原文】

送贾校书东归寄振上人

北风吹雁数声悲，况指前林是别时。

秋草不堪频送远，白云何处更相期[1]。

山随匹马行看暮，路入寒城去独迟。

为向东州故人道[2]，江淹已拟惠休诗[3]。

【毛泽东圈评等情况】

毛泽东曾圈点这首《送贾校书东归寄振上人》。他读一本中华书局影印本清沈德潜编选《唐诗别裁集》卷二十"七言律诗"时圈阅了这首《送贾校书东归寄振上人》。

[参考] 张贻玖：《毛泽东评点、圈阅的中国古典诗词》，中国工人出版社1992年版，第241页。

【注释】

（1）白云，即白云乡，传说仙人所居之地。古人迷信，认为神仙居住天上，故称。《庄子·天地》："乘彼白云，至于帝乡。"期，希望。

（2）东州，当指贾校书所归之处。

（3）"江淹"句，指诗人想退出官场隐居。江淹（444—505），字文通，兰阳考城（今河南民权）人，南朝梁文学家，历仕宋、齐、梁三代。早年以文章著名，晚年才思枯竭，人谓"江郎才尽"。诗歌多拟古之作。有《江文通集》。惠休，即汤惠休，字茂远，南朝宋诗人。初为僧，孝武帝令还俗，官至扬州刺史。汤惠休有《怨诗行》，写妻子对外出丈夫的怨望；江淹有《杂体诗三十首·休上人怨别》，写对朋友分别的怨望。

【赏析】

这是一首送别诗，流露了诗人辞官归隐的思想。贾校书，生平未详。校书，古代掌管典校藏书的官员，以郎充任，称校书郎；以郎中充任，则称校书郎中。唐置八人，掌校雠典籍。振上人，生平未详。上人，佛教称具备德智善行的人。

这是一首七言律诗。"北风吹雁数声悲，况指前林是别时"，首联扣题，切送别之意。在呼呼北风的吹送中，空中传来了几声南飞雁的凄伤哀叫，况且指着前面的树林便是二人分别的时候。景况凄凉，好朋友分别在即，全诗已笼罩着一种悲凉的氛围。

"秋草不堪频送远，白云何处更相期"，颔联仍从悲秋着笔，枯黄的秋草不能承受恭送远客的使命，更何况人们所期望的仙人所居之地不知在哪里。未分别而想到将来相会，诗意向前推进一层，亦见出诗人与贾校书情深谊厚。

"山随匹马行看暮，路入寒城去独迟"，颈联叙事兼描写，写别后贾校书一人登程，情景皆由诗人眼中看去：贾校书单人匹马在暮色苍茫中沿山而行，山回路转，他逐渐走上了通往寒城的道路而我仍依依不舍，不肯离去。二句刻画生动，形象活现。

"为向东州故人道，江淹已拟惠休诗"，尾联托友寄意。东州，当为诗人居地郑州。故人，当指振上人。末句为用典，指江淹《杂体诗三十首》的最后一首《休上人怨别》。全文如下：西北秋风至，楚客心忧哉。日暮碧云合，佳人殊未来。露彩方泛艳，月华始徘徊。宝书为君掩，瑶琴讵能开？相思巫山渚，怅望阳云台。膏炉绝沉燎，绮席生浮埃。桂水日千里，因之平生怀。这是摹拟惠休的《怨诗行》的。惠休早年为僧，故称为"上人"，他的诗多写相思、离别，以五言诗《怨诗行》最为人称道。诗人趁贾校书东归之机向老朋友振上人寄意问候，故用了这个典故。用典贴切，含蓄不尽，又使题意完整，恰到好处。（毕桂发）

窦牟

窦牟（749—822），字贻周，行二，京兆金城（今陕西兴平）人。唐德宗贞元二年（786）登进士第，历河阳、昭义从事，检校水部郎中，赐绯，东都再为留守判官。唐宪宗朝历官虞部郎中、都官郎中，出为泽州刺史，入为国子司业等。唐穆宗长庆二年（822）卒，时年七十四。牟有诗名，韩愈曾师事之。今存诗二十一首。

【原文】

奉诚园闻笛

曾绝朱缨吐锦茵⁽¹⁾，欲披荒草访遗尘⁽²⁾。
秋风忽洒西园泪⁽³⁾，满目山阳笛里人⁽⁴⁾。

【毛泽东圈评等情况】

毛泽东曾圈点这首《奉诚园闻笛》。他读一本中华书局影印本清沈德潜编选《唐诗别裁集》"七言绝句"时圈阅了这首《奉诚园闻笛》。

[参考]张贻玖：《毛泽东评点、圈阅的中国古典诗词》，
中国工人出版社1992年版，第242页。

【注释】

（1）绝缨，扯断结冠的带，典出《战国策》：楚庄王夜宴群臣，烛忽灭，有人戏牵宫中美人衣，美人扯断其冠缨以告庄王。庄王不欲因此处分人，遂命群臣皆绝缨而后燃烛。那人感激庄王的宽大，后三年，晋与楚战，此人奋死赴敌，卒胜晋军。后遂用作宽厚待人之典。吐锦茵，典出《汉书·丙吉传》：丙吉为相时，一次其车夫呕吐于车，左右欲斥逐车夫，丙

吉却说不过弄脏一张车茵（席），无须大惊小怪。

（2）遗尘，遗踪旧迹。

（3）西园，即西苑园，三国魏曹植在邺所建，为建安诗人宴游之所。后经丧乱，人去物非，曾于其会的刘桢旧地重游，感怀赋诗云："步出北门寺，遥望西苑园。乖人易感动，涕下与衿连。"西园泪即用此典。

（4）山阳，为嵇康旧居，在今河南修武，也是竹林七贤昔日宴游之地。嵇康被司马氏杀后，向秀曾过其旧庐，听邻人吹笛，追忆亡友嵇康、吕安，感音而叹，作《思旧赋》以悼之。后因以山阳笛作怀念故友的典实。

【赏析】

奉诚园，原为唐代中兴名将马燧的园苑，在长安安邑坊内。马氏以功盖一时封北平郡王，但曾遭德宗猜忌。身后，其家屡遭中官及豪幸侵渔。清沈德潜编选《唐诗别裁集》题下注云："马燧子畅，以宅中大杏饷窦文场，文场以进德宗。德宗以为未尝见，颇怪畅，命中使封杏树。畅惧进宅，改为奉诚园。"这首诗抒发了作者凭吊故园遗址的感慨。

这是一首七言绝句。首句"曾绝朱缨吐锦茵"，马燧不但是良将而且是有名的循吏。史载他务勤教化，止横征，去苛烦；宽以待下，士众临阵"无不感慨用命，斗必决死"。马氏一生大节，追述起来，足成一书。但作者运用典故，只一句就把这意思灵活表达出来了。"绝缨"事出《战国策》：楚庄王有一次夜宴群臣，烛忽灭，有人戏牵宫中美人衣，美人扯断其冠缨以告王。庄王不欲因此处分人，遂命群臣皆绝缨而后燃烛，使得难以识别出先绝缨的那个人。后来那个人临阵特别卖命。"吐茵"事出《汉书》：丙吉为丞相时，有一次他的车夫呕吐于车上，左右欲斥逐车夫，丙吉却说不过弄脏一张车茵（席），无须大惊小怪。此诗首句就是通过这两个典型的故事，刻画出一个目光远大、胸怀宽广的人物形象。一句中实用两事，语言极凝练，概言马燧的品格和功劳，表达对先贤的仰慕悼思之情。"欲披荒草访遗尘"，次句直陈追慕先贤的心情，咏凭吊事兼写出旧园遗址的荒凉。"朱缨""锦茵"与"荒草""遗尘"的对照，突出了一种今昔盛衰之感。

"秋风忽洒西园泪，满目山阳笛里人"，写诗人怀古伤今的悲痛，又用了两个典故。"西园"系建安诗人宴游之所，为曹植所建，后经丧乱，曾与其会的刘桢旧地重游，感怀为诗云："步出北门寺，遥望西苑园。乖人易感动，涕下与衿连。""西园泪"即谓此。"山阳"（今河南修武）为魏晋之际竹林七贤旧游之地，七贤中的嵇康被司马氏杀害后，向秀重过其旧居，听到邻人吹笛，因而想到昔日游宴之乐，作《思旧赋》。"山阳笛"即指此。用此二事写物是人非之慨是很贴切的。但这两句用典与前两句有所不同，它是融合在写景抒情之中的。秋风、园苑，是眼前景；闻笛、下泪，是眼前事。但谓之"山阳笛""西园泪"，就赋予笛、泪以特定感情内容，限制同时又丰富了诗意的内涵。三句的"忽"字值得玩味，"披荒草访遗"，尚能自持，忽然洒泪，却是"闻笛"的缘故。"听鸣笛之慷慨兮，妙声绝而复寻"（《思旧赋》），那如泣如诉的笛声，一下把诗人推入向秀赋的意境，使他怆然涕下。所谓"山阳笛里人"，是向秀因闻笛而感伤怀念的逝者。《思旧赋》中还说："惟（思念）古昔以怀人兮，心徘徊以踌躇。栋宇存而弗毁兮，形神逝其焉如（何往）"，正好借来作为"欲披荒草访遗尘"到"满目山阳笛里人"的注脚。但也不尽是怀旧而已，它还包含着一种不平之鸣，就是如清沈德潜所说"伤马氏，以见德宗之薄"（《唐诗别裁集》卷十九）。这两句紧扣"物是人非"之慨，用典贴切。和前两句用典不同的是，前面用典"僻事实用"，意在直陈其事；后面用典"熟事虚用"，意在抒发感情。

诗人巧妙地将写景和抒情融合在一起，借典点题（奉诚园闻笛），借典抒情（西园泪、山阳笛），技法高超，令人叹服。由此可见，诗人并非单纯地怀旧，怀旧之中亦含有"不平则鸣"之气。（毕桂发）

刘采春

刘采春，生卒年不详。淮句（今江苏淮安淮阴一带）人，一作越州（今浙江绍兴）人。伶工周季崇之妻，她擅长参军戏，又会唱歌，深受元稹的赏识，说她"言辞雅措风流足，举止低回秀媚多"，在当时是一名很有影响的女艺人。唐穆宗长庆三年（823）至文宗大和三年（829）间游越州，与浙东观察使元稹交善。元稹赞其"选词能唱《望夫歌》"。《望夫歌》即《啰唝曲》。明方以智《通雅》云："啰唝犹来罗。"来罗，有盼望行人归来之意。《全唐诗》录存六首。她与鱼玄机、薛涛、李冶，并称唐朝四大女诗人。

【原文】

啰唝曲三首

不喜秦淮水⁽¹⁾，生憎江上船⁽²⁾。
载儿夫婿去⁽³⁾，经岁又经年。

那年离别日，只道往桐庐⁽⁴⁾。
桐庐人不见，今得广州书⁽⁵⁾。

莫作商人妇，金钗当卜钱⁽⁶⁾。
朝朝江上望，错认几人船。

【毛泽东圈评等情况】

毛泽东曾圈点《啰唝曲三首》。他读一本中华书局影印的清沈德潜编选《唐诗别裁集》卷十九"五言绝句"时圈阅了《啰唝曲三首》。

[参考]张贻玖：《毛泽东评点、圈阅的中国古典诗词》，
中国工人出版社1992年版，第242页。

【注释】

（1）秦淮，水名，在今江苏南京。秦时所凿，故称秦淮。水如碧玉，旧时歌楼画舫，环集于秦淮两岸，为江宁胜地。

（2）生憎，即深憎之意。

（3）儿，女子自称。

（4）道，说。桐庐，地名，故城在今浙江桐庐西，交通便利，商况亦盛。

（5）广州，今广东广州。

（6）金钗，旧时妇女头饰。卜钱，卜术的一种。掷铜钱，以钱的反正代阴阳，看其变化以定吉凶。

【赏析】

《全唐诗》录《啰唝曲》六首，清沈德潜编选《唐诗别裁集》选其三首，为其一、其四、其三。《全唐诗》《唐诗别裁集》皆以刘采春为作者。刘采春是中唐时的一名歌伎，擅长演唐代流行的参军戏。穆宗长庆三年（823）至文宗大和三年（829）间游越州，与浙东观察使元稹交善。元稹有《赠刘采春》诗，赞其"言词雅措风流足，举止低徊秀媚多"，"选词能唱《望夫歌》"。《望夫歌》即《啰唝曲》。明方以智《通雅》云："啰唝犹来罗。""来罗"有盼望远行人归来之意。唐范摅《云溪友议》、明胡应麟《诗薮》皆以为《啰唝曲》作者非为刘采春，在此姑且存疑不论。

这组诗包含三首五言绝句。先看第一首。这首诗表达的是因长期与夫婿分别而产生的闺思。这本是一个陈旧而常见的题材，但它却于陈中见新，常中见奇，把想入非非的念头、憨态横生的口语写入诗篇，使人读诗如见人。"不喜秦淮水，生憎江上船"，诗的头两句为言事，点明夫妻离别之事。这位少妇在独处空闺、百无聊赖之际，想到夫婿的离去，一会怨水，一会恨船，既说"不喜"，又说"生憎"；想到离别之久，已说"经岁"，再说"经年"，好像是胡思乱想，想到哪里就说到哪里，但却情真意切，生动地传出了闺中少妇的"天真烂漫"的神态，正如清沈德潜在《唐诗别裁集》中所评："'不喜''生憎''经岁''经年'，重复可笑，的是儿女子口角。"这就点出了此诗的特点。这首诗以憨态横生的口语入诗，使人读诗如见其人。这里，诗人为我们塑造了一位感情执着真切、性格天真烂漫的闺中少妇的形象。

我们再看第二首。这首诗写因盼归不归而产生的怨情，也就是唐李益《江南曲》"嫁得瞿塘贾，朝朝误妾期"的意思。前一首怨水恨船，当然并不是真正怨恨所注，到这一首才点出真正怨恨的对象原来是她的夫婿，而夫婿之可怨恨，因为他是白居易《琵琶行》中所说的"重利轻别离"的商人。"那年离别日，只道往桐庐"，诗的头两句写丈夫因逐利而行踪不定。"桐庐人不见，今得广州书"，诗的后两句写女子意外地接到从广州的来信。广州在古代交通不发达的时代，是遥远的蛮荒之地。清李锳的《诗法易简录》对这两句诗有一段分析："桐庐已无归期。今在广州，去家益远，归期益无日矣。只淡淡叙事，而情深无尽。"这一分析颇为精到，既准确地把握了内容，又点明了写作的特点。此诗叙事平淡，平淡之中又蕴含主人公无限的思夫之情。诗人能以平淡的叙事方式将主人公由盼望到失望、由失望到迷惘的心理变化刻画得细致入微，是很值得一提的。

最后再看第三首。这首写夫婿逐利而去，行踪无定。唐张潮有首《江南行》："茨菰叶烂别西湾，莲子花开犹未还。妾梦不离江上水，人传郎在凤凰山。"所写情事，与这首诗所写有相似之处。"莫作商人妇，金钗当卜钱"，一二两句直言为商妇之苦。"卜"，即占卜。以钱占卜，是为了得到丈夫的归期，暗示商妇盼望与丈夫重聚的焦急心情。"金钗"，为商妇的常用之物。以"金钗当钱"来占卜，取用便利，则可见其占卜之勤，暗写其思夫之切。"朝朝江上望，错认几人船"，诗的后两句以商妇的行动写其盼夫之苦。如果说"金钗当卜钱"是写商妇在家里的活动的话，那么说"朝朝江上望"则是写其在家外的活动了。"朝朝"，即每朝之意，言其望得频繁。但望的结果如何呢？只能是"错认几人船"。一个"错"字，蕴含了多么复杂的感情：有焦急的盼望，有以假当真的一时的惊喜，又有继之而来的无限的失望。这首诗表达感情朴素、真切。诗人正是以其朴素而真切的感情来打动读者的心的。

一心望夫婿归来，而不料越行越远，这正是望而终于失望的原因。长期分离，已经够痛苦了；加上归期难卜，就更痛苦；再加以行踪无定，越行越远，是痛苦上又加痛苦。在这情况下，诗中人只有空闺长守，一任流年似水，青春空负，因而接着在下一首诗中不禁发出"昨日胜今日，今年老去年。黄河清有日，白发黑无缘"的近乎绝望的悲叹了。唐温庭筠《望江南》词"梳洗罢，独倚望江楼，过尽千帆皆不是，斜晖脉脉水悠悠，肠断白苹洲"；宋柳永《八声甘州》词"想佳人、妆楼颙望，误几回、天际识归舟"，也都是写错认船。但这首诗所表达的感情更朴素，更真切。从全诗看，这位少妇既以金钗权当卜钱，又朝朝江口守望，足以说明其望归之切、期待之久，而错认船后的失望之深也就可想而知了。清潘德舆《养一斋诗话》称此曲为"天下之奇作"，这一赞语是毫不过分的。（毕东民）

崔　护

崔护（772—846），字殷功，生平事迹不详。郡望河东武城（今山东武城），博陵（今河北安平）人，唐代诗人。唐德宗贞元十二年（796）进士及第。宪宗元和元年（806）与元稹、白居易等同登"才识兼茂明于体用科"，试后例应授官而失载。文宗大和三年（829）为京兆尹，同年七月为御史大夫、岭南节度使。

其诗风精练婉丽，语极清新。《全唐诗》存诗六首，皆是佳作，尤以《题都城南庄》流传最广。

【原文】

题都城南庄

去年今日此门中，人面桃花相映红[1]。

人面不知何处去，桃花依旧笑春风[2]。

【毛泽东圈评等情况】

毛泽东曾手书这首《题都城南庄》。

[参考]中央档案馆编：《毛泽东手书选集·古诗词卷（上）》，北京出版社1996年版，第266页。

【注释】

（1）人面，一个姑娘的脸。第三句中代指少女。

（2）笑春风，迎着春风盛开。

【赏析】

这首诗和一段动人的爱情故事有关。唐孟棨《本事诗·情感》中记载其本事甚详：博陵崔护，姿质甚美，而孤洁寡合。举进士下第。清明日，独游都城南，得居人庄。一亩之宫，而花木丛萃，寂若无人。扣门久之，有女子自门隙窥之，问曰："谁耶？"以姓字对，曰："寻春独行，口渴求饮。"女子以杯水至，开门设床命坐，独倚小桃斜柯伫立，而意属殊厚，妖姿媚态，绰有余妍。崔以言挑之，不对，目注者久之。崔辞去，送至门，如不胜情而入。崔亦睠盼而归，嗣后绝不复至。及来岁清明日，忽思之，情不可抑，径往寻之。门墙如故，而已锁扃之。因题诗于左扉曰：'去年今日此门中，人面桃花相映红。人面不知何处去，桃花依旧笑春风。'后数日，偶至都城南。复往寻之，闻其中有哭声，扣门问之，有老父出曰："君非崔护耶？"曰："是也。"又哭曰："君杀吾女。"护惊起，莫知所答。老父曰："吾女笄年知书，未适人，自去年以来，常恍惚若有所失。比（此）日与之出，及归，见左扉有字，读之，入门而病，遂绝食数日而死。吾老矣，此女所以不嫁者，将求君子以托吾身，今不幸而殂，得非君杀之耶？"又特大哭。崔亦感恸，请入哭之。尚俨然在床。崔举其首，枕其股，哭而祝曰："某在斯，某在斯。"须臾开目，半日复活矣。父大喜，遂以女归之。宋计有功《唐诗纪事》亦有类似记载。今人欧阳予倩还把它写成一出京剧《人面桃花》，地方戏中也多有移植。这说明自古以来人们是信其有、不信其无。但人死一年，断无复生之理，当以文人轶事视之为宜。不过这则故事，写一个士人爱恋一个农家女，是对劳动人民的爱，是超阶级的爱，说明在阶级社会里，各阶级也有共同美，因此千余年来一直受到人们的喜爱。现在我们来看这首诗。

这是一首七言绝句。"去年今日此门中，人面桃花相映红"，前两句先写去年两人相遇。诗写今昔之感，本是由今思昔，却用追叙手法，先写去年。首句"今日""此门"，点明时间、地点，非常肯定，毫不含糊，可见印象的深刻、记忆的确切。这里明写"去年今日此门"，就暗示了还有一个"今年今日此门"，所以后两句不再点出时间、地点，读者亦可心领神会。于此可见诗人造语之妙，见出诗的洗练而自然的特色。次句方出人物，写人物采用部分代整体手法，只写"人面"：写人面亦不工笔细描，只写其颜色——"红"；再用"灼灼其华"的桃花来映衬，姑娘之美貌便无与伦比了。因为春风中的桃花人人都知道是何等艳丽，而"人面"竟能"映"得桃花分外红艳，则"人面"之美可以想见；再者，本来已经很美的"人面"，在红艳艳的桃花映照之下显得更加光彩照人。

"人面不知何处去，桃花依旧笑春风"，后两句才写现在。还是"今日"，还是"此门"。门从外面锁着，可见人不在家。人虽未见，但情况不明，"不知何处去"，是下田农耕去了？是出门游玩去了？是走亲访友去了？还是出嫁了？……这一连串的疑问，一时难以排解。而再看院中，那张与桃花相映红的美丽面庞已经不见，而无数朵与那张美丽面庞相映红的桃花却依然在春风中欢笑。诗人又将桃花拟人化，它是嘲笑诗人自作多情？还是嘲笑诗人和美女无缘？总之，桃花简直变成了"人面"的象征，成了他愈加思念"人面"的媒介。这该使重访旧地的诗人感到多么失望和惆怅啊！宋沈括《梦溪笔谈》说："诗人以诗主人物，故虽小诗，莫不埏蹂极工而后已。所谓'旬锻月炼'者，信非虚言。小说崔护《题城南》诗，其始曰：'去年今日此门中，人面桃花相映红。人面不知何处去，桃花依旧笑春风。'后以其意未全，语未工，改第三句曰'人面只今何处在'。至今所传此两本，惟《本事诗》作'只今何处在'。唐人工诗，大率多如此。虽有两'今'字，不恤也，取语意为主耳。后人以其有两'今'字，只多行前篇。"（毕晓莹 范冬冬）

雍　陶

雍陶（805—？），字国钧，成都（今四川成都）人，唐代诗人。唐文宗大和八年（834）间进士，曾任侍御史，大中六年（852），授国子毛诗博士。唐宣宗李忱大中八年（854）出任简州（今四川简阳）刺史。世称雍简州。一年曾多次穿三峡，越秦岭，在江南、塞北许多地方游历过，写过不少记游诗。后辞官闲居，养疴傲世，不知所终。工诗。与王建、贾岛、姚合、章孝标等交往唱和。其诗多旅游题咏、送别寄赠之作，擅长律诗和七绝。律诗语言精练，工于对仗。《全唐诗》录存其诗一百三十一首，编为一卷。《全唐文》录存其文二篇。

【原文】

和孙明甫怀旧山

五柳先生本在山[(1)]，偶然为客落人间。
秋来见月多思归，自起开笼放白鹇[(2)]。

【毛泽东圈评等情况】

毛泽东曾圈点这首《和孙明甫怀旧山》。他读一本中华书局影印本清沈德潜编选《唐诗别裁集》卷二十"七言绝句"时圈阅了这首《和孙明甫怀旧山》。

[参考] 张贻玖：《毛泽东评点、圈阅的中国古典诗词》，
中国工人出版社1992年版，第238页。

【注释】

（1）五柳先生，晋陶渊明自号。陶因宅旁有五株柳树，作《五柳先

生传》自况。

（2）"自起"句，动归思而放白鹇，而见物我同情。白鹇（xián），鸟名，又名银雉，状似山鸡而色白。雄鸟的冠及下体纯蓝黑色，上体及两翼白色，故名。

【赏析】

这是一首唱和诗。大抵先有孙明甫赋怀念旧山之作，诗人见而感焉，有作是章。孙明甫，生平未详，当是一位隐士，和诗人关系密切。

这是一首七言绝句。"五柳先生本在山，偶然为客落人间"，一、二句点题，写孙明甫怀旧山的原因。"五柳先生"本指东晋隐逸诗人陶渊明，这里喻指孙明甫。孙明甫是陶渊明一流人物，在深山之中隐居，只是一个偶然的机会来到人间（尘俗社会）作客。隐士来到尘世当然是格格不入的，所以作客便不能持久，于是怀归之情自然萌生。

"秋来见月多思归，自起开笼放白鹇"，三、四句写孙明甫怀归表现。入秋以来见到月亮，他多次产生归山的念头，可能因种种羁绊，一时还不能走开，所以便亲自动手把笼中豢养的白鹇放飞了。清沈德潜在《唐诗别裁集》尾注云："动归思而放鹇，见物我同情也。"一个放飞白鹇的动作，表现了孙明甫渴望回归旧山过自由自在隐士生活的急切心情，言简意赅，余味深长。本诗语言精练，形象鲜明，确为一首好诗。（毕桂发）

张　籍

　　张籍（约768—约830），字文昌，和州乌江（今安徽和县乌江镇）人，祖籍吴郡（今江苏苏州），唐代诗人。唐德宗贞元十五年（799）进士，历任太常寺太祝、秘书郎、国子博士、水部员外郎，官终国子司业，故世称张司业或张水部。其诗大部分是用乐府形式写的，与王建齐名，世称"张王"。他继承了汉魏乐府的优良传统，并吸取了杜甫咏叹时事的精神，又有自己的创造。其乐府诗颇多反映当时社会矛盾和民生疾苦的篇什，也有描写封建制度压迫下妇女的悲惨处境的。白居易称赞他"尤工乐府诗，举代少其伦"。有《张司业集》。

【原文】

没蕃故人

前年戍月支⁽¹⁾，城下没全师⁽²⁾。
蕃汉断消息⁽³⁾，死生长别离。
无人收废帐⁽⁴⁾，归马识残旗⁽⁵⁾。
欲祭疑君在⁽⁶⁾，天涯哭此时⁽⁷⁾。

【毛泽东圈评等情况】

　　毛泽东曾在一本中华书局印行的清蘅塘退士原编《注释唐诗三百首》"五言律诗"中这首《没蕃故人》诗题目上方天头空白处连画三个小圈，作为圈阅的标志。

　　[参考] 中央档案馆整理：《毛泽东评点诗词曲精选（上册）》，
中国档案出版社1998年版，第92页。

（1）戍，指征伐。月（ròu）支，唐羁縻都督府名。唐高宗李治龙朔元年（661）在吐火罗境内阿缓城置，故地在今阿富汗东北部孔杜兹城附近，约公元8世纪中叶，因大食国势力东进而废弃。

（2）没全师，即全军覆没。师，指军队。

（3）蕃汉，吐蕃和唐朝。

（4）废帐，指战败后丢弃的营帐。废，弃置。

（5）残旗，残破了的旗帜。

（6）君，指没蕃故人。

（7）天涯，天边，指作者所处之地。

【赏析】

《没蕃故人》是张籍所作的五言律诗。诗人的一位老友在守卫月支的战役中，因全军覆没而生死未卜，下落不明，故以"没蕃"为题写诗表达伤怀。没蕃（bō）故人，即陷没、战死在吐蕃的友人。蕃，指吐蕃，古代藏族建立的地方政权。

诗的首联就写战败的惨况："前年戍月支，城下没全师。""月支"，汉西域国名，借指吐蕃。"没全师"是说战争失败，全军覆没。这是回忆前年与吐蕃作战时，军队浩浩荡荡出发征讨，结果到城下一战就被打得落花流水，溃不成军，攻上城堡时战士死伤殆尽，全军覆没。

"蕃汉断消息，死生长别离"，颔联两句是说战场上全军覆没，战争的情况及敌我两方的消息断绝，战友是战死还是活着都不得而知。消息无人传回，战场一片混乱，战友的生死下落不明，令人担忧。"蕃"指异国敌方。

"无人收废帐，归马识残旗"，颈联两句是想象战友战死时战场上的凄凉景象。因为战败了全军垮了，原来去攻击敌方时搭起来的营帐，在失败中也破烂不堪，七倒八歪，不成样子；尸横遍野，战旗飘零一地。官兵都已战死，也无人来收拾"废帐"了。战场上只有那无人收管的战马还认识"残旗"的标志，又跑回到这空营废帐跟前。此两句写出了战争的残酷。

"欲祭疑君在，天涯哭此时"，尾联两句是倒文。是说在哭的时候，想设奠遥祭，但又怀疑你是否真的死了，因为消息来得太突然啊！"此时"指作者知道朋友战死消息的时候。这是两年之后的事，所以开头句说"前年"。

此诗通篇结构为倒装。开始六句均是写听到消息后的悲悼心情，到最后才归结到听到了这个消息。诗人以典型的特写镜头，摄下了战败军队覆没的悲惨景象。结尾句尤其写得至真至切，非常感人，整首诗没有显露出议论，而诗句中洋溢着对于阵亡的敌人和广大将士的无限同情，反对战争的观念，很自然、又很充分地表现了出来。清贺裳《载酒园诗话又编》说："《没蕃故人》'无人收废帐，归马识残旗。欲祭疑君在，天涯哭此时'，诚堪呜咽。"（许娜）

【原文】

成都曲

锦江近西烟水绿[(1)]，新雨山头荔枝熟[(2)]。
万里桥边多酒家[(3)]，游人爱向谁家宿[(4)]？

【毛泽东圈评等情况】

1958 年 3 月成都会议期间，毛泽东圈阅的《诗词若干首》（唐宋明朝诗人写的有关四川的一些诗和词）中有这首《成都曲》。

[参考] 刘开扬注释：《诗词若干首》（唐宋明朝诗人咏四川），

四川人民出版社 1979 年版，第 87 页。

【注释】

（1）锦江，岷江支流之一。在今四川成都平原。自郫县西岷江分出，到成都东南与岷江另一支流郫江汇合。近西，指今成都南部。烟水，指烟波。

（2）山头，指城郊丘陵。晚唐高骈任西川节度使时才完全垦平。荔枝熟，唐时成都附近也产荔枝。

（3）万里桥，即今四川成都南门大桥。蜀汉时费祎使吴，诸葛亮到此桥饯送，费祎说："万里之行，始于此桥。"

（4）"游人"句，唐时酒家可以留宿。爱向，爱戴，归向。

【赏析】

这是一首不拘平仄的七言绝句，所以用表乐府体的"曲"字示之。诗通过对成都郊的风物人情和市井繁华景况的描写，表现了诗人对太平生活的向往。

"锦江近西烟水绿，新雨山头荔枝熟"，一、二两句描写，展现诗人顺锦江西望的美景：新雨初霁，在绿水烟波的背景下，山头岭畔，荔枝垂红，香飘四野。这是何等诱人的美丽图画啊！这两句写成都郊野景色，水绿荔红，景中含情，韵味深长。

"万里桥边多酒家，游人爱向谁家宿"，三、四两句叙事，诗人将视线转向市内，写市井繁华，南门外的万里桥一带是水、陆交通枢纽，商业繁盛，店铺林立；酒馆饭店，鳞次栉比，生意兴隆，游人如织。简直是一幅社会风俗画！透过这幅画展现出一种太平生活场景。末句说哪个酒家好而又招待殷勤呢？处处酒家都好，反而不知留宿何处更好了。弦外之音，味外之味，令人神远。

诗人写成都，善于抓取最具特征性的景物，以及生活中富有情趣的一个片断，让人在感受诗歌美的同时，也被诗中浓浓的生活气息所感染。

（毕桂发）

【原文】

乌夜啼吟

秦乌啼哑哑，夜啼长安吏人家。吏人得罪囚在狱，倾家卖产将自赎（1）。少妇起听夜啼乌，知是官家有赦书（2）。下床心喜不重寐（3），未明上堂贺舅姑（4）。少妇语啼乌：汝啼慎勿虚。借汝庭树作高巢，年年不令伤尔雏。

【毛泽东圈评等情况】

毛泽东曾圈点这首《乌夜啼吟》。他读《全唐诗》时圈阅了这首《乌夜啼吟》。

[参考]张贻玖：《毛泽东评点、圈阅的中国古典诗词》，

中国工人出版社1992年版，第233页。

【注释】

（1）自赎，封建时代以资财入官赎罪或立功以赎罪。《汉书·司马迁传》："家贫，货赂不足以自赎。"

（2）官家，旧时对皇帝的称呼。唐房玄龄等《晋书·石季龙载记上》："官家难称，吾欲行冒顿之事，卿从我乎？"赦书，颁布赦令的文告。

（3）寐（mèi），睡，入睡。

（4）舅姑，称丈夫的父母，俗称公婆。《国语·鲁语下》："古之嫁者，不及舅姑，谓之不幸。"

【赏析】

"乌夜啼吟"是乐府旧题，但与《乌夜啼》不同，属乐府《琴曲歌》。《全唐诗》作《乌夜啼引》。此篇内容却与《乌夜啼》本辞相近。据载：南朝宋文帝元嘉年中，彭城王义康被徙于豫章郡（郡治在今江西南昌）。当时，临川王刘义庆在江州（今江西九江、湖口一带），与义康相见而哭，不巧被宋文帝知道了，义庆非常害怕。当晚，他的妓妾听到乌啼，于是说："明日应有赦。"到了第二天早上，果然改任为南兖州刺史（治所在今扬州西北）。因此，作了《乌夜啼》歌。而诗人这一首诗也写出了官吏被问罪后，全家忧心忡忡的情形。

"秦乌啼哑哑，夜啼长安吏人家"，诗开始是说秦地的乌鸦哑哑地叫，有一天晚上，在长安城的官吏家鸣叫起来。"秦"，古国名，即今甘肃、陕西一带。"哑哑"，乌鸦的叫声。"吏人"，做官的人。"吏人得罪囚在狱，倾家卖产将自赎。"原来这家当官的犯了罪，被囚禁在监狱中，家里正将全部家产变卖，纳金赎罪。"自赎"，封建时代，有一种刑罚叫作"赎刑"，

准许犯人们纳金赎罪。"少妇起听夜啼乌，知是官家有赦书"。半夜里，他的妻子起来时听到了乌鸦的叫声，知道朝廷将会下赦书免除丈夫的罪名。"少妇"，指得罪吏人的妻子。"赦书"，皇帝的赦免诏书。这里诗人写一个年轻的妻子为救丈夫出狱，心都操碎了，每想到倾家荡产后的生活就无法安睡，在这万般无奈之时忽然听到乌鸦啼叫，报说皇上大赦罪犯。这从天降的喜讯是梦寐以求的，令少妇喜出望外。"下床心喜不重寐，未明上堂贺舅姑。"她下了床，心里高兴得没法再睡了，天还没大亮，她就赶忙上堂去给公婆道喜。"未明"，指天色未亮。"舅姑"，指公、婆。这个消息太突然了，究竟是真的吗？少妇还有些疑虑。最后四句写出了少妇乍喜还忧，和乌鸦的对话真切感人。她还对啼叫的乌鸦说："你的叫声可千万别不应验！假若官家真的下了赦书，庭院里这棵大树就借与你做巢穴栖身，而且年年都不让人伤害你的幼雏。""借汝"，借给你，指啼乌。"雏"，指幼小的乌鸦。

　　诗人用朴实无华的诗句，将封建社会官僚集团的腐败暴露出来，写出了一个少妇为救丈夫出狱、不惜一切地变卖家产赎出丈夫的心情。（赵玉玲）

吕 温

吕温（771—811），字和叔，一字化光，河中（今山西永济蒲州）人，郡望东平（今山东泰安）。唐德宗贞元十四年（798）进士，次年又中博学宏词科，授集贤殿校书郎。贞元十九年（803），得王叔文推荐任左拾遗。贞元二十年（804）夏，以侍御史为入蕃副使，在吐蕃滞留经年。唐顺宗即位，王叔文用事，他因在蕃中，未能参与"永贞革新"。永贞元年（805）秋，使还，转户部员外郎。历司封员外郎、刑部郎中。唐宪宗元和三年（808）秋，因与宰相李吉甫有隙，贬道州刺史，后徙衡州，甚有政声，死于任所，世称"吕衡州"。

吕温作为晚唐诗坛上的著名诗人一直受后世推崇。他的诗词意浅直，平白自然，文藻精富，多悯民怜友之作，记游记事，抒发情感，被收入数种唐名家诗集、诗选。吕温诗文，卒后由好友刘禹锡编定，共十卷，并为之作序。今传《吕衡州集》（一作《唐吕和叔文集》），仍为十卷，但已非原帙。

【原文】

刘郎浦口号

吴蜀成婚此水浔[1]，明珠步障屋黄金[2]。
谁将一女轻天下[3]，欲换刘郎鼎峙心[4]。

【毛泽东圈评等情况】

毛泽东曾圈阅这首《刘郎浦口号》。他圈阅较多的中华书局影印本清沈德潜编选《唐诗别裁集》卷二十"七言绝句"中刊有这首《刘郎浦口号》。

[参考]张贻玖：《毛泽东评点、圈阅的中国古典诗词》，中国工人出版社1992年版，第233页。

【注释】

（1）浔，水边深处。

（2）步障，古代贵族出行时用以遮蔽风尘的幕布。屋黄金，即黄金屋，用汉武帝金屋藏娇典故。屋，一作"幄"。

（3）一女，指孙权之妹。

（4）刘郎，即新郎刘备。鼎峙心，鼎足三分的心意。

【赏析】

刘郎浦，一名刘郎洑，在今湖北石首西北沙步。相传这里是三国时吴蜀联姻、刘备到东吴迎亲之处。诗人经过这里时写下了这首咏史名篇。口号，古诗标题用语，表示随口吟成，和"口占"相似。

"吴蜀成婚此水浔"，首句点出刘备迎亲之地。晋陈寿《三国志·蜀书·先主传》："（刘）琦病死，群下推先主为荆州牧，治公安。（孙）权稍畏之，进妹固好。"这是一个政治手段，也是吴蜀联姻风流韵事的掌故。这是说吴主孙权把妹妹许给蜀主刘备，迎亲就在这里的水边。

"明珠步障屋黄金"，次句是作者想象中刘备结亲的盛况。迎亲仪仗中，为遮蔽风尘的幕布上缀满明珠，显得格外流光溢彩；新房里布置得富丽堂皇，连帐幔都用黄金装饰，更显出华美珍贵。这一句写从迎亲途中用的步障和新妇下榻之处的帐幔。仅举出这两种陈设，已充分表现出结婚仪式的隆重、场面的豪华。以上两句叙事和描述令人深深寻味。难道这是孙权为妹妹的美满姻缘而这样隆重、豪华讲排场吗？还是在这种豪华场景中隐藏着另外一种用心呢？作者写诗，没有把史实借令人可以触摸的艺术形象发议论，这种无比排场的背后隐藏着的政治用意就暗示出来了。

"谁将一女轻天下，欲换刘郎鼎峙心"，三、四两句转入议论。有谁像孙权这样，以为刘备能把婚事看得比天还重，想以此换回刘备鼎足三分天下的决心呢？这是对孙权的嘲笑，诗句之妙在于发问。"谁"指的是孙权，任人皆知，无须回答，然而诗偏用问语"谁"。这就把讽刺的意味表现出来了。这是诗人把"史"和"诗"很好统一起来之妙笔。这里作者批评了孙权，办了一件蠢事，但又不是直截了当地指出刘备以天下为重和吴蜀联姻的政治目的，而是从侧面对二者进行客观叙述，使读者领悟诗文意旨。这一技巧，丰富了对象的审美再创造，显得有顿挫之势，颇有情致。

（毕桂发）

王　建

王建（约公元766—约830），字仲初，许州颍川（今河南许昌）人，唐朝大臣、诗人。他出身寒微，贫困潦倒。唐代宗大历十年（775）进士，曾在幽燕一带从军十几年。中年入仕，历任昭应县丞、太府寺丞、秘书郎、太常寺丞，累迁陕州司马，世称"王司马"。晚年退居咸阳原上。唐文宗大和四年（830），去世，时年六十六岁。王建擅长乐府诗，与张籍交谊很深，诗风相近，世称"张王乐府"。诗作题材广泛，同情百姓疾苦，生活气息浓厚，思想深刻。多用比兴、白描、对比等手法，常在结尾以重笔突出主题。体裁多为七言歌行，篇幅短小。语言通俗凝练，富有民歌谣谚色彩。善于"宫词"，其宫词为研究唐代宫廷提供了重要材料。

【原文】

赠王枢密

三朝行事镇相随⁽¹⁾，今上春宫见长时⁽²⁾。

脱下御衣偏得著⁽³⁾，进来龙马每教骑⁽⁴⁾。

长承密旨归家少⁽⁵⁾，独奏边机出殿迟⁽⁶⁾。

不是当家频向说⁽⁷⁾，九重争得外人知⁽⁸⁾。

【毛泽东圈评等情况】

毛泽东曾两次手书这首《赠王枢密》。

[参考] 中央档案馆编：《毛泽东手书选集·古诗词卷（上）》，北京出版社1996年版，第215—216页。

【注释】

（1）三朝，指前后三代君主统治的时期。唐李德裕《离平泉马上作》诗："十年紫殿掌洪钧，出入三朝一品身。"此指宪宗、穆宗、文宗三朝。行事，办事，从事。《易·乾》："终日乾乾，行事也。"事，一作"坐"。镇，久。相随，谓互相依存。《老子》："高下相倾，音声相和，前后之相随。"

（2）今上，称当今的皇帝。春宫，即东宫，太子之宫。北周王褒《皇太子箴》："秋坊通梦，春宫养德。"见长（cháng），显得有特长。

（3）御衣，帝王所着的衣服。南朝宋范晔等《后汉书·丁鸿传》："永平十年诏征，鸿至即召见，说《文侯之命篇》，赐御衣及绶。"偏，只，独，单单。著（zhuó），穿。

（4）龙马，《周礼·夏官·廋人》："马八尺以上为龙。"故以龙马指骏马。南朝齐谢朓《送远曲》："方衢控龙马，平路骋朱轮。"每，常常，屡次。教，使，令，让。

（5）密旨，秘密的谕旨。唐李延寿《南史·梁纪下·元帝》："宣猛将军朱买臣奉帝密旨，害豫章王栋及其二弟桥、樛。"

（6）边机，边防机宜。

（7）当（dāng）家，自己，本人。频，屡次。向，爱，偏爱。

（8）九重，指帝王所居之处。争得，怎得。

【赏析】

这是一首赠人诗。所投赠对象王枢密，即王守澄。枢密，中枢官署的统称。王守澄是宦官，历事三朝，权倾朝野，掌国家机密，故称王枢密。他曾与内常侍陈弘志弑宪宗，援立穆宗。及文宗即位，守澄多有力。文帝疾恨守澄谋逆大罪久不讨，后与宰相宋申锡谋，胁守澄以军容使就第。不久，被文宗赐死。王建与王守澄友善，饮酒中说到汉桓、灵二帝任用宦官致祸之事。守澄怀恨，欲以建所作宫词奏闻皇帝：禁掖的事，汝何敢言？建赋此诗以赠，乃脱其祸。

这是首七言律诗。"三朝行事镇相随，今上春宫见长时"，首联叙事，概述王守澄地位显赫。首先点明王守澄是三朝元老，深得宪宗、穆宗、文宗宠信，长期跟随他们办事，特别是当今皇帝文宗为太子时就显示了他的特长。

"脱下御衣偏得著，进得龙马每得骑。"颔联描写，写王守澄与文宗的亲密关系。文宗脱下的龙袍只有王守澄能穿，外国给皇帝进贡的骏马屡次让王守澄来骑。从穿衣、骑马两件事上见出文宗对王守澄的宠信无比，突出他与皇帝的关系亲密无间、非同一般。

"长承密旨归家少，独奏边机出殿迟"，颈联叙事，写王守澄权重。他长期秉承皇帝的密旨办事，回家的次数很少，这是平时；而在朝会时，在众大臣奏事之后，他独自一人向皇帝奏报边关机宜，总是最后离殿。两种情形写足了王守澄权倾朝野的威福。

"不是当家频向说，九重争得外人知。"尾联议论，交代王守澄秘事来源。原来是王守澄本人屡次向别人谈讲，不然的话，宫内秘事外人怎能知道？这就写出王守澄故意炫耀的丑态，而且别人也抓不住把柄。全诗既写出了宦官王守澄的得宠和淫威，又交代了出处，事理圆通，无懈可击，使欲加之罪的王守澄，也无从下手，从而得免于祸，不是没有道理的。（毕桂发）

【原文】

新嫁娘

三日入厨下⁽¹⁾，洗手作羹汤⁽²⁾。

未谙姑食性⁽³⁾，先遣小姑尝⁽⁴⁾。

【毛泽东圈评等情况】

毛泽东曾在一本中华书局印行的清蘅塘退士原编《注释唐诗三百首》"五言绝句"中这首《新嫁娘》诗题目上方天头空白处连画三个小圈，作为圈阅的标志。

[参考]中央档案馆整理：《毛泽东评点诗词曲精选（上册）》，中国档案出版社1998年版，第123页。

【注释】

（1）三日，旧时代女子嫁后三天，俗称过三朝，依照习俗要下厨做菜。

（2）洗手，表示慎重。羹汤，这里泛指饭菜。

（3）谙（ān），熟悉。姑，这里指婆婆。食性，口味的意思。

（4）遣，叫，打发。小姑，丈夫的妹妹。尝，品尝，辨别滋味。

【赏析】

这是一首极富生活情趣的名作。它通过对新媳妇的生活的描绘，体贴入微地写出了揣摩时尚、曲意事人的心态。

这是一首五言绝句。"三日入厨下，洗手作羹汤"，一、二句是说，旧时代女子嫁后三天，俗称"过三朝"，依照习俗要下厨去做饭菜，展示手艺。"三日"正指新嫁娘。"洗手作羹汤"，"洗手"标志着第一次在婆家用自己的双手开始劳动，表现了新嫁娘在婆家劳动时的郑重其事，力争做得洁净爽利。但是，婆婆究竟喜欢什么样的饭菜，口味是淡是咸，新媳妇不得而知。如果按照自己的口味做出一手好菜，婆婆是否也合口味呢？这就很难预料。细心、聪慧的媳妇就需要仔细考虑了，怎样才能事先了解到婆婆的口味，使第一次做出的饭菜得到婆婆的赞赏，让她吃了顺心如意？

"未谙姑食性，先遣小姑尝"，新媳妇的聪明、细心，还带有些狡黠的形象在三、四两句凸显出来了。新媳妇不知婆婆的口味，就先请小姑尝试一下。"谙"，熟悉。新媳妇称丈夫的母亲为"姑"，称丈夫的妹妹为"小姑"。"食性"，口味的意思。新媳妇怎样才知道婆婆的口味呢？让小姑先尝一下羹汤，就可探知婆婆的口味，这一细节显得十分富于诗意，耐人寻味。（赵玉玲）

韩　愈

　　韩愈（768—824），字退之，河南河阳（今河南孟州西）人，唐文学家、哲学家。自谓郡望昌黎，世称韩昌黎。世称"韩昌黎""昌黎先生"。唐代杰出的文学家、思想家、哲学家、政治家。

　　唐德宗贞元八年（792），韩愈登进士第，两任节度推官，累官监察御史。贞元十九年（803），因论事而被贬阳山，后历都官员外郎、史馆修撰、中书舍人等职。唐宪宗元和十二年（817），出任宰相裴度的行军司马，参与讨平"淮西之乱"。元和十四年（819），又因谏迎佛骨一事被贬至潮州。晚年官至吏部侍郎，人称"韩吏部"。唐穆宗长庆四年（824），韩愈病逝，年五十七，追赠礼部尚书，谥号"文"，故称"韩文公"。宋神宗赵顼元丰元年（1078），追封昌黎伯，并从祀孔庙。韩愈是唐代古文运动的倡导者，被后人尊为"唐宋八大家"之首，与柳宗元并称"韩柳"，有"文章巨公"和"百代文宗"之名。后人将其与柳宗元、欧阳修和苏轼合称"千古文章四大家"。在旧《广东通志》中被称为"广东古八贤"之一。他提出了"文道合一""气盛言宜""务去陈言""文从字顺"等散文的写作理论；其诗力求清闲，对宋诗影响颇大，对后人也很有指导意义。著有《韩昌黎集》四十卷、《外集》十卷、《师说》等。

【原文】

晚次宣溪辱韶州张端公使君惠书叙别酬以绝句二章

其　一

　　韶州南去接宣溪，云水苍茫日向西[1]。
　　客泪数行元自落[2]，鹧鸪休傍耳边啼[3]！

【毛泽东圈评等情况】

毛泽东曾两次手书这首《晚次宣溪辱韶州张端公使君惠书叙别酬以绝句二章》。

[参考]中央档案馆编：《毛泽东手书选集·古诗词卷（上）》，北京出版社1996年版，第223—224页。

【注释】

（1）云水，云与水。苍茫，模糊不清之状。南朝梁沈约《夕行闻夜鹤》："海上多云雾，苍茫失洲屿。"

（2）元自落，本来已自然而落。

（3）鹧鸪，南方鸟名，鸣声似"行不得也哥哥"。

【赏析】

本诗作于唐宪宗元和十四年（819）。原诗二首，这是第一首。宣溪，在韶州（今广东韶关曲江南）南郊，韩愈过此赴潮州。韶州，治所在今广东曲江西。张端公使君，《韶州府志》："张蒙，元和中知韶州，历任四年。"疑即其人。端公，《国史补》："侍御史相呼为端公。"张以侍御史为韶州刺史。次，指在旅途中歇宿。元和十四年正月，韩愈上《论佛骨表》，反对崇佛教，具体反对唐宪宗李纯派人到凤翔法门寺迎佛骨入京而且入宫这件事，触怒了皇帝，被贬为潮州刺史。从京都长安至潮州八千余里，年已五十二岁的韩愈以为必不能生还，所以在离开长安不远的蓝田关便作诗示侄孙韩湘，嘱其"收骨瘴江边"。韩愈于是年正月十四日离京，四月二十五日到达潮州，共走了七十多天。到达广东临泷寺（属今广东曲江），"不觉离家已五千"（《题临泷寺》），再往前走，便到了韶州，此时已行五千多里，费时六十余日。一路上长途跋涉，艰苦备尝，忍辱含垢，内心煎熬，可想而知。在这种境况下，在韶州时能得刺史张公"惠书（一作惠君，误）叙别"，也可稍慰愁怀，同时也借酬答有了一个发泄郁积的机会，诗写得十分含蓄。

"韶州南去接宣溪，云水苍茫日向西"，前二句叙事，点明"晚次宣溪"。宣溪在韶州南部，韩愈过此赴潮州贬所，首句叙出行踪。次句"云水苍茫"，云即云彩，水当指宣溪。诗人迈着沉重的步伐，拖着疲惫不堪的身子走到宣溪时，已是暮色苍茫，夕阳西下，言外之意是需要住下，暗切"晚次"二字。"客泪数行元自落，鹧鸪休傍耳边啼"，后二句抒情，写被无理被贬的牢骚不满。客，韩愈自指，包括两层意思，表层意思是对韶州张端公使君而言。张是当地父母官，是主人，自己赴任路过，是客人，切题中"酬"字；而深层的意思是"迁客"之客，包含着无限的怨愤和不平。只有后者才泪落数行。元自落，是说原来是悲从中来，自己落下，与外物无干。此句又开启下句，意谓并非听到鹧鸪叫"行不得也哥哥"而流泪。但又明明说不让鹧鸪在"耳边啼"，因为听到鹧鸪声唤，将使自己更加悲伤难思，难以为怀。

全诗写得明白晓畅，含蓄不尽，是赠别诗中的佳作。（毕桂发）

【原文】

次潼关先寄张十二阁老使君

荆山已去华山来(1)，日出潼关四扇开(2)。
刺史莫辞迎候远(3)，相公亲破蔡州回(4)。

【毛泽东圈评等情况】

毛泽东手书过这首《次潼关先寄张十二阁老使君》。

[参考] 中央档案馆编：《毛泽东手书选集·古诗词卷（上）》，北京出版社 1996 年版，第 217 页。

【注释】

（1）荆山，在今河南灵宝境内。华山，在今陕西华阴境内。

（2）四扇，一作"四面"。其实是东西两面，一面两扇，两面四扇对开。

（3）刺史，指张贾。迎候远，潼关距华州一百二十里，裴度以宰相领军平蔡州而凯旋，张贾必须迎候。

（4）相公，指裴度，汉、魏以来拜相者必封公，故称宰相为相公。裴度初任淮西宣慰招讨处置使，后加任门下侍郎同平章事兼彰义节度使。同平章事的职权等于宰相，故称之为相公。亲破，一作"新破"。蔡州，指叛镇淮西节度使首府。

【赏析】

崇儒学、排佛老、平叛镇、变文风，是韩愈一生志事之所在。本诗所写，即诗人参加平定淮西叛镇、胜利归来时的喜悦豪迈心情。安史之乱，藩镇林立，成为国中之国，严重威胁着国家的和平统一，并给百姓造成了极大灾难；淮西地处中土，一镇叛乱，周边诸镇蠢动，成为唐王朝的一个心腹大患；从元和九年（814）开始，诗人就为平此叛镇而奔走呼号，并因此触怒主和派而被赶出朝廷中枢之地。元和十二年（817）七月，唐宪宗任命裴度为讨叛统帅，而以诗人为行军司马（参谋长），亲赴前线，指挥作战。十月生擒叛帅吴元济，十一月底班师还朝，十二月于归途中行抵潼关时写成此诗。只有在这一历史背景之下，才能深刻理解诗人此时此刻的思想感情及其所蕴含的丰富内容。

诗是大军凯旋行次潼关时，作者作为总揽大军日常事务的行军司马，写给华州刺史（俗称使君）张贾，通知他事先做好准备以迎接平蔡大军的；"十二"是张贾的排行，"阁老"是张贾过去所任给事中官职的通称，故本诗以"次潼关先寄张十二阁老使君"命篇。

这是一首七言绝句。"荆山已去华山来，日出潼关四扇开"，诗的前两句，写行"次潼关"。"荆山已去华山来"，事实上位于河南灵宝境内的荆山自己并不会"去"，而耸立于陕西华阴境内的华山也不会迎面扑"来"，而是作者根据视觉幻变的道理，来写凯旋的平蔡大军，英姿威武，飞驰而归，旋踵之间，已经跨过了荆山，抵达潼关，并行将直向华山奔来。"日出潼关四扇开"，严冬天气，或阴晦昏暗、朔风刺骨，或密云四布、大雪纷扬，而现在冬阳特为之高悬天空，散发出温馨的光辉；潼关重镇，背依华山，面俯大河，扼豫陕之咽喉，平日皆严加防范，而现在特为之敞开怀抱，四门大开。事实上冬阳既不会有意为平蔡大军的凯旋而特出，潼关四门也不会特意为平蔡大军的凯旋而自开，而是诗人以拟人化的手法，来写潼关官员大开四门，远出关外，盛情迎候；父老百姓，箪食壶浆，犒慰大军载歌载舞，官民一起夹道欢迎的热烈气氛与宏伟场面。

后两句，写"先寄张十二阁老使君"。"刺史莫辞迎候远"，诗人作为行军司马，特为通告华州刺史张贾，做好准备，翌日率领官员百姓，远出州门，迎候凯旋的平蔡大军，并且郑重其事地预先叮嘱张贾，内心千万不要认为不必如此小题大做，把它作为例行公事，虚与应付一下了事。为什么呢？因为"相公亲破蔡州回"这句话，分量极重、意义极大。"相公"，即当朝宰相，指裴度。"蔡州"，即叛镇淮西节度使首府，叛帅吴元济的老巢。"破蔡州"是整个淮西战役的关键一仗，破蔡州活捉吴元济，宣告了淮西叛乱的结束与平叛战争的胜利。破蔡州、平淮西，又是唐王朝与四方叛镇的一次关键性的较量，吴元济被生擒之后，四方叛镇纷纷纳款归诚，国家统一有望，是历史上所谓"元和中兴"的一个重要标志。对于当朝宰相亲自出征归来，又取得如此重大胜利的凯旋大军，还有什么理由不远出迎候！在全诗的结构上，它又"将全诗一句收拢，山岳为何奔走，阳光为何高照，潼关为何大开，刺史（为何远出）远出迎候何人，这里有了总的答复，成为全诗点眼结穴之所在"（吴啸天语）。

前人多认为，七绝重含蓄韵致，忌用刚笔；本诗则一路直写，全用刚笔，抒豪情，毫不纡蕴含蓄，以阳刚之美别开七绝一格，是韩诗创造性的又一例证。其实用刚笔直写，同样可以写得形象鲜明，气韵飞动，诗的前两句关于视觉幻变的描写与拟人化手法的运用，就是造成这种艺术效果的主要原因（还有热烈的抒情因素），这恐怕就是毛泽东主席喜爱它的原因吧！（毕桂发）

【原文】

石鼓歌

张生手持石鼓文[1]，劝我试作《石鼓歌》。少陵无人谪仙死，才薄将奈石鼓何！周纲陵迟四海沸[2]，宣王愤起挥天戈[3]。大开明堂受朝贺，诸侯剑佩鸣相磨。蒐于岐阳骋雄俊[4]，万里禽兽皆遮罗[5]。镌功勒成告万世[6]，凿石作鼓隳嵯峨[7]。从臣才艺咸第一，拣选撰刻留山阿[8]。雨淋日炙野火燎，鬼物守护烦㧑呵[9]。公从何处得纸本[10]，毫发尽备无差讹。辞严义密读难晓，字体不类隶与蝌[11]。年深岂免有缺画，快剑斫断生蛟鼍[12]。鸾翔凤翥众仙下[13]，珊瑚碧树交枝柯[14]。金绳铁索锁纽壮[15]，古鼎跃水龙腾梭[16]。陋儒编《诗》不得入[17]，《二雅》褊迫无委蛇[18]。孔子西行不到秦[19]，掎摭星宿遗羲娥[20]。嗟余好古生苦晚，对此涕泪双滂沱[21]。忆昔初蒙博士征，其年始改称元和[22]。故人从军在右辅[23]，为我量度掘白科[24]。濯冠沐浴告祭酒[25]，如此至宝存岂多？毡苞席裹可立致[26]，十鼓只载数骆驼。荐诸太庙比郜鼎[27]，光价岂止百倍过[28]？圣恩若许留太学[29]，诸生讲解得切磋[30]。观经鸿都尚填咽[31]，坐见举国来奔波[32]。剜苔剔藓露节角[33]，安置妥帖平不颇[34]。大厦深檐与盖覆，经历久远期无佗[35]。中朝大官老于事[36]，讵肯感激徒媕娿[37]。牧童敲火牛砺角[38]，谁复著手为摩挲[39]。日销月铄就埋没[40]，六年西顾空吟哦。羲之俗书趁姿媚[41]，数纸尚可博白鹅[42]。继周八代争战罢[43]，无人收拾理则那[44]！方今太平日无事，柄任儒术崇丘轲[45]。安能以此尚论列[46]？愿借辩口如悬河[47]。石鼓之歌止于此，呜呼吾意其蹉跎[48]！

【毛泽东圈评等情况】

毛泽东手书过此诗的"张生手持石鼓文……雨淋日炙野火燎"。

[参考] 中央档案馆编：《毛泽东手书选集·古诗词卷（上）》，

北京出版社 1996 年版，第 218 页。

毛泽东在一本中华书局印行的清蘅塘退士原编《注释唐诗三百首》七言古诗中这首《石鼓歌》诗题目上方画了一个大圈，又在正文开头天头空白处连画三个小圈。

[参考] 中央档案馆整理：《毛泽东评点诗词曲精选（上册）》，

中国档案出版社 1999 年版，第 43 页。

【注释】

（1）张生，旧注多以为是张籍。石鼓文，指石鼓文字的拓片纸本。

（2）周纲，周朝的政治秩序。陵迟，衰败。沸（fèi），动荡。

（3）宣王，姬静，厉王之子，旧时称他为周室中兴之主。挥天戈，指宣王对淮夷、猃狁等征伐的事。天戈，指王师。

（4）蒐（sōu）于岐阳，《左传·昭公四年》有"成（成王）有岐阳之蒐"语，这里是指宣王。蒐，打猎。岐阳，岐山的南面。山南曰阳。

（5）遮罗，拦截，捕捉。

（6）镌（juān）功，将功业刻在石上，与"勒成"为互文。勒，刻。成，成就。

（7）骞（huī），毁堕。嵯峨，高峻的样子。

（8）山阿，此处泛指山陵。战国楚屈原《楚辞·山鬼》："若有人兮山之阿。"

（9）扬，通"挥"。呵，喝叱，意思是不令他物侵犯。

（10）公，指张生。

（11）隶，隶书。蝌，指蝌蚪文，相传是一种古文字，因其字形像蝌蚪而得名。石鼓文所用为大篆，古书中所谓蝌蚪文，当指籀文（大篆）。

（12）"快剑"句写石鼓文的残缺。唐杜甫《李潮八分小篆歌》："况潮小篆逼秦相，快剑长戟森相向。八分（指隶书）一字值千金，蛟龙盘挐肉屈强。"斫（zhuó），砍。蛟鼍（tuó），犹蛟龙，因押韵故用"鼍"字。

（13）鸾翔凤翥（zhù），形容字体活泼，像龙飞凤舞。翥，飞。

（14）"珊瑚"句，形容字体的交相纵横。柯，树枝。珊瑚形状也像树枝。

（15）"金绳"句，比喻字体的遒劲而勾连。

（16）"古鼎"句用典。北魏郦道元《水经注·泗水》："周显王四十二年，九鼎沦没泗渊……龙齿啮断其系。"唐房玄龄等《晋书·陶侃传》："侃少时，渔于雷泽，网得一织梭，以挂于壁；有顷雷雨，自化为龙而去。"

（17）《诗》，指《诗经》。

（18）二雅，指《诗经》中的《大雅》《小雅》。褊迫，狭小。委蛇，即"委佗（tuó）"，庄严而又从容的样子。《诗经·鄘风·君子偕老》："委委佗佗。"隐指石鼓文的委佗，为二雅所没有。

（19）"孔子"句，意谓孔子未到秦地，故采诗来收石鼓文。秦，石鼓唐初在天兴（今陕西宝鸡）三畤原出土，春秋时为秦地。

（20）"掎摭"句，指陋儒编纂《诗经》和孔子整理典籍时，保存了小的星星而漏掉了大的太阳月亮。此处用典而又不见于典籍。掎摭（jǐ zhí），采取。羲，羲和，太阳的御者，此代太阳。娥，嫦娥，此代月。

（21）滂沱（pāng tuó），形容泪如雨下。

（22）元和，唐宪宗年号。元和元年（806），韩愈自江陵召为国子博士。

（23）右辅，即右扶风。汉武帝时以京兆尹、左冯翊、右扶风为三辅，所辖皆京畿地，约当今陕西中部，至唐沿此称。右扶风在渭城西，即凤翔府。从军在右辅，指凤翔节度府从事。

（24）量度，设计。臼科，坑穴，指埋石鼓所在地。科，"窠"的借字。

（25）濯冠沐浴，表示诚敬。祭酒，学官名，本为首席之意，唐时为国子监的主管官。时郑余庆任此职。

（26）苞，这里用作动词，同"包"。立致，立刻办到。

（27）郜鼎，《春秋·桓公二年》："四月，取郜大鼎于宋。戊申，纳于太庙。"此处是将石鼓比为可进献太庙的文物。

（28）光价，它的光辉价值。

（29）太学，古代的大学，唐时属国子监。

（30）切磋，钻研。

（31）"观经"句，汉灵帝光和元年（178）置鸿都门学士。鸿都门是藏书之所。灵帝熹平四年（175），蔡邕奏请正定六字经文字，使工刻石立于太学门外，来观看摹写的人每天极为拥挤。这两件事因都在灵帝时，便合在一起写。填咽，充塞，拥护。鸿都，一作"洪都"。

（32）坐，即将。

（33）节角，文字的棱角。

（34）颇，歪邪。

（35）期无佗，免得发生意外。佗，同"他"。

（36）中朝，朝中。老于事，对于办事显得老练之至，实为讥讽。大官，郑余庆。

（37）讵肯，岂肯。感激，有所感受而奋激。媕婀（ān è），无主见。

（38）敲火，敲石取火。砺，磨。

（39）摩挲，常指对文物图书的抚玩。

（40）铄（shuò），熔毁。就，归于。

（41）羲之，即王羲之，晋时人，书法家，世称"书圣"。俗书，通俗的书写体，唐代看重"王字"成为风尚。

（42）博，换取。此句用典，唐房玄龄等《晋书·王羲之传》："性爱鹅……笼鹅而归。"指王羲之用《道德经》换鹅一事。

（43）继周八代，周以后的八个王朝。此处泛指秦汉以来诸朝代。

（44）则那（nuó），又奈何。

（45）柄任儒术，重视儒学之士之意。丘轲，孔丘、孟轲。

（46）论列，议论、建议。

（47）悬河，比喻有才辩。唐房玄龄等《晋书·郭象传》："太尉王衍每云：听象语如悬河泻冰，注而不竭。"

（48）蹉跎，本指岁月虚度，此是白费心思之意。

【赏析】

唐朝初年，在陕西天兴三畤原发现十块雕成鼓形的石头，上用古籀文（大篆）分刻有十首四言组诗，世称石鼓文；因其所记乃周秦贵族田猎记功之事，故又称"猎碣"。这是我国现存最早的刻石文字。关于石鼓文撰刻的时代，学术界看法不一：宋以前多认为撰刻于周宣王时，韦应物、韩愈、苏轼所撰三首《石鼓歌》皆主此说；从郑樵开始提出秦刻说，近代学者多从之。千百年来，这些刻石弃置荒野，韦、韩时已是"风雨缺讹苔藓涩""年深岂免有缺画"；至欧阳修时，已是"其文可见者四百六十五字，磨灭不可识者过半，然其可疑者三四"（《集古》），急需妥为收藏保管。

本诗作于唐宪宗元和六年（811）秋冬之际，时诗人由河南（即洛阳）县令调往京师长安任职方员外郎。

　　这是一首七言古诗。全诗可分为四节。"张生手持石鼓文"等开头四句为第一节，讲写作《石鼓歌》的缘起。张生多认为指张籍。籍崇儒好古，贞元十一年（795）在汴州时，就劝韩愈著书立说，批判佛老，光扬上古圣人之道以拯救当时之颓世。这时再次劝说韩愈作《石鼓歌》，亦有此意。韩愈则认为，为石鼓这样的"至宝"作歌，非杜甫李白这样的大手笔莫属，自己恐不胜任。正如查慎行所云："谦退处自占地步。"

　　"周纲陵迟四海沸"以下十二句为第二节，写石鼓文之来历以见其意义的重大。"周纲"二句，写周宣王中兴宏业。"四海沸"，形象地描绘出当时天下大乱的时代特点；"挥天戈"，具体地展现了周宣王东征北伐的英武雄姿。"大开"二句，写周宣王被四方诸侯拥戴朝贺的肃敬场面；"蒐于"二句，写君臣狩猎之驰骋纵横。"镌功"四句，写为选取石料，而毁掉了嵯峨高山；为撰写鼓文，又从大臣中优中选优。"雨淋"二句，写如此重要之石鼓文，千百年来却被雨淋日晒、野火烤燎和人为破坏，幸赖鬼神守护方能流传至今，既珍贵又不易，领起下文收藏意。

　　"公从何处得纸本"以下十四句为第三节，写石鼓文字之古奥，再次领起下文收藏意。"公从"二句，交代下面所论即张籍所持工艺完美之拓本。"辞严"二句，写石鼓文辞义隐秘，很难卒读，字体奇特不易辨认，故而一笔带过，下面专论其书法。"年深"六句论石鼓文书法，连用比喻，形象鲜明，且给人以无穷联想：其笔锋之斩绝，如同快剑砍断了凶猛的蛟龙鼍鳄；笔法之高逸，如同鸾飞凤舞扈从众仙人翩翩下凡；笔画之挺拔，如同珊瑚玉树枝干之纵横交错；笔力之刚健瑰奇，好像是用金绳铁索锁住粗壮的鼎纽、以数千人之力从水中上拉，古鼎跃出水面又像是梭龙腾飞太空。唐杜甫《李潮八分小篆歌》："况潮小篆逼秦相，快剑长戟森相向。八分一字值千金，蛟龙盘拏肉屈强。"这里借用其意。北魏郦道元《水经注·泗水》："周显王四十二年，九鼎沦没泗渊；秦始皇时，而鼎见于泗水。始皇自以德合三代，大喜，使数千人没水求之不得，所谓鼎伏也。亦云系而行之未出，龙齿啮断其系。"《晋书·陶侃传》："侃少时，渔于雷泽，网得一织梭，以挂于壁；有顷雷雨，自化为龙而去。"典故的连用，使风格典雅凝重，又增加了意蕴的深度。"陋儒"四句，写石鼓以往被遗弃之遗憾。羲指羲和，太阳的御者，此代太阳；娥指嫦娥，奔入月宫者，此指月亮。"掎摭星宿遗羲娥"，指陋儒编纂《诗经》和孔子整理典籍时，保存了小的星星而漏掉了大的太阳和月亮。这里用典而又不见于典籍，开用典新例。

"嗟余好古生苦晚"以下三十句为第三节，写诗人第一次奏请收藏而不果。"嗟余"二句，写自己对石鼓文千百年来之被遗弃、被损害无能为力而痛心。"滂沱"，大雨貌，喻痛心之甚、泪流之多。"忆昔"十句，写诗人六年前所提第一个收藏方案。唐宪宗元和元年（806），诗人由江陵功曹征为国子博士，到京后进行规划、做好准备并报请国子监首长，将石鼓文运至太庙中收藏。据《春秋·桓公二年》载：鲁"取郜大鼎于宋，戊申纳于太庙"。诗人认为，郜鼎，古郜国所铸，所载诸侯之事，且取之不合于礼；石鼓，周王所雕，所载天子中兴大业，又被遗弃千年，二者之意义价值不可伦比。"圣恩"四句，写诗人六年前所提第二个收藏方案。南朝宋范晔等《后汉书·蔡邕传》：灵帝熹平四年（175），邕等奏立石经于太学门外，"其观视及摹写者，车乘日千余辆，填塞巷陌"。"鸿都"，汉代长安城门名。南朝宋范晔等《后汉书·灵帝纪》：灵帝光和元年（178）二月，"始置鸿都门学生"。二者前后相距四年。诗人认为，若蒙皇帝恩许，将石鼓文留存于太学之中，不仅可供诸生讲解研究，也会像后汉观看鸿都门石经的盛况一样，全国的后学晚辈将会不远千里前来参观学习。"中朝"十句，慨叹奏请不果。"老于事""徒嫛婗"，写尽了大官僚们善于应付、不办实事的特点。"牧童敲火牛砺角""日销月铄就埋没"四句，真实地反映了石鼓文被继续损坏的情况。"羲之"四句，用唐房玄龄等《晋书·王羲之传》以字换鹅之典，言羲之书法虽美，然其所写皆当时通行的真、草、隶、行等俗体，即此世人皆视为珍宝；石鼓文乃举世罕见的上古大篆真迹，朝廷竟无人批准收藏，实在于理不通！不解、不平之情，溢于言表。

"方今太平日无事"至篇末六句为第四节，表示还要为之上请呼号，大有不达目的不肯罢休之势，然又深表忧虑。

诗的前半部分，讲石鼓文所反映的历史事实及其字体书法，故借用场面描写与比喻连用，以增加其形象性、真实感；后半部分，讲收藏的建议，故多用典故与对比，以突出其重要意义。前半部分，雄浑典重；后半部分，纡曲回转，感情之抒发，随诗意而起伏变化，贯彻于始终。

从毛泽东圈画和手书此诗的情况看，他对这首奇诗是颇感兴趣的。

（毕桂发）

【原文】

奉和库部卢四兄曹长元日朝回

天仗宵严建羽旄⁽¹⁾，春云送色晓鸡号。

金炉香动螭头暗⁽²⁾，玉珮声来雉尾高⁽³⁾。

戎服上趋承北极⁽⁴⁾，儒冠列侍映东曹⁽⁵⁾。

太平时节难身遇，郎署何须叹二毛⁽⁶⁾！

【毛泽东圈评等情况】

毛泽东曾圈点这首《奉和库部卢四兄曹长元日朝回》。他圈阅较多的中华书局影印本清沈德潜编选《唐诗别裁集》卷十五"七言律诗"中刊有这首《奉和库部卢四兄曹长元日朝回》。

[参考] 张贻玖：《毛泽东评点、圈阅的中国古典诗词》，中国工人出版社1992年版，第232页。

【注释】

（1）天仗，皇帝的仪仗。宵严，夜半之后戒严的鼓声。羽旄，乐舞时所执的雉羽和旄牛尾。《礼记·乐记》："比音而乐之，及干戚羽旄，谓之乐。"郑玄注："羽，翟羽；旄，旄牛尾。文舞所执。"

（2）金炉，《新唐书·仪卫志上》："朝日殿上设黼扆（皇帝座后绣有斧形的屏风）、蹑席、熏炉、香案。"熏炉乃铜制，用以取暖熏香。螭头，殿前台阶两旁扶栏石柱上的压顶横石，以其雕为螭龙头的形状，故称之。暗，阶下扶栏两侧之阴暗处，为起居郎、起居舍人值班之位，亦称起居郎、舍人为"蟎头"。此处指其已就入班位。

（3）雉尾高，《新唐书·仪卫志上》："人君举动必以扇……雉尾障扇四……"雉尾扇，仪仗类，库部郎中管理供应。

（4）"戎服"句，指左右金吾将军上趋报平安。

（5）东曹，殿庭东边。映，映衬。

（6）二毛，斑白的头发，常用以指老年人。《左传·僖公二十三年》："君子不重伤，不禽二毛。"杜预注："二毛，头白有二色。"

【赏析】

本诗作于唐宪宗元和十年（815）。卢四兄，指卢汀；汀字云夫，贞元元年进士，长于愈，故呼之为兄。四，排行。他是韩愈于元和六年（811）由河南令调任京师后的座上常客，时有赠答唱和之作。卢汀史籍无传，从韩愈给他的六首唱和诗考之，他长期在刑部之司门、兵部库部任郎官，继迁中书舍人、给事中，后莫知其所终。时韩愈任吏部考功郎中，汀任兵部之库部郎中。当时尚书省之丞、郎、郎中，彼此相呼称"曹长"（《国史补》）。库部郎中之职，从五品上，"掌戎器、卤簿仪仗，元日、冬至陈设、祠祀、丧葬，辨其名数而供焉"（《新唐书·百官志》）。元和十年正月初一（元日）大朝还家后，卢汀自以鬓发斑白（二毛），官秩卑微又执掌琐务，作《元日朝回》诗以自叹，韩愈和以本诗而慰藉之。

这是一首七言律诗。前六句写元日朝会大典盛况，以象征太平时代之景象；并寓意库部郎中之职与卤簿兵卫之事，仪卫皇帝，崇礼朝班，尊君肃臣，增华大典，意义重大。"天仗宵严建羽旄，春云送色晓鸡号"，首联写元日朝会大典，从宵分之后到鸡鸣之前，仪仗兵卫首先布列于殿庭之中，呈现出一派庄严肃穆的气象。《新唐书·仪卫志上》："唐制，天子居曰衙，行曰驾，皆有严卫。羽葆、华盖、旌旗、罕毕（仪仗）、车马之众盛矣，皆安徐而不哗……故慎重而尊严，尊严而肃恭。夫仪卫所以尊君而肃臣。""天子将出……前七刻击一鼓为一严；前五刻击二鼓为再严，侍中版奏'请中严'，有司陈卤簿（仪仗）；前二刻击三鼓为三严，诸卫各督其队与（举）钑（矛）、戟以次入陈殿庭。"场面宏大而肃整有序。

　　"金炉香动螭头暗，玉珮声来雉尾高"，颔联写百官就班，皇帝升座。前句写殿上设置的铜制熏炉的炭火已经生着且冒出缕缕香烟，大殿台阶之下专记皇帝起居言论的起居郎、起居舍人也都就位于第二螭（无角龙）头下的低凹阴暗之处；后句写前来朝贺的满朝大臣身上所带玉佩相摩发出叮叮的响声，皇帝进殿升座，身后的雉尾扇高高而举。"金炉"，《新唐书·仪卫志上》："朝日殿上设黼扆（皇帝座后绣有斧形的屏风）、蹑席、熏炉、香案。"熏炉乃铜制，用以取暖熏香。"螭头"，殿前台阶两旁扶栏石柱上的压顶横石，以其雕为螭龙头的形状，故特名"螭头"。"暗"，阶下扶栏两侧之低凹阴暗处，为起居郎、起居舍人值班之位，故亦称起居郎、舍人为"螭头"，此指其已就入班位。《新唐书·百官志二》：天子御正殿，则起居郎（左）、起居舍人（右）"分立殿下，直第二螭头，和墨濡笔（以记帝言），皆即坳处，时号螭头"。"雉尾高"，《新唐书·仪卫志上》："人君举动必以扇……雉尾障扇四……小团雉尾扇四，方雉尾扇十二。""皇帝出西旁门，索扇，扇合；皇帝升御座，扇开，左右留扇各三。"雉尾扇，亦仪仗类，库部郎中管理供应。

　　"戎服上趋承北极，儒冠列侍映东曹"，颈联写文官居殿庭东，武官居殿庭西，交相映衬；左右金吾将军上趋报平安，奉卫着皇帝。《仪卫志上》："朝日……文班自东门而入，武班自西门而入……宰相、两省官对班于香案前，百官班于殿庭左右。""左右金吾将军一人奏'左右厢内外平安'。"此"所谓戎服上趋也"（方成珪语）。

　　"太平时节难身遇，郎署何须叹二毛"，尾联两句为慰藉之辞。前句有二义：一言如此太平时代，人生很难遇到，天下无事，百姓安居，此即为幸，人应知足；二言太平时代，天下无事，故建功立业的机会也甚少，白头郎署，乃寻常事，非君一人如此。后句是说，身居库部郎中、职掌戎器仪仗，虽然官卑事琐，然如今日大典，不是也同样可以为朝廷作出贡献，不必再为此而叹息悲伤。

　　全诗分两大部分，前六句写元日朝会大典，突出太平盛世景象，并且美其职守；后二句写朋友相慰，卒章显志。写元日大典，气势宏伟，气氛肃穆，显出仪卫作用；写朋友慰藉，突出"太平时节"，道理讲得合情合

理，言辞表述分寸体贴。如此生活小诗，友朋间事，亦从大处着眼，写得气象不凡，挥洒自如，亦见出韩诗特点。（赵玉玲）

【原文】

听颖师弹琴

昵昵儿女语[1]，恩怨相尔汝[2]。划然变轩昂[3]，勇士赴敌场。浮云柳絮无根蒂，天地阔远随飞扬。喧啾百鸟群，忽见孤凤凰。跻攀分寸不可上[4]，失势一落千丈强。嗟余有两耳，未省听丝篁。自闻颖师弹，起坐在一旁[5]。推手遽止之[6]，湿衣泪滂滂。颖乎尔诚能[7]，无以冰炭置我肠[8]！

【毛泽东圈评等情况】

韩愈的《听颖师弹琴》一诗，细腻地描述了音乐的美妙声音，其中一句"昵昵儿女语"，毛泽东在《贺新郎·挥手自兹去》一词的初稿中曾引用过。

[参考] 张贻玖：《毛泽东评点、圈阅的中国古典诗词》，中国工人出版社1992年版，第109页。

【注释】

（1）昵昵，亲近相爱。昵，亲热。

（2）尔汝，古时好友间不讲客套，径以你我（尔汝）相称，叫"尔汝交"。此表示亲昵。

（3）划然，象声词，指琴声忽然变化。轩昂，高昂，这里指琴声激烈昂扬。

（4）跻攀，形容手足并用。跻，登高，形容琴声越弹越高。分寸不可上，形容琴声高到不可再高的地步。

（5）起坐，忽起忽坐。

（6）推手，推颖师的手，止颖师的琴。

（7）诚，果。能，指颖师擅长弹琴。

（8）无以，不用。冰炭，比喻听颖师弹琴时感情时喜时悲，如冰炭般的矛盾。

【赏析】

本诗写于唐宪宗元和十一年（816）。该年正月，韩愈被任命为中书舍人，"文士之极任，朝廷之盛选，诸官莫得比"；以力主对淮西叛镇用兵之故，忤宰相意，五月被迁为右庶子。官阶虽升，然位处闲职，实际上是被赶出了朝廷中枢之地。韩愈心情不好，日以朋友交往、游乐打发时日。当时，从印度来了一个名叫颖师的和尚，善弹琴，游文士公卿间索诗，倾动一时，不少人曾赠诗于他。如李贺的《听颖师弹琴歌》即云："竺僧前立当吾门，梵宫真相眉棱尊。古琴大轸长八尺，峄阳老树非桐孙。……请歌直请卿相歌，奉礼官卑复何益？"本诗也可能是应其请而作。

中唐诗人都爱以诗描写音乐之美。唐白居易《琵琶行》有"轻拢慢捻抹复挑"一语，是从弹奏者弹奏动作的角度摹写音乐；本诗则紧扣诗题《听颖师弹琴》的"听"字，从听者听的角度来摹写乐声。全诗可分两节。前十句，为第一节摹写听到的琴声，后八句为第二节，叙写听中的感受。

"昵昵儿女语，恩怨相尔汝"，是以青年男女于耳鬓厮摩之际，恩恩爱爱，轻声细语，间杂几句嗔怪的话之情态与声音，来摹写琴声始奏时的轻柔缠绵。"划然变轩昂，勇士赴敌场"，是以勇猛的将士挥戈跃马，冲锋陷阵，一往无前的英武雄姿与飞驰的节奏，来摹写琴声忽然转入高亢激扬。"浮云柳絮无根蒂，天地阔远随飞扬"，是以片片薄云、丝丝柳絮，在风和日丽的天际随意飘荡，若隐若现，来摹写琴声的余韵袅袅。"喧啾百鸟群，忽见孤凤凰。跻攀分寸不可上，失势一落千丈强"，则是摹写琴声的弹奏，转入像百鸟齐鸣、唧唧啾啾、喧闹不止之际，忽然又像一只失偶的孤凤飘然高举，引吭哀鸣，声音高而又高，艰难地一分一寸地上提，骤然下降，好比是登高者失足落入千丈谷底。

我国描写音乐的古典诗词，历来都是把比较抽象、空灵的音乐形象转化为可见的视觉形象，以增强其艺术的感染力，用以转换的手段就是大量使用比喻。然而大都是用一个个孤立的比喻状写某些乐声，像韩愈这样用一连串的场面描写——儿女厮磨的场面、冲锋陷阵的场面、百鸟朝凤的场面、登山攀高的场面来完整地描绘演奏过程中的各个乐段及其音色乐调抑扬缓急的系列变化，尚属少见。

后八句写听中的感受。诗人自谦本不懂丝竹之乐，未谙其中奥妙，然而一听到颖师的弹琴即被深深地感动，由原来的安坐而听，到中间的坐立不安，再到触动情思、泪流湿衣，并进而遽起推手制止，请求颖师不要再弹奏这使人感情剧烈变化的乐曲。

前十句从正面摹写颖师演奏技巧的高超，后八句从侧面衬托其演奏乐曲的感人。前人誉为"古今绝唱"，有其道理。

毛泽东在《贺新郎·挥手从兹去》一词初稿中曾引用过此诗中"昵昵儿女语"一句，说明他对这首诗很是熟悉和喜爱。（毕桂发）

【原文】

左迁至蓝关示侄孙湘

一封朝奏九重天⁽¹⁾，夕贬潮阳路八千⁽²⁾。
欲为圣明除弊事⁽³⁾，肯将衰朽惜残年⁽⁴⁾！
云横秦岭家何在⁽⁵⁾？雪拥蓝关马不前⁽⁶⁾。
知汝远来应有意⁽⁷⁾，好收吾骨瘴江边⁽⁸⁾。

【毛泽东圈评等情况】

毛泽东曾圈阅这首《左迁至蓝关示侄孙湘》。他圈阅较多的中华书局影印本清沈德潜编选《唐诗别裁集》卷十五"七言律诗"中刊有这首《左迁至蓝关示侄孙湘》。

[参考]张贻玖：《毛泽东评点、圈阅的中国古典诗词》，
中国工人出版社1992年版，第232页。

【注释】

（1）封，封事，臣子上给皇帝的密封奏章，此指《论佛骨表》。朝奏，早晨上书帝王。《史记·平津侯主父列传》："主父偃者……资用乏，留久，诸公宾客多厌之，乃上书阙下。朝奏，暮召入见。所言九事，其八事为律令，一事谏伐匈奴。"九重天，指唐宪宗所居之深宫。

（2）潮阳，一作"潮州"，郡名，治所在海阳县（今广东潮安）。

（3）圣明，"圣主""明君"之意，指唐宪宗。弊事，指宗教迷信的事。

（4）肯，岂肯。将，因。惜残年，顾惜老年性命，时韩愈五十二岁。

（5）秦岭，指终南山，在陕西西安南。

（6）蓝关，蓝田关，在今陕西商洛西北。

（7）应有意，应知道我此去凶多吉少。

（8）收，收掩。瘴江边，这里指潮阳，当时岭南一带多瘴气。

【赏析】

唐宪宗李纯以佞佛崇道著称，他的中兴大业乃至生命，从一定意义讲，都是断送于此。元和十四年（819）正月，他派人去凤翔法门寺迎佛骨至京师，留禁中三日，御楼以观，并令长安诸佛寺递迎供奉，一时轰动朝野，王公士庶，顶礼膜拜。"百十为群，解衣散钱。自朝至暮，转相仿效，唯恐后时。老少奔波，失其业次"，乃至还有"焚顶烧指"以示虔诚者。韩愈认为，"若不即加禁遏，更历诸寺，必有断身脔肉以为供养者"。如此皇帝带头，官吏旷政，百姓失业，上下左右，如同中邪一般，"伤风败俗，非细事也"（《论佛骨表》），乃上表极谏。宪宗佞佛兴致正浓，见表即欲加韩愈极刑，后经崔群、裴度等力救免死。然怒恨仍然不止，正月十四日下诏，贬（左迁）韩愈于八千里之外的潮州为刺史。且戴罪之身，不容停留，韩愈只好撇下正在病中的幼女与泣不成声的家人，只身上路而去。一直行至蓝田关（又名峣关），他的侄儿韩老成的二子韩湘、韩滂才追赶而至，护送前行。亲人见面，悲喜交加，倾吐衷情，写成此诗。

这是一首七言律诗。"一封朝奏九重天，夕贬潮阳路八千"，首联紧扣诗题，写"左迁"的缘起。"封"指"封事"，臣子上给皇帝的密封奏章,此指《论佛骨表》(又名《论佛骨疏》)。"九重天",战国楚宋玉《楚辞·九辩》:"君之门以九重。"此指唐宪宗所居之深宫。"朝奏"与"夕贬"相对而言,极言其速。表述"左迁"经过,从字面看,是从自己上封事引起;就实质而论,实乃皇帝太过刚刻狠忍。首联两句实际上是说,谏君之难难于上青天,伴君如伴虎,逆鳞确难婴,一言触之,就要大祸临头、被打入十八层地狱!但诗歌有它特殊的艺术表现方法,非如"散文那样直说"而已。"朝奏""夕贬"与"九重天""八千里"等词语的运用,亦富有感情色彩。全诗基调,乃一个重罪获遣者的悲诉;然悲诉的深层却贯穿着一种敢于批逆鳞、革弊政与获重罪、不屈服的英豪之气。

"欲为圣明除弊事,肯将衰朽惜残年",颔联承上,进一步申述上封事的用心、目的。"圣明",意为"圣君明主",此指唐宪宗。"弊事",即弊政。六朝以来,由于统治阶级的提倡信奉,佛、老二教逐渐盛行,至唐而益甚。寺观遍布城野,僧道之数多至数十万。他们不耕而食,不织而衣;寺院且荫蔽丁户,逃税逃役,成为严重的社会、政治问题,是当时最大的弊政之一。前代有识之士,皆欲除之而未果;韩愈毕生志业之一,就是要罢黜佛、老二教,以期致君尧舜上而光扬君王"圣明"之德,革除朝廷弊政而完成唐朝"中兴"之业。"欲为圣明除弊事"一句,正写其忠君报国的赤胆忠心。然而韩愈亦深知其困难太大,因为阻力主要来自皇帝及王公大臣。早在二十五年前(即唐德宗十一年他在汴州时),张籍劝他著书立说以排佛、老,他在《重答张籍书》中就认识到:"今夫二氏之所宗而事之者,(上自天子)下乃公卿辅相,吾岂敢倡言排之哉!"当时他还没倡言排佛之胆量,只答应张籍以口头方式进行。这次迎事佛骨之事,又是皇帝授命,搞得朝野不宁。他考虑到,若无敢于犯君颜、批逆鳞的勇气和舍得一身剐的牺牲精神,忠君报国就是空话,终生志业亦将一事无成。因此他才不惜以其衰朽的身骨、所余无多的残年(时愈年五十有二,卒年五十有七),横下决心,舍出老命,毅然上书直谏。"肯将衰朽惜残年"一句所写,正是这种"鞠躬尽瘁,死而后已"的牺牲精神。若遇明君,事即有成;若遭暗主,不过一死而已!"圣明"二字,在这里既是正指,又是讽刺。上书直谏,他是经过深思熟虑并准备承担风险的。

　　以上两联，写"左迁"，述往事；以下两联转入写眼前、交代后事作结。"云横秦岭家何在？雪拥蓝关马不前"，颈联照应诗题"至蓝关"，即景抒情。"云横秦岭家何在"，字面意思是写：由长安行至蓝关（在今陕西蓝田南），回首而望，阴云横亘于秦岭之上，视线隔绝，妻子儿女再也不可能望见；实际上是借写景以抒发家破人散的愤慨：因罪远遣，妻啼女病，家人分散，家已不成其为家，从此亦不再有家。"雪拥蓝关马不前"，字面意思是写：行道至此，瞻望前程，大雪堆拥着蓝田雄关，道路中阻，善于奔驰的骏马亦寸步难行。实际上是借写景以抒发英雄末路的悲情：因罪远遣，今后的道路犹如这雪封的蓝关古道，恐是凶多吉少，绝路一条。"家何在""马不前"的哀叹抒情，正是来自所写的"云横秦岭""雪拥蓝关"等雄浑之景，情景自然融合为一；而"云横秦岭""雪拥蓝关"的雄浑景色，又自然和谐地赋予这种哀叹悲情以悲壮的色彩，形成了全诗统一的沉郁顿挫风格。

　　"知汝远来应有意，好收吾骨瘴江边"，尾联亦紧扣诗题"示侄孙湘"，对之交待后事，进一步抒发凄楚激愤之情：知道你远道赶来，可能是有（按"应有意"之"应"，料度之词）护送照料我的深情厚意的；为国家除弊政、获罪远遣于岭南海隅、几无生还者（按：韩愈之兄、韩湘之祖韩会即贬岭南而死），自古忠臣多无好死，那你就在那弥漫着瘴疠之气的南方水滨好自收拾我的骸骨吧！

　　本诗紧扣诗题，依次写来，条清理晰；起（首联）、承（颔联）、转（颈联）、合（尾联），井然有序。中间两联，对偶工整又对而不骈，且用虚词，而以"文章之法"行之，"既有诗之优美，复具文之流畅"（陈寅恪语）。情景配合自然，风格沉郁顿挫，大气磅礴，哀而不屈，有很强的感染力量。（毕桂发　张涛）

山 石

　　山石荦确行径微⁽¹⁾，黄昏到寺蝙蝠飞。升堂坐阶新雨足，芭蕉叶大支子肥⁽²⁾。僧言古壁佛画好，以火来照所见稀⁽³⁾。铺床拂席置羹饭⁽⁴⁾，疏粝亦足饱我饥⁽⁵⁾。夜深静卧百虫绝⁽⁶⁾，清月出岭光入扉⁽⁷⁾。天明独去无道路⁽⁸⁾，出入高下穷烟霏⁽⁹⁾。山红涧碧纷烂漫，时见松枥皆十围⁽¹⁰⁾。当流赤足踏涧石，水声激激风吹衣。人生如此自可乐，岂必局束为人靰⁽¹¹⁾？嗟哉吾党二三子⁽¹²⁾，安得至老不更归⁽¹³⁾！

【毛泽东圈评等情况】

　　1965年7月21日，毛泽东在给陈毅的信中讲："又诗要用形象思维，不能如散文那样直说，所以比、兴两法是不能不用的。赋也可以用，如杜甫之《北征》，可谓"敷陈其事而直言之也"，然其中亦有比、兴。"比者，以彼物比此物也"，"兴者，先言他物以引起所咏之词也"。韩愈以文为诗；有些人说他完全不知诗，则未免太过，如《山石》《衡岳》《八月十五夜赠张功曹》之类，还是可以的。"

　　　　　　[参考]中共中央文献研究室编：《毛泽东书信选集》，

　　　　　　　　　　　　　人民出版社1983年版，第608页。

　　毛泽东还在一本中华书局印行的清蘅塘退士原编《注释唐诗三百首》七言古诗中这首《山石》诗题目上方天头空白处连画三个小圈，作为圈阅的标记。

　　　　　　[参考]中央档案馆整理：《毛泽东评点诗词曲精选（上册）》，

　　　　　　　　　　　　　中国档案出版社1998年版，第40—41页。

【注释】

　　（1）荦确（luò què），山石不平的样子。行径微，山路狭窄。微，窄小。《诗经·豳风·七月》："遵彼微行。"

　　（2）支子，一作"栀子"，常绿灌木，夏天开花，色白而香，果实椭圆。

（3）稀，依稀，隐约。

（4）置，供，摆放。

（5）疏粝，粗糙的饭食。一作"粗粝"。

（6）百虫绝，指虫声绝。

（7）扉，门。

（8）无道路，不择道路，随意步行。

（9）出入高下，在高低不平的山路中进出。烟霏，指云雾。

（10）枥，同"栎"，落叶乔木。

（11）局束，拘束。靮（jí），马缰绳，这里也是拘束的意思。

（12）吾党二三子，指与作者志趣相投合的几个人。吾党，我辈。

（13）不更归，不要回去了。归，指辞官归乡。

【赏析】

韩愈这首《山石》诗，并非描绘歌咏"山石"之作，而是一篇以诗歌形式所写的山中佛寺游记。其以"山石"命题者，乃白居易所谓"首句标其目，卒章显其志，《诗三百》之意也"（《新乐府序》）。取首句数字名篇，在篇末点明主题，是《诗经》以来我国古典诗歌的写作方法之一；白居易的《新乐府》与韩愈的这首《山石》诗，即循其例。

唐德宗贞元二年（786），19岁的韩愈离家去当时唐朝的京城长安求仕，"四举于礼部乃一得，三选于吏部卒无成"（《上宰相书》）；贞元十二年（796），29岁的韩愈才在地方节度使幕府找到了一个九品的位置；贞元十六年（800）五月，他又被徐州节帅张建封黜职，因此只好移家洛阳闲居。官场的势利倾轧与碌碌无为，严重挫伤了他忧时报国的锐气；长期的挫折与不幸，又使他看不到希望与前途。闲居家中，闭门读书。贞元十七年（801）七月二十二日，他的几位好友约他去洛水钓鱼，奔波整日，又无所获，更增加了他的沮丧情绪；天色既晚，他们就到附近山上的惠林寺借宿。从喧闹、倾轧的官场一踏入这个世外幽静的佛寺，便在他面前展现了一个崭新的世界。

这是一首七言古诗。全诗可分四节。开头四句为第一节，写初到山寺时之所见所感。"山石荦确行径微",说明经过了一番艰苦的跋涉;"蝙蝠飞",又点明到达山寺的时间。"芭蕉叶大支子肥",是进入寺院、"升堂坐阶"后之所见;"新雨足",是叶大、花肥的原因。韩愈等循着险峻不平的山间小道一进入寺院,首先见到的就是这样一派生机勃勃、赏心悦目的喜人景象。

"僧言古壁佛画好"以下六句为第二节,写到山寺后借宿过程中的所见所闻所感。"僧言古壁佛画好,以火来照所见稀。铺床拂席置羹饭,疏粝亦足饱我饥",写寺僧热情、殷勤的接待。言、照、铺、拂、置等一连串动词的运用,备写寺僧热情、殷勤之态;"疏粝亦足饱我饥"一句,深寓客人感激、满足之意。"夜深"二句,写宿而未寐。"百虫(叫声)绝",借写景以写时,点出夜深人"静";"光入扉",亦借写景以写时,七月下旬,新雨后的清月,由慢慢升起到爬上山头而照入室内,已是行将天明的时刻。山寺生机勃勃的自然景象、僧人无微不至的主动接待,很可能还有"君门不可入,势利互相推……倏忽十六年,终朝苦寒饥。官途竟寥落,鬓发坐差池"(《将归赠孟东野房蜀客》)的游官经过,在此夜深幽静的时刻,皆极为不平静地翻入诗人脑际、映在诗人眼前,使他整夜不能入睡,陷入了对比、沉思之中。

"天明独去无道路"六句为第三节,写天明离寺归去时在山林中之所见所闻。前两句写天色微明时雾气弥漫,不辨道路,故而时上时下,在山冈、峡谷之烟雾中穿行;此写山行道路。次二句写天色放亮,山上的红花、涧底的碧水与满山古老的林木尽收眼中,如身临美丽如画的世界;此写山中花木。次二句写溪水挡路,赤足涉流,水声激激,山风吹水,如同进入神仙般的境界;此写山中溪流。仅仅六句,写出了洛北山中的自然景色美与诗人怡然自得的亲身感受。诗人陶醉其间了。

"人生如此自可乐"等最后四句为第四节,抒发乐而忘返的情怀。"吾党",犹言我辈。《韩昌黎文集·外集·洛北惠林寺题名》:"韩愈、李景兴、侯喜、尉迟汾,贞元十七年七月二十二日,鱼于温洛,宿此而归。""人生如此",概括以上游寺借宿经过,从"黄昏到寺""夜深静卧"到"天明独去"之全部所见所闻、经历感受,以"自可乐"加以肯定;"局束为人靮"，指出仕官生活像套上了马络头那样被牵制不自由的特点，而以"岂必"二字予以否定。因此面对同伴深发感慨："安得至老不更归！"此即"卒意显其志"也。它表明了诗人对山寺自然美、人情美的无尚向往和对官场生活的有力批判。

宋人以才学、议论、散文为诗，有时理胜于情，缺少唐诗的含蕴耐读。这种风气在韩愈那里已开其端。作为诗文大家，他以文为诗的特点使他的作品"如散文那样直说"，成为押韵的散文。但毛泽东也反对说韩愈完全不知诗的观点。他在 1965 年 7 月 21 日致陈毅信中所列举的《山石》一诗，便是记游写景的名作。全诗写的是山中佛寺游记，叙写了入寺、宿寺、离寺的全过程，是所谓"敷陈其事而直言之"，用的是赋的写法。描景状物，多用白描，如"山石荦确行径微，黄昏到寺蝙蝠飞。升堂坐阶新雨足，芭蕉叶大支子肥"等，风格清新，语言平易，形象鲜明，颇为耐读，是符合形象思维规律的，所以，毛泽东认为"还是可以的"。（毕桂发）

【原文】

谒衡岳庙遂宿岳寺题门楼

　　五岳祭秩皆三公[1]，四方环镇嵩当中。火维地荒足妖怪[2]，天假神柄专其雄[3]。喷云泄雾藏半腹[4]，虽有绝顶谁能穷？我来正逢秋雨节，阴气晦昧无清风。潜心默祷若有应，岂非正直能感通[5]。须臾静扫众峰出[6]，仰见突兀撑青空[7]。紫盖连延接天柱[8]，石廪腾掷堆祝融[9]。森然魄动下马拜[10]，松柏一径趋灵宫[11]。粉墙丹柱动光彩，鬼物图画填青红。升阶伛偻荐脯酒[12]，欲以菲薄明其衷[13]。庙令老人识神意[14]，睢盱侦伺能鞠躬[15]。手持杯珓导我掷[16]，云此最吉余难同[17]。窜逐蛮荒幸不死[18]，衣食才足甘长终。侯王将相望久绝，神纵欲福难为功[19]。夜投佛寺上高阁，星月掩映云瞳眬[20]。猿鸣钟动不知曙，杲杲寒日生于东[21]。

【毛泽东圈评等情况】

1965年7月21日，毛泽东在给陈毅的信中讲："又诗要用形象思维，不能如散文那样直说，所以比、兴两法是不能不用的。赋也可以用，如杜甫之《北征》，可谓'敷陈其事而直言之也'，然其中亦有比、兴。'比者，以彼物比此物也'，'兴者，先言他物以引起所咏之词也'。韩愈以文为诗；有些人说他完全不知诗，则未免太过，如《山石》《衡岳》《八月十五夜赠张功曹》之类，还是可以的。"

[参考] 中共中央文献研究室编：《毛泽东书信选集》，

人民出版社1983年版，第608页。

【注释】

（1）五岳，指东岳泰山、西岳华山、南岳衡山、北岳恒山、中岳嵩山。祭秩皆三公，祭祀的等级都照祭三公的礼节致祭。秩，次序。三公，历代官制不同，周以太师、太傅、太保为三公，后世遂用以称人臣之最高官位。

（2）火维，古以五行分属五方，南方属火，因以"火维"指南方。又以赤帝祝融氏为衡岳之神，摄位火乡，此指衡山。维，隅。足，多。

（3）假，授予。柄，权力。

（4）半腹，山腰。

（5）正直，指岳神。《左传·庄公三十二年》："神，聪明正直而壹者也。"感通，指神被感通。

（6）须臾，一会儿。静扫，安静地吹开了云雾，含有对岳神的肃敬之意。

（7）突兀，高耸突出之状，指众峰。

（8）紫盖，与天柱、石廪、祝融，是衡山七十二峰中的四个峰名。七十二峰中以祝融峰为最高。

（9）腾掷，腾跃，形容山势逶迤上延之状。

（10）森然，严肃之态。魄动，敬畏的意思。

（11）一径，一路。趋，朝向。灵宫，神宫。

（12）伛偻（yǔ lǚ），曲身示敬。荐，进献。脯，干肉。

（13）菲薄，微薄、指祭品。

（14）庙令，唐代五岳皆设庙令以管理之。正九品上，主管祭祀及判祠事。

（15）睢盱（suī xū），凝视的意思。侦伺，窥察韩愈祭神的用意。能鞠躬，惯于鞠躬、察言观色的意思。

（16）杯珓（jiào），也作"杯校"，占卜用具，形似蚌壳，共两片，占时合而投空掷地，视其俯仰以定吉凶。

（17）最吉，旧说以半俯半仰者最吉。余难同，其他卦象难以相比。

（18）窜逐蛮荒，指迁谪阳山事。阳山今属广东，古以为南蛮荒僻之地。

（19）福，赐福。功，结果。

（20）朣胧，隐约不明的样子。胧，一作"朦"。

（21）杲杲（gǎo），形容日色明亮。

【赏析】

本诗写于唐顺宗永贞元年（805）九月，诗人由郴州赴江陵途中。诗题是《谒衡岳庙遂宿岳寺题门楼》，因之开头六句为第一节，写衡岳的崇高地位及其特殊的自然条件，以说明参谒游历的必要性。前两句先写五岳：根据古代典籍《礼记·王制篇》关于"天子祭天下名山大川，五岳视（比）三公，四渎视诸侯；诸侯祭名山大川之在其地者"的记载可知，只有天子才有资格祭祀天下所有的名山大川，而且祭祀五岳时所用的祭品、礼器的品级，要比照爵位（秩）最高的三公之待遇（此写五岳自古以来在人们心目中的崇高地位）；东岳泰山、南岳衡山、西岳华山、北岳恒山环镇于东南西北四方，而中岳嵩山则位于正中（此写五岳列镇五方的重要地理形势）。次二句专写南方的形势以突出衡岳的特殊地位：衡岳居于炎热如火的南方一隅（火维），以其地处荒鄙而且妖怪众多，故而天帝授予岳神以权柄，使他专力雄镇其地（此借用神话故事以写其地位之重要）。后两句写其特殊的气候地理条件：它经常喷云吐雾藏绕于半山腰间，呈现出一派混茫的阴晦气象，虽有绝顶然而又有谁能够轻易攀登？"开场大局面，领起游意。"

"我来正逢秋雨节"八句为第二节，通过登山，具体描绘衡岳气候瞬间多变及其诸峰突兀雄拔、连延腾掷的奇妙景观，并借以抒发内心的愤懑之情。前四句写衡岳瞬间多变的气候：我来登临之日，正逢秋雨连绵的季节，阴气笼罩、天色晦暗，不透一丝清风；我静心默祷，天气忽然放晴（得以饱览衡岳全景），这岂不是真诚之心感通了正直的衡岳神灵！一说诗人的正直感通了衡岳神灵，亦通。后四句写衡岳诸峰的雄伟气象：阴气晦暗瞬间都神奇般地静静散去，衡岳诸峰全部展现于眼前，仰首望去如擎天柱似的支撑着青空；绵延的山岭把紫盖峰与天柱峰互相连接，石廪拔地腾跃而起，紧紧地堆拥着比它更高的祝融峰。"若有应"三字，语含谐谑，足见诗人是在借题发挥以抒发内心情感；"岂非正直能感通"一句，则寓意讥讽，泄其愤懑，指斥某些冥顽不化者竟连泥塑彩绘的岳神亦不如！诗人求仕时，曾三上宰相书而不被理会；入仕以来，又多次忠心进谏而被罢官免职。确如苏轼后来在《潮州韩文公庙碑》一文中所说："公之精诚能开衡山之云，而不能回宪宗（按：也包括当时的某些将相与德宗、顺宗等）之惑！"以上为"登衡岳至（衡）庙写景"（清汪佑南《山泾草堂诗话》）。

"森然魄动下马拜"以下十四句为第三节，叙写参谒衡岳庙的经过，进一步抒发其愤懑不平之情怀。"森然"二句，照应诗题，点出"谒衡岳庙"之事：险峻的衡岳诸峰使人心惊魄动，诗人因之下马参拜，沿着松柏夹道的小径急步走向衡岳神宫。"粉墙"二句，写走进衡岳庙后之所见：雪白的墙壁、浅红的柱子交相辉映、光彩闪耀，墙上画的鬼魅图像还涂着或青或红的颜色（此写衡岳庙特征）。"升阶"二句，写祭神陈衷：登上台阶、弯下腰来进献干肉、薄酒，想借此菲薄的祭品来表明我内心的虔诚。"庙令"四句，写祭后占卜：主管岳庙的老人（庙令，神庙的主管者，五岳、四渎神庙各一人，正九品上，掌祭祀及判祠事）懂得祭拜者的神情心意，瞪着眼睛、很恭谨地在一旁察言观色。他揣测我祭神后可能想要占卜，就手拿卜具杯珓教我投掷的方法；我投掷后又说卜得的卦象最为吉利，其余的人很难卜得相同的卦兆。"窜逐"四句，再次借占卜抒发情怀。庙令老人关于诗人占到了最吉卦兆的话题,一下子勾起了诗人对于坎坷往事的痛苦回忆,因此便借以大诉其牢骚与不平:被流窜放逐于岭南蛮荒之地的阳山,侥幸得以不死就很满足了,今后只求衣食粗安就甘心长此而终;封侯封王、出将入相的奢望早已断绝,岳神纵然想降福于我也很难有什么结果(以上亦为借题发挥的戏谑之辞)。

"夜投佛寺上高阁"等最后四句,写"宿岳寺"的情况,再次照应诗题"谒衡岳庙"后"遂宿岳寺"。云吐雾藏于半山腰间,呈现出一派混茫的阴晦气象,虽有绝顶然而又有谁能够轻易攀登呢?"开场大局面,领起游意。"(清汪佑南《山泾草堂诗话》)。次八句通过登山,具体描绘衡岳气候瞬间多变及其诸峰突兀雄拔、连延腾掷的奇妙景观,并借以抒发内心的愤懑之情。前四句写衡岳瞬间多变之意,并借以叙写衡岳星云掩映的夜景。"猿鸣钟动不知曙"二句,仅用南朝宋谢灵运《从斤竹涧越岭西行诗》"猿鸣诚知曙"之典,说自己一夜酣睡,连天微明时山中猿猴的啼叫与寺院的钟声都没听到,一觉醒来只见一轮明亮清冷的朝日冉冉升起于东方。写夜景只写其一早一晚,正说明诗人整夜在酣睡,以见其白天登临之劳累和遭贬后心胸之旷达。

本诗叙事、写景、抒情融为一体,意境开阔,格调典重,而又时夹谐谑,非大手笔不易驾驭。叙事记游,只写到投宿为止,衡岳昼夜之景色,皆已饱览无遗,再写即为赘笔。描写衡岳景色,既写了它"阴气晦昧""喷云泄雾"的半山气象,又写了它阴晦静扫,诸峰齐现,"突兀撑空、连延腾掷"的雄伟景观。写衡岳气象的多变,却说好像是祈祷的应验,借以抒发不满情怀;写庙令诱导占卦,再次倾泄不平之情。写夜中投宿,一觉天亮,对于冤贬与量移,又如同没事一般,诗人襟怀之旷达,自在其中。近代程学恂《韩诗臆说》云:"假如作诗言志,云'我之正直,可感天地,世之勋名,我所不屑',则肤阔而无味矣!"正如毛泽东所说,诗"不能如散文那样直说",要在形象的描写中以见其志。这就是本诗(即毛泽东所说《衡岳》)在艺术上成功的主要原因。(毕桂发)

八月十五夜赠张功曹

纤云四卷天无河⁽¹⁾，清风吹空月舒波⁽²⁾。沙平水息声影绝，一杯相属君当歌⁽³⁾。君歌声酸辞且苦，不能听终泪如雨："洞庭连天九疑高⁽⁴⁾，蛟龙出没猩鼯号⁽⁵⁾。十生九死到官所⁽⁶⁾，幽居默默如藏逃。下床畏蛇食畏药⁽⁷⁾，海气湿蛰熏腥臊⁽⁸⁾。昨者州前捶大鼓⁽⁹⁾，嗣皇继圣登夔皋⁽¹⁰⁾。赦书一日行万里⁽¹¹⁾，罪从大辟皆除死⁽¹²⁾。迁者追回流者还⁽¹³⁾，涤瑕荡垢清朝班⁽¹⁴⁾。州家申名使家抑⁽¹⁵⁾，坎轲只得移荆蛮⁽¹⁶⁾。判司卑官不堪说⁽¹⁷⁾，未免捶楚尘埃间⁽¹⁸⁾。同时辈流多上道⁽¹⁹⁾，天路幽险难追攀⁽²⁰⁾。"君歌且休听我歌，我歌今与君殊科⁽²¹⁾："一年明月今宵多⁽²²⁾，人生由命非由他⁽²³⁾，有酒不饮奈明何⁽²⁴⁾！"

【毛泽东圈评等情况】

又诗要用形象思维，不能如散文那样直说，所以比、兴两法是不能不用的。赋也可以用……韩愈以文为诗；有些人说他完全不知诗，则未免太过，如《山石》《衡岳》《八月十五酬张功曹》之类，还是可以的。据此可以知为诗之不易。

[参考]毛泽东：《致陈毅》（1965 年 7 月 21 日），《毛泽东书信选集》，
人民出版社 1983 年版，第 608 页。

【注释】

（1）纤云，云丝。卷，收敛。河，指天河。

（2）月舒波，月光展开光辉。波，指月光。《汉书·郊祭歌》："月穆穆以金波。"

（3）属（zhǔ），倾注，此处为劝酒。《仪礼·士婚礼》："酌玄酒，三属三尊。"

（4）洞庭，洞庭湖，在今湖南北部，长江南。九疑，苍梧山，在今湖南宁远县境。

（5）鼯（wú），也叫大飞鼠。猩，猩猩。

（6）官所，指张署的贬地临武（今属湖南）。

（7）药，指蛊毒，旧说是一种用毒虫制成的害人的药。

（8）湿蛰，蛰伏在潮湿地方的蛇虫。熏腥臊，蒸发出腥臊之气。

（9）昨者，昔者。州，指郴州衙署。趋大鼓，唐制颁大赦令时，击鼓千声以集百官。

（10）嗣皇，指唐宪宗。登，进用。夔皋，舜时的贤臣夔和皋陶，此是比喻宪宗即位后必能任贤举能。

（11）赦书，指皇帝颁发的大赦令。

（12）大辟，处死刑。除，免除。

（13）迁，降职。流，充军。

（14）涤瑕，洗涤瑕疵。瑕，玉斑。荡垢，荡除污垢。此句指革除积弊，清理朝政。

（15）州家，指州刺史。申名，将姓名申报上去。使家，指观察使（朝廷派赴各地访察吏绩民隐的大员）。抑，抑制，压下。

（16）坎轲，即坎坷，困顿失意。移荆蛮，指调往江陵府任职。

（17）判司，判官，司功即对诸曹参军的统称。

（18）捶楚，鞭打。尘埃间，指伏地受刑。

（19）同时辈流，指同时迁谪的诸人。辈流，一作"流辈"。上道，指往京城长安。

（20）天路，指进身朝廷之途。

（21）殊科，不同类。

（22）多，最值得赞美。

（23）他，指其他。

（24）奈明何，如何对得起明月。明，现代学者陈迩冬认为当指"明朝"。

【赏析】

唐德宗贞元十九年（803）十二月，韩愈被冤贬阳山县令，张署被冤贬临武县令。贞元二十一年（805），顺宗李诵即位，大赦天下。五月二人同至郴州待命。一直等到八月，二人不仅未被昭雪复官，还仍被视为罪臣量移江陵，韩愈改任法曹参军，张署改任功曹参军。故而于中秋夜晚，诗人写下了倾诉悲情、"不平则鸣"的七言长诗。

全诗可分为三节。"纤云四卷天无河"等开头四句为第一节，是全诗的序曲，首先交代他与张署以酒浇愁的时间背景——典型环境：淡云四卷、月明星稀、天际的银河也不明显，清风微拂、水气荡漾、明月的光波缓缓流散。江静沙平、万籁俱寂，亦无丝毫的涛声云影（多么宁静美好的夜晚啊）。请君举杯，长歌一曲，来把这中秋佳节欢庆！次二句过渡，承上转折，写张署触景伤情，长歌当哭；诗人亦为之共鸣，"泪下如雨"。"一年明月今宵多"，然而"几家欢乐几家愁"。正因为这个中秋之夜太美好了，才引起张署与诗人对自己不幸的遭际、不平的待遇的回忆与倾诉。以下写张署的歌辞。

"君歌声酸辞且苦"等中间十八句为第二节，是主题歌，诗人借张署之口，倾诉了被贬之后、"十生九死"的悲惨遭际和大赦之后、本应昭雪还朝，然却仍被视为罪臣，量移"荆蛮"之地的不幸待遇。"洞庭连天九疑高，蛟龙出没猩鼯号"二句，叙写被贬之后，路途中所遇到的最有代表性的艰难险阻：渡辽阔的洞庭湖时，风浪之大，上连九霄云天，湖中蛟龙又时出时没，几乎船翻人亡，葬身于湖底鱼腹之中；过险峻的九疑山时，山势之高，几乎无法登越，山顶还有猩猩与大飞鼠凄厉号叫，时刻有跌入深渊或被野兽吃掉的危险。"十生九死到官所"以下四句，叙写到达贬地之后的疑惧心情与艰难处境。张署与诗人皆是以罪被贬，虽名为"南方县令"，然动辄得咎，整日谨小慎微，如同东躲西藏的逃犯一般；南方多蛇，传闻又有蛊毒（一种以毒虫制成的毒药，人如相仇，暗下饭中杀人），因而下床走路与一日三餐都提心吊胆；加之地临大海，气候炎热，常有腥臊瘴疠之气，北方人极易致病毙命，于是更加忧心忡忡。"昨者州前捶大鼓"以下六句，写佳讯传来，忽然有了昭雪还朝的希望：前些时州衙门前忽然擂起大鼓，宣布顺宗继位，要赦免天下罪犯并从中选用夔、皋般的贤臣；由京城向全国各地传递赦书的驿马，日夜兼程如同风驰电掣一般，死罪免死，外贬者追回，流放的也可回还，要洗刷他们身上的罪名以重新清理朝班。"州家申名使家抑"以下六句,写形势又变,昭雪还朝的希望破灭:自己的上司州官本来已经申报了昭雪自己的文书,然而却被观察使抑制,命运坎坷又被量移于江陵这个荆蛮之地,去做苦不堪言的判司小官;其他被贬者们大都上路还京了,而自己还朝复官却比攀登幽险的天路还难。

"君歌且休听我歌,我歌今与君殊科"二句,再次承上转折,由"君歌"转为"我歌",变悲诉而为旷达:"一年明月今宵多,人生由命非由他,有酒不饮奈明何!"这最后五句为第三节,是全诗的尾声、乱词,故作旷语,强自宽慰,于不言处寄寓更大的悲愤。

本诗以主客对答的形式,使你中有我、我中有你,且以"君歌"为主,借张署之口,尽情地抒发了诗人长期以来,埋藏于内心的积郁与不平。抒情主要又以典型环境的描写为手段,不是像"散文那样直说",而是在典型环境的形象描写中贯穿着典型情感的自然抒发。这是本诗在艺术上成功的主要原因。"纤云四卷天无河,清风吹空月舒波,沙平水息声影绝",诗人笔下的中秋夜,多么明朗、恬静、美丽!正是这种描写给下面"主题歌"的悲情倾诉奠定了强烈的反衬环境。"洞庭连天九疑高,蛟龙出没猩鼯号",写尽了万里贬途中的艰苦与险阻,确是"十生九死";"下床畏蛇食畏药,海气湿蛰熏腥臊",又写出了蛮荒贬地的危险处境,确是令人心惊胆寒;"昨者州前捶大鼓",热烈场面的描写中见出诗人兴奋喜悦的心情;"天路幽险难追攀",又将昭雪还朝比作难以攀登的幽险天路,表现了希望破灭后的绝望心情。如此等等,就是毛泽东主席所谓"形象思维""比兴"手法的具体表现。形象鲜明,感情真挚,写景抒情,融为一体,使诗篇具有了艺术魅力。加之本诗气势,抑扬开阖,波澜起伏,因佳节而悲诉,时困苦而喜悦,由悲愤而旷达,一唱三叹,极变化之能事;歌韵(河、波、歌)、鱼韵(苦、雨)、宵韵(高、号、逃)、药韵(药、臊、皋)、之韵(里、死)、元韵(还、班、蛮、间、攀)而又歌韵(歌、科、多、他、何),随内容之变化与感情的起伏而交替使用,灵活的韵脚使全诗的风格雄浑恣肆而又婉转流畅,更增强了艺术上的感染力量,所以受到毛泽东的称赞。(毕桂发)

符读书城南

　　木之就规矩⁽¹⁾，在梓匠轮舆⁽²⁾。人之能为人，由腹有诗书⁽³⁾。诗书勤乃有，不勤腹空虚。欲知学之力，贤愚同一初⁽⁴⁾。由其不能学，所入遂异间⁽⁵⁾。两家各生子，提孩巧相如⁽⁶⁾，少长聚嬉戏，不殊同队鱼⁽⁷⁾。年至十二三，头角稍相疏⁽⁸⁾。二十渐乖张⁽⁹⁾，清沟映汗渠。三十骨骼成，乃一龙一猪⁽¹⁰⁾。飞黄腾踏去⁽¹¹⁾，不能顾蟾蜍⁽¹²⁾。一为马前卒⁽¹³⁾，鞭背生虫蛆。一为公与相，潭潭府中居⁽¹⁴⁾。问之何因尔⁽¹⁵⁾，学与不学欤！金璧虽重宝⁽¹⁶⁾，费用难贮储。学问藏之身，身在则有余。君子与小人，不系父母且⁽¹⁷⁾。不见公与相⁽¹⁸⁾，起身自犁锄。不见三公后⁽¹⁹⁾，寒饥出无驴。文章岂不贵，经训乃菑畬⁽²⁰⁾。潢潦无根源⁽²¹⁾，朝满夕已除。人不通古今⁽²²⁾，马牛而襟裾⁽²³⁾。行身陷不义，况望多名誉。时秋积雨霁⁽²⁴⁾，新凉入郊墟⁽²⁵⁾。灯火稍可亲，简编可卷舒。岂不旦夕念，为尔惜居诸⁽²⁶⁾。恩义有相夺⁽²⁷⁾，作诗劝踌躇⁽²⁸⁾。

【毛泽东圈评等情况】

　　古人讲过："人不通古今，马牛而襟裾"，就是说，人不知道古今，等于马牛穿了衣裳一样。

［参考］毛泽东：《在延安在职干部教育动员大会上的讲话》，
《毛泽东文集》第2卷，人民出版社1993年版，第177页。

【注释】

　　（1）规矩，规和矩，校正圆形和方形的两种工具。

　　（2）梓匠，木工。轮舆，轮人和舆人，做车的木工。

　　（3）诗书，《诗经》和《尚书》，泛指儒家经典。

　　（4）同一初，最初都是一样的。贤愚，聪明与愚昧。贤，有德行，多才能。《书·大禹谟》："克勤于邦，克俭于家，不自满假，惟汝贤。"愚，愚昧，愚笨。《论语·为政》："吾与回言终日，不违如愚。"

（5）闾，里巷的大门。

（6）提孩，孩提之童。相如，相同，相类。《墨子·备城门》："门广八尺，为之两相如。"清孙怡让《墨子闲诂》："谓门左右两扇同变。"

（7）不殊同队鱼，三国魏曹植诗："昔为同池鱼，今为商与参。"队，坠落。后作"坠"。

（8）头角，比喻青年人的气概和才华。

（9）乖张，不顺，不正常。此指有差别。

（10）一龙一猪，比喻差别之大。东晋孙绰《列仙·商丘子赞》："所牧何物？殆非真猪。倘遇风云，为我龙摅。"

（11）飞黄腾踏，即飞黄腾达，形容马的飞驰。旧时借喻人官职升迁得很快。《淮南子·览冥训》："青龙进驾，飞黄服皂。"高诱注："飞黄，乘黄也，出西方，状如狐，背上有角，寿千载。"飞黄，神马名，又名乘黄。

（12）蟾蜍，癞蛤蟆。

（13）马前卒，在车马前供奔走使役的人。

（14）潭潭，沉沉，宫室深邃之状。

（15）因，原因，缘故。尔，"耳"的借字，语气词。

（16）金璧，黄金和璧玉。重宝，重器。泛指贵重的财产。

（17）父母且，《诗经·小雅·巧言》："悠悠苍天，曰父母且。"且（jū），语气词。

（18）公与相，公爵官员和宰相。

（19）三公，辅佐国君、掌握军政大权的最高官员。周朝太师、太傅、太保为三公，历代各有不同。

（20）菑（zī），初耕的田地。畬（yú），开垦了三年的熟田。

（21）潢（huáng），积水池。潦（lǎo），雨后地面积水。

（22）古今，一作"今古"。

（23）马牛而襟裾，人不通今古，则如同马牛；腹无知识，则像人只剩衣服。襟裾，衣的前襟，此指衣服。

（24）积雨霁（jì），久雨初晴。霁，雨雪停止后出太阳。一作"阕"。

（25）墟，东汉许慎《说文》："墟，大丘也。"

（26）居诸，日月。《诗经·邶风·日月》："日居月诸。"居、诸，本是语助词，后借指光阴。

（27）"恩义"句，恩以爱之，义以教之。两者不并立，故说"相夺"。

（28）踌躇（chóu chú），犹豫，迟疑不决。

【赏析】

这是韩愈教诲儿子韩符读书的一首诗。符，韩愈子昶的小名。韩昶自撰《墓志》："生徐之符离，小名曰符。"城南，长安近郊之樊川，韩愈有别墅，即韩愈送符读书之地。

全诗可分四节。从开头至"所入遂异闾"为第一节，总说读书的意义。诗本来要说理，却先打比方："木之就规矩，在梓匠轮舆。"起首二句拿人们常见的木匠作比，说木匠要做车子，就离不开校正圆形和方形的工具规和矩。车轮是圆的，车厢是长方的，没有规矩不能成方圆，自然也就做不成车子。比拟浅显易懂而又贴切得当，自然引出对读书的议论：人之所以成为有智慧的人，就是因为饱读诗书。诗书勤学才能获得；不勤，三天打鱼，两天晒网，是学不到知识的，到头来腹中空空如也。上述四句是泛论学习的重要意义。接下来四句又把问题推进一层；如果想知道学习的力量，可以说人最初聪明与愚笨都是一样的，只是由于他们在学习上努力不同，而分别走进了不同的里巷。这就进一步申述了学习对于个人成长的重要意义。如果诗只写到这里，也算把读书的问题讲清楚了，但显得很不充分，不足以服人。

从"两家各生子"至"身在则有余"为第二段，从两家孩子成长过程的对比中进一步论述读书的意义。两家孩子的成长分五个阶段来说：两家孩子初生下来，孩提之童是相类的；稍微长大聚在一起玩耍，都像鱼坠池水一样没有什么不同；到十二三岁的少年时期，即已经读了若干年书后，青年人的气概和才华便有了差别；到了二十岁时差别更大，清水与污渠判然有别；到了三十岁"而立之年"，便一个变成龙，一个变成猪，成龙的穿云破雾飞腾而去，他对那只癞蛤蟆不屑一顾。这样，进入社会以后，一个成了鞍前马后供人驱使的"马前卒"，一个成了深居简出的公师宰相，可谓天壤之别。从两家孩子成长的对比中，自然产生疑问，原因何在呢？"学与不学"的缘故。这就在事实的对比中说明了读书的重要。而且诗人接着又申述，学问与钱财不同：黄金璧玉这些贵重的宝器，花起来挺顶用，积蓄起来却很困难，但总有花尽的时候；学问就存在自己的脑海之中，只要不死知识就永远存在。从学问与金璧的对比中说明了学问的可贵。

从"君子与小人"至"况望多名誉"为第三节，阐述读书对为人处事的意义。一个人是君子还是小人，不是父母带来的。有些王侯将相，起自草野；有些三公的后人饥寒交迫，出来进去连骑的毛驴也没有。文章难道不可贵吗？诗书的经义就是肥田沃土。池水如果没有源头，早晨池满，晚上就会干涸。经过上面多方述说、设喻，自然得出结论："人不通古今，马牛而襟裾。"意谓人不通古博今，就像马牛穿上衣裳一样，失去为人的资格，沦入动物一伦，岂不悲哉！那样便会立身行事悖于事理，多有不当，还希望有什么好名誉呢！"人不通古今"二句乃至理名言，它言简意赅地揭示出读书的意义。

从"时秋积雨霁"至篇末为第四节，劝符发愤读书。时至新秋雨后，天气凉爽，正是挑灯夜读之时，规劝符发奋读书，不要迟疑，揭出该诗题旨。

1939 年 5 月 12 日，在中央组织部召开的《在延安在职干部教育动员大会上的讲话》中讲到学习运动时，毛泽东援引了韩愈本诗中"人不通古今，马牛而襟裾"二句，并解释说："就是说，人不知道古今，等于牛马穿了衣服一样。"接着又讲道："什么叫'古'？'古'就是'历史'，过去的都叫'古'，自盘古开天地，一直到如今，这个中间过程就叫'古'。'今'就是现在。我们单通现在是不够的，还须通过去。延安的人要通古今，全国的人要通古今，全世界的人也要通古今，尤其是我们共产党员，要知道更多的古今。通古今就要学习，不但我们要学习，后人也要学习，所以学习运动也有它的普遍性和永久性。"毛泽东这段话虽是延安时期讲的，但今天对我们仍有教育意义。（毕桂发）

南山诗

　　吾闻京城南，兹惟群山围⁽¹⁾。东西两际海⁽²⁾，巨细难悉究。山经及地志⁽³⁾，茫昧非受授⁽⁴⁾。团辞试提挈⁽⁵⁾，挂一念万漏。欲休谅不能，粗叙所经觏⁽⁶⁾。尝升崇丘望，戢戢见相凑⁽⁷⁾。晴明出棱角，缕脉碎分绣⁽⁸⁾。蒸岚相澒洞⁽⁹⁾，表里忽通透。无风自飘簸，融液煦柔茂⁽¹⁰⁾。横云时平凝，点点露数岫⁽¹¹⁾。天空浮修眉⁽¹²⁾，浓绿画新就。孤撑有巉绝⁽¹³⁾，海浴褰鹏噣⁽¹⁴⁾。春阳潜沮洳⁽¹⁵⁾，濯濯吐深秀⁽¹⁶⁾。岩峦虽崒崒⁽¹⁷⁾，软弱类含酎⁽¹⁸⁾。夏炎百木盛，荫郁增埋覆。神灵日歊歘⁽¹⁹⁾，云气争结构。秋霜嘉刻轹⁽²⁰⁾，磔卓立癯瘦⁽²¹⁾。参差相叠重，刚耿陵宇宙⁽²²⁾。冬行虽幽墨⁽²³⁾，冰雪工琢镂⁽²⁴⁾。新曦照危峨⁽²⁵⁾，亿丈恒高袤⁽²⁶⁾。明昏无停态，顷刻异状候。西南雄太白⁽²⁷⁾，突起莫间簉⁽²⁸⁾。藩都配德运⁽²⁹⁾，分宅占丁戊⁽³⁰⁾。逍遥越坤位⁽³¹⁾，诋讦陷乾窦⁽³²⁾。空虚寒兢兢，风气较搜漱⁽³³⁾。朱维方烧日⁽³⁴⁾，阴霾纵腾糅⁽³⁵⁾。昆明大池北⁽³⁶⁾，去觌偶晴昼⁽³⁷⁾。绵联穷俯视⁽³⁸⁾，倒侧困清沤⁽³⁹⁾。微澜动水面，踊跃躁猱狖⁽⁴⁰⁾。惊呼惜破碎，仰喜呀不仆。前寻径杜墅⁽⁴¹⁾，坌蔽毕原陋⁽⁴²⁾。崎岖上轩昂，始得观览富。行行将遂穷，岭陆烦互走⁽⁴³⁾。勃然思坼裂，拥掩难恕宥。巨灵与夸蛾⁽⁴⁴⁾，远贾期必售⁽⁴⁵⁾。还疑造物意⁽⁴⁶⁾，固护蓄精祐⁽⁴⁷⁾。力虽能排斡⁽⁴⁸⁾，雷电怯呵诟。攀缘脱手足，蹭蹬抵积甃⁽⁴⁹⁾。茫如试矫首⁽⁵⁰⁾，堛塞生怐愗⁽⁵¹⁾。威容丧萧爽⁽⁵²⁾，近新迷远旧。拘官计日月⁽⁵³⁾，欲进不可又。因缘窥其湫⁽⁵⁴⁾，凝湛闭阴兽⁽⁵⁵⁾。鱼虾可俯掇，神物安敢寇⁽⁵⁶⁾。林柯有脱叶，欲堕鸟惊救。争衔弯环飞⁽⁵⁷⁾，投弃急哺彀⁽⁵⁸⁾。旋归道回睨，达枿壮复奏⁽⁵⁹⁾。吁嗟信奇怪，峛崺能化贸⁽⁶⁰⁾。前年遭谴谪⁽⁶¹⁾，探历得邂逅⁽⁶²⁾。初从蓝田入⁽⁶³⁾，顾眄劳颈脰⁽⁶⁴⁾。时天晦大雪，泪目若朦瞀⁽⁶⁵⁾。峻涂拖长冰，直上若悬溜。褰衣步推马⁽⁶⁶⁾，颠蹶退且复。苍黄忘遐眺⁽⁶⁷⁾，所瞩才左右。杉篁咤蒲苏⁽⁶⁸⁾，杲耀攒介胄⁽⁶⁹⁾。专心忆平道，脱险逾避臭⁽⁷⁰⁾。昨来逢清霁⁽⁷¹⁾，宿愿忻始副⁽⁷²⁾。峥嵘跻冢顶⁽⁷³⁾，條闪杂

齵龉[74]。前低划开阔[75]，烂漫堆众皱[76]。或连若相从，或蹙若相斗[77]。或妥若弭伏[78]，或竦若惊雊[79]。或散若瓦解，或赴若辐辏[80]。或翩若船游，或决若马骤[81]。或背若相恶，或向若相佑。或乱若抽笋，或嵲若炷灸[82]。或错若绘画，或缭若篆籀[83]。或罗若星离，或蓊若云逗[84]。或浮若波涛，或碎若锄耨。或如贲育伦[85]，赌胜勇前购[86]。先强势已出，后钝嗔诋譳[87]。或如帝王尊，丛集朝贱幼。虽亲不亵狎[88]，虽远不悖谬[89]。或如临食案，肴核纷饤饾[90]。又如游九原[91]，坟墓包椁柩。或累若盆罂[92]，或揭若登豆[93]。或覆若曝鳖，或颓若寝兽[94]。或蜿若藏龙，或翼若搏鹫。或齐若友朋，或随若先后。或迸若流落，或顾若宿留[95]。或戾若仇雠[96]，或密若婚媾[97]。或俨若峨冠，或翻若舞袖。或屹若战阵，或围若蒐狩[98]。或靡然东注[99]，或偃然北首[100]。或如火熺焰[101]，或若气饙馏[102]。或行而不辍，或遗而不收。或斜而不倚，或弛而不彀[103]。或赤若秃鬝[104]，或熏若柴槱[105]。或如龟坼兆[106]，或若卦分繇[107]。或前横若剥[108]，或后断若姤[109]。延延离又属[110]，夬夬叛还遘[111]。喁喁鱼闯萍[112]，落落月经宿[113]。闟闟树墙垣[114]，嵬嵬架库厩[115]。参参削剑戟[116]，焕焕衔莹琇[117]。敷敷花披萼[118]，闟闟屋摧霤[119]。悠悠舒而安，兀兀狂以狃[120]。超超出犹奔[121]，蠢蠢骇不懋[122]。大哉立天地，经纪肖营腠[123]。厥初孰开张[124]，黾俛谁劝侑[125]。创兹朴而巧[126]，戮力忍劳疚[127]。得非施斧斤[128]，无乃假诅咒。鸿荒竟无传[129]，功大莫酬僦[130]。尝闻于祠官[131]，芬苾降歆嗅[132]。斐然作歌诗[133]，惟用赞报酬[134]。

【毛泽东圈评等情况】

1959 年 4 月 15 日党的八届七中全会上，毛泽东谈到做工作要留有余地时说：统统讲完，像韩愈作诗，人们批评他的缺点，就是他的文章同诗都是讲完的，尽量讲，他不能割爱，特别是他的那首《南山诗》。

[参考]陈晋主编：《毛泽东读书笔记解析》，广东人民出版社 1996 年版，第 1282 页。

【注释】

（1）兹，此，指京城。惟，语助词。囿，园林。此是积聚之义。

（2）两际海，《史记·春申君（上秦昭王书）》："王之地，一经两海。"东西为经。两海，东海、西海。南山东际有陆海，即秦川之地；西际有西海，指蜀川。

（3）山经，《汉书·艺文志》："《山海经》十三篇。"地志，据《隋书·经籍志》，班固作有《地理志》。

（4）茫昧，不明晰。

（5）团，估量，猜度。提挈，提纲挈领。

（6）觏（gòu），遇见。以上写作诗的原因。

（7）戢戢（jí），亦作"濈濈"，聚集之状。《诗经·小雅·无羊》："尔羊来思，其角濈濈。"毛传："聚其角而息，戢戢然。"

（8）"缕脉"句，山脉如缕，碎分如绣。

（9）岚，山气。澒（hòng）洞，漫无边际。

（10）融液，雾气凝成的水。煦，阳光温暖。

（11）岫（xiù），峰峦。东晋陶潜《归去来兮辞》："云无心以出岫，鸟倦飞而知还。"

（12）天空，一作"天宇"。修眉，细长的眉毛。

（13）巉（chán）绝，险峻陡峭。唐李白《江上望皖公山》："清宴皖公山，巉绝称人意。"

（14）褰（qiān），开。鹏，鸟名。喝（zhòu），鸟嘴。以上叙南山大概。

（15）春阳，指春天晴和之气。《诗经·豳风·七月》："春日载阳。"郑玄笺："阳，温也。"沮洳（jù rù），低湿之地。

（16）濯濯，光明之状。吐深秀，一作"深吐秀"。吐秀，指草木开花。

（17）崒崒（lù zú），山高峻之状。《史记·司马相如列传》："其山则盘纡弗郁，隆崇崒崒。"

（18）酎（zhòu），醇酒。《礼记·月令》："天子饮酎。"郑玄注："酎之言醇也，谓重酿之酒也。"

（19）歊（xiāo），气上冲之状。歔（xū），出气。

（20）刻轹（lì），欺凌。《汉书·酷吏传序》："刻轹宗室，侵辱功臣。"颜师古注："轹，陵侵也。"

（21）"磔（zhé）卓"句，草木皆落，山卓然独立。磔，分裂。癯（qú），瘠。

（22）刚耿，清肃。宇宙，天地万物的总称。《淮南子·道应训》高诱注："四方上下曰宇，古往今来曰宙，以喻天地。"

（23）幽墨，即幽默，寂静无声。战国楚屈原《楚辞·怀沙》："孔静幽默。"《史记·屈原贾生列传》："眴兮窈窈，孔静幽墨。""默"作"墨"。

（24）雪，一作"路"。

（25）新曦（xī），刚出的太阳。曦，指太阳，阳光。危峨，高峻的山岭。

（26）恒，一作"亘"。袤（mào），南北长。《汉书·西域传》："广袤三百里。"东汉许慎《说文》："南北曰袤，东西曰广。"以上叙南山四时变化。

（27）太白，山名，在陕西武功南。

（28）簉（zào），副，附属。《左传·昭公十一年》："僖子使助薳氏之簉。"杜预注："簉，副倅也。"薳氏之女为僖氏副妾。

（29）藩都，帝都长安的藩垣。配德运，唐土德，太白在西南坤位，故云"配德运"。

（30）丁，南。戊，中。占丁戊，终南自太白山分来，踞秦岭之中，帝都之南，故曰"分宅占丁戊"。

（31）逍遥，谷名。坤位，西汉扬雄《蜀都赋》："下按地纪，则坤宫奠位。"班固《西都赋》："据坤灵之正位。"

（32）诋讦，凌犯。陷乾窦，是说太白非特占有西南坤位而已，又侵及西北乾位。

（33）搜漱，飕飕，风声。

（34）朱维，南方。

（35）阴，北方。《谷梁传》："山南为阳，水北为阳。"糅（róu），杂。

（36）昆明，昆明池，在长安西南。大池，太液池，在建章宫北，昆明池附近。

（37）觌（dí），见，相见。

（38）绵联，《广雅·释诂》："绵联，牵连也。"

（39）"倒侧"句，山影倒侧映池水中，为池所限。沤，水泡。

（40）狖（yòu），黑色的长尾猿。

（41）杜墅，即杜陵，在长安万年县（今陕西西安）东南。

（42）坌（fèn）蔽，《广雅·释诂》："坌，尘也。蔽，隐也。"毕原，古地区名。在今陕西咸阳、西安附近渭水南北岸。周文王、武王、周公之墓皆在南岸。

（43）陆，大阜。烦，繁。互，犬牙交错。走，奏。

（44）巨灵，巨神，指古代神话传说能分开华山的河神。夸蛾，即夸蛾氏，古代传说中助愚公移山的人（见《列子·汤问》）。

（45）贾（gǔ），卖出。《诗经·邶风·谷风》："既阻我德，贾用不售。"郑玄笺："如卖物之不售。"

（46）造物，旧时以为万物是天造的，故称天为"造物"。特指创造万物的神。《庄子·大宗师》："伟哉！夫造物者将以予为拘拘也。"

（47）固护，马融《长笛赋》："或乃聊虑固护。"李善注："精心专一之貌。"

（48）排，《广雅·释诂》："排，推也。"斡，转。

（49）蹭蹬，《说文新附字》："失道也。"积甃（zhòu），形容深谷。甃，井壁。

（50）茫如，茫然。矫首，昂头，举头。

（51）堛（bì）塞，亦作"畐塞"，气满郁塞。怐愁（gòu mào），愚昧之态。

（52）威容，仪容。萧爽，高爽超逸。

（53）拘官，拘系职守。

（54）因缘，机缘。湫（qiū），水潭。南山有炭谷湫，诗人有《题炭谷湫祠》诗。

（55）闭（bì），关闭，引申为幽深。阴兽，指湫中蛟。

（56）神物，指鱼虾。寇，强取。

（57）弯环，回翔。

（58）"投弃"句，鸟投弃脱叶，急于哺其雏鷇。鷇（kòu），待母鸟喂食的雏鸟。《国语·鲁语上》："鸟翼鷇卵，虫舍蚔蝝。"韦昭注："翼，成也。生哺曰鷇，未乳曰卵。

（59）达桥（niè），嵲的转音，高的样子。奏，进，引申为前。桥，同"蘗"。

（60）峙质，指山高之质性。化貿，变化。貿，易。

（61）"前年"句，韩愈于贞元十九年（803）十二月，自监察御史谪连州阳山令。

（62）邂逅（xiè hòu），不期而遇。

（63）蓝田，蓝田关，又名峣关，在今陕西蓝田东南。

（64）顾眄（miǎn），回头看。颈脰（dòu），颈项。《广雅·释亲》："颈脰，项也。"

（65）曚瞀（mào），眼花，目眩。

（66）褰（qiān）衣，撩起衣襟。褰，揭开。

（67）苍黄，慌张，匆忙。睎，视，望。

（68）杉篁，杉树和篁竹。蒲苏，枝叶茂密之状。

（69）杲耀，明亮。攒（cuán），聚集，集中。介胄，古时战士用的铠甲和头盔。

（70）避臭，《吕氏春秋》："人有大臭者，其亲戚兄弟皆无能与居者。"以上叙二次往游，以迁谪道途所经，邂逅历览，因大雪不敢贸然登山，遂急退还。

（71）清霁（jì），雨后晴朗的天气。霁，本指雨止，引申为雨雪停止，天气放晴，云消雾散。

（72）副，称心。

（73）峥嵘，深远之状。跻，登。冢（zhǒng），山顶。

（74）倏（shū）闪，光闪动的样子。鼬（yòu），动物名。鼬科部分种类的通称，有黄鼬、白鼬、雪鼬等。

（75）划，忽然，突然。

（76）烂漫，分散得很远之状。堆众皱，高陵深谷，像皱物微有蹙折之纹理。

（77）蹙，皱，收缩。

（78）妥，止。弭伏，低伏。

（79）雊（gòu），雄鸡叫。

（80）若辐辏，像车辐聚于车毂。辏，一作"凑"，聚。

（81）决，疾走不顾。骤，马疾行。

（82）嵲（niè）若炷灸，喻高山特出之状。嵲，高山。炷，点香。灸，烧，灼，中医的一种医疗方法。灸则烧香加艾，热气蒸腾而上。

（83）籀，即籀文，一名大篆。篆籀皆笔划相连，故说"缭"。

（84）蓊（wěng），聚。逗，住，止。

（85）贲、育，孟贲、夏育，皆古代的勇士。

（86）"赌胜"句，是说竞胜勇进，以赴赏募。购，设赏募。

（87）"后钝"句，后钝见瞋，不能言。誋嚅（dòu ròu），不能言。

（88）亵狎（xiè xiá），亲近宠幸。

（89）悖谬，背理荒谬。

（90）肴核，也作"殽核"。肉类、菜类食品和果类食品。饤饾，食品堆叠之状。

（91）九原，春秋时晋国卿大夫的墓地。

（92）罌（yīng），瓦器。

（93）揭，立举。登豆，《尔雅·释器》："木豆谓之豆，瓦豆谓之登。"豆，古代食器，形似高足盘。

（94）颓，一作"顽"。寝，颓丧，打不起精神。

（95）宿（xiǔ）留，迟待。

（96）戾，暴戾。北魏郦道元《水经注》："山川暴戾。"仇雠（chóu），仇人。

（97）媾（gòu），重叠交互为婚姻。

（98）蒐狩，《尔雅》："春猎为蒐，夏为苗，秋为狝，冬为狩。"

（99）靡然，倒下之状。东注，东倾。

（100）北首，北向。

（101）熺，火炽。

（102）馈馏（fēn liù），蒸饭。东汉许慎《说文》："馈，一蒸米也。馏，饭气流也。"

（103）彀（gòu），张满弓弩。

（104）鬖（qiān），鬓发脱落之状。

（105）槱（yǒu），聚积木材以备燃烧。

（106）龟圻兆，龟的裂纹的征兆，古代占卜时预卜吉凶。

（107）卦分繇（zhòu），古时占卜的文辞。

（108）剥，六十四卦之一，坤下艮上。

（109）姤（gòu），六十四卦之一，巽下乾上。

（110）延延，长。属，续。

（111）夬（guài），六十四卦之一，乾下兑上。《易·夬》："君子夬夬。"夬，决也，刚决柔也。遘，遇。

（112）喁喁（yú），低声细语。是说众山相齐。

（113）落落，疏阔。是说一大山在疏落的小山之间。

（114）訚訚，通"言言"，高大。

（115）嶫嶫（yǎn），山又高又长之状。

（116）参参，长的样子。南朝宋范晔等《后汉书·张衡传》："长余剑之参参。"

（117）焕焕，光亮的样子。莹琇，美玉。

（118）敷，布。

（119）"閜閜（xì）"句，山如屋檐摧坏，有下投之势。雷（liù），屋檐。

（120）"兀兀"句，兀兀然狂似兽走。兀兀，不安之状。狃（niǔ），兽疾走。

（121）超，东汉许慎《说文》："超，跳也。"

（122）"蠢蠢"句，是说蠢蠢起动，而不肯勉力进趋。蠢蠢，动扰之状。骇，起。懋（mào），勤勉。以上写第三次直登山顶，尽睹众山之形态。

（123）经纪，秩序。肖，像。腠（còu），肌肉的纹理。

（124）厥初，初。开张，开辟。

（125）黾俛（mǐn miǎn），一作"俛仰"。《文选·秋胡诗》李善注："黾俛，犹俯仰也。"侑（yòu），幼。

（126）兹，此，指南山。朴，大。

（127）勠力，合力。勠，"勠"的假借字。疚（jiù），久病。劳疚，劳苦。

（128）得非，莫非，岂不是。斧斤，斧头。

（129）鸿荒，指太古，混沌初开之世。传，传说。屈原《天问》："遂古之初，谁传道之。"

（130）"功大"句，是说创造功大，莫能酬值。僦（jiù），租赁。酬僦，酬费。

（131）祠官，指南山管理巫祠的官员。《史记·高祖本记·封禅书》："高祖令长安置祠祝，而南山巫祠南山秦中。"

（132）"芬苾（bì）"句，是说南山之神甚灵异，能降临歆受烟祀。芬苾，又作"苾芬"，芬芳，形容祭品的浓香。《诗经·小雅·楚茨》："苾芬孝祀。"郑玄笺："苾苾芬芬，有馨香也。"歆，《诗经·大雅·生民》："上帝居歆。"注："鬼神食气曰歆。"

（133）斐（fěi）然，文采盛的样子。歌诗，可唱的诗，指此诗。

（134）赞，佐。报酭（yòu），指报神之祭。酭，劝酒，酬酒。

【赏析】

这是韩愈的一首著名山水长诗。诗人采取赋体铺排手法，极力刻画终南山的山势景物和四时变幻，千姿百态，光怪陆离，是韩愈险怪风格的一篇杰作。南山，即终南山，在今陕西西安南，属秦岭山脉。

全诗可分为六节。

"吾闻京城南"以下十句为第一节，说明写《南山诗》的原因。诗人以议论开端，总领全篇。他说，我听说京城的南边，是群山聚集的地方；东西两头都与海为界，大范围的概貌和小范围的详情都难以深究。山经和地志上的记载，又茫昧不明，不可作为依据，想以估猜之辞挈其大纲，又怕挂一漏万。可是欲罢不能，姑且粗略地叙述一下经过南山时所看到的情景吧。这是娓娓道来、慢慢入彀的写法，极易引起读者兴趣。

"尝升崇丘望"以下十四句第二节，写远望南山时所看到的概貌。诗人说，我曾经登上高丘眺望，南山群峰像羊群之角戢戢然凑集在一起。当天朗气清之时，南山耸然冒出尖棱；山脉如缕，碎分如绣。岚气浑合泅涌，在山里山外流动，无风也自动飘浮流荡。山脉如水势蜿蜒，在和煦的阳光照耀下，山上树木更显得柔和茂盛。半山腰的横云时时凝聚不动，云层上露出几个山峰。远峰浮在天空，像美女淡淡的长眉，简直就是用浓绿的彩色刚画出来的图画。有时孤峰特立，拔地凌霄，岩峻镵峭；有时双峰对峙，如鹏浴海，展翅张喙。这一段用了很多比喻，一类是静态的比喻，如分绣、修眉、新画，以形容南山的清新秀美；另一类是动态的比喻，如戢戢相凑的羊角、展翅开喙的大鹏，以摹写南山的峥嵘险峻。通过这两类比喻，再加上一些具体景物的白描，已从整体上勾勒出南山的大概面貌，为下文进一步描写打下基础。

"春阳潜沮洳"以下十八句为第三节，描写南山的四时变化。春大南山"濯濯吐深秀"，依然峥嵘突兀；夏季"荫郁增埋覆"，南山群峰结构成无数美丽迷人的图案；秋霜陵侵草木，南山则"磔卓立瘣瘦"；冬季清幽静默，"冰雪工琢镂"。这一段诗人抓住南山四季不同的景色特征，要言不烦地写出它的四季风光，用词之精练贴切，达到了出神入化的程度。

"西南雄太白"以下六十八句为第四节，写前两次往游所见景色。先略写终南山主峰太白、昆明池，再重点写湫中景观。后者在写法上则采取移步换形之法，全段共分五个层次来写：一层，写山麓向上攀登时所见；二层，写山中群岭纠葛，开而复合，十分险恶；三层，写攀登失道，走入深谷，如陷井中；四层，写便道观赏湫中神异景物；五层，写归途中的感想。其中景物刻画，心理揣摩、形容想象、慨叹感触等水乳交融地化成一片，最可见诗人的艺术功力。这是第一次游山。第二次游山写得更加简略。因为诗人是因遭迁谪，途经蓝田，第二次去游终南山，又适逢阴云密布，大雪纷飞，崎岖的山路又结了冰，不敢贸然攀登，只看看左右近处风光，便急速退回。两次往游，都入山未深，半途而返，未能饱览终南秀色，这就为正面描写终南景色之前、用侧笔进行层层渲染蓄了势。

"昨来逢清霁"以下八十句为第五节，写第三次往游，直登山顶，尽睹终南景色。这是本诗重点所在。诗人镂心刻骨，穷极形容，比物取象，尽态极妍，使南山之险峻雄奇、光怪陆离尽呈笔底。诗人说，昨天我又来游终南山，正好碰上个晴朗的天气，宿愿才得以实现。我终于登上山顶，在途中鼯鼠还不时从人前窜过。登高一望，豁然开朗，群峰俯伏在脚下，好像烂漫地堆着许多有皱折的物件：有的连在一起好像后面的跟着前面；有的好像在蹙着眉头搏斗；有的像趴在那儿一动不动；有的竦立在那儿好像在惊叫；有的散开好像分裂的瓦片；有的奔赴好像辐条集凑；有的翩翩好像船儿在漂流；有的急迫好像鸟儿在飞奔；有的背靠着背好像彼此讨厌；有的面对着面好像昵昵情深；有的群峰丛杂好像竹子抽笋；有的兀然特立好像艾炷灸病；有的色彩错杂好像绘画；有的线条勾连好像篆籀；有的星罗棋布好像满天星斗；有的聚集一起好像云儿停留；有的飘浮汹涌好像惊涛骇浪；有的支离破碎好像锄去杂草；有的像古代的猛士孟贲、夏育之流，为了赌胜，强有力的争先恐后、得意扬扬，落在后的怕受责罚、噤若寒蝉；有的像至高无上的帝王，早朝时聚集着文武百官，长幼尊卑不等，而帝王对待他们，虽然亲近却并不猥亵，即使疏远也不悖谬；有的好像面对着丰盛的宴席，美味佳肴陈列满桌；有的好像去游九原，满目都是埋有椁柩的坟头；有的像盆盎重叠；有的像登豆分立；有的像伏在地上晒背的龟鳖；有的像仰面朝天躺着的野兽；有的像见首不见尾的神龙；有的像搏击小鸟的鹰鹫；有的并肩而立像至亲好友；有的前后相随像大妻小妾；有的迸散好像漂泊流落；有的顾恋好像有所期待；有的暴戾好像仇敌；有的亲密好像婚媾；有的像正襟危坐；有的翻然像舞袖翩翩；有的屹然像两军对垒；有的包围像山野打猎；有的像要向东倾倒；有的像要向北偃卧；有时旭日东升，像火焰熊熊；有时云雾飘浮，像燕气腾腾；有的好像一直前行而不愿停止；有的像遗落在地而不愿收拾；有的像斜着但不倾侧；有的像松弛但不张开；有的光溜溜像秃头无发；有的烟熏熏像积柴着火；有的像占卜时龟壳坼裂；有的像占卦时爻辞不同；有的前边横连像剥卦；有的后边断裂像姤卦；有的像长长的分离又连属；有的像刚决的判分后又遇合；众山相齐好像喁喁鱼口戏弄浮萍；一座大山在疏落的小山间，好像月亮经过星宿；有的好像竖起的高大墙垣；有的好像构成甀形的库房和马厩；有的像削成的长长剑戟；有的像衔着辉煌的美玉；有的像花朵布满枝条；有的像屋檐摧坏下投；有的像悠悠然舒畅而安静；有的像兀兀然发狂而奔走；有的像超拔上出还想争先；有的像蠢蠢欲动不肯用力。在这一大段中，诗人连用51个"或"字和14组叠字，一气奔注，汩汩滔滔，而又千姿百态，极尽变化之能事，非有巨大的才力和丰富的知识、深厚的生活积累及精细深入的观察是无法办到的。从这一点来说，真可以说是前无古人、后无来者。

"大哉立天地"至篇末十四句为第六节，以议论总结全诗。"大哉立天地"二句，总束上文，总赞南山。接下来八句，推求南山起源，歌颂创建南山之伟绩。末四句，礼赞南山的灵异，诗人表明之所以写这首《南山诗》，主要是为了报答神灵的创建之功。

韩愈的《南山诗》，以体物为饵，写出了南山雄奇怪异风光，体现了造化造物的伟大功绩，不愧为记游诗名篇。清顾嗣立说："公以画家之笔，写得南山灵异缥缈，光怪陆离，中间连用五十一或字，复用十四迭字，正如骏马下冈，手中脱辔。忽用'大哉立天地'数语作收，又如柝声忽惊，万籁皆寂。"（转引自《韩昌黎诗文系年集释》卷四）

其铺写山势景物，列写四时变幻，可以说是一种雕肝呕肺的散文文字，显然把诗歌的含蓄精练、比兴象征撇在了一边。

毛泽东认为韩愈的这首《南山诗》，"如散文那样直说"，充分表现了他以文为诗的特点。毛泽东颇不欣赏。1959年4月15日在党的八届七中全会上，谈到做工作要留有余地时，毛泽东说：统统讲完，像韩愈作诗，人们批评他的缺点，就是他的文章同诗都是讲完的，尽量讲，他不能割爱，特别是他的那首《南山诗》。毛泽东的这个批评，可谓一语中的，十分恰切。（毕桂发）

调张籍

李杜文章在⁽¹⁾，光焰万丈长。不知群儿愚⁽²⁾，那用故谤伤⁽³⁾？蚍蜉撼大树⁽⁴⁾，可笑不自量。伊我生其后⁽⁵⁾，举颈遥相望。夜梦多见之，昼思反微茫。徒观斧凿迹，不睹治水航⁽⁶⁾。想当施手时⁽⁷⁾，巨刃磨天扬⁽⁸⁾。垠崖划崩豁⁽⁹⁾，乾坤摆雷硠⁽¹⁰⁾。惟此两夫子⁽¹¹⁾，家居率荒凉⁽¹²⁾。帝欲长吟哦⁽¹³⁾，故遣起且僵⁽¹⁴⁾。翦翎送笼中⁽¹⁵⁾，使看百鸟翔。平生千万篇，金薤垂琳琅⁽¹⁶⁾。仙官敕六丁⁽¹⁷⁾，雷电下取将⁽¹⁸⁾。流落人间者，太山一豪芒⁽¹⁹⁾。我愿生两翅，捕逐出八荒⁽²⁰⁾。精诚忽交通⁽²¹⁾，百怪入我肠。刺手拔鲸牙⁽²²⁾，举瓢酌天浆⁽²³⁾。腾身跨汗漫⁽²⁴⁾，不著织女襄⁽²⁵⁾。顾语地上友⁽²⁶⁾，经营无太忙⁽²⁷⁾？乞君飞霞佩⁽²⁸⁾，与我高颉颃⁽²⁹⁾。

【毛泽东圈评等情况】

1961年1月9日，毛泽东写的《满江红·和郭沫若同志》词："小小寰球，有几个苍蝇碰壁。嗡嗡叫，几声凄厉，几声抽泣。蚂蚁缘槐夸大国，蚍蜉撼树谈何易。正西风落叶下长安，飞鸣镝。　　多少事，从来急；天地转，光阴迫。一万年太久，只争朝夕。四海翻腾云水怒，五洲震荡风雷激。要扫除一切害人虫，全无敌。"此词中的"蚍蜉撼树谈何易"，即从韩愈《调张籍》诗中的"蚍蜉撼大树，可笑不自量"化出。

[参考]《毛泽东诗词集》，中央文献出版社1996年版，第135—136页。

1959年9月1日《关于〈到韶山〉〈登庐山〉两首诗给臧克家、徐迟的信》：

"克家徐迟二位同志：

信收到。近日写了两首七律，录上呈政（正）。如以为可，可上诗刊。

近日右倾机会主义猖狂进攻，说人民事业这也不好，那也不好。全世界反华反共分子以及我国无产阶级内部，党的内部，过去混进来的资产阶级、小资产阶级投机分子，他们里应外合，一起猖狂进攻。好家伙，简直要把个昆仑山脉推下去了。同志，且慢。国内挂着"共产主义"招牌的一小撮投机会主义分子，不过捡起几片鸡毛蒜皮，当着旗帜下，向着党的总路线、大跃进、人民公社举行攻击真是"蚍蜉撼大树，可笑不自量"了。全世界反动派从去年起，咒骂我们，狗血喷头。照我看，好得很。六亿五千万伟大人民的伟大事业，而不被帝国主义及其在各国的走狗大骂而特骂，那就是不可理解的了。他们越骂得凶，我就越高兴。让他们骂上半个世纪吧！那时再看，究竟谁败谁胜？我这两首诗也是答复那些王八旦的。

毛泽东九月一日"

毛泽东信中说的两首诗指《到韶山》《登庐山》。信中也引用的"蚍蜉撼大树，可笑不自量"即出自韩愈的《调张籍》。

[参考]《建国以来毛泽东文稿》第八册，中央文献出版社1993版。

【注释】

（1）李杜，李白和杜甫，唐代的两大诗人。文章，文辞或独立成篇的文字，包括诗歌和散文。

（2）不知，无知。群儿，指幼稚的人们。

（3）那用，何故，为什么。

（4）蚍蜉（pí fú），大蚂蚁。

（5）伊，发语词。

（6）"徒观"二句，以大禹治水为喻，是说自己看到了李、杜诗作，但无从知道李、杜的创作过程，好像虽见到大禹开山凿河的踪迹，却不能见到他治水的航程一样。斧凿痕，喻千锤百炼的诗文。瞩，注视。治水航，喻惨淡经营的写作过程。

（7）施手，动手，即下笔。

（8）磨，通"摩"，碰到。

（9）垠（yín）崖，指江边峭壁。划崩豁，划然裂开。用晋郭璞《江赋》"㵘如地裂，豁若天开"句意。划，裂缝。

（10）摆，摇动。雷硠（láng），崩塌的声音。乾坤，指天地。

（11）夫子，古代对男子的敬称。

（12）率（shuài），大抵。荒凉，指穷困。

（13）帝，指天帝。

（14）起且僵，时起时仆，喻升沉不定。僵，仆倒。

（15）翦翎，三国魏祢衡《鹦鹉赋》："闭以雕笼，翦其翅羽。"喻天帝使他们困顿。

（16）"金薤（xiè）"句，金字写在玉版上，言其不朽。薤，指古代的薤叶体。王愔《文字志》："倒薤书者，小篆体也，垂支浓直，若薤叶也。"薤，多年生草本植物，叶细长如韭。琳琅，美玉。

（17）敕，命令，此指天帝的诏命。六丁，道书中的天神名。

（18）取将，拿去。

（19）太山，即泰山。豪芒，一丁点儿。豪，通"毫"。

（20）八荒，八方。

（21）精诚，一作"精神"。

（22）刺手，赤手空拳。

（23）酌，舀。

（24）汗漫，广大，不可知，无拘束。《淮南子·道应训》："吾与汗漫期于九垓之外，吾不可以久驻。举臂而竦身，遂入云中。"

（25）襄，织锦。《诗经·小雅·大东》："跂彼织女，终日七襄。"这里"织女襄"，据东汉许慎《说文》解为织文，指说如织女织成的文章。

（26）地上友，指张籍。

（27）经营，指构思。无太忙，无乃太忙，岂不太忙吗？

（28）乞（qǐ），给予。霞珮，美丽的珮带。

（29）颉颃（xié háng），上下翻飞之状。《诗经·邶风·燕燕》："燕燕于飞，颉之颃之。"颉，飞上；颃，飞下。这里是偏义用法，只取飞上的意思。

【赏析】

这首五古是韩愈诗作中的名篇，诗中对李白、杜甫的诗歌成就作了极高的评价，也表示出作者对前辈诗人的倾慕。调（tiáo），调侃，戏谑。

《调张籍》，犹《戏赠张籍》，此诗大约作于元和十年（815）或十一年（816）。

全诗可分为三节。前六句为第一节，写作者对李、杜诗文的高度评价及其对轻薄后生诋毁前辈的讥斥。"李杜文章在，光焰万丈长。"起首二句以形象化的语言，高度评价李杜在文学创作上的伟大历史功勋，这一评价已经成为对两位伟大诗人的千古定评。接下来的四句说，还有"不知群儿愚"，对这两位大诗人进行"谤伤"。这几句诗意在说理，浸透着强烈的感情色彩，而且气势磅礴，形象生动，富于韵味，成为后世常常称引的名句。

"伊我生其后"以下二十二句为第二节，写诗人对李、杜的钦仰，赞扬他们诗歌的高度成就。其中"伊我"四句描摹了诗人对李、杜的深挚怀念和仰慕之情，昼思夜想，举颈遥望，感情真挚而热烈。"徒观"六句说读到李、杜光彩四溢的诗篇时，便不禁追想起他们兴酣落笔的情形，像大禹治水一样，挥动着摩天巨斧，截断山崖，乾坤摇荡，天崩地裂，是何等壮美，令人惊叹不止。在这里，诗人融丰富奇特的想象于具体可感的生动比喻之中，形容李、杜诗风惊天动地的雄伟气概，同时也呼应前段，有力地反衬出谤伤李、杜的"蚍蜉"的幼稚可笑。"惟此"六句，感叹李、杜生前不遇。天帝要使诗人永不停止歌唱，故意使得他们处境十分坎坷。他们好比剪了羽毛的鸟儿被关在笼中，不得展翅翱翔。"平生"六句，颂扬李、杜诗歌创作的无比丰富和美妙，同时又惋惜他们的诗文多有佚失。他们的作品好像神仙收走了一样，留在人间的，只不过是泰山的一根毫芒。

"我愿生两翅"至篇末十二句为第三节，又分两层意思来写。"我愿"八句极写诗人对李、杜的不可抑止的仰慕之情，恨不得自己也身生双翅，遨游宇宙之上，精诚交通，升天入地，捕捉八荒，自由自在，发天籁之音，甚至连织女缝织的仙衣也不愿穿了。末四句以调侃的笔调，含蓄地劝告他的学生张籍不要在雕章琢句上徒费心智，而应和自己一样，以李、杜为榜样，在艺术上有更高的追求，这自然便归结到题旨上。

韩愈喜欢用排比铺张的长篇古风形式，以奔腾的语言，独特的想象，惊人的比喻，以文为诗的手法，创造一种雄浑奇崛的风格。本诗便是这类诗中的代表作之一。他以"光焰万丈长"状李、杜的业绩；用"蚍蜉撼大树"喻谤伤伟大诗人的可笑和不自量力；用"巨刃摩天扬"形容治水的大禹和文坛上的李、杜；用"垠崖划崩豁，乾坤摆雷硠"状李、杜撼天动地的雄伟诗风：以"我愿生两翅，捕逐出八荒"形容自己追求李、杜的狂热，等等。这一系列人间和仙界、天上和地下的奇特的、想象力丰富的比喻，笔力雄健，神采飞扬，是韩愈诗风的突出表现。韩愈的这种诗风，对李贺的奇谲的诗风及后来苏轼的豪放诗风，都有不小的影响。

在本诗中，"李杜文章在，光焰万丈长"，便成为对李、杜的定评。"蚍蜉撼大树，可笑不自量"，便用来比喻自不量力。毛泽东在《满江红·和郭沫若同志》一词中的"蚍蜉撼树谈何易"，即由此二句化出。他在1959年给臧克家、徐迟的信中又引用了这两句诗，说明他对这首诗十分欣赏。

（毕桂发）

刘禹锡

刘禹锡（772—842），字梦得，洛阳（今河南洛阳）人，其先为中山靖王刘胜。

唐德宗贞元九年（793），刘禹锡进士及第，初在淮南节度使杜佑幕府中任记室，后从杜佑入朝，为监察御史。贞元末，与柳宗元、陈谏、韩晔等结交王叔文，形成了一个以王叔文为首的政治集团。后历任朗州司马、连州刺史、夔州刺史、和州刺史、主客郎中、礼部郎中、苏州刺史等职。会昌时，加检校礼部尚书。曾任太子宾客，世称"刘宾客"。卒年七十，赠户部尚书。刘禹锡诗文俱佳，涉猎题材广泛，与柳宗元并称"刘柳"，与韦应物、白居易合称"三杰"，并与白居易合称"刘白"。其诗通俗清新，善用比兴手法寄托政治内容。有《陋室铭》《竹枝词》《杨柳枝词》《乌衣巷》等名篇。

【原文】

松滋渡望峡中

渡头轻雨洒寒梅⁽¹⁾，云际溶溶雪水来⁽²⁾。
梦渚草长迷楚望⁽³⁾，夷陵土黑有秦灰⁽⁴⁾。
巴人泪应猿声落⁽⁵⁾，蜀客船从鸟道回⁽⁶⁾。
十二碧峰何处所⁽⁷⁾，永安宫外是荒台⁽⁸⁾。

【毛泽东圈评等情况】

毛泽东曾圈点这首《松滋渡望峡中》。他读一本中华书局影印本清沈德潜编选《唐诗别裁集》卷十五"七言律诗"时圈阅了这首《松滋渡望峡中》。

[参考] 张贻玖：《毛泽东评点、圈阅的中国古典诗词》，中国工人出版社1992年版，第233页。

【注释】

（1）渡头，即松滋渡，在今湖北松滋西。

（2）溶溶，水流盛大之状。《楚辞·刘向〈九叹·逢纷〉》："杨流波之漫黄兮，体溶溶而东回。"王逸注："溶溶，波流貌。"雪水，指江水。长江上游多高山，夏日积雪消融入江，故云。

（3）梦渚（zhǔ），即云梦泽，古泽薮名，在今湖北监利一带。南朝梁范云《饯谢文学》："阳台雾初解，梦渚冰裁绿。"楚望，指楚国山川。

（4）夷陵，本楚国先王墓名，后为县名，在今湖北宜昌境内。秦灰，指秦名将白起进攻楚国时，火烧夷陵事。

（5）巴人，巴地之人。巴，古国名，在今四川东部。泪应猿声落，古渔歌云："巴东三峡巫峡长，猿鸣三声泪沾裳。"

（6）蜀客，蜀地之客。蜀，指四川。鸟道，指人迹兽迹不到、只有鸟能飞到的地方。

（7）十二碧峰，指巫山，相传巫山有十二峰而得名。神女峰即其中之一。

（8）永安宫，在今重庆奉节东古白帝城，为刘备托孤之所。

【赏析】

《松滋渡望峡中》是一首写景兼怀古的七言律诗。松滋渡，在今湖北松滋西北。

刘禹锡从唐顺宗永贞元年（805）贬连州刺使出京，在外任共历二十二个年头。其间曾担任朗州（今湖南常德）司马、夔州（今重庆奉节）刺史，多次往返均经松滋渡。这首诗应是唐穆宗长庆元年（821）冬末春初赴夔州途中所写。

首联"渡头轻雨洒寒梅，云际溶溶雪水来"。首句"渡头轻雨洒寒梅"先写渡口之景，细雨霏霏，洒落在寒梅之上，美则美矣，但不免使人产生凄迷之感。这就给全诗笼上了一层迷惘的气氛。第二句写看见融化后的雪水从云间奔涌而来，已转入"望"字。"寒梅""雪水"点明时令。

"梦渚草长迷楚望，夷陵土黑有秦灰"，颔联三、四句缅怀秦楚旧事，并写望中所见陆上之景。"楚望"出自《左传·哀公六年》："三代命祀，祭不越望。江、汉、睢、漳，楚之望也。"此处巧妙地借用这一典故，仍扣紧诗题"望"字着笔，极写小洲上青草生长繁茂，以致模糊了诗人的视线。秦将白起攻楚时，曾火烧"夷睦"。"土黑""秦灰"，非常精练地概括了这一历史故实。当然，诗人在这里并不仅仅是追叙史事，而是以山川为见证，抒发了对历史兴亡的无限感慨。当年，楚国横跨江、汉、睢、漳，地域广阔，物产丰饶，但秦人一炬，毁其先王之墓，最终不免亡国。而秦王朝一统天下，自以为"子孙帝王万世之业"，于今亦仅有攻城掠地时留下的陈迹供人凭吊而已，同样令人可悲。诗人在这里含蓄地告诉人们：帝王之业，是不可能千秋万代传之不朽的。这一联中的"迷""有"二字极有深意。"迷"字既是写因"草长"而产生的实感，也是写面对山川、联想史事时引起的迷惘之情。"有"字既见出历史故实在人们心目中留下了深深的印记，也是在兴叹山川未改而王霸之业仅仅余有灰烬而已。

"巴人泪应猿声落，蜀客船从鸟道回"，颈联五、六句主要写望中所见的江中之景。五句系化用"巴东三峡巫峡长，猿鸣三声泪沾裳"古歌，写船客的哀愁。六句"船从鸟道回"又明从"望"中着墨，写船夫的艰辛和三峡的迂回曲折。但诗人在这里并非是单纯描摹客观景象，而是另有深意。上联是写王朝旧事，此联笔锋一转，写的是百姓愁苦。合起来读，就不难发现，诗人有"兴，百姓苦；亡，百姓苦"（元张养浩《潼关怀古》）的深沉感慨。

尾联"十二碧峰何处所，永安宫外是荒台"两句，写诗人因望而生联想。从巫峡十二峰自然会想到楚王梦神女的传说，从荒台也可能想到神女所居的阳台，从永安宫也会想到蜀先主刘备，他就是"崩年亦在永安宫"（唐杜甫《咏怀古迹》其四）。"何处所"应前"迷"字，"荒台"与首联之美景相映衬，见出无穷感叹。"十二碧峰何处所"，令人感到神话传说是那样虚无缥缈，前朝王事亦成虚无。而永安宫外，徒有荒台，争为帝王者，也是可哀。

这首诗借景怀古，以精练含蓄的语言和丰富的联想将景物与历史故实、神话传说融合在一起，似写景而实怀古，似怀古而真写景，怀古中有感慨有识见，景中有情，情中有景，情景浑然一体，客观景象与主观感受结合无间。这正是刘禹锡一些写景兼怀古诗的共有特色。（毕国民）

再授连州至衡阳酬柳柳州赠别

去国十年同赴召⁽¹⁾，渡湘千里又分歧⁽²⁾。

重临事异黄丞相⁽³⁾，三黜名惭柳士师⁽⁴⁾。

归目并随回雁尽⁽⁵⁾，愁肠正遇断猿时⁽⁶⁾。

桂江东过连山下⁽⁷⁾，相望长吟有所思⁽⁸⁾。

【毛泽东圈评等情况】

毛泽东曾圈点这首《再授连州至衡阳酬柳柳州赠别》。他在读一本中华书局影印本清沈德潜编选《唐诗别裁集》卷十五"七言律诗"时圈阅了这首《再授连州至衡阳酬柳柳州赠别》。

[参考] 张贻玖：《毛泽东评点、圈阅的中国古典诗词》，

中国工人出版社 1992 年版，第 233 页。

【注释】

（1）去国，指离开国都长安。十年，指唐顺宗永贞元年（805）被贬到唐宪宗元和九年（814）冬被召回长安这段时间。

（2）湘，湘江，在今湖南境内。分歧，分路。

（3）重临，两次担任同一地方的长官。黄丞相，指汉代黄霸，曾两度担任颍川太守，后来做了丞相。此是刘禹锡自指。

（4）三黜（chù），三次被贬。士师，狱官。柳士师，指春秋时鲁国的士师官柳下惠，柳下惠曾三次做士师官，又三次被罢免。《论语·微子》：柳下惠为士师，三黜。曰："直道而事人，焉往而不三黜？……"柳下惠即展禽，他居住的地方叫柳下，死后的谥号叫惠。此指柳宗元。

（5）归目，向北望的眼光。回雁，向北飞的雁群。衡阳有回雁峰，相传北雁南飞到此为止，逢春北归。

（6）断猿，指猿声断断续续。

（7）桂江，即漓江，在今广西东北部。连山，指连州境内的山。

（8）有所思，古乐府篇名。这里只是用它的字面意思。

【赏析】

《再授连州至衡阳酬柳柳州赠别》是一首七言律诗。连州，今广东连州。柳柳州，柳宗元。

刘禹锡这首诗作于唐宪宗元和十年（815）夏初。十年前他和他的挚友柳宗元因参与王叔文革新活动，被贬放湖湘远郡。是年正月刚得召还长安，时仅一月，因游玄都观，写了《元和十年自朗州至京戏赠看花诸君子》一诗，触怒权贵，又被排挤到更加荒远的岭南州郡去。而柳宗元这时也再次被贬为柳州刺史。两人同出长安南行，到衡阳分手，柳宗元作《衡阳与梦得分路赠别》一诗赠刘禹锡，《再授连州至衡阳酬柳柳州赠别》则是对柳宗元诗所作的回答。

"去国十年同赴召，渡湘千里又分歧"，首联两句，寥寥几笔，就把刘、柳二人屡遭挫折的经历勾画出来了。对起述事，句稳而意深，为下文的展开创造了条件，可谓工于发端。

"重临事异黄丞相，三黜名惭柳士师"，颔联二句承上抒感，而用典入妙。刘禹锡初次遭贬，即谪为连州刺史，途中追贬为朗州司马。此时再贬连州，所以叫作"重临"。关于这次"重临"州政的状况，诗人巧妙地以典明志。西汉时有个贤相黄霸，两度出任颍川太守，清名满天下；而刘的"重临"，则是背着不忠不孝的罪名，带着八旬老母流徙南荒。这是积毁销骨的迫害。诗人通过"事异"两字把互相矛盾的情况扭合到一起，带有自嘲的口气，暗含对当政者的不满和牢骚。下一句，诗人又用了春秋时柳下惠的故事：柳下惠为"士师"（狱官），因"直道事人"三次遭贬黜，这里用以比作同样"三黜"过的柳宗元。同时也暗示他们都是因坚持正确的政见而遭打击的。用典姓切、事切，可谓天衣无缝。"名惭"，是对与柳齐名自愧不如的谦词，表示了对柳的敬重之意。

"归目并随回雁尽，愁肠正遇断猿时"，颈联两句，将笔锋从往事的萦回折入眼前的别况。"归目并随回雁尽"句，把两位志同道合的友人分手时的情景描绘得多么有情有致：两位迁客并影荒郊，翘首仰望，他们深情的目光注视着北回的大雁，一直到雁影在天际消失。一个"并"字，一个"尽"字，写得十分传神，把他们共同的望乡之情极为凄怆地传达出来了。"愁肠"句，从张说"津亭拔心草，江路断肠猿"诗中化出。心已伤楚，更不堪断断续续催人泪下的哀猿悲啼。诗人以"回雁""哀猿"衬托别绪，诗境也变而凄厉了。这等地方，正是作者大力经营处，真足以摇荡人心。

"桂江东过连山下，相望长吟有所思"，尾联两句，设想别后，以虚间实，笔姿灵活。"桂江"和"连山"并无相连之处，因此这里并不是实说桂水东过连山。下一句所要回答的问题就是如何把这东西远隔的两地联系起来。原来连接双方的，正是山水相望、长吟远慕的无限相思呵！"有所思"，也是古乐府篇名，这里出现，语意双关。最后两句，一纵一收，转折于空际，挽合十分有力。其技法与杜甫的"瞿塘峡口曲江头，万里风烟接素秋"（《秋兴八首》之六）相似。不过杜诗抒发的是个人对云山万里的故国的怀念，这里则用"相望"二字，把这一对志同道合又遭隔别的友人的生死不渝情谊，从彼此两方写出，与杜诗不尽相同，而有袭故弥新之妙。（毕国民）

【原文】

与歌者何戡

二十余年别帝京⁽¹⁾，重闻天乐不胜情⁽²⁾。
旧人唯有何戡在，更与殷勤唱渭城⁽³⁾。

【毛泽东圈评等情况】

毛泽东曾圈点这首《与歌者何戡》。他在读一本清沈德潜编选《唐诗别裁集》卷二十"七言绝句"时圈阅了这首《与歌者何戡》。

[参考] 张贻玖：《毛泽东评点、圈阅的中国古典诗词》，中国工人出版社 1992 年版，第 233 页。

【注释】

（1）帝京，帝都，京都，指唐都城长安。

（2）天乐（yuè），仙乐。常借指美妙的音乐。唐沈佺期《峡山寺赋》："仙人共天乐俱行，花雨与香云相逐。"胜情，感情无法抑制。

（3）更，再。渭城，乐府曲名，亦名"阳关三叠"，即唐王维《送元二使安西》诗："渭城朝雨浥轻尘，客舍青青柳色新。劝君更尽一杯酒，西出阳关无故人。"

【赏析】

这首诗作于大和初年，距永贞政治革新失败、刘禹锡被贬出京约20余年。中间元和十年（815）诗人虽一度入京，但时间只有两个月，故不计在内。

《与歌者何戡》是一首七言绝句。何戡，元和、长庆年间一位著名的歌手。此诗通过写听故人演奏旧时宫廷音乐，抒发昔盛今衰之感。

"二十余年别帝京，重闻天乐不胜情"，一、二两句所指自然是唐文宗大和二年（828）诗人回到长安的事与情，但这话同时也就告诉了读者"二十余年"前，诗人曾在帝京，并且听过"天乐"。这表明诗人当年并非长安一布衣。一别多年，帝京重返，且又听到熟悉的"天乐"，此时此地，直教诗人情难自已。这"情"的内涵是喜还是悲，是伤抑是慨，并没有明确说出，要知道答案，就必须了解诗人"二十余年"前在长安的情况，而后又是怎样"别帝京"的，"别"后这二十多年又是怎么度过的，还有与他一样"别帝京"的朋友们，又有着怎样的遭遇。这些问题，事实上就是一段"永贞革新"的兴起和失败的历史，保守势力对革新派残酷迫害的历史，这里有包括诗人在内的"二王八司马"的悲剧，还有这些悲剧人物之间的相互激励、相濡以沫的动人篇章。只有思索回味了这些，读者才能体会到"二十余年别帝京，重闻天乐不胜情"的深沉内涵和无限悲慨。对此，诗人有时也表现得比较明快直率，比如"昔年意气结群英，几度朝回一字行。海北天南零落尽，两人相见洛阳城"（《洛中逢韩七中丞之吴兴口号》）。这是头一年（827）回长安途中在洛阳遇到韩泰时写的，可见这种悲愤之情，久已郁积于胸，"洛中逢韩七""重闻天乐"，都不过是遇事则动、借题发挥而已。宋谢枋得《注解选唐诗》说："'不胜情'三字有味，旧人唯有何戡在，见得旧时公卿大夫与己为仇者，今无一存，惟歌妓何戡尚在。"

一、二两句由今而入昔，思绪万端，言简意丰，情溢于词，而对于全诗来说还只是开始，它给与何戡重逢创造了环境和心理的背景。第三句"旧人唯有何戡在"折转入正题，妙以何戡之在，点出"旧人"之不在，如此情景，则"在"亦悲，"不在"亦悲，无限悲痛，隐于字背。况且唯有的一位旧人何戡，又偏不忘旧事，又为他唱起了当年送别的离歌《渭城曲》——"西出阳关无故人"——可没有人能想到重入长安无故人。何戡一曲，明瞿佑《归田诗话》说："（刘禹锡）晚始得还，同辈零落殆尽。有诗云：'昔年意气伍群英，几度朝回一字行。二十年来零落尽，两人相遇洛阳城。'又云：'休唱贞元供奉曲，光时朝士已无多。'又云：'旧人惟有何戡在，更与殷勤唱渭城。'盖自德宗后，历顺、宪、穆、敬、文、武、宣、凡八朝。旧日的'别帝京'，此时的耆旧凋零，更是齐袭心头，千层浪，万重波。滔滔难平。"有人说艺术贵在引人思索，此诗之妙，大概也在于此。（毕国民）

【原文】

和令狐相公牡丹

平章宅里一阑花[1]，临到开时不在家。
莫道两京非远别[2]，春明门外即天涯[3]。

【毛泽东圈评等情况】

毛泽东曾两次手书这首《和令狐相公牡丹》。

[参考]中央档案馆整理：《毛泽东手书选集·古诗词卷（上）》，北京出版社1996年版，第259—260页。

【注释】

（1）平章，官名，唐代以尚书、中书、门下三省长官为宰相，不常设置，选任其他官员加同中书门下平章事之名，简称"同平章事"，参与国事。

（2）两京，指唐代京城长安和东都洛阳。

（3）春明门，古长安门名。长安城东面有三道城门，中间的一道叫作春明门。

【赏析】

此诗写于唐文宗大和三年（829）三月，作者刘禹锡在长安任集贤殿学士时。令狐楚元和十五年被贬衡州，大和二年（828）刚刚被召回京师任户部尚书，不及半年又被调任为东都留守。唐朝京都在长安（今陕西西安），以洛阳（今河南洛阳）为东都。唐人以京官为重，东都留守虽为重臣，名声很大，但实为闲职。远离京国使令狐楚怏怏不乐，遂作《赴东都别牡丹》："十年不见小庭花，紫萼临开又别家。上马出门回首望，何时更得到京华？"诗咏小庭牡丹，抒别家外任的感慨。刘禹锡与令狐楚交谊深厚，亦为其不平而唱和作此诗。

令狐楚，字壳士，敦煌（今甘肃敦煌）人。以文学有名，尤善笺奏制令。宪宗时为中书舍人。和皇甫镈、李逢吉结党而逐名相裴度，颇干清议。敬宗时为尚书仆射，外为诸镇节度使，所至皆有政声。卒于山南西道节度使。当宦竖用事，颇因论奏忤仇士良等，然不能有所匡救。卒谥文。"相公"，旧时对宰相的称呼。令狐楚曾官中书舍人、尚书仆射，皆参决朝政，故称之为相公。此诗刘禹锡以牡丹为题，但诗不是单单描写牡丹的国色，因这种花盛开于京城，故而牡丹也寄托了诗人心中复杂的感慨。

这是一首七言绝句。"平章宅里一阑花，临到开时不在家"，一、二句是和令狐楚诗的前二句。令狐楚十年外任回到家中，正值小庭牡丹含苞待放，但又要到东都洛阳赴任，多么遗憾呀！刘氏接着令狐楚的话头说，相公您家中一栏牡丹，临到开花时您又不在家了（牡丹年年盛开，观赏牡丹为唐时盛事）。十年之中没有观赏，如今回来本有观赏的机会，又要离开，惋惜之情溢于言表。要论观赏牡丹，令狐楚去的东都洛阳倒是最好不过了，因为"洛阳牡丹甲天下"。在洛阳赏牡丹，要比在家赏牡丹强百千倍，为什么还要惋惜呢？因为二人之意均不在牡丹，而是别有怀抱。这两句诗点明了临到开放主人却不在的创作背景，平铺直叙，不起一字波澜。值得体会的，是诗人借别牡丹写别家别京城的写作手法，以牡丹的鲜明形象寄托了家和京国的含义在其中，字在牡丹而意属别离，使得诗意委婉清新。

紧随话锋突转："莫道两京非远别，春明门外即天涯"，三、四两句中的"莫道"两字戳破"两京非远别"之谬，用否定的句式表达出作者强烈的情感。"春明门"则以小处着眼，以出春明门这离京赴东都的必经之门代指离京去国。"即"字，言离京一步便是天涯，情感强烈，笔法夸张。从"一栏花"之小，到"天涯"之大；以"春明门"之近，到"天涯"之远，作者用鲜明的对比、强烈的句式、借代夸张的修辞手法十分精练地表达了离京的深深感慨。前句委婉清新，后句却尽意抒怀，前后情感强度反差也使诗中情感愈加鲜明，更是将离京之凄楚眷怀诉说得淋漓尽致。全诗借牡丹为题，言在牡丹，韵系离愁，道尽去京国赴天涯的沉浮感慨，是一篇借物抒怀之佳作。

刘禹锡唱和之作较令狐楚诗情感更强烈，能言令狐楚所未能言，此宜结合作者生平体会。刘禹锡因"永贞革新"失败连贬远州司马，又受尽谗言所害，一生多数时间都是远离京国的逐放生涯。故而尽管是写令狐楚离京，刘禹锡唱和为友不平，又何尝不是杂糅了刘禹锡对自己坎坷仕途的感慨，此诗非是为一人而不平。宋代诗人谢枋得曰："此诗言人臣不可恃圣眷也。……大臣位尊名盛，朝承恩，暮岭海。祸福不可必，一出东城门，去君侧渐远……宠辱转移，特顷刻间，欲入朝辨明不可得矣。'春明门外即天涯'一句绝妙。"（《注解章泉涧泉二先生选唐诗》卷一）

（毕国民）

【原文】

杨柳枝词

炀帝行宫汴水滨⁽¹⁾，数株残柳不胜春。

晚来风起花如雪⁽²⁾，飞入宫墙不见人。

【毛泽东圈评等情况】

毛泽东曾圈点这首《杨柳枝词》。他读一本清沈德潜编选《唐诗别裁集》卷二十"七言绝句"时圈阅了这首《杨柳枝词》。

[参考] 张贻玖：《毛泽东评点、圈阅的中国古典诗词》，
中国工人出版社 1992 年版，第 233 页。

【注释】

（1）炀（yáng）帝，隋朝皇帝杨广。行宫，古代供帝王出行时居住的宫室。汴水，即隋通济渠、唐广济渠东段。自今河南荥阳北引黄河东南流，经今开封及杞县、睢县、宁陵、商丘、夏邑、永城等地，复至东南经今安徽宿县、灵璧、泗县和江苏泗洪，至盱眙对岸入淮河。自隋至北宋为中原通往东南沿海地的主要水运干道。

（2）花，指柳絮。

【赏析】

杨柳枝，此调本为隋曲，与隋堤有关。传至开元，为唐教坊曲名。白居易翻旧曲为新歌，时人相继唱和，亦七言绝句。刘禹锡的《杨柳枝词》是与白居易的唱和之作，一共九首，此为其中的第六首，为怀古的七言绝句，以杨柳见证隋之兴亡，言世事无常之意；同时借隋炀帝荒淫亡国的教训，向唐朝统治者敲响警钟。

"炀帝行宫汴水滨，数株残柳不胜春"，前二句借景抒情，通过今日的荒凉与昔日的繁华相对照，抒发了作者对隋王朝衰亡的感叹。隋炀帝为了满足穷奢极欲的生活，不惜花费大量的人力物力，开凿了贯穿南北的大

运河，并在汴水之滨大兴土木，建造行宫。汴水，大运河的一段。隋炀帝开运河，引汴水入淮河，名通济渠，又叫御河。沿河遍种杨柳树，建有行宫40多座。诗人写当年雄伟豪华的行宫，今日已经荒废了，河沿上只剩下几棵残柳，也禁不起春风的吹拂而显得冷落荒凉。

"晚来风起花如雪，飞入宫墙不见人"，后二句，写昔时的残柳仍在，但已不是当年柳绿花红的美好春光，而是几棵不胜春风的枯枝，在晚风的吹拂下，柳絮纷纷飘落，飞入荒废的宫墙。昔日繁华的行宫中，现在只见柳絮如雪，连一个人影也见不到，其荒凉破败由此可见一斑。宋谢枋得《注解选唐诗》说："炀帝荒淫不君，国亡身丧，行宫外残柳数株，枝条柔弱，如不胜春风之摇荡，柳花如雪飞宫墙，似若羞见时人者。隋之臣子仕唐，曾不曰国亡主灭分任其咎，扬扬然无羞恶心，观观杨花亦可愧矣。"（毕国民）

【原文】

刑部白侍郎谢病长告改宾客分司以诗赠别

鼎食华轩到眼前⁽¹⁾，拂衣高谢岂徒然⁽²⁾？
九霄路上辞朝客⁽³⁾，四皓丛中作少年⁽⁴⁾。
他日卧龙终得雨⁽⁵⁾，今朝放鹤且冲天⁽⁶⁾。
洛阳旧有衡茅在⁽⁷⁾，亦拟抽身伴地仙⁽⁸⁾。

【毛泽东圈评等情况】

毛泽东曾圈点这首《刑部白侍郎谢病长告改宾客分司以诗赠别》。他读一本清沈德潜编选《唐诗别裁集》卷十五"七言律诗"时圈阅了这首《刑部白侍郎谢病长告改宾客分司以诗赠别》。

[参考] 张贻玖：《毛泽东评点、圈阅的中国古典诗词》，
中国工人出版社1992年版，第233页。

【注释】

（1）鼎食，列鼎而食，指世家大族的豪奢生活。《墨子·七患》："故

凶饥存乎国，人君彻鼎食五分之五。"华轩，饰有文采的曲栏，借指华美的殿堂。南朝梁萧统《文选·潘岳〈为贾谧作赠陆机〉》："优游省闼，珥笔华轩。"吕向注："华轩，殿上曲栏也。"

（2）拂衣高谢，振衣而去，指归隐。晋殷仲文《解尚书表》："进不能见危授命，忘身殉国；退不能辞首阳，拂衣高谢。"高谢，一作"高坐"。

（3）九霄，天之极高处，喻皇帝居处。辞朝，辞别朝廷。晋湛方生《后斋诗》："解缨复褐，辞朝归薮。"

（4）四皓，指秦末东园公、甪里先生、绮里季、夏黄公四人，他们隐居商山，年皆八十余岁，时称"商山四皓"。

（5）卧龙，喻隐居或尚未崭露头角的杰出人才。晋陈寿《三国志·蜀书·诸葛亮传》："（徐庶）谓先主曰：'诸葛孔明者，卧龙也，将军岂愿见之乎？'"

（6）今朝（zhāo），今日，亦指目前，现今。放鹤且冲天，即鹤冲天。典出托名东晋陶潜《搜神后记》卷一："丁令威，本辽东人，学道于灵虚山。后化鹤归辽，集城门华表柱。时有少年，举弓欲射之。鹤乃飞，徘徊空中而言曰：'有鸟有鸟丁令威，去家千岁今来归。城郭如是人民非，何不学仙冢累累。'遂高上冲天。今辽东诸丁有言其先世有升仙者。"后遂以鹤冲天谓羽化登仙。

（7）衡茅，衡门茅屋，喻简陋的屋室。东晋陶潜《辛丑岁七岁赴假还江陵夜行涂口》："养真衡茅下，庶以善自名。"

（8）地仙，方士称住在人间的仙人。晋葛洪《抱朴子·论仙》："按《仙经》云：'上士举形升虚，谓之天仙；中士游于名山，谓之地仙；下士先死后蜕，谓之尸解仙。'"这里用以比喻闲散享乐的人。

【赏析】

这首诗是刘禹锡赠给好友白居易的。唐文宗大和三年（829）春，白居易以病辞刑部侍郎而归洛，以太子宾客身份分司东都，曾作《病免后喜除宾客》诗："卧在漳滨满十旬，起为商皓伴三人。从今且莫嫌身病，不病何由索得身？"白诗表面看是为自己辞去刑部侍郎而改任太子宾客这一闲职高兴，但实际上他的病辞是不得已而为之。这一点，刘禹锡是非常清楚的，故作此诗以赠别。

这是一首七言律诗。"鼎食华轩到眼前，拂衣高谢岂徒然"，首联写白居易正值仕途通达，即将高升的时候却急流勇退，以病辞归，这是有原因的。"鼎食"即"钟鸣鼎食之家"，指富贵之家。一个"岂"字，道出了白居易辞归的原委。白的辞归，绝不是轻松地离去，而是政局使之然。大和初年，韦处厚为相，和裴度相呼应，是白居易受重用之时。大和二年（828）十二月处厚暴病身亡，李宗闵将做相，白居易与李宗闵有旧怨。加上崔群的出镇、王涯的内召等人事变动，皆于白居易不利，所以，他才以病辞归。

"九霄路上辞朝客，四皓丛中作少年"，颔联写刘禹锡最了解白居易辞归的原因，知道他分司东都是无可奈何，但在诗中又不好直言道出，故而称其分司东都为高人的隐居，是和仙人同来往。"四皓"，指秦末东园公、甪里先生、绮里季、夏黄公四人，他们隐居商山，年皆八十余，时称"商山四皓"。诗人在此指包括白居易在内的四员太子宾客。这两句是诗人对白居易的安慰：既然在朝廷里不受重用，受到排斥，还不如离开明争暗斗的朝中官员，到东都做逍遥的太子宾客，那样也可以内心安闲，诗酒相酬，避开纷争，颐养天年。

"他日卧龙终得雨，今朝放鹤且冲天"，颈联二句是诗人对好友的劝勉。为了将来能在政坛上发挥才能，施展抱负，暂且忍耐下来，修身养性，等待时机的到来。一个"终"，一个"且"，既看到希望，给以鼓励，又照顾境况，给以安慰，把诗人之情、朋友之谊表现得淋漓尽致。

"洛阳旧有衡茅在，亦拟抽身伴地仙"，尾联二句是刘禹锡说的宽慰话，意谓洛阳是个好地方，倚山傍水，九州通衢，又是历史名城。在那里我原有简陋的房舍。若不是我身不由己，我也想随你一起到洛阳去过闲散的生活。

此诗为赠别之作，况好友又因政治失意而明升暗降，常人用笔，难免格外低沉，情绪缠绵。而刘禹锡此诗则写得潇洒自如，超凡脱俗，令人耳目一新，实为大家手笔。（东民）

赵嘏

赵嘏，生卒年不详。字承祐，山阳（今江苏淮安）人。唐武宗会昌四年（842）进士。大中年间（847—869）官渭南尉，世称赵渭南。诗以七律见长，笔法清圆熟练，时有警句。有《编年诗》二卷、《渭南集》三卷，《全唐诗》收录时合编为二卷。

【原文】

经汾阳旧宅

门前不改旧山河[1]，破虏曾轻马伏波[2]。

今日独经歌舞地[3]，古槐疏冷夕阳多[4]。

【毛泽东圈评等情况】

毛泽东曾圈点这首《经汾阳旧宅》。他读一本清沈德潜编选《唐诗别裁集》卷二十"七言绝句"时圈阅了这首《经汾阳旧宅》。

[参考] 张贻玖：《毛泽东评点、圈阅的中国古典诗词》，中国工人出版社1993年版，第238页。

【注释】

（1）旧山河，江山依旧之意。

（2）破虏，此处指郭子仪平定安史之乱。轻，此谓超过。马伏波，指汉代伏波将军马援。

（3）歌舞地，即歌舞楼。郭子仪建歌舞楼，纵情声色，一定程度上也是避免猜忌的一种手段。

（4）古槐，古代贵族住宅前多植槐树。

【赏析】

这首诗是作者游郭子仪旧居有感而作。郭曾被封为汾阳郡王。汾阳，即汾阳郡王，指郭子仪。郭子仪是安史乱后重建唐王朝的关键人物，因功封汾阳王。他虽拥有重兵，一贯维护朝廷的统一，但生前即遭猜忌，死后，子孙更受权臣杨炎、卢杞等的迫害。史载，唐德宗时卢杞为相，对郭氏田宅多所侵夺，据说曾改为法雄寺。张籍《法雄寺东楼》写道："汾阳旧宅今为寺，犹有当时歌舞楼。四十年来车马地，古槐深苍暮蝉愁。"赵碬亦是有感于时事变迁，人事兴废而作此诗。汾阳旧宅，郭子仪的旧居，在长安亲仁里。

这是一首七言绝句。通过郭氏旧宅的冷落，曲折地反映了统治集团内部的倾轧，感叹本朝待功臣之薄。"门前不改旧山河，破虏曾轻马伏波"，一、二两句重在写郭子仪的功绩，是说郭子仪在平定安史之乱后，还多次和吐蕃、回纥周旋，力挽危局，他破虏的功绩超过了东汉的马援，使唐王朝的统治得以继续存在；今山河如故，而恢复山河者却不堪凭吊，功臣宅第破败得面目全非。言昔日之大功，叹今朝之冷落，不平之鸣显然，含蓄地讽刺了朝廷对功臣的冷落。清沈德潜云："见山河如故，恢复山河者已不堪凭吊矣可感，全在起句。"（《唐诗别裁集》）

"今日独经歌舞地，古槐疏冷夕阳多"，三、四两句写恢复山河的人已不堪凭吊了。你看，昔日笙歌宴舞，曾车水马龙盛极一时的汾阳王宅，今天仅有古槐疏冷，夕阳斜照，一派萧条冷落、寂寞凄凉的破败景象！诗实在为功臣郭子仪鸣不平。（东民）

马 戴

马戴（799—869），字虞臣，定州曲阳（今河北曲阳）或华州（今属陕西）人。唐武宗会昌进士，在太原幕府中掌书记，以直言得罪，贬为龙阳尉。后得赦回京，官终太学博士。擅长五律，诗风壮丽。《全唐诗》录存其诗二卷。

【原文】

楚江怀古

露气寒光集，微阳下楚丘[(1)]。

猿啼洞庭树[(2)]，人在木兰舟[(3)]。

广泽生明月[(4)]，苍山夹乱流[(5)]。

云中君不见[(6)]，竟夕自悲秋[(7)]。

【毛泽东圈评等情况】

毛泽东曾在一本清蘅塘退士原编《注释唐诗三百首》"五言律诗"中这首《楚江怀古》诗题目上方天头空白处连画三个小圈，作为圈阅的标记。

[参考] 中央档案馆整理：《毛泽东评点诗词曲精选（上册）》，

中国档案出版社 1998 年版，第 96 页。

【注释】

（1）微阳，微弱的阳光，此指夕阳。楚丘，楚山，泛指湘江一带的山丘。

（2）洞庭，洞庭湖，在湖南北部，长江之南。

（3）木兰舟，用木兰木造的船。南朝梁任昉《述异记》卷下："木兰川，在浔阳江中，多木兰树。昔吴王阖闾植木兰于此，用构宫殿也。七里洲中，有鲁班刻木兰为舟，舟至今在洲中。诗家云木兰舟，出于此。"后常用为船的美称，并非实指木兰木所制。木兰，香木名。皮似桂而香，状如楠树。

（4）广泽，指青草湖，周长二百六十五里，与洞庭湖相连，是古代云梦泽的遗迹。

（5）乱，一作"岸"。

（6）云中君，指云神。屈原《九歌》有《云中君》一篇，为祭祀云神之作。见，一作"降"。

（7）竟夕，整夜。

【赏析】

唐宣宗大中初年，原在山西太原幕府掌书记的马戴，因直言被贬为龙阳（今湖南汉寿）尉。从北方来到江南，徘徊在洞庭湖畔和湘江之滨，触景生情，追慕前贤，感怀身世，写下《楚江怀古》五律三首。这是第一首，既抒发了对忠君爱国但报国无门的屈原的爱慕、缅怀之情，又抒发了自己壮志难酬的悲伤忧苦之情。

"露气寒光集，微阳下楚丘"，首联二句是说，秋风摇落的薄暮时分，江上晚雾初生，楚山夕阳西下，露气迷茫，寒意侵人。这种萧瑟清冷的秋暮景象，深曲委婉地透露了诗人悲凉落寞的情怀。斯时斯地，入耳的是洞庭湖边树丛中猿猴的哀啼，照眼的是江上飘流的木兰舟。"袅袅兮秋风，洞庭波兮木叶下"（《楚辞·九歌·湘夫人》），"船容与而不进兮，淹回水而凝滞"（《涉江》），诗人泛游在湘江之上，对景怀人，屈原的歌声仿佛在叩击他的心弦。

颔联"猿啼洞庭树，人在木兰舟"，是晚唐诗中的名句，一句写听觉，一句写视觉；一句写物，一句写己；上句静中有动，下句动中有静。诗人伤秋怀远之情并没有直接说明，只是点染了一张淡彩的画，气象清远，婉而不露，让人思而得之。

颈联"广泽生明月，苍山夹乱流"，黄昏已尽，夜幕降临，一轮明月从广阔的洞庭湖上升起，深苍的山峦间夹泻着汩汩而下的乱流。这一联承上发展而来，是山水分设的写景。但"一切景语，皆情语也"（田同之《西圃词说》），"广泽生明月"的阔大和静谧，曲曲反衬出诗人远谪遐方的孤单离索；"苍山夹乱流"的迷茫与纷扰，深深映照出诗人内心深处的缭乱彷徨。

夜已深沉，诗人尚未归去，俯仰于天地之间，沉浮于湘波之上，他不禁想起楚地古老的传说和屈原《九歌》中的"云中君"。"屈宋魂冥寞，江山思寂寥"（《楚江怀古三首》之三），云神无由得见，屈子也邈矣难寻，诗人自然更是感慨丛生了。

尾联"云中君不见，竟夕自悲秋"，点明题目中的"怀古"，抒吊古之情，而且以"竟夕"与"悲秋"在时间和节候上呼应开篇，使全诗在变化错综之中呈现出和谐完整之美，让人寻绎不尽。

近代俞陛云在《诗境浅说》中说："唐人五律，多高华雄厚之作，此诗以清微婉约出之，如仙人乘莲叶轻舟，凌波而下也。"他以"清微婉约"四字标举《楚江怀古》三首中第一首诗的艺术风格，确实别具只眼。从这首诗可以看到，清微婉约的风格，在内容上是由感情的细腻低回所决定的，在艺术表现上则是清超而不质实，深微而不粗放，含蓄蕴藉而不直露奔迸。马戴的这首诗，可说是晚唐诗歌园地里一枝具有独特芬芳和色彩的素馨花。（东民）

李 远

　　李远（生卒年不详），字求古，一作承古，夔州云安（今重庆云阳）人。少勤学，有大志。唐文宗太和五年（831）进士。唐文宗开成年间（836—840），在建州建阳（今福建建阳）任过职，旋为福建观察使幕宾。武宗会昌初年（841），官司门员外郎。大中时期，历司勋员外郎、岳州刺史。大中十二年（858），宰相令狐绚奏荐李远为杭州刺史。后历官忠州、建州、江州刺史，皆有政绩，终御史中丞。

　　李远善为文，尤工于诗。常与杜牧、许浑、李商隐、温庭筠等交游，与许浑齐名，时号"浑诗远赋"。《唐才子传》称其"夸迈流俗，为诗多逸气，五彩成文"，其人品、气度也可从此略见一斑。《全唐诗》录其诗一卷。

【原文】

赠写御容李长史

玉座烟销研水清⁽¹⁾，龙髯不动彩毫轻⁽²⁾。
初分隆准山河秀⁽³⁾，再点重瞳日月明⁽⁴⁾。
宫女卷帘皆暗认，侍臣开殿尽遥惊。
三朝供奉应无敌⁽⁵⁾，始觉僧繇浪得名⁽⁶⁾。

【毛泽东圈评等情况】

　　毛泽东曾手书这首《赠写御容李长史》。

　　[参考] 中央档案馆编：《毛泽东手书选集·古诗词（下）》，北京出版社 1996 年版，第 42 页。

【注释】

（1）玉座，皇帝的宝座。南朝梁萧统《文选·谢朓〈同谢咨议铜雀台〉》："玉座犹寂漠，况乃妾身轻。"刘良注："玉座，玉床也。"研，同"砚"。

（2）龙髯，皇帝的胡须。毫，毛笔。此指画笔。

（3）隆准，高鼻子。《史记·高祖本纪》载："高祖为人，隆准而龙颜。"

（4）重瞳，眼中有双重瞳仁。《史记·项羽本纪》："……舜目盖重瞳子，又闻项羽亦重瞳子。"

（5）三朝（zhāo），《汉书·孔光传》："岁之朝曰三朝。"颜师古注曰："岁之朝、月之朝、日之朝，故曰三朝。"供奉，指供祭朝拜。

（6）僧繇，张僧繇，南朝梁画家，吴地人，曾在宫中掌管画事，善绘人物和佛像。后人关于画龙点睛的传说，就是张僧繇的故事。浪，徒然，白白地。唐寒山《诗》之七七："终归不免死，浪自觅长生。"

【赏析】

这是李远赠送给为皇帝画像的著名画家李思训的一首赞美诗。李思训（651—716），字健，出身唐宗室。高宗时任江都令，后因武则天掌权杀戮唐宗室而弃官隐居，至中宗神龙（705—707）初年又出任宗正卿，历官益州长史。开元（713—741）初年任左羽林大将军，晋封彭国公，后转任右武卫大将军，画史上称他为"大李将军"。其子李昭道也善画，则称为"小李将军"。李思训善画山水、楼阁、佛道、花木、鸟兽，尤以金碧山水著称，对后世中国山水画产生了巨大影响。明代莫是龙和董其昌等人提出绘画上的南北宗论，将李思训列为"北宗之祖"。写御容，给皇帝画像。长史，官名。

这是一首七言律诗。"玉座烟销研水清，龙髯不动彩毫轻"，诗的首联描写皇帝坐在玉座上等着李思训为他画像。皇帝一动不动，连胡须都静静地垂着。香烟销散，砚底水清。画家的彩色毛笔轻轻挥动。

"初分隆准山河秀，再点重瞳日月明"，颔联承接上文，写画家开始画出皇帝高高的鼻梁，就像画出山河的秀丽一般；写画家接着又画出皇帝明亮的双重瞳仁，就像画出日月的光明一般。《史记·项羽本纪》上说：

"吾闻之周生曰，舜目盖重瞳子，又闻项羽亦重瞳子。"古人认为重瞳子乃帝王之像，所以诗人才这样写。以上两联用夸张的手法去写李思训为皇帝画肖像画的经过，虽然已经极尽了诗笔状写之能事，但是，语言毕竟是语言，无法直接写出御容和肖像画的相似程度，所以颈联"宫女卷帘皆暗认，侍臣开殿尽遥惊"一转，用看画人的感受间接写出这种相似程度，收到了最佳的效果。一是写宫女们卷起帘子一看，都暗暗地承认画得真像啊；二是写侍臣们打开殿门一看，都远远地惊叹画得真像啊。同时，这"卷帘""暗认"和"开殿""遥惊"，也分别写出了宫女和侍臣的两种不同性格。到此，已从正、反两个方面把李思训为皇帝作肖像画的经过与成功写完。以下尾联"三朝供奉应无敌，始觉僧繇浪得名"，用皇帝的肖像画画成后的事作合结。在三朝供奉皇帝肖像的时候，没有哪一位画家的作品能够抵得上李长史的作品。东汉班固《汉书·孔光传》曰："岁之朝曰三朝。"颜师古注曰："岁之朝、月之朝、日之朝，故曰三朝。"那就是说；在夏历正月初一要供奉皇帝的御像。在这时，就悬挂李思训的作品，因此使人感到李思训的御像作品确实达到登峰造极的绝妙境界。南朝著名画家张僧繇善画人物肖像，曾奉命给当时各国诸王绘制肖像，收到了"对之如面"的惊人效果，他的"画龙点睛"的传说也颇脍炙人口。但是如果与李思训比较起来，张僧繇的画名就是"浪得"的了，差得远了。这就极为有力地赞美了李思训写御容的卓越成就。

李思训不愧为中国画史上的"北宗之祖"，本诗也不愧为赞美其艺术成就的精妙之作。

毛泽东手书过这首诗，于此我们可以看出他对此诗的喜爱及艺术爱好。（东民）